U0940685

2014

四川调查年鉴

SICHUAN SURVEY YEARBOOK

国家统计局四川调查总队　编

Compiled by Survey Office of the National Bureau of Statistics in Sichuan

图书在版编目（CIP）数据

四川调查年鉴．2014 ：汉英对照 / 国家统计局四川调查总队编．-- 北京 ：中国统计出版社，2014.11
ISBN 978-7-5037- 7196-5

Ⅰ．①四… Ⅱ．①国… Ⅲ．①统计资料－四川省－2014－年鉴－汉、英 Ⅳ．①C832.71-54

中国版本图书馆 CIP 数据核字（2014）第 182568 号

四川调查年鉴 -2014

作　　者 / 国家统计局四川调查总队
责任编辑 / 佘竞雄　李　冲
封面设计 / 李雪燕
出版发行 / 中国统计出版社
通信地址 / 北京市丰台区西三环南路甲 6 号　邮政编码 /100073
电　　话 / 邮购（010）63376909　书店（010）68783171
网　　址 /http://csp.stats.gov.cn
印　　刷 / 成都春晓印务有限公司
经　　销 / 新华书店
开　　本 /880mm×1230mm　1/16
字　　数 /640 千字
印　　张 /19.75 彩页 1.75 印张
版　　别 /2014 年 11 月第 1 版
版　　次 /2014 年 11 月第 1 次印刷
定　　价 /318.00 元

本书附同版本 CD-ROM 一张，光盘内容以书面文字为准。
如有印装差错，由本社发行部调换。

《四川调查年鉴-2014》编委会和编辑人员

编 委 会

编 辑 部

编者说明

一、《四川调查年鉴-2014》是国家统计局四川调查总队编辑出版的大型资料性年刊，本年鉴收录了近年全省农村、城市和企业等方面的各项统计调查数据，以及全国和各省市区重要年份的主要经济、社会指标。

二、全书内容分为6个篇章，即1. 综合; 2. 住户调查; 3. 价格调查; 4. 农业调查; 5. 企业调查; 6. 专项调查; 附录. 全国及各省市区主要统计调查指标。为方便读者使用，主要篇章末附有《主要统计指标解释》。

三、资料中所使用的度量衡单位均采用国际统一标准计量单位。

四、本年鉴总量指标计算所采用的价格均为现行价格。

五、本年鉴部分数据合计数或相对数对于单位取舍不同产生的计算误差均未作机械调整。

六、符号使用说明:

"…"表示数据不足本表最小计量单位数;

"#"表示其中的主要项;

"-"表示没有、不详或未掌握该项数据;

"①"表示本表下有注解。

七、在本年鉴的编辑过程中，得到了许多单位和同志的大力支持，在此我们深表谢意。限于我们的水平，年鉴中的错误和不足之处在所难免，恳请广大读者给予批评指正。

坚守国家意识　坚持务实进取
奋力推动四川调查工作新发展

2013 年四川调查系统正确把握统计调查改革发展各项要求，继续坚持“调查立队、科技强队、诚信兴队、依法治队”发展方略，坚持“为国调查、为民服务”理念，以推进系统二次创业为主题，在重大改革、重要环节、重点服务、重大活动、重点领域这“五个重”上狠下功夫，奋力进取，取得了新的突破。1 月 21 日，王宁副省长在总队总结报告上批示：“去年，总队深入推进城乡住户调查一体化改革，认真开展价格调查和监测预警，妥善处理生猪、粮食数据接轨问题，调查工作取得了实实在在的成绩。”

2013 年 7 月，国家统计局副局长许宪春到成都市调研

（一）积极稳妥推进重大改革

全面推进分市县城乡住户调查一体化改革取得突破性进展。从去年12月1日开始，全省分市县一体化网点全部开账运行。

一是落实政策保障。省委、省政府明确了两位省委常委、两位副省长分管城乡居民增收工作，并将农民增收纳入县委书记、县长目标考核。省政府专题研究一体化工作并形成了《会议纪要》，省政府办公厅转发了《分市县住户调查一体化实施方案》，确立了由总队牵头并会同省统计局统一实施的机制。总队强化了组织保障，成立了住户收支处，市级队成立了住户科。市、县党委政府支持一体化改革力度很大，全省上下形成了重增收、重调查的良好局面。

二是加强队局合作。成立了总队长任组长的协调小组，搭建了共同组织实施、检查指导、审核评估和发布数据的平台，并联合召开了全省一体化方案布置会，共同对一体化改革工作进行培训和安排。队局一体，协力推进，实现了一体化工作的统一管理、有效管理。

三是建立评审机制。确立了总队牵头、队局会商、共同发布的评审机制。坚持以国家核定的省级数据作为评审依据，每季度共同开展市州收入数据评审，并指导市州抓好县级数据的评审，坚持队局共同反馈和对外发布，做到无缝衔接，切实维护居民收入数据的权威性。

2013年4月，四川调查总队与省级相关职能部门共同研究经济形势

（二）强化业务重要环节的监督管理

进一步加强调查业务管理，加强重点环节监管，着力提升调查数据质量。

一是强化规范调查。严格执行《规范化管理规程》、《涉农项目监测管理办法》，继续坚持农村调查“5+5”工作模式、生投调查“三图六表”，严格执行CPI“三定”采价。顺利启动82个粮食大县监测改革，抓好畜禽监测、贫困监测、价格监测、小微企业直接调查，加强电话抽查和入户检查，坚决做到统计制度、调查方法和国家要求三个不走样，促进了全省调查质量整体提高。

2013年3月，全省县级粮食产量抽样调查工作会议在成都召开

二是强化分析评审。完善季度经济形势分析例会制度，加强会前调研，主动到省级相关部门走访座谈，改进会议流程，强化不同观点交锋，邀请有代表性的市县参加，点面结合提高分析质量。2013年7月总队在南江召开了上半年经济形势分析会，组织市州队长观摩学习，督导市州队通过数据分析推动业务建设、倒逼数据质量。

2013 年 7 月，四川调查总队召开上半年经济形势分析会

三是强化法制监督。全面推行统计法律关系告知制度，大力强化依法调查意识。坚持三级联动执法机制，全年检查单位 2832 个，发现违法线索 144 起，立案查处 43 起，罚款 3.9 万元，对 28 个违法单位进行通报批评，整肃了统计调查环境。按照国家局《县级调查队考核评比办法》，圆满完成 44 个县级队的首次综合考核。联合相关部门请示省政府对 2013 年以前生猪、粮食数据进行衔接，解决了历史遗留问题。

（三）继续发挥优势拓展重点服务

坚持用高质量的数据、客观公正的分析研究服务国计民生和中央宏观调控，服务地方党政的决策需求。

一是信息服务提质升位。全年编发各类经济信息、分析报告 586 期，中办、国办、国家局、省“两办”采用 405 篇次，副省级以上领导批示 43 篇次，实现了量质齐升。在国家局《每日调查》信息采用中列第 1 位，较去年提升 1 位；在省委办公厅信息考核中列第 2 位，与去年持平；在省政府办公厅信息考核中继续保持第 1 位，实现四连冠。工作信息国家局采用 171 条，居历史之最。

二是调查研究塑造品牌。高质量完成党风廉政建设、国有企业反腐倡廉民意调查以及全国文明城市测评，得到国家局的充分肯定。创新课题研究机制，以重点课题公开竞标为突破口，进一步提高课题研究质量。组织开展了大量专题研究，反映民生民情民意成绩突出，转变作风调查报告得到省长魏宏和省纪委书记王怀臣的高度肯定，在省纪委全会上作为专题材料印发。加强价格运行监测预警分析报告，得到王宁副省长多次批示。指导雅安、成都、乐山等队开展地震灾区市场物价监测，为促成政府出台干预措施发挥了积极作用。进一步深化与资阳、宜宾的战略合作，积极助推遂宁、广安、成都、绵阳创建文明城市或巩固文明创建成果，成效明显。

2013 年 4 月，四川调查总队与资阳市人民政府举行战略合作联席会议

三是服务基层专注实事。坚持资源下沉，将预算分配向基层和艰苦边远地区倾斜，2013 年把中央财政预算经费的 77%、省本级财政补助经费的 76% 下拨到市县队，基层队经费保障能力有较大突破；人员力量安排向一线岗位补充，年内全系统调入人员 36 人，总队机关仅安排 1 人，市、县队安排了 35 人。积极推进辅助调查员“兼改专”，多方协调市县党委政府及相关部门提高辅助调查员工作补贴，加大困难调查对象的帮扶力度。扎实开展扶贫助困活动，抓好金阳县依达乡依达村“挂包帮”、西昌市板桥村双联工作以及成都市送仙桥社区贫困党员结对共建活动，为困难群众奉献爱心。

2013 年 6 月，四川调查总队领导在成都市科技农业示范园调研

四是宣传工作扩大影响。探索建立适应国家调查特点的工作机制，对《四川调查》进行改版升级，编发《工作交流》9 期、新闻通稿 32 期、《参阅信息》220 期，成功协办《中国信息报》南江笔会，与四川卫视、四川日报等主流媒体加强合作，充分发挥宣传国调工作、强化品牌形象的积极作用。首次独立编辑出刊《调查年鉴》，打造集技术性、史料性、实用性为一体的综合性调查产品，满足各级党政领导、有关部门和科研院校对调查数据更为深入、详尽的需求。

（四）精心组织开展重大活动

全队动员，全员参与，扎实开展群众路线教育实践和创建省级文明单位两项重大活动，成效显著。

一是党的群众路线教育实践活动取得实效。总队党组坚决贯彻落实中央和国家局的统一部署，始终坚持高起点、高标准、高质量，坚持立足四川调查工作实际，扎实抓好各阶段学习任务。在动员准备阶段，强化组织保障，制定了详细的《实施方案》，对各环节任务逐一分解细化、落实到人，在第 8 督导组联系单位中率先开好了动员会。在集中学习阶段，组织多次专题学习，开展国家调查"为了谁、依靠谁、服务谁"大讨论，强化了党员干部的思想认识。在查摆问题阶段，组织开展"走基层、查实情、报实数"大调研，领导班子查出问题 15 个、班子成员 48 个。在团结批评阶段，班子和处室分别召开民主生活会，大家谈思想、谈作风、谈工作，班子成员相互提出批评意见 31 条，达到了红脸出汗、加油鼓劲的目的。在整改落实阶段，规划了四个方面 51 个整改项目，狠抓立行立改，着手解决了总队机关临聘人员劳动关系调整等 3 个亟需解决的问题，开展了 14 项专项整治，促进了机关作风转变，为民务实清廉形象进一步树立。总队机关教育实践活动取得了实实在在的成效，得到了国家局领导和督导组的充分肯定。去年 12 月 17 日，中央督导组在川召开联系部委“以下看上”调研座谈会，督导组组长柳斌杰对总队党的群众路线教育实践活动取得的成效给予了充分肯定。

2013 年 7 月，四川调查总队召开党的群众路线教育实践活动领导小组办公室会议

二是成功创建省级文明单位。建立了总队党组、处室、支部、工青妇组织和全体职工“五位一体”的推进机制，认真开展“中国梦·四川篇”主题教育活动、“中国梦·调查情”主题演讲比赛、“书韵青春”读书讲坛等系列创建活动，成立了机关青年工作委员会，组建了学雷锋志愿小组，大力推进总队机关精神文化、行为文化、制度文化和环境文化建设，努力营造和谐、宽松、愉快的工作氛围，努力构建安心、开心、放心的和谐环境。

2013 年 6 月，四川调查总队举办“中国梦 · 调查情”演讲比赛

2013 年 4 月，四川调查总队青工委成立暨首届读书讲坛

总队机关工会被中华全国总工会表彰为“全国先进职工之家”，一名职工被授予“全国优秀工会积极分子”荣誉称号。总队党组被省直机关工委评为“中心组学习先进单位”。全面总结总队思想建设、业务建设、科教文化、廉政建设成就，汇编了7卷共9册精神文明建设资料，编辑制作了《扬道德风帆》精美像册。辛勤付出，精心准备，结出了丰硕果实，总队顺利通过省文明办的验收，成功创建省级文明单位。

2013年11月，四川调查总队创建省级文明单位检查验收汇报会

（五）切实抓好重点领域工作

系统管理取得新进展，调查环境进一步优化，干部活力进一步激发，信息技术应用不断拓展，党风廉政建设不断加强。

一是优化调查工作环境。省委、省政府高度重视调查工作，落实了居民增收工作管理和考核机制，王宁副省长亲自协调解决重大问题；省委农工委、农业厅等部门采取多种措施支持调查工作，共同营造良好的调查环境。切实改进指导巡查，积极与市县党政领导联系交流，宣传调查工作。市县党委政府支持调查工作力度大、措施实，18个市州发文支持调查工作，17个市州成立涉农监测领导机构，20个国家调查县成立了涉农监测中心，解决了编制和经费。各市县队抓住机遇加强自身建设，13个市县队成功创建文明单位，11 个队实施办公用房维修改造，4 个队迁入新址办公，调查要素保障明显增强，基层工作条件进一步改善。

二是加强班子队伍建设。加强市县队班子建设，增补了 3 名市级队班子成员，调整任用了 2 个县级队队长，在系统内公选 7 名市级队纪检组长，完成了全部市县队纪检组长的配备。加强干部培养，全年选拔任用干部 80 人，交流 3 名干部到地方工作，选派成都队 1 名干部参加中组部团中央博士服务团到贵州挂职锻炼，选派 5 名处级干部到省内主干线挂职锻炼，安排 31 名干部在系统内挂职锻炼。总队机关实施了干部轮岗交流，处级及以下干部交流面达到 40.4%。召开了基层基础建设南江现场会，组织市县队长看现场、看发展、看变化，谈感受、谈思路、谈举措，借智借力，开启智慧。

三是强化信息技术应用。推进工作布置、数据采集和处理上报电子化、网络化，试点住户调查电子记账和网络直报，推行 CPI 监测、农产品价格调查、服务业调查、畜禽监测手持终端采集数据，进一步提高社情民意调查快速反应能力。强化独立广域网、OA 办公和视频会议系统的应用，减负增效成效明显。加强项目规划和论证，进一步推动信息化建设。

四是严守党风廉政红线。坚持两手抓、两促进，全面落实党风廉政建设责任制，确保纪检监察工作纵向到底、横向到边、系统内全覆盖。加强经常性廉政教育，继续抓好“四个一”活动，建立节假日廉洁短信提醒制度，开展“廉洁在我心中”主题征文活动。印发了《进一步改进工作作风的规定》及三个配套文件，制定了《市县队纪检组长工作制度》，落实了问责机制，加强了廉政风险防控。加强“三重一大”监督检查，对执行中央八项规定进行专项督查。一年来，全系统没有发生一起重大违规违纪行为，实现了廉洁保平安、廉政促发展的目标。

一年来取得的工作成绩，既是国家局正确领导、各级党委政府关心支持的结果，也是各市县队、总队各处室你追我赶、奋勇争先的结果，是全系统干部职工同心同德、奋发作为的结果。在新的一年全系统干部职工要牢固树立国家使命意识、国家责任意识和国家担当意识，坚持“为国调查、为民服务”理念，以更加务实的作风，深化改革、完善管理、巩固提高，着力在“五个进一步”上下功夫、求实效，切实加快服务型、效能型、质量型国家调查建设进程，扎实推进二次创业，奋力推动四川调查工作新发展。

城镇居民人均可支配收入（元）

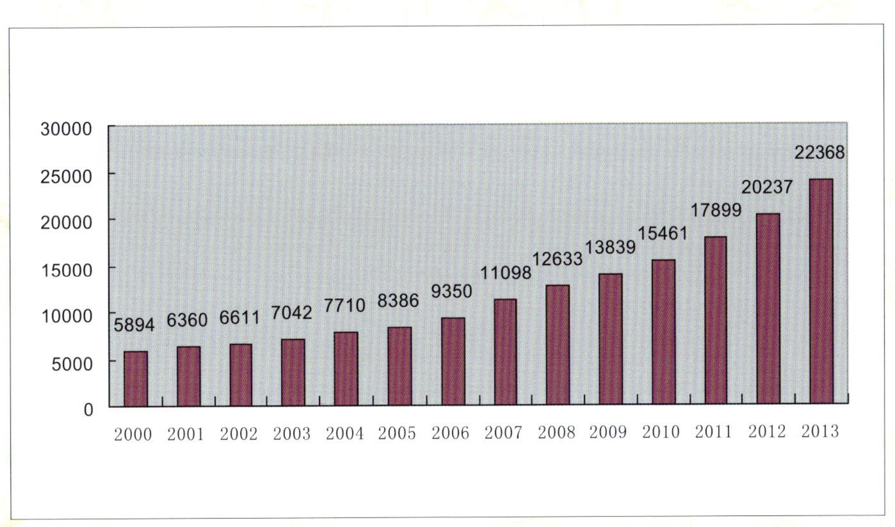

农村居民人均纯收入（元）

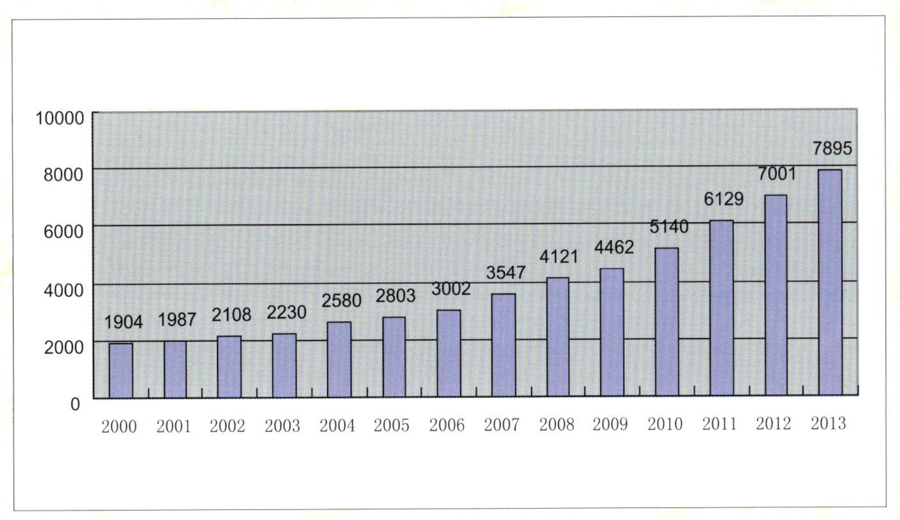

城镇居民人均生活消费支出（元）

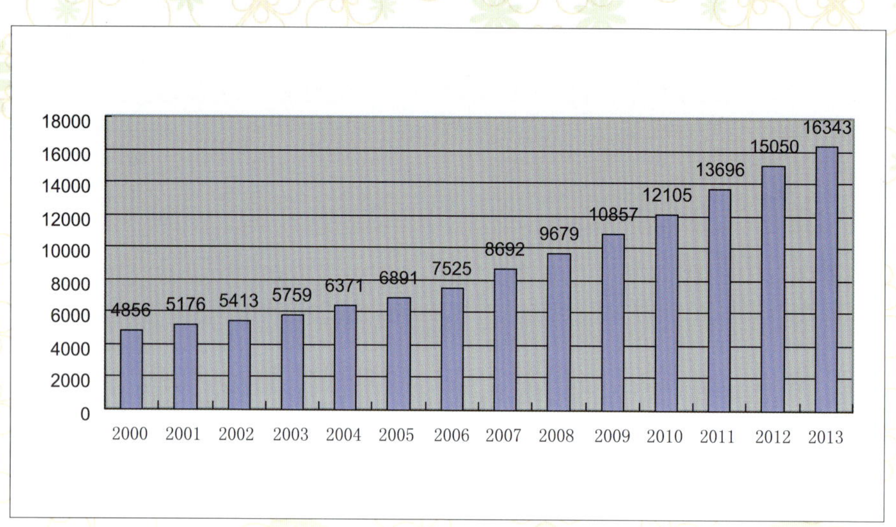

农村居民人均生活消费支出（元）

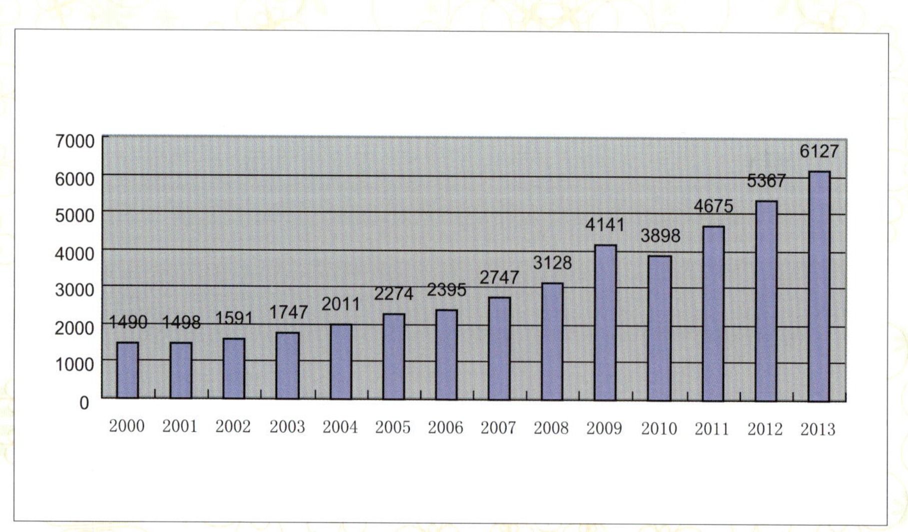

2013年工业生产者出厂价格指数（上年同期=100）

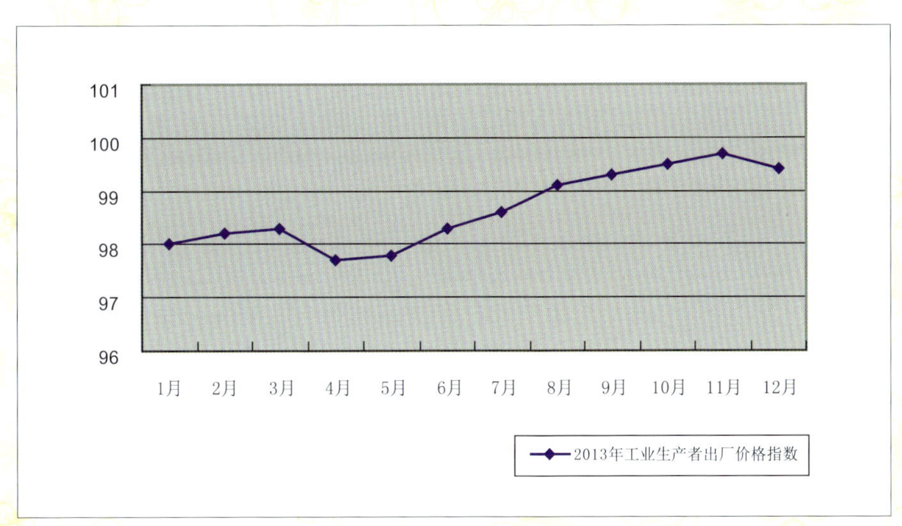

2013年工业生产者购进价格指数（上年同期=100）

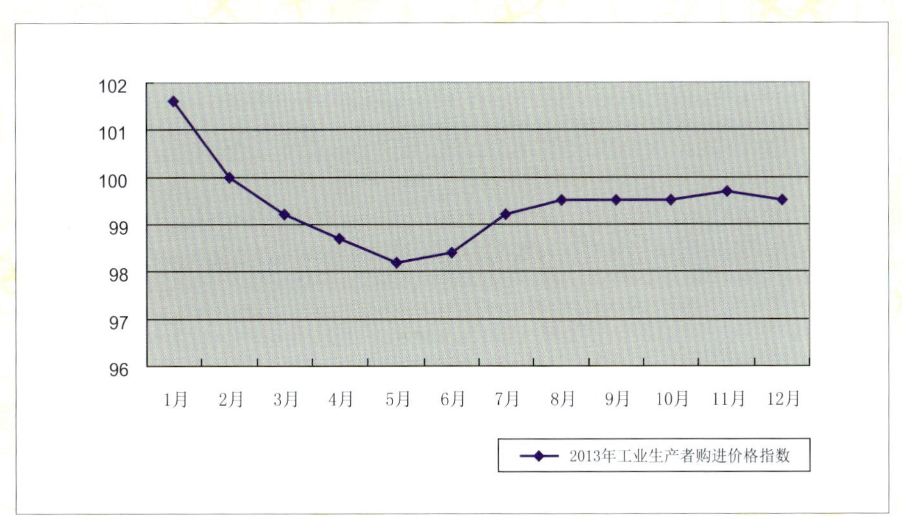

全省工业生产者出厂价格指数（上年 =100）

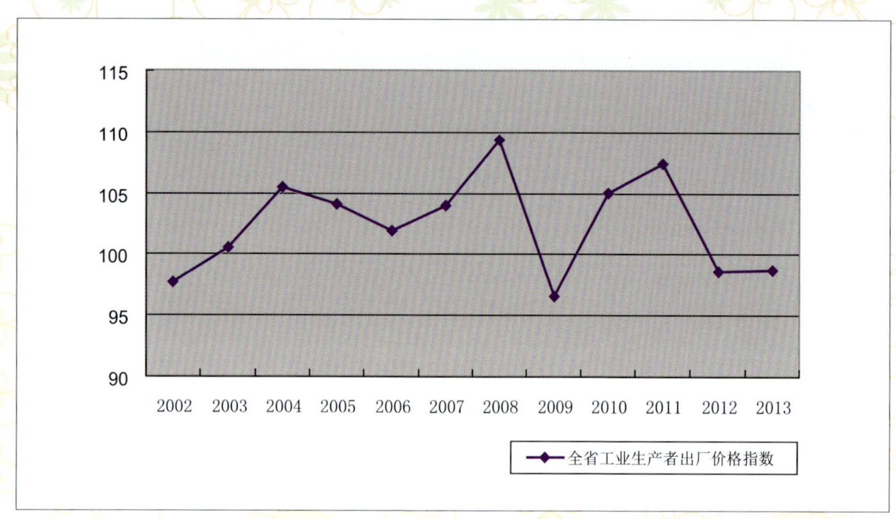

全省工业生产者购进价格指数（上年 =100）

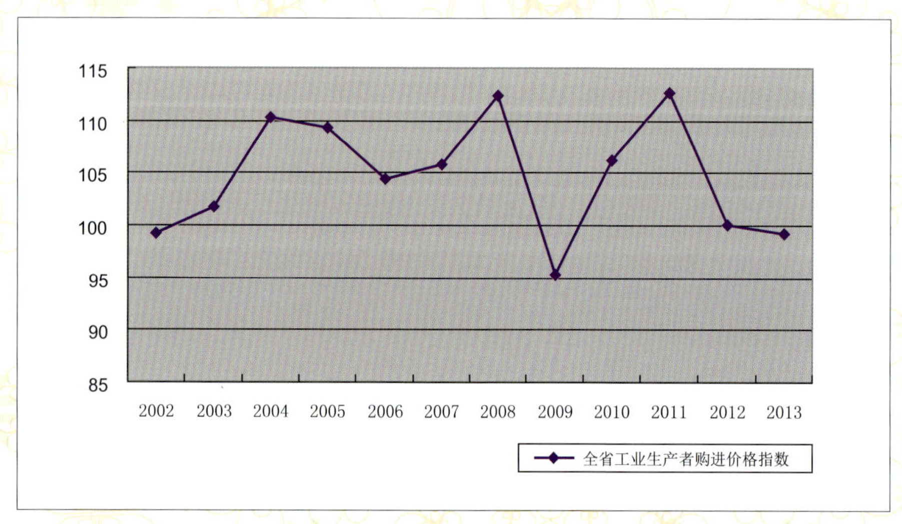

全省居民消费价格指数（上年 =100）

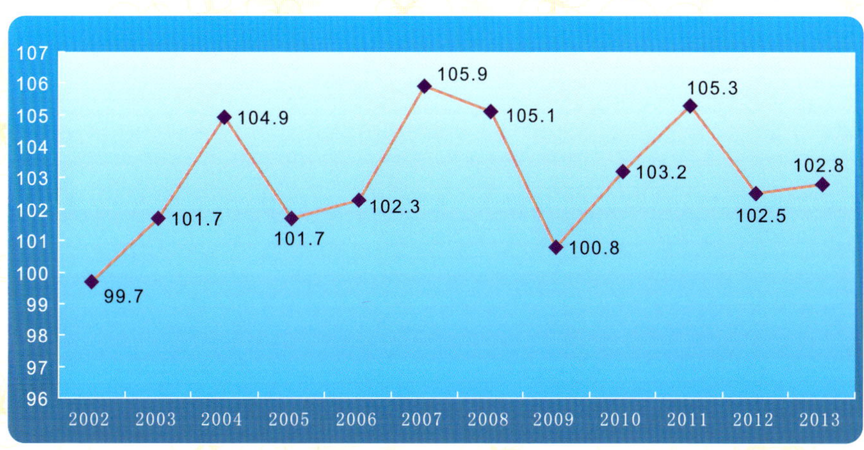

城市居民消费价格指数（上年 =100）

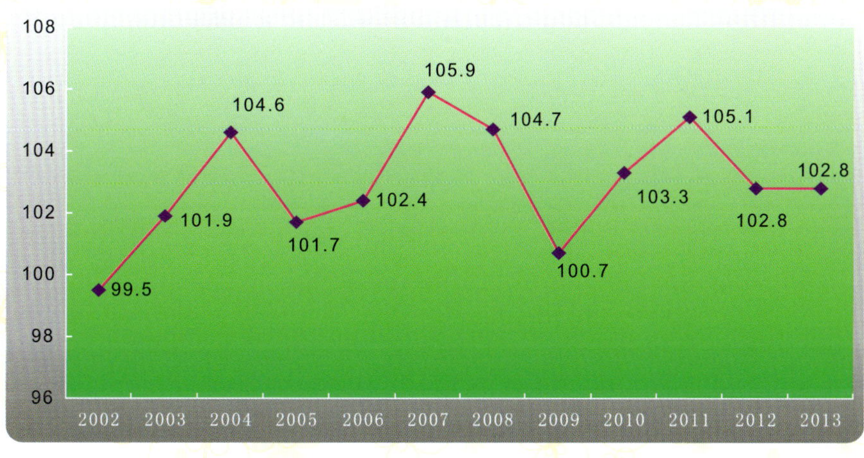

农村居民消费价格指数（上年 =100）

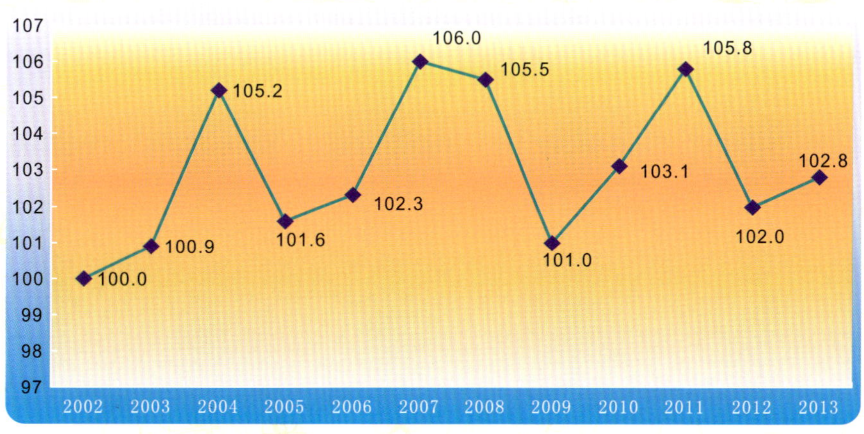

全省商品零售价格指数（上年 =100）

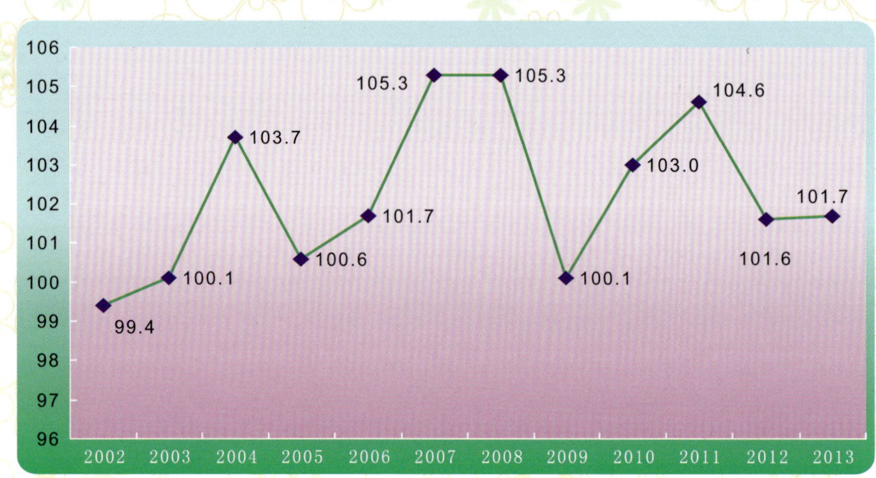

城市商品零售价格指数（上年 =100）

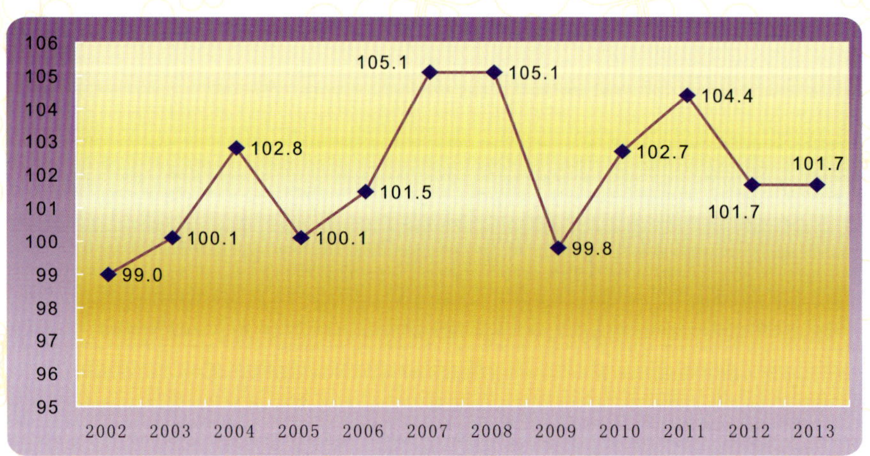

农村商品零售价格指数（上年 =100）

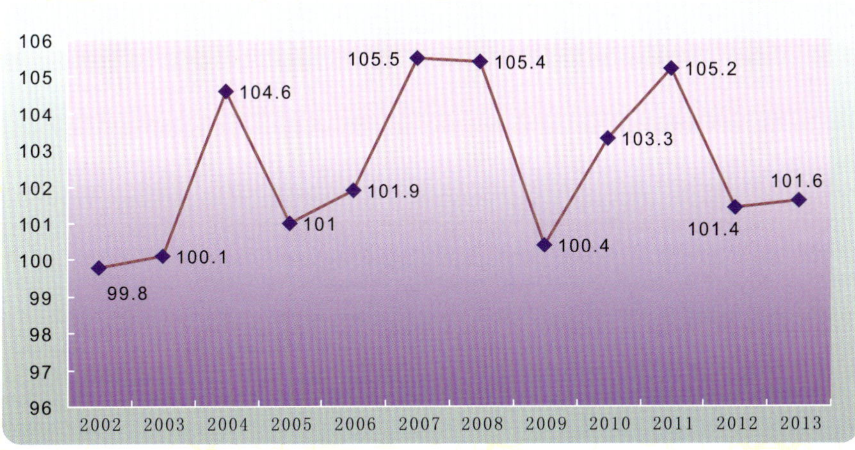

农业生产资料价格指数（上年 =100）

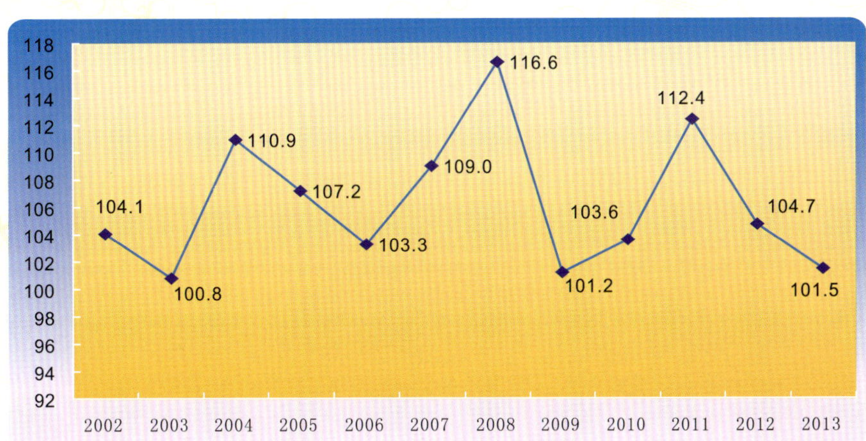

全省居民消费价格食品类价格指数（上年 =100）

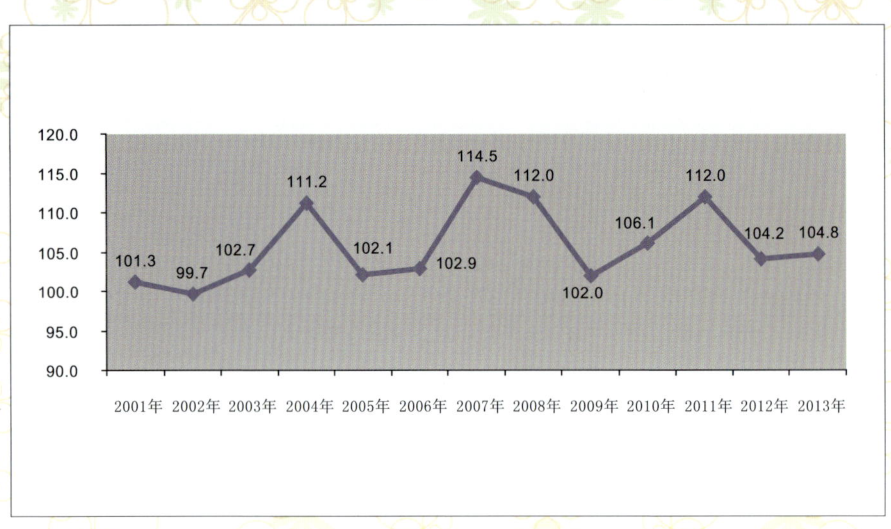

全省居民消费价格衣着类价格指数（上年 =100）

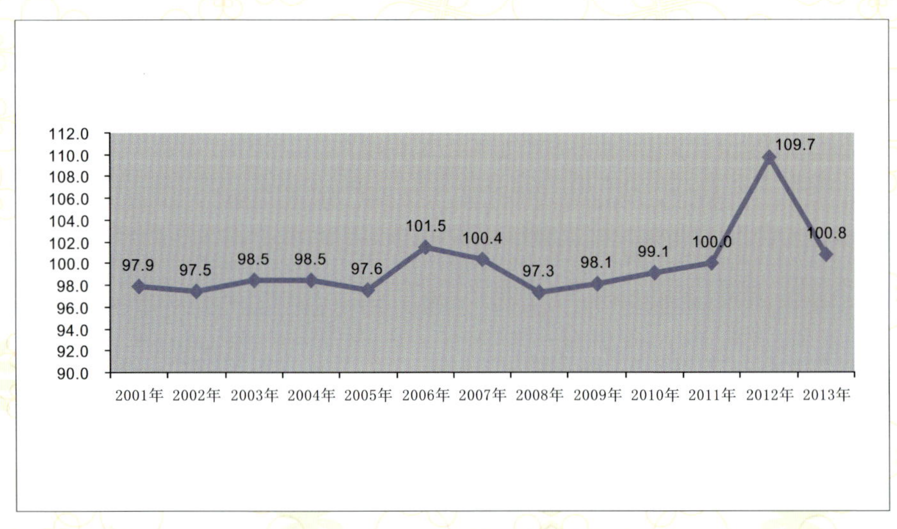

全省居民消费价格交通和通信类价格指数（上年 =100）

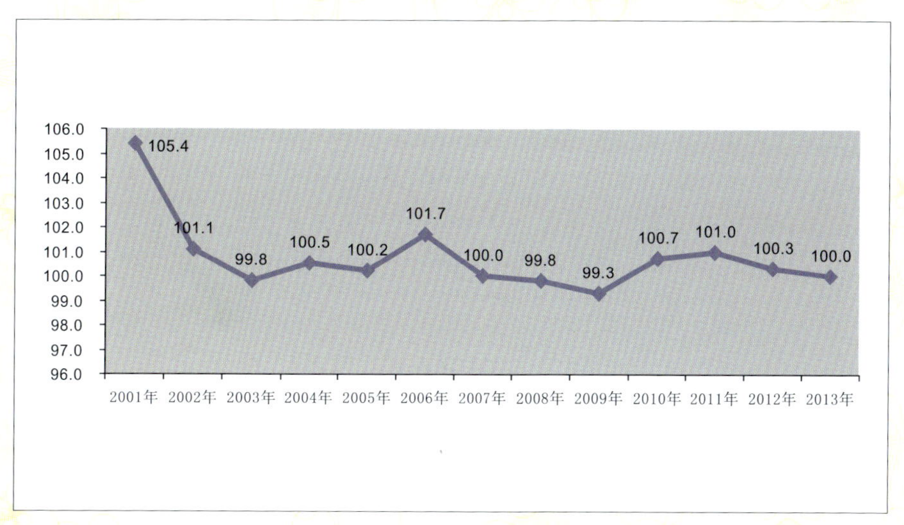

全省居民消费价格居住类价格指数（上年 =100）

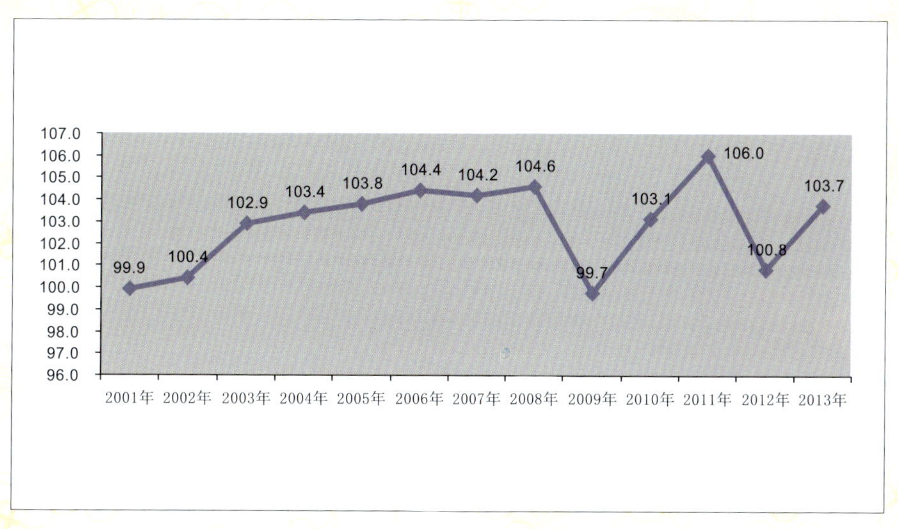

四川粮食产量走势图

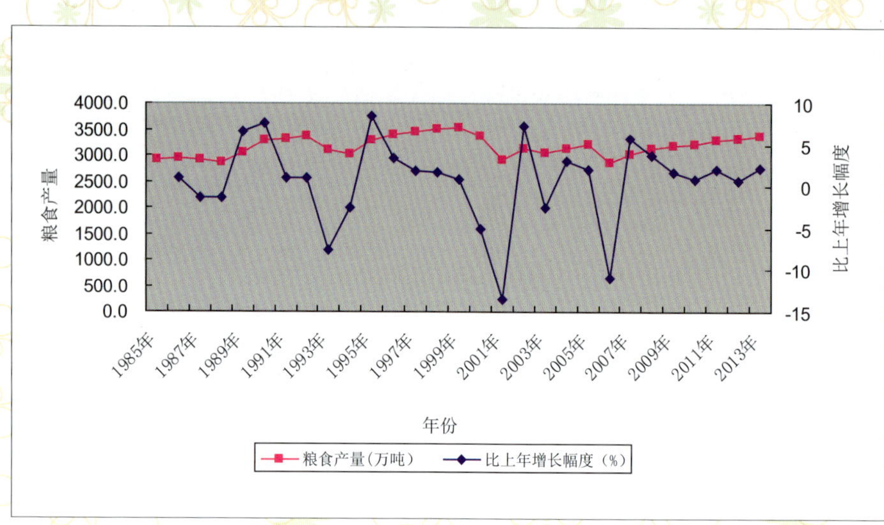

四川分季粮食产量走势图

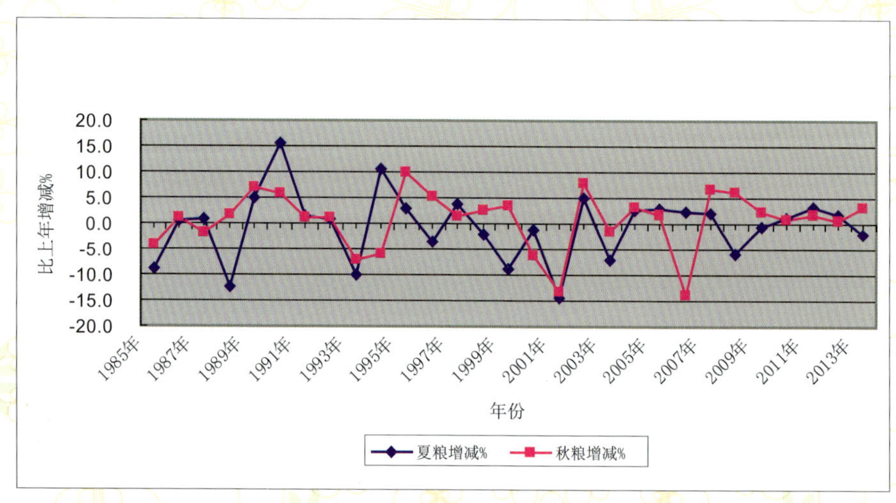

2006-2013 年四川生猪生产情况

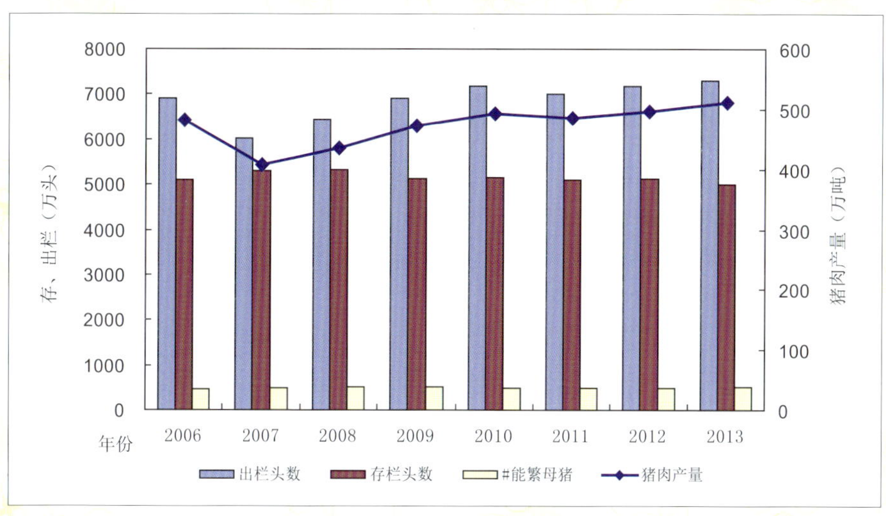

说明：本图表所列数据系衔接 2006-2013 年全省与市、县级的历史数据，与国家核定数据存在 0.5% 以内的小数收舍差异。

2006-2013 年四川牛生产情况

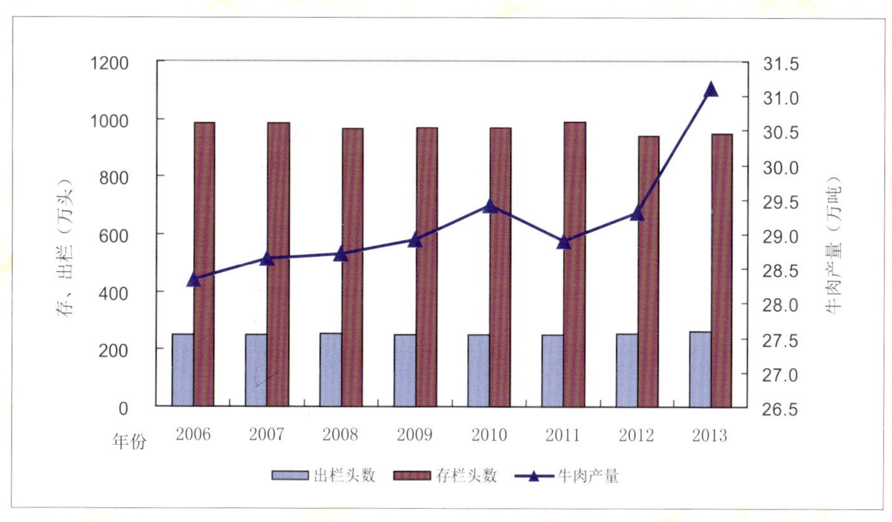

说明：本图表所列数据系衔接 2006-2013 年全省与市、县级的历史数据，与国家核定数据存在 0.5% 以内的小数收舍差异。

2006-2013 年四川羊生产情况

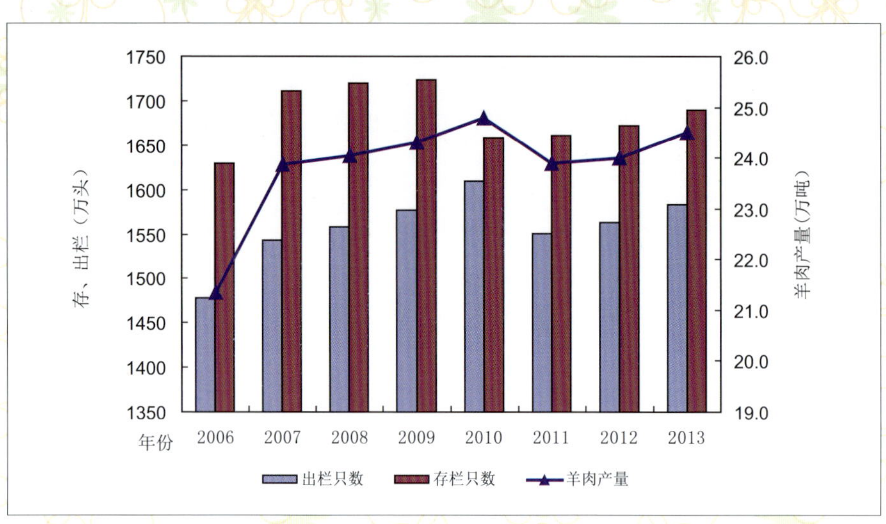

说明：本图表所列数据系衔接 2006-2013 年全省与市、县级的历史数据，与国家核定数据存在 0.5% 以内的小数收舍差异。

2006-2013 年四川家禽生产情况

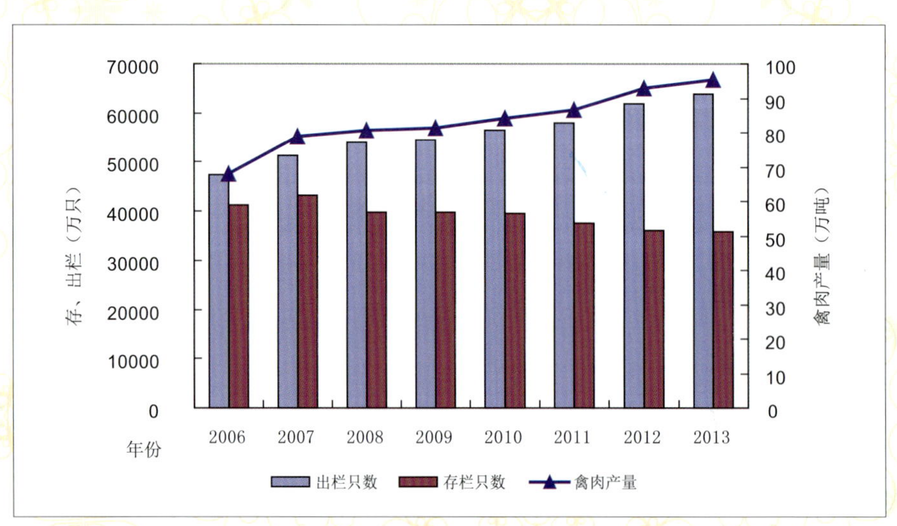

说明：本图表所列数据系衔接 2006-2013 年全省与市、县级的历史数据，与国家核定数据存在 0.5% 以内的小数收舍差异。

四川制造业采购经理指数

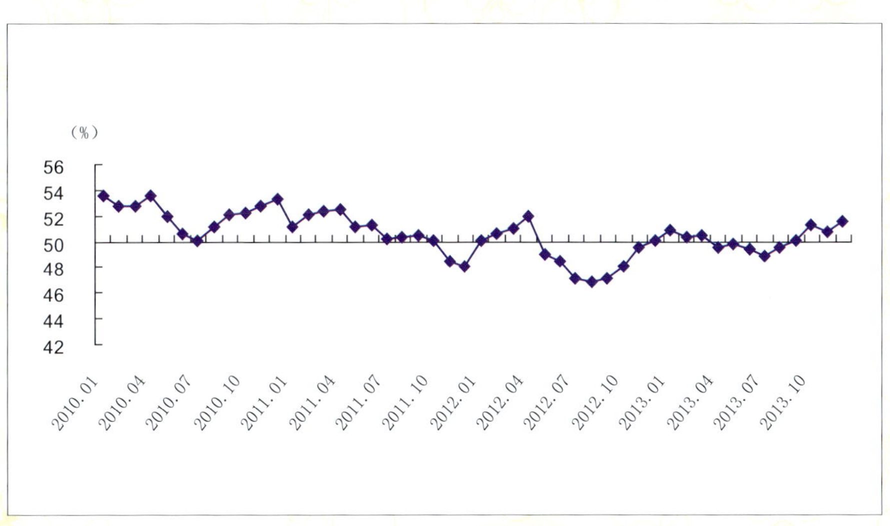

四川非制造业商务活动指数

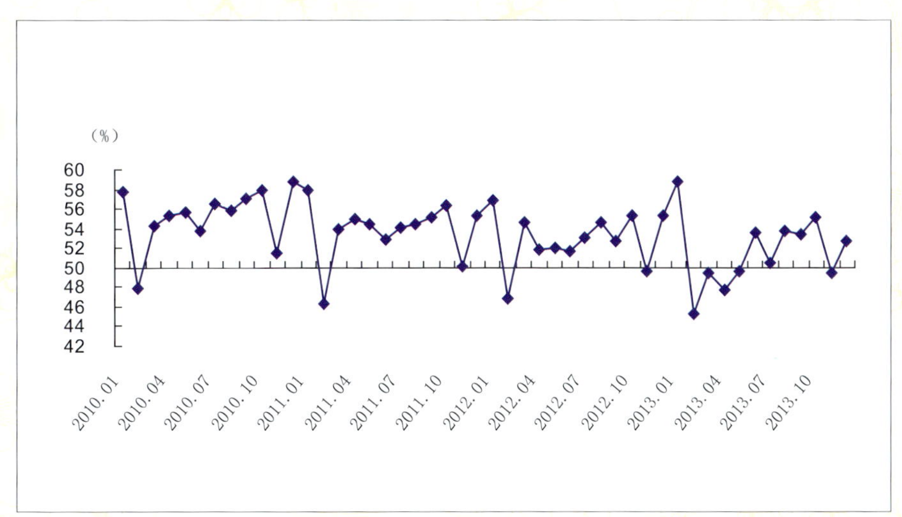

2013年四川制造业采购经理指数

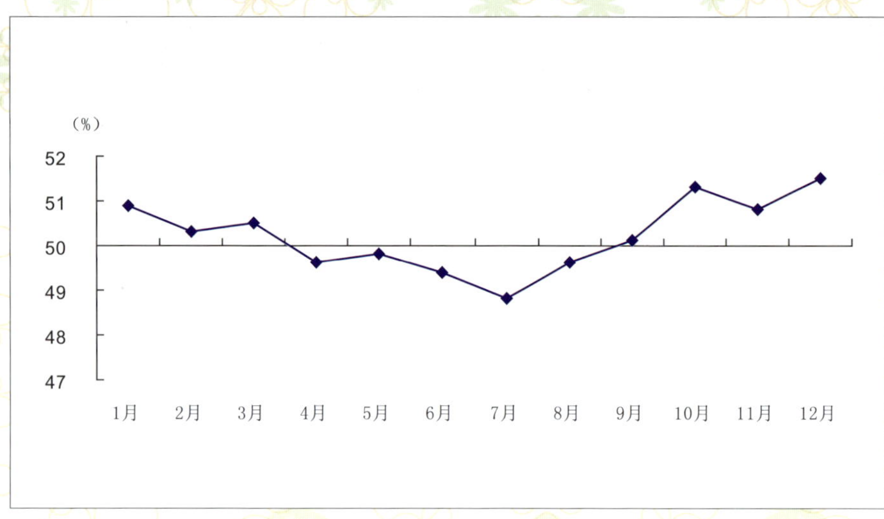

2013年四川非制造业商务活动指数

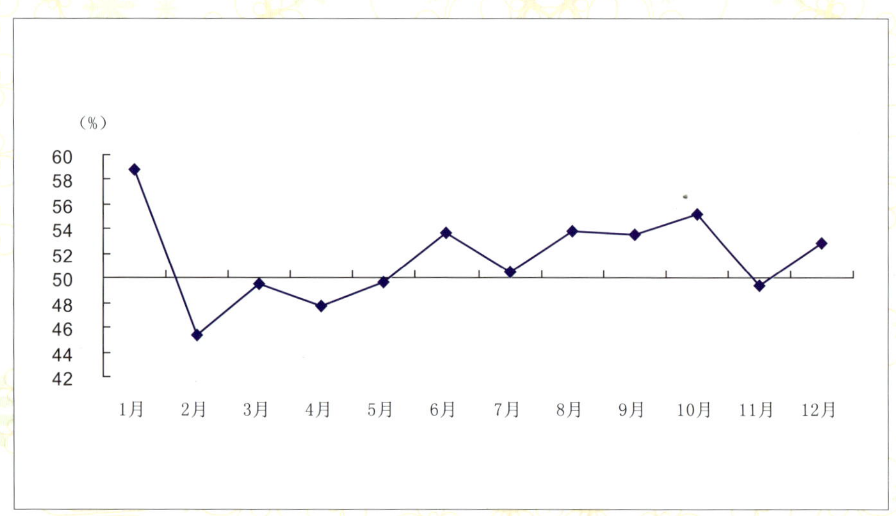

目　　录

第一篇　综　　合

第二篇　住户调查

第三篇　价格调查

第四篇 农业调查

第五篇 企业调查

第六篇　专项调查

附　录

一　综　合

2013年四川国民经济和社会发展统计公报

2013年，面对世界经济复苏缓慢、国内经济转型力度逐步加大的宏观环境，在党中央、国务院的坚强领导下，省委、省政府带领全省各族人民深入贯彻党的十八大、十八届三中全会精神，深入实施“三大发展战略”，沉着应对“4.20”芦山强烈地震和特大洪灾等极端自然灾害等多重困难挑战，统筹稳增长、调结构、促改革、惠民生，奋力推进“两个跨越”，全省经济发展稳中有进、稳中向好，各项社会事业全面进步。

一、综 合

经国家统计局审定，全年实现地区生产总值（GDP）26260.8亿元，按可比价格计算，比上年增长10.0%。其中，第一产业增加值3425.6亿元，增长3.6%；第二产业增加值13579.0亿元，增长11.5%；第三产业增加值9256.1亿元，增长9.9%。三次产业对经济增长的贡献率分别为4.4%、62.3%和33.3%。人均地区生产总值32454元，增长9.6%。三次产业结构由上年的13.8：51.7：34.5调整为13.0：51.7：35.3。

全年非公有制经济增加值15689.9亿元，比上年增长12.1%，占GDP的59.8%，对GDP增长的贡献率为70.8%。其中，第一产业增加值1359.1亿元，增长2.6%；第二产业增加值9706.6亿元，增长13.4%；第三产业增加值4624.2亿元，增长11.8%。

全年居民消费价格总水平（CPI）比上年上涨2.8%，其中食品类价格上涨4.8%，居住类价格上涨3.7%。商品零售价格上涨1.7%，农业生产资料价格上涨1.5%。工业生产者出厂价格（PPI）下降1.3%，其中生产资料价格下降1.8%，生活资料价格下降0.1%。工业生产者购进价格（IPI）下降0.8%。

表1 2013年居民消费价格比上年涨跌幅度（%）

指　标	全省	城市	农村
居民消费价格	2.8	2.8	2.8
食　品	4.8	5.0	4.5
其中：粮食	3.1	3.1	3.0
油脂	1.4	1.7	0.6
猪肉	0.0	0.1	-0.2
鲜蛋	6.6	6.7	6.5
水产品	4.4	3.7	5.9
鲜菜	8.8	8.1	11.3
烟酒及用品	-0.6	-0.4	-1.0
衣　着	0.8	1.1	0.1
家庭设备用品及服务	1.9	2.4	0.7
医疗保健及个人用品	2.2	1.3	4.1
交通和通信	0.0	0.0	0.2
娱乐教育文化用品及服务	1.6	2.0	0.6
居　住	3.7	3.4	4.1

二、农　业

全年粮食作物播种面积与上年持平；油料作物播种面积126.5万公顷，增长1.4%；中草药材播种面积10.4万公顷，增长2.2%；蔬菜播种面积127.6万公顷，增长2.4%。

全年粮食总产量3387.1万吨，比上年增长2.2%，其中小春粮食减产2.1%；大春粮食增产3.1%。经济作物中，油料产量290.4万吨，增产1.4%；烟叶产量25.1万吨，减产8.7%；蔬菜产量3910.7万吨，增产3.9%；茶叶产量22.0万吨，增产4.9%；园林水果产量718.7万吨，增产4.9%；中草药材产量40.4万吨，减产2.3%。

全年生猪出栏7314.1万头，比上年增长2.0%；牛出栏264.7万头，增长4.2%；羊出栏1583.6万只，增长1.3%；家禽出栏增长2.9%；兔出栏增长3.4%。禽蛋、牛奶产量分别下降0.8%和1.5%。

全年完成荒山荒（沙）地造林20万公顷。其中，完成天然林资源保护工程5.2万公顷，完成退耕还林工程1.9万公顷；年末实有森林管护面积17710千公顷。年末全省共有湿地公园27个，其中省级湿地公园13个（2013年新批建5个），国家湿地公园14个（2013年新批建4个）。年末森林覆盖率35.5%，比上年提高0.2个百分点。

全年水产养殖面积19.7万公顷，比上年增长2.6%；水产品产量126.1万吨，增长6.0%。

全年新增农田有效灌溉面积8万公顷，年末有效灌溉面积264.7万公顷。全年新增综合治理水土流失面积2460平方公里，累计77230平方公里。新解决饮水困难人口292.6万人。新增农业机械总动力243.2万千瓦，年末农业机械总动力3937.2万千瓦，增长6.6%。全年农村用电量163.5亿千瓦小时，增长4.8%。

三、工业和建筑业

全年全部工业增加值11578.5亿元，比上年增长11.0%，对经济增长的贡献率为51.7%。年末规模以上工业企业13163户。全年规模以上工业增加值增长11.1%。

在规模以上工业中，轻工业增加值比上年增长11.0%，重工业增加值增长11.2%，轻重工业的比为33.9:66.1。七大优势产业增加值占规模以上工业的75.9%，增长11.0%。全年规模以上工业企业实现出口交货值2687.1亿元，增长30.7%。

规模以上工业41个行业大类中有35个行业增加值增长。其中，计算机、通信和其他电子设备制造业增长20.1%，汽车制造业增长30.0%，黑色金属矿采选业增长14.4%，开采辅助活动增长11.7%，酒、饮料和精制茶制造业增长13.4%，纺织业增长8.6%，有色金属矿采选业增长20.0%，化学纤维制造业增长17.7%，家具制造业增长9.5%，石油加工、炼焦和核燃料加工业增长10.0%，金属制品业增长10.3%。

从主要产品产量看，汽油产量比上年增长13.6%，天然气下降0.2%，发电量增长23.8%，铁矿石增长17.3%，成品钢材增长21.1%，水泥增长7.2%，白酒增长9.8%，化学药品原药增长1.3%，汽车增长101.8%，电子计算机整机增长34.5%。

全年规模以上工业企业实现主营业务收入35251.8亿元，增长13.1%。实现利税总额3988.7亿元，增长2.3%。盈亏相抵后实现净利润2168.4亿元，增长1.0%。其中，国有控股工业企业实现净利润543.6亿元，下降2.5%；股份制企业1414.0亿元，下降3.2%；外商及港澳台投资企业394.2亿元，增长28.3%。

全年全社会建筑业增加值2000.5亿元，比上年增长14.5%。年末施工总承包和专业承包建筑企业3916个，实现利税总额475.9亿元，增长15.3%。房屋建筑施工面积49382.8万平方米，增长28.1%；房屋建筑竣工面积18294.2万平方米，增长16.2%，其中住宅竣工面积13667.4万平方米，增长18.3%。

表 2　2013 年主要工业产品产量及其增长速度

产品名称	单　位	绝对数	比上年增长（%）
汽油	万吨	74.1	13.6
天然气	亿立方米	213.1	-0.2
发电量	亿千瓦小时	2448.3	23.8
生铁	万吨	2011.4	20.5
十种有色金属	万吨	78.4	-3.3
钢	万吨	2424.7	28.8
成品钢材	万吨	2785.2	21.1
农用氮磷钾化学肥料	万吨	440.0	0.9
配混合饲料	万吨	1322.6	13.5
食用植物油	万吨	134.7	-1.3
卷烟	亿支	998.7	2.0
啤酒	万千升	238.3	21.5
白酒	万千升	336.4	9.8
布	亿米	17.2	20.3
纱	万吨	90.2	11.5
化学纤维	万吨	94.2	33.6
彩色电视机	万台	991.6	-3.6
家用电冰箱	万台	89.7	30.4
房间空气调节器	万台	139.7	29.1
水泥	万吨	13897.1	7.2
汽车	万辆	80.7	101.8
电子计算机整机	万台	5916.2	34.5

四、固定资产投资

全年完成全社会固定资产投资 21049.2 亿元，比上年增长 16.7%。其中，民间投资 11507.3 亿元，增长 19.3%。分产业看，第一产业投资 575.4 亿元，增长 30.5%；第二产业投资 7103.4 亿元，增长 8.8%，其中工业投资 7051.0 亿元，增长 9.1%；第三产业投资 13370.3 亿元，增长 20.8%。

全年房地产开发投资 3853.0 亿元，比上年增长 18.0%。商品房施工面积 32165 万平方米，增长 7.7%。商品房销售面积 7312.8 万平方米，增长 13.3%。

五、国内贸易及旅游

全年社会消费品零售总额 10355.4 亿元，比上年增长 13.9%。按经营地分，城镇消费品零售额 8319.8 亿元，增长 13.7%；乡村消费品零售额 2035.7 亿元，增长 14.9%。

全年限额以上企业（单位）实现消费品零售额 5474.0 亿元，比上年增长 14.7%，其中商品零售额 5023.9 亿元，增长 15.9%。在限额以上企业（单位）商品零售额中，粮油、食品、饮料、烟酒类增长 24.2%，服装、鞋帽、针纺织品类增长 13.4%，日用品类增长 18.9%，化妆品类增长 17.6%，金银珠宝类增长 15.5%，家用电器和音像器材类增长 21.0%，家具类增长 23.4%，建筑及装潢材料类增长 7.4%，汽车类增长 17.1%，石油及制品类增长 10.2%。

全年接待国内旅游者 4.9 亿人次，比上年增长 12.1%；国内旅游收入 3830.0 亿元，增长 18.6%。接待入境旅游者 209.6 万人次，下降 7.8%；实现旅游外汇收入 7.6 亿美元，下降 4.3%。全省累计出境游客总人数为 74.2 万人，增长 10.4%。全年实现旅游总收入 3877.4 亿元，增长 18.2%。

六、对外经济

全年实际利用外资 105.7 亿美元，比上年增长 0.2%。新批外商直接投资企业 288 家，累计批准 10192 家。外商投资实际到位资金 103.6 亿美元，增长 5.0%。落户四川的境外世界 500 强企业 200 家。年末驻川外国领事机构 10 家。

全年对外承包工程和劳务合作新签合同金额 36.1 亿美元，完成营业额 63.4 亿美元，比上年增长 11.5%。境外投资企业累计 387 家。

全年履约的国内省外投资项目 9410 个，实际到位国内省外资金 8697.5 亿元，比上年增长 11.6%。

全年进出口总额 645.9 亿美元，比上年增长 9.2%。其中，出口额 419.5 亿美元，增长 9.1%；进口额 226.4 亿美元，增长 9.5%。

全年以加工贸易方式进出口 271.6 亿美元，比上年下降 5.4%，占全省进出口总额的 42.1%；以一般贸易方式进出口 272.4 亿美元，增长 14.3%，占全省进出口总额的 42.2%。高新技术产品进出口 328.7 亿美元，增长 10.3%，占全省进出口总额的 50.9%。

七、交通、通信和邮电

全年公路、铁路、航空和水路等运输方式完成货物周转量 2437.5 亿吨公里，比上年增长 8.1%；完成旅客周转量 1923.6 亿人公里，增长 10.6%。铁路营运里程 3518 公里；高速公路通车里程 5046 公里；内河港口年集装箱吞吐能力 26.2 万标箱。

表 3　2013 年公路、铁路、航空和水路运输方式完成运输量

指　　标	单　　位	绝对数	比上年增长%
货物运输周转量	亿吨公里	2437.5	8.1
公路	亿吨公里	1484.8	12.0
铁路	亿吨公里	820.4	0.3
民航	亿吨公里	8.0	14.3
水路	亿吨公里	124.3	20.1
旅客运输周转量	亿人公里	1923.6	10.6
公路	亿人公里	1067.8	6.3
铁路	亿人公里	310.1	2.3
民航	亿人公里	543.0	26.2
水路	亿人公里	2.7	-1.3

全年邮电业务总量 770.2 亿元，比上年增长 11.1%。其中，邮政业务总量 83.3 亿元，增长 15.1%；电信业务总量 686.9 亿元，增长 10.8%。年末拥有局用交换机容量（含接入网）1407 万门；移动电话交换机容量 14821 万户。年末固定电话用户 1314 万户，比上年减少 33 万户；移动电话用户 6283 万户，增加 785 万户。电话普及率 94.4%，其中固定电话普及率 16.3%，移动电话普及率 78.1%。固定互联网用户 835 万户，移动互联网用户数 4333 万户，光缆线路长度 107.2 万公里。

八、财政、金融、证券和保险

全年地方公共财政收入 2784.1 亿元，比上年增长 15.0%，其中税收收入 2103.5 亿元，增长 15.1%。公

共财政支出6194.3亿元，增长13.6%。

年末金融机构人民币各项存款余额47667.3亿元，比上年末增长15.9%。其中，个人储蓄存款余额22597.3亿元，增长16.3%。人民币各项贷款余额29542.7亿元，增长15.6%。其中，中长期贷款余额19389.6亿元，增长12.3%。

年末共有保险公司72家，按业务性质分，有产险公司31家、寿险公司36家、养老险公司3家和健康险公司2家；按资本国别属性分，有中资公司57家，外资公司15家。全年原保险保费收入914.7亿元，比上年增长11.6%。其中，财产险原保险保费收入333.1亿元，增长16.8%；人身险原保险保费收入581.6亿元，增长8.9%。全年支付各项赔款和给付314.6亿元，增长35.1%。其中，财产险赔款支出174.4亿元，增长18.8%，人身险赔付支出140.3亿元，增长63.0%。

年末共有境内外上市公司103家，其中A股90家、H股公司15家（2家A+H两地上市公司）。

年末有证券公司4家、期货公司3家，证券期货经营机构300家，证券投资咨询公司3家。年末有证券投资者账户765.0万户，全年累计实现证券交易额4.0万亿元，比上年增长57.1%；有期货投资者账户5.0万户，累计实现期货交易额15万亿元，增长94.6%。

九、教育和科学技术

年末共有各级各类学校2.5万所，在校生（学历教育）1516.6万人，教职工97.7万人，其中专任教师81.2万人。

年末共有小学7257所，招生95.0万人，在校生526.0万人，小学学龄儿童入学率99.4%；初中3895所，招生87.9万人，在校生271.7万人；特殊教育119所，招生8230人，在校生4.4万人；普通高中735所，招生51.2万人，在校生151.6万人；中等职业教育595所，招生53.1万人，在校生130.2万人。职业技术培训机构5261个，职业技术培训注册学员252.6万人次。

年末共有普通高校103所。普通本（专）科招生37.7万人，下降1.2%；在校生127.1万人，增长3.8%；毕业生31.8万人，增长11.2%。研究生培养单位42个，招生2.8万人，在校生8.8万人，毕业生2.4万人。成人高等学校17所，成人本（专）科在校生36.9万人；成人中学42所，在校生2.2万人；参加学历教育自学考试80.3万人次。

年末在川国家级重点实验室12个、省部级重点实验室158个，国家级工程技术研究中心16个、省级工程技术研究中心120个。全省有中国科学院院士26人、中国工程院院士33人。全年共申请专利82453件，专利授权46171件，其中新增专利实施项目8406项；行政机关立案处理专利案件533件，审理结案509件。

全年认定高新技术企业1800家；国家级农业科技园区4个；国家创新型（试点）企业26家，其中创新型企业14家，创新型试点企业12家。认定省级创新型企业1154家；重点产业技术创新联盟30个，其中国家试点联盟2个，国家重点培育联盟1个；国家备案联盟7个。全年共登记技术合同12799项，成交金额172.0亿元。完成省级科技成果登记2018项。

十、文化、卫生和体育

年末全省文化系统内艺术表演团体57个，艺术表演场所48个，文化馆207个，文化站4595个，公共图书馆194个。国家级文化产业示范基地13个，省级文化产业示范基地33个。

年末共有博物馆153个，文物保护管理机构170个，全国重点文物保护单位230处，省级文物保护单位1062处，市、县级文物保护单位3035处。全省博物馆纪念馆免费开放工作进入常态，全年接待观众3454万人次。国家级非物质文化遗产名录120项，省级非物质文化遗产名录460项。

年末无线广播电台1座，电视台1座，广播电视台165座，中短波发射台和转播台36座。广播综合覆盖率97.0%，比上年提高0.2个百分点；电视综合覆盖率97.9%，比上年提高0.1个百分点。有线电视用户1419.9万户。

全年出版地方报纸137种，出版量17.7亿份；出版期刊366种，出版量9077万册；出版图书8733种，出版量28952万册；出版音像制品98种，电子出版物456种。档案馆239个，其中国家综合档案馆203个。国家综合档案馆全年向社会开放各类档案557.1万卷。

年末全省医疗卫生机构76724个，其中医院1715个，基层医疗卫生机构74192个；床位42.5万张，卫生技术人员41.3万人，其中执业医师13.8万人，执业（助理）医师3.4万人，注册护士15.1万人。妇幼保健机构201个，执业医师和执业助理医师0.5万人，注册护士0.6万人；乡镇卫生院4606个，执业医师和执业助理医师3.6万人，注册护士1.8万人。

全年新增省级卫生城市（县城）11个；农村自来水普及率、卫生厕所普及率分别比上年提高1.7和2.6个百分点。全年甲、乙、丙类传染病发病率350.1/10万。

新型农村合作医疗制度覆盖全部涉农县（市、区），全年参合率99.2%，比上年提高0.5个百分点。住院费用实际补偿比提高到62.5%。基本药物上网采购率98.7%。法定传染病报告发病率连续7年低于全国平均水平。孕产妇死亡率、婴儿死亡率和5岁以下儿童死亡率持续下降，分别降至26.2/10万、9.1‰和11.8‰。

全年省优秀运动队获世界级比赛金牌6枚、银牌8枚、铜牌11枚；获亚洲级比赛金牌19枚、银牌4枚、铜牌8枚；获全国比赛金牌13枚、银牌26枚、铜牌27枚。全年体育彩票销售额36.1亿元，下降5.0%，共筹集公益金10.5亿元。年末国家级高水平后备人才基地15所、省级18所，市（县）级业余训练重点单位30所；国家级青少年体育俱乐部243个。共建设全民健身路径7082条，当年新建1382条。实施体育“十项惠民行动”，新建农民体育健身工程3014个。

十一、环境保护和安全生产

全年省级资金扶持新能源、节能环保产业领域发展项目共计53个，支持资金3.7亿元。省工业节能专项资金支持节能节水示范和绿色低碳发展重大项目83个，实现节能28.3万吨标准煤，节水1535万立方米，综合利用固体废弃物803万吨。

全年安排环保专项资金7.9亿元，10户重点工业污染企业按期完成民生工程限期治理任务，城市污水处理率为81.9%，垃圾处理率为90.3%，32条重点小流域治理全面展开，依法划定了15个城市的集中式饮用水水源保护区。

年末全省自然保护区167个，面积84150平方公里，占全省土地面积的17.3%。国家级生态县（区）7个，省级生态县（市、区）34个。

全年发生生产经营性安全事故2674起、死亡1478人，比上年减少418起、187人，分别下降13.5%和11.2%。自2001年以来事故死亡人数持续保持下降态势。全年亿元地区生产总值生产安全事故死亡0.13人，下降13.3%；工矿商贸十万就业人员生产安全事故死亡1.73人，下降21.4%；道路交通万车死亡2.15人，下降8.5%；煤炭生产百万吨死亡0.967人，下降56.2%。

十二、人口

据2013年人口变动抽样调查资料测算，全年出生人口80.1万人，人口出生率9.9‰；死亡人口55.8万人，人口死亡率6.9‰；人口自然增长率3.0‰。年末常住人口8107万人，比上年末增加30.8万人。其中，城镇人口3640万人，乡村人口4467万人，城镇化率44.9%，比上年提高1.37个百分点。

十三、人民生活和社会保障

全年城镇居民人均可支配收入 22368 元，比上年增长 10.1%。其中，工资性收入 14976 元，增长 5.1%。人均消费性支出 16343 元，增长 8.6%。其中，居住支出增长 2.9%，家庭设备用品及服务支出增长 9.0%，交通和通讯支出增长 12.3%。城镇居民恩格尔系数 39.6%。

全年农村居民人均纯收入 7895 元，比上年增加 894 元，比上年增长 12.8%。其中，工资性收入 3543 元，增收 454 元，增长 14.7%；家庭经营纯收入 3321 元，增收 316 元，增长 10.5%；财产性纯收入 202 元，增收 36 元，增长 21.4%；转移性纯收入 829 元，增收 88 元，增长 11.9%。农村居民人均生活消费支出 6127 元，增长 14.2%。其中，居住消费支出增长 20.2%，家庭设备用品消费支出增长 25.0%，交通和通讯支出增长 38.4%，医疗保健消费支出增长 11.9%。农村居民恩格尔系数 43.5%。

年末参加城镇职工基本养老保险人数 1720.6 万人，参加城乡居民养老保险人数 3001.6 万人，参加城镇基本医疗保险人数 2490.9 万人，参加失业保险人数（不含失地农民）604.4 万人，参加工伤保险职工 690.1 万人，参加生育保险职工 689.1 万人。

全年纳入城市低保人员 183.5 万人，农村低保人数 438.6 万人，城市和农村最低生活保障人均补助水平分别比上年提高 17 元和 10 元。符合条件的五保供养对象全部纳入供养范围，集中供养五保人数 26.6 万人，集中供养率 52.1%。养老服务设施总床位数 33.6 万张，其中新建、改扩建农村中心敬老院 73 所，新增床位 5525 张。建立城镇社区服务中心（站）2940 个。销售福利彩票 61.5 亿元，直接接受社会捐赠 6.9 亿元。

十四、民族自治地方经济

民族自治地方（包括阿坝藏族羌族自治州、甘孜藏族自治州、凉山彝族自治州和北川羌族自治县、峨边彝族自治县、马边彝族自治县）全年实现地区生产总值（GDP）1742.6 亿元，增长 10.3%。其中，第一产业增加值 336.0 亿元，增长 4.6%；第二产业增加值 889.3 亿元，增长 14.6%；第三产业增加值 517.3 亿元，增长 6.5%。三次产业结构由上年的 19.6: 50.4: 30.0 调整为 19.3: 51.0: 29.7。

全年实现全部工业增加值 674.9 亿元，比上年增长 13.2%；全社会固定资产投资 1866.4 亿元，增长 11.1%；社会消费品零售总额 521.8 亿元，增长 13.7%。全年农民人均纯收入 6844 元，增长 15.3%；城镇居民人均可支配收入 21803 元，增长 10.0%。

十五、扩权试点县（市）经济

全年 59 个扩权试点县（市）累计实现地区生产总值（GDP）8874.5 亿元，增长 10.3%，增速比全省平均水平高 0.3 个百分点。其中，第一产业增加值 1866.7 亿元，增长 3.7%；第二产业增加值 4755.7 亿元，增长 12.6%；第三产业增加值 2252.1 亿元，增长 10.5%。三次产业结构由上年的 21.9: 53.5: 24.6 调整为 21.0: 53.6: 25.4。非公有制经济增加值 5272.3 亿元，增长 12.7%，占 GDP 的比重由上年的 58.3%上升到 59.4%，提高 1.1 个百分点。

全年实现全部工业增加值 4120.0 亿元，比上年增长 11.6%，规模以上工业增加值增长 11.6%，增速比全省高 0.5 个百分点。全社会固定资产投资 6536.3 亿元，增长 22.3%；社会消费品零售总额 3245.6 亿元，增长 14.3%。全年城镇居民人均可支配收入 20668 元，增长 10.5%；农民人均纯收入 8357 元，增长 13.4%。年末城乡居民储蓄存款余额 7148.8 亿元，增长 17.1%。

注：

1. 公报中各项数据为初步统计数，正式数据以《四川统计年鉴-2014》为准。部分数据因四舍五入的原因，存在着与分项合计不等的情况。

2. 公报中地区生产总值、各产业增加值绝对数按当年价格计算，增长速度按可比价格计算。

3. 公报中林业、渔业、农业机械化、交通运输、邮政、电信、金融、旅游、对外贸易、财政、保险、证券、教育、科技、文化、卫生、体育、环境保护、安全生产和社会保障等数据来源于相关部门。

2013年四川城乡居民收入稳步增长 物价总水平运行平稳

2013年，面对国际国内错综复杂的宏观经济形势，四川牢牢把握“科学发展、加快发展”的工作基调，深入实施“三大发展战略”，努力克服“4.20”芦山强烈地震和特大洪灾等极端自然灾害的影响，全省经济保持平稳较快增长，农业实现丰收增产，城乡居民收入保持稳步增长，物价总水平运行平稳。

一、农业实现稳步增产

全省各地高度重视农业生产发展，认真贯彻中央“三农”工作会议精神，积极落实强农惠农政策，进一步加大对农业生产投入力度，农业实现稳步发展，全年粮食获得丰收，以生猪为主导的畜牧业生产总体稳定。

（一）粮食实现“七连增”

各地不断加大投入，深化高产创建，科学防灾减灾，千方百计弥补夏粮减产损失，狠抓秋粮生产，促进全年粮食丰收增产。据国家统计局反馈，2013年四川全年粮食播种面积9704.9万亩，比上年扩大2.6万亩，略增0.03%；粮食单产349公斤/亩，比上年提高2.2%；全年粮食总产量3387.1万吨（677.4亿斤），比上年增产72.1万吨（14.4亿斤），增长2.2%。四川粮食总产量列全国第6位，增产量列全国第9位，增产幅度列全国第13位。

其中，全省夏收粮食总产量达575.5万吨（115.1亿斤），比上年减产12.1万吨（2.4亿斤），减少2.1%。秋收粮食总产量达2811.6万吨（562.3亿斤），比上年增产84.2万吨（16.8亿斤），增长3.1%。秋粮丰收为实现全年四川粮食增产贡献了主要力量。

（二）畜牧业生产稳步发展

受H7N9疫情、高温高热、洪涝灾害、生产周期、消费政策及养殖成本等综合因素影响，四川畜牧业尤其生猪生产面临复杂形势，但全年畜牧业生产仍整体保持稳定发展的良好局面，存栏出栏双双增加，市场价格趋于稳定，消费需求有所好转，养殖户普遍盈利，信心明显增强。调查数据显示，2013年生猪存栏5147.8万头，同比增长0.3%，其中能繁母猪存栏508.8万头，增长0.7%。全年生猪出栏7330.0万头，同比增长2.2%；牛出栏262.2万头，增长3.2%；羊出栏1615.4万只，增长3.4%；家禽出栏63774.7万只，增长2.9%。猪牛羊禽肉类总产量658.0万吨，增长2.4%。

二、物价总水平基本稳定

2013年，四川牢牢把握中央提出的稳中求进的总基调，认真贯彻稳增长、调结构、促改革的一系列政策措施，保持了全省物价运行的基本稳定，实现了调控目标。

（一）居民消费价格涨幅温和

在宏观经济平稳运行的背景下，四川居民消费价格走势平稳，全年CPI同比上涨2.8%，虽然较上年高0.3个百分点，但明显低于3.5%的调控目标。

从内部结构来看，呈现“六涨一平一跌”态势。涨幅排前三的分别是食品类、居住类、医疗保健和个人用品类，下跌的是烟酒类，交通和通信类持平。全年食品类价格上涨4.8%，对总指数影响程度约52.7%，不论涨幅还是对居民消费价格总指数的影响程度，均继续居八大类商品及服务价格之首，仍是2013年物价上涨的第一推手。其中，与居民生活息息相关的主副食品价格多数上涨，鲜菜价格上下波动较大，鸡蛋价格同比上涨 6.6%，涨幅较大，猪肉价格与上年持平。服务项目上涨成为影响物价总水平上涨新的重要因素，全年四川服务项目价格上涨 3.4%，对总指数影响程度 36.2%。

从全国的情况来看，四川物价涨幅略高于全国。2013 年，四川居民消费价格总水平上涨 2.8%，比全国高 0.2 个百分点，主要是四川翘尾因素影响和新涨价因素影响均比全国高出 0.1 个百分点所致。2013 年四川 CPI 涨幅在全国居第 15 位。分省区市看，涨幅最高的前三位是青海、新疆和西藏，分别为 3.9%、3.9%、3.6%；涨幅最低的三位是黑龙江、山东和广西，均为 2.2%。四川在西南五省区市中，位居第三，即低于西藏（3.6%）、云南（3.1%），高于重庆（2.7%）、贵州（2.5%）。

（二）工业生产者价格低位运行

2013 年四川工业生产者价格承接上年走势，继续在低位区间运行，但是总体呈现出逐渐回升趋势，出厂价格（PPI）同比下跌 1.3%，跌幅比去年收窄 0.1 个百分点，购进价格（IPI）运行平稳，同比下跌 0.8%。整体表明四川工业产品市场有效需求逐步回升，工业企业生产动力开始增加，企业经营与上半年相比有所改善。

轻重工业价格有所回升。全年四川轻工业产品价格上涨 0.2%，涨幅比前三季度扩大 0.1 个百分点；重工业产品出厂价格全年下跌 2.0%，跌幅比前三季度收窄 0.4 个百分点。在重工业三大行业门类中，采掘工业跌幅收窄幅度最大，采掘工业全年下跌 2.5%，跌幅比前三季度收窄 0.8 个百分点，原料工业、加工工业分别下跌 1.5%、2.1%，跌幅与前三季度相比均收窄 0.3 个百分点。

生产资料价格回升速度快于生活资料。生产资料出厂价格下跌 1.8%，跌幅比前三季度收窄 0.3 个百分点；生活资料价格下跌 0.1%，跌幅比前三季度收窄 0.2 个百分点。生产资料价格回升速度快于生活资料。

九大类原材料购进价格大部份趋涨。涨幅扩大的主要有燃料动力类、建筑材料及纺织原料类，全年分别上涨 0.5%、0.5%、0.7%；降幅收窄的主要有黑色金属材料类，全年下跌 6.0%；整体持平的分别是农副产品类和木材及纸浆类。

四川 PPI 走势好于全国。2013 年，四川 PPI 下跌 1.3%，跌幅低于全国 0.6 个百分点。四川 PPI 在全国由高到低排位列第 7 位，仅次于西藏、海南、湖北、辽宁、广东和吉林省。

三、城乡居民收入稳步增长

在四川宏观经济保持平稳运行和省委省政府惠民政策的推动下，全年四川城乡居民收入稳步增长，继续保持良好势头。

（一）城镇居民收入实现稳步增长

2013 年全省城镇居民人均可支配收入 22368 元，比上年名义增长 10.1%，比全国平均水平高 0.4 个百分点，扣除价格因素实际增长 7.1%。其中，城镇就业人口增加和工资标准的上调，促进实现人均工资性收入 14976 元，增长 5.1%；各地强化政策扶持，鼓励自主创业，优化发展环境，城镇居民经营性收入实现 2287 元，增长 13.3%；居民理财意识和资产保值增值意识不断增强，家庭财产性收入 784 元，增长 23.7%；积极落实惠民政策，转移支付力度不减，转移收入实现 5847 元，增长 7.7%。

（二）农民现金收入较快增长

全年四川农民人均纯收入 7895 元，比上年名义增长 12.8%，比全国平均水平高 0.4 个百分点；扣除价格因素实际增长 9.7%。其中，农村劳动力就业形势稳定，工资性收入增长较快，实现收入 3543 元，同比增长 14.7%；农业生产丰收，家庭经营二三产业发展较快，促进经营性纯收入实现 3321 元，增长 10.5%；惠农政策力度不断加大，转移性收入稳定增长，实现收入 829 元，增长 11.9%；另外各地加快土地流转，实现财产性收入 202 元，增长 21.4%。

四、制造业稳步扩张，非制造业业务活动加快

四川采购经理调查结果显示，2013 年 12 月份，在企业新订单增长和生产增速加快的带动下，四川制造业 PMI 为 51.5%，环比上升 0.7 个百分点，连续 4 个月运行于荣枯线上方，并创下 20 个月以来的新高，经济继续稳步扩张。而非制造业在春节节日效应的拉动下，业务活动也有所加快。12 月，四川非制造业商务活动指数为 52.8%（未经季节因素调整），环比上升 3.4 个百分点。

从内部结构来看，11 项分类指数“六升一平四降”。其中，新订单指数为 52.6%，环比上升 1.4 个百分点，连续 4 个月扩张；生产指数为 54.2%，环比上升 0.6 个百分点，连续 5 个月扩张；采购量指数为 53.6%，环比上升 1.6 个百分点。主要原材料购进价格指数为 54.0%，与上个月持平。

从行业来看，超过半数行业表现为扩张状态。调查涉及的 20 个大类行业中，农副食品加工业等 13 个行业处于扩张状态，扩张行业个数较上月增加 2 个。

从四大产业来看，多数产业保持扩张态势。监测的四大重要产业中，高耗能产业继续收缩，但有所改善，其余三大产业则保持扩张态势。其中，消费品产业的 PMI 为 54.8%，较上个月上升 2.6 个百分点；高新技术制造产业为 52.8%，环比上升 0.9 个百分点，在荣枯线上方继续走高，产业扩张态势得到进一步巩固；装备制造业为 51.6%，环比虽微幅下降 0.1 个百分点，但继续运行于荣枯线上方，产业发展情况总体仍然较好；高耗能产业的 PMI 为 48.7%，环比回升 0.4 个百分点，连续 10 个月运行于荣枯线下。

从与全国比较来看，四川情况与全国基本相当。2013 年 12 月份，中国制造业 PMI 为 51.0%，环比下降 0.4 个百分点，连续 15 个月位于荣枯线之上，显示中国制造业经济继续保持增长，但业务活动的扩张速度较为平缓。与全国对比，四川制造业 PMI 高于全国 0.5 个百分点，表明四川制造业经济发展情况与全国基本相当。

五、2013 年经济运行需关注的几大问题

（一）当前企业发展面临的问题尚多

四季度调查显示，当前全省企业生产经营中面临的主要问题中，选择资金紧张的企业比重为 48.6%，环比上升 0.7 个百分点；选择劳动力成本上涨的企业比重为 44.8%，环比上升 0.4 个百分点；选择订单不足的企业比重为 38.0%，环比下降 2.3 个百分点；选择运输成本上升的企业比重为 37.7%，环比上升 6.7 个百分点。同时，还有 22.8%的企业选择原材料价格上涨，13.9%的企业选择劳动力供应不足。制造业中，通用设备制造业、黑色金属冶炼及压延加工业、化学原料和化学制品制造业等 8 个行业反映资金紧张现象较为普遍；纺织业、计算机通信和其他电子设备制造业、通用设备制造业等 7 个行业反映劳动力成本上涨的问题较为突出；酒饮料和精制茶制造业、专用设备制造业、黑色金属冶炼及压延加工业等 6 个行业反映订单不足的情况较为严重。

（二）宏观经济升级换挡调速对城乡居民增收形成一定制约

从国内来看，新一届政府更加注重经济发展的转方式、调结构，更加注重经济增长的质量和效益，而这势必会影响短期内的经济增速，特别是国内部分产能过剩的行业将面临着调整转型，部分传统制造业盈利增长依旧艰难。从省内来看，四川经济已保持连续 5 年的高速增长，2013 年经济增速有所放缓并逐步回落，特别是 2014 年省委省政府主动调低 GDP 增长预期目标，以留出更多加快经济结构调整的余地和空间，宏观经济升级换挡，增速放缓已势不可挡，在此背景下，全省城乡居民收入要继续保持较快增长的难度更大。

2013 年四川城镇居民收入与消费平稳增长

2013 年，全省大力实施“三大发展战略”，统筹推进稳增长、调结构、促改革、惠民生等各项工作，在全省经济保持较快增长支撑下，全省城镇居民收入平稳增长。全年城镇居民人均可支配收入达到 22368 元，比 2012 年增加 2061 元，增长 10.1%，扣除价格因素，实际增长 7.1%。

一、城镇居民收入增长的总体特点

（一）总量平稳增长，增速低开高走、逐季回升

从总量看，全年城镇居民可支配收入保持了平稳增长态势，同比增加 2061 元，增长 10.1%。

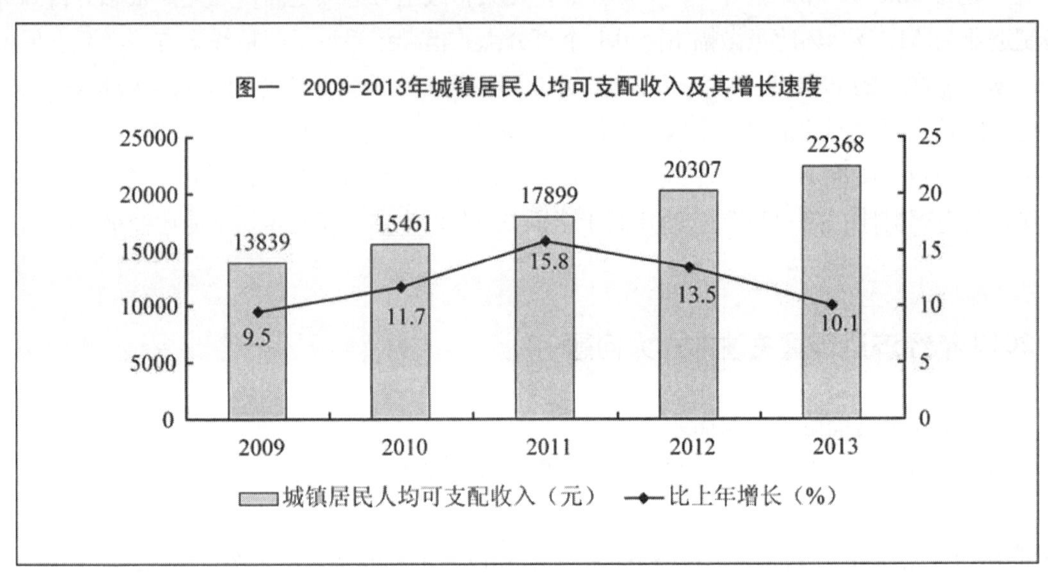

从增速看，全年城镇居民收入低开高走、逐季回升。分季度来看，一季度增长 9.1%，上半年增长 9.4%，前三季度增长 9.8%，全年增长 10.1%。

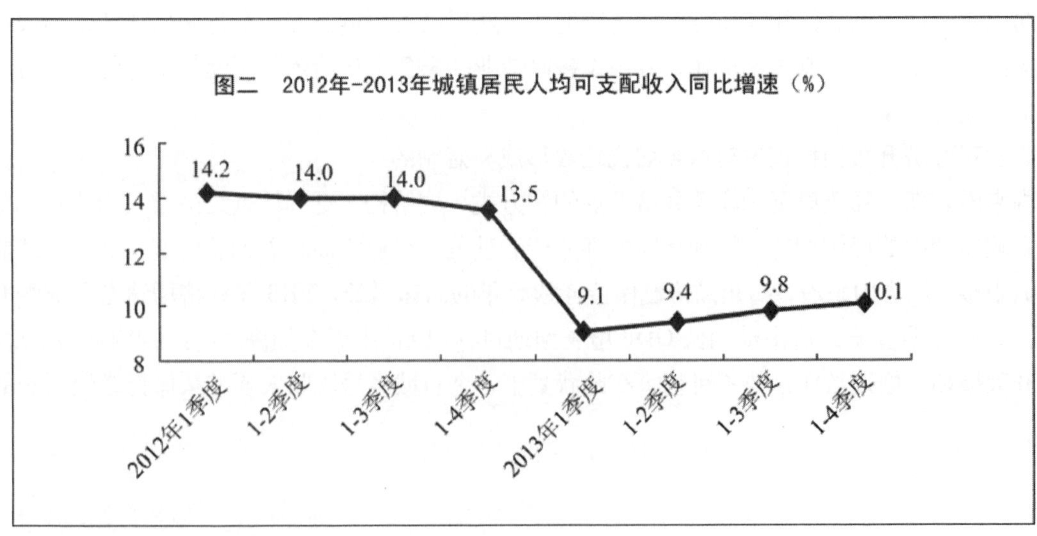

（二）增幅高于全国平均水平

与全国增速相比，四川城镇居民人均可支配收入名义增速快 0.4 个百分点，实际增速快 0.1 个百分点。

在全国31个省（市）中，四川城镇居民人均可支配收入总量居第22位，名义增速居第11位。

（三）增速回落

全年全省城镇居民人均可支配收入虽然保持了平稳增长，但增速有所放缓，比2012年回落了3.4个百分点。其中工资性收入增速回落7.2个百分点，经营净收入回落7.5个百分点，转移性收入回落5.2个百分点。

二、城镇居民收入增长变动特点及原因

（一）工资性收入稳定增长

人均工资性收入14976元，比2012年增加727元，增长5.1%，占家庭总收入的比重62.7%，对总收入的贡献率46.4%，工资性收入依然是城镇居民收入主要来源。工资性收入增速同比虽然回落，但对总收入的贡献仍然最大。拉动居民工资性增长的主要原因是就业人口增加，工资标准提高。从2013年7月1日起，全省再次上调了最低工资标准，月最低工资平均上调幅度为19.9%。小时最低工资平均上调幅度为19.7%。还有，全省盈利企业职工工资和福利待遇不同程度提高，城镇新就业人员继续增加，这些因素促进了居民工资性收入稳定增长。

（二）经营净收入小幅增长

人均经营净收入为2287元，比2012年增加269元，增长13.3%，占总收入比重13.3%，对总收入的贡献率为17.2%。主要原因是政府扶持力度加大，小微企业发展势头良好。全省各级政府以促进就业和改善民生为目标，强化政策扶持，鼓励自主创业，优化发展环境，全省城镇个体和私营企业从业人员不断增加，促进了城镇居民经营净收入大幅增长。同时，国家为扶持个体、私营经济发展出台了一系列优惠政策，特别是不断深化小微企业在创业、融资、技术、人才等方面的政策扶持，如从今年8月1日起，国家对小微企业中月销售额不超过2万元的增值税小规模纳税人和营业税纳税人，暂免征收增值税和营业税，有利于降低企业经营成本，扩大收入来源。

（三）财产性收入增速最快

人均财产性收入为784元，比2012年增加150元，增长23.7%，占家庭总收入比重3.3%，对总收入的贡献率为9.6%。城镇居民在收入不断增加，财富不断累积的同时，理财意识和资产保值增值意识也不断增强，家庭财产性收入得到了高速增长。其中，最突出的是房屋出租和购买理财产品，人均收入分别达到了425元和141元。

（四）转移性收入平稳增长

人均转移性收入为5847元，比2012年增加420元，增长7.7%，占总收入比重24.5%，对总收入的贡献率为26.8%。在经济稳中有增、稳中向好的形势下，国家和地方出台了一系列惠民政策，年内对城镇职工退休金标准和养老金标准继续提高，对城镇低收入群体的保障水平继续提升，直接拉动了转移性收入的稳步增长。如从2013年1月1日起，全省515万城镇退休职工月人均提高养老金169元，增长12.4%，月人均基本养老金达到1525元。

表一　2013年四川城镇居民人均收入情况

	2013年	增速（%）	构成（%）	拉动总收入增长（个百分点）	对总收入增长贡献率（%）
家庭总收入	23894	7.0	100		
其中：可支配收入	22368	10.1			
1.工资性收入	14976	5.1	62.6	3.2	46.4
2.经营净收入	2287	13.3	9.6	1.2	17.2
3.财产性收入	784	23.7	3.3	0.7	9.6
4.转移性收入	5847	7.7	24.5	1.9	26.8

三、消费变动情况分析

随着收入的不断增加，全省城镇居民消费支出稳步增长，消费领域进一步拓宽。2013 年城镇居民家庭人均生活消费性支出达到 16343 元，比上年同期增长 1293 元，增长 8.6%，扣除价格因素，实际增长 5.6%。从居民生活八大类消费看，城镇居民消费增长最快的前三类分别是：医疗保健支出、教育文化娱乐服务支出和交通和通讯支出，分别增长 31.9%、18.3%和 12.3%。

表二　2013 年城镇居民消费支出

	2013 年（元）	2012 年（元）	比上年±（元）	增长±（%）
消费支出	16343	15050	1293	8.6
一、食品	6472	6074	398	6.6
二、衣着	1728	1651	77	4.7
三、居住	1322	1284	38	2.9
四、家庭设备用品及服务	1197	1098	99	9.0
五、医疗保健	1019	773	246	31.9
六、交通和通信	2186	1947	239	12.3
七、教育文化娱乐服务	1878	1587	291	18.3
八、其他商品和服务	543	636	-93	-14.6

（一）消费呈现“七升一降”态势

从构成消费支出的八大项看，全年城镇居民人均食品支出为 6472 元，增长 6.6%；衣着支出为 1728 元，增长 4.7%；居住支出 1322 元，增长 2.9%；家庭设备用品及服务支出 1197 元，增长 9.0%；医疗保健支出 1019 元，增长 31.9%；交通和通信支出为 2186 元，增长 12.3%；教育文化娱乐服务支出为 1878 元，增长 18.3%；其他商品和服务支出 543 元，下降 14.6%。

（二）食品支出稳定增长

在价格和改善饮食结构等因素影响下，全年城镇居民人均食品支出 6472 元，比 2012 年增加 398 元，增长 6.6%，恩格尔系数为 39.6%，比 2012 年下降了 0.8 个百分点。

（三）医疗保健支出增长最快

随着生活水平提高，居民对健康更加关注，同时人口老龄化推动医疗保健需求增长，全年城镇居民人均医疗保健支出为 1019 元，同比增长 31.9%。

（四）教育文化娱乐用品及服务支出上涨比较明显

子女教育一直是家长们关注的重点，城镇居民家庭用于义务教育之外的教育投入增长迅速。除教育外，团体旅游等支出也实现较快增长。在这两个因素的主要拉动下，全年城镇居民人均教育文化娱乐用品及服务支出达到 1878 元，同比增长达到 18.3%。

（五）消费结构继续改善

消费内部结构继续从生存型向发展与享受型转变。随着城镇居民生活水平的日益提高，消费结构优化，生存型消费减少，发展与享受型消费增加。全年全省城镇居民生存型消费（食品、衣着、居住）支出占消费支出总比重为 58.3%，低于上年同期的 59.9%；而发展、享受型消费（家庭设备用品及服务、交通和通信、文化教育娱乐用品及服务、医疗保健及其他商品和服务）支出占消费支出总比重达到 41.7%，高于上年同期的 40.1%。

四、需要关注的几个问题

（一）宏观经济环境对城镇居民增收形成一定制约

目前全球经济低迷，国内宏观环境复杂严峻，不确定、不稳定、不可持续性因素较多。如有效需求不足、企业经营困难、金融机构贷款增速放慢等，经济运行面临较大的下行压力。在此背景下同，继续在财政上确保民生工程支出压力增加，保障城镇居民工资性收入和转移性收入提高的难度加大。可以预见，中短期内四川城镇居民增收的环境并不十分宽松，收入继续保持大幅增长的困难不小。

（二）工资性收入继续快速增长的动力不足

2013 年四川城镇居民家庭人均总收入 23894 元。其中城镇居民工资性收入 14976 元。城镇居民收入从 2009 年以来，我省连续两次对行政、事业单位规范津补贴，从而拉动工资性收入大幅上涨。但是 2013 年工资性收入构成基本是原有的政策、项目和水平，新增因素不多，城镇居民工资性收入保持较快增长动力不足。

（三）消费快速增长的难度较大

2013 年，四川城镇居民消费支出增长 8.6%，扣除物价上涨因素后实际仅增长 5.6%。八大类消费普遍乏力，即使是增长较快的食品、衣着、教育文化娱乐服务、其他商品和服务等也基本以刚性支出为主，且是在物价推动下“被动”增长的。而中短期内，随着经济增长趋缓和居民收入增幅回落，以及由于社会公共保障产品和服务体系的不够健全完善和缺乏进一步刺激消费的政策和消费产品，促进居民消费快速增长较为困难。

2013 年四川农民收入稳步增加　生活质量逐步提高

2013 年，全省大力实施“三大发展战略”，统筹推进稳增长、调结构、促改革、惠民生等各项工作，在全省经济保持较快增长支撑下，全省农民居民收入实现了较快增长。全年农民人均纯收入 7895 元，比 2012 年增加 894 元，名义增长 12.8%，扣除价格因素实际增长 9.7%。

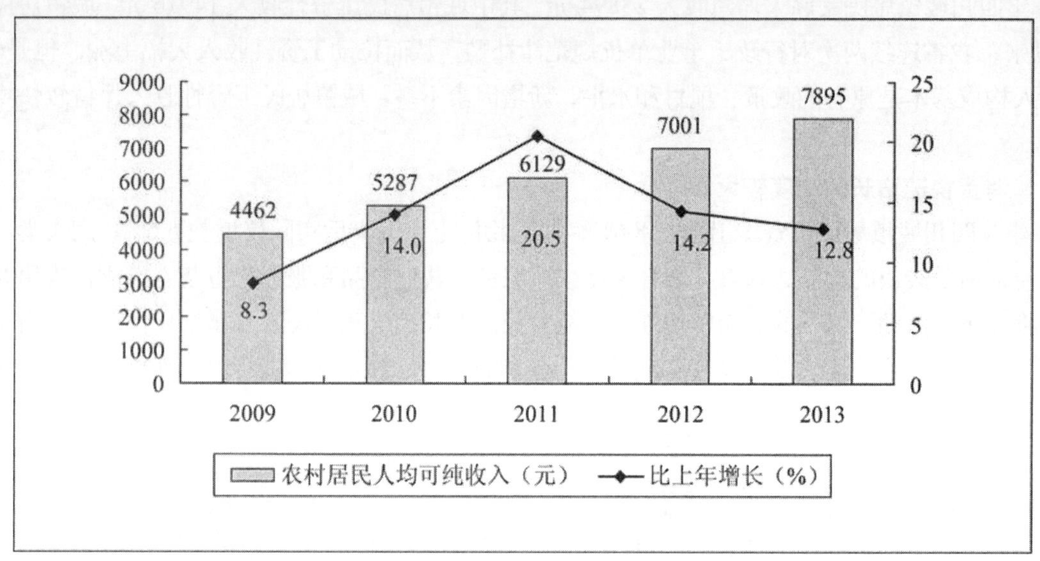

一、农民收入总体特点

（一）收入增速超过城镇，相对差距逐渐缩小

全年农村居民人均纯收入 7895 元，增长 12.8%，增速比城镇居民人均可支配收入快 2.7 个百分点，我省农民收入增幅连续四年超过城镇居民。城乡居民收入相对差距逐渐缩小，2013 年全省城乡居民收入比为 2.83：1，低于 2012 年的 2.90：1。

（二）收入增速快于全国平均水平

与全国增速相比，四川农民人均纯收入名义与实际增速均快 0.4 个百分点。在全国 31 个省（市）中，四川农民人均纯收入总量居第 21 位，与 2012 年持平；名义增速居第 12 位，比 2012 年上升 1 位。

（三）增速有所放缓

2013 全省农民人均纯收入虽然保持了较快增长，但增速有所放缓，比 2012 年回落了 1.4 个百分点。其中工资性收入和转移性收入增速较上年同期均出现明显回落，工资性收入增速回落 1.8 个百分点，转移性收入回落 17.3 个百分点。

二、2013 年农民收入“四项全增”

2013 年农民收入的四大来源呈现“全增”格局，农民增收呈现出“多轮驱动”的良好格局。

（一）农村劳动力就业形势稳定，工资性收入增长较快

随着全省“4.20”地震恢复重建工作启动，以及全省一系列重大基础设施的大量投入，为务工农民提供了更多就业机会，加之国家最低工资水平的继续提高；农民工资性收入得到了较快发展。2013 年农民人均工资性收入为 3543 元，同比增长 14.7%，占纯收入比重保持最大为 44.9%，对纯收入的贡献率为 50.8%，

拉动纯收入增长 6.6 个百分点。

（二）农业生产形势较好，家庭经营二三产业发展较快

全省依托区域资源优势，建成了一批优势突出、特色鲜明的农产品生产和供给基地，助推了现代农业产业发展和农民收入增长。全年粮食产量 3387 万吨，增长 2.2%，实现了连续七年增产；蔬菜、水果、油料、糖料、烟草等特色效益农业保持较快发展势头；生猪、牛、羊、家畜以及水产品继续得到了大力发展。乡村旅游、乡村二三产业发展旺。人均家庭经营纯收入为 3321 元，同比增长 10.5%，占纯收入比重为 42.1%，对纯收入贡献率 35.4%，拉动纯收入增长 4.5 个百分点。分产业看 ，家庭经营第一产业纯收入 2564 元，同比增长 7.5%；二产业人均纯收入 125 元，同比增长 26.8%；第三产业人均收入 633 元，同比增长 21.3%。

（三）农村产权改革初见成效，财产性收入快速增长

四川农村劳动力外出务工数量大、比例高，加之现代特色农业大力发展，全省农村可流转的土地数量庞大。近年来，全省各地积极探索土地流转的有效形式，加快土地流转力度和速度，农民从转让承包土地经营权的收入开始有了较大增加。人均财产性收入为 202 元，同比增长 21.4%，占纯收入比重为 2.6%，增长速度最快，但因为总量小，对纯收入的贡献率为 3.9%，拉动纯收入增长 0.5 个百分点。

（四）惠农政策力度不断加大，转移性收入稳定增长

2013 年，国家和地方进一步加大财政对农业的投入，筹集并下达粮食直补和农资综合补贴资金 68.34 亿元、农作物和畜牧良种补贴资金 10.88 亿元、农机具购置补贴资金 10 亿元，安排兑现退耕还林、森林生态效益补贴、造林补贴直接补贴资金 33.37 亿元，草原生态奖补政策到户补贴资金 8.59 亿元，切实增加了农民转移性收入。人均转移性收入为 829 元，同比增长 11.9%，占纯收入比重为 10.4%，对纯收入的贡献率为 9.9%，拉动纯收入增长 1.2 个百分点。

2013 年四川农民人均纯收入情况

	2013 年（元）	增加额（元）	增速（%）	构成（%）	拉动纯收入增长个百分点	对纯收入贡献率（%）
农民纯收入	7895	894	12.8	100		
1. 工资性收入	3543	454	14.7	44.9	6.6	50.8
2. 家庭经营收纯入	3321	316	10.5	42.1	4.5	35.4
3. 财产性收入	202	36	21.4	2.6	0.5	3.9
4. 转移性收入	829	88	11.9	10.4	1.2	9.9

三、消费变动情况

由于收入的不断增长，农民消费信心明显增强，消费档次提升。2013 年全省农民人均生活消费支出 6127 元，比上年同期增加 760 元，增长 14.2%，扣除价格因素，实际增长 11.1%。食品、衣着、居住、家庭用品、交通通讯、文教娱乐、医疗保健、其他商服等八大类消费支出分别增长 6.0%、20.3%、20.2%、25.0%、38.4%、8.4%、11.9%、32.0%。

（一）食品消费结构改善

随着农民收入快速增长，农村居民生活质量明显改善，饮食结构继续由“量”的满足转向“质”的提高，主食支出比重逐步下降，膳食结构继续向营养型发展。2013 年农民人均食品消费支出 2665 元，同比增长 6.0%，较去年同期回落 10.3 个百分点，恩格尔系数 43.5%，较去年同期下降 3.3 个百分点。

（二）衣着消费增长较快

农村居民用于衣着的消费支出人均 407 元，增加 69 元，增长 20.3%。农村居民穿着更加注重服装的质地、款式和色彩的搭配，服装的名牌化、时装化和个性化成为人们的一种追求，成衣化倾向也成为衣着消费的主流。

2013 年农村居民生活消费支出

	2013 年（元）	2012 年（元）	比上年±（元）	增长±（%）
生活消费支出	6127	5367	760	14.2
1. 食品消费支出	2665	2514	151	6.0
2. 衣着	407	339	69	20.3
3. 居住	947	787	159	20.2
4. 家庭设备.用品及服务	417	333	83	25.0
5. 交通和通讯	642	464	178	38.4
6. 文化教育.娱乐用品及服务	357	329	28	8.4
7. 医疗保健	557	498	59	11.9
8. 其他商品和服务	135	102	33	32.0

（三）人居环境持续改善

随着新农村建设步伐的加快以及“4.20”庐山地震灾后重建，农村居民的居住条件得到显著改善，近年来部分农民在城镇购置商品房，农村新建住房也大多设施齐全，外部装饰和内部装修质量明显提升。2013 年人均居住消费支出达到 947 元，比上年增加 159 元，增长 20.2%。

（四）家庭设备和用品及服务消费大幅增长

随着收入水平和生活品味的提高，农民对家居生活的环境和质量提出了更高的要求，激发了家庭设备和用品及服务的消费欲望。农民人均家庭设备、用品及服务支出 417 元，增长 25.0%。

（五）交通和通信支出增幅居首位

由于农村交通、通信基础设施的逐步完善，以及汽车、摩托车、智能手机等新产品的不断推出和价格的逐步下降，农村居民交通和通讯消费的选择呈现多样化，用于购买汽车、摩托车、移动电话以及相关费用的支出不断攀升。全年农民人均交通和通信支出 642 元，增长 38.4%。

（六）文教娱乐支出稳步增长

农村居民在不断满足物质消费需求的同时，对文教娱乐等精神追求也逐步增多。农民人均文化教育、娱乐消费支出达到 357 元，比上年增加 28 元，增长 8.4%。

（七）医疗保健支出大幅增长

农村居民健康意识明显增强，医疗保健支出增加迅速。随着农村新型合作医疗制度的全面覆盖，农村医疗条件得到全面改善，以前“小病拖，大病扛，实在不行去药房”的现象明显减少。同时国家基本药物制度的持续推进，一般常用药物的价格有所下降，在一定程度上降低了农民的医疗负担。全年人均医疗保健消费支出 557 元，增加 59 元，增长 11.9%。

（八）时尚消费支出同步增长

2013 年，我省农民其他商品和服务消费支出人均 135 元，比上年增加 33 元，增长 32.0%。其中：人均首饰消费 17 元，同比增长 172%。

四、当前农民增收的制约因素

（一）农民工资性收入增长回落

目前，我省农村劳动力转移输出处于低位，随着农村劳动年龄人口逐渐减少、人口红利日益弱化和我省新型城镇化进程不断加快，全省农村劳动力转移输出规模将呈逐年下降趋势。当前受宏观经济影响，农民工资性收入在经过近两年的快速增长后，已经处于一个较高的平台，加上宏观经济下行压力影响，企业用工成本的承受能力减弱，工资收入仍会刚性增长，但增速较以前明显放缓。

（二）农民家庭经营性现金收入增势减弱

高端白酒、茶叶、花卉等产业受宏观政策环境影响较大，导致相关农产品市场需求不足，农民家庭经营现金收入增势减弱。

（三）转移性收入中新增因素不多

国家惠农政策基本稳定，农民的转移性收入中新增因素不多，主要是原有的一些增收项目，农民转移性收入增幅回落。

2013年四川物价涨幅总体温和

2013年，我省牢牢把握中央提出的稳中求进的总基调，认真贯彻稳增长、调结构、促改革的一系列政策措施，保持了四川物价运行的基本稳定。全年居民消费价格总水平上涨2.8%，明显低于3.5%的调控目标。

一、物价运行主要特征

（一）总体走势平稳

从累计看，全省CPI走势平稳，波动幅度较小，除1月份上涨2.3%外，其余月份均在2.6%-2.8%之间，高低仅相差0.2个百分点（见图1）。

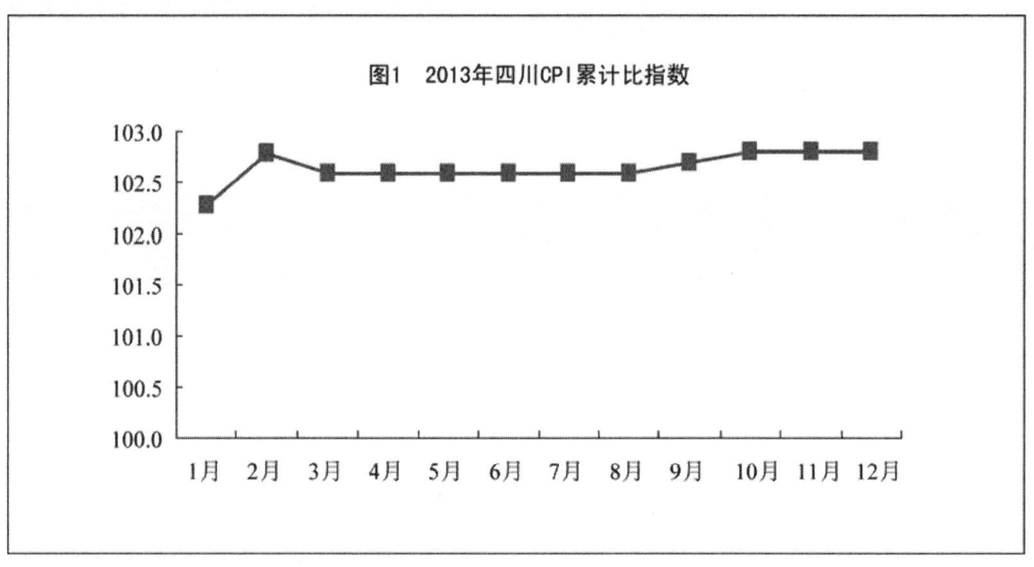

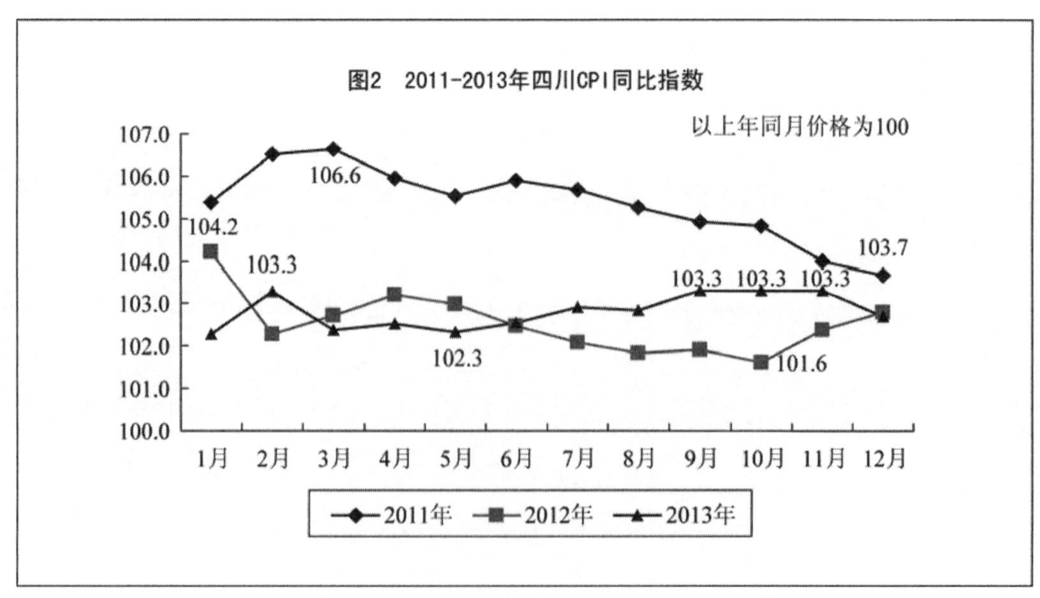

从分月同比看，2 月份四川 CPI 同比上涨 3.3%，达到上半年高点后，3-8 月 CPI 涨幅维持在 2.4%-2.9% 之间；从 9 月开始，CPI 同比涨幅连续三个月达到 3.3%，12 月回落至 2.7%，全年呈现前后相对较高、中间较低的态势。年内涨幅高点和低点分别为 3.3%和 2.3%，高低相差 1 个百分点。而 2011 年高低相差 2.9 个百分点，2012 年相差 2.6 个百分点，显示 2013 年 CPI 波动性较小，走势相对平稳（见图 2）。

（二）CPI 明显低于调控目标

2013 年四川 CPI 上涨 2.8%，涨幅虽然比上年扩大 0.3 个百分点，但比今年 CPI 调控目标低 0.7 个百分点。从分月看，各月同比指数都在调控目标线以下（见图 3）。

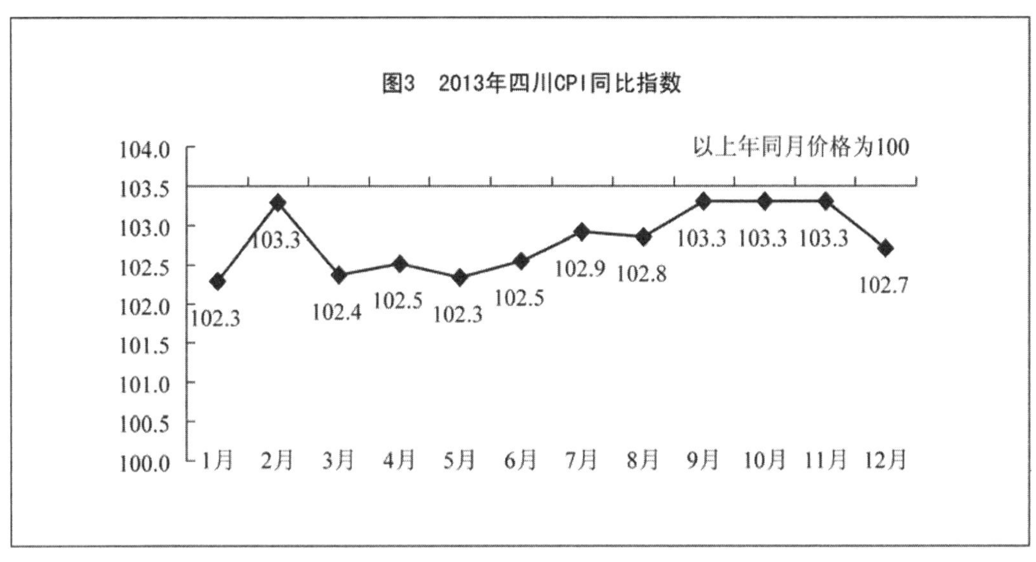

（三）涨价范围有所扩大

从居民消费价格所调查的八大类商品及服务项目来看，呈现“六涨一平一跌”态势。涨幅排前三的分别是食品类，居住类，医疗保健和个人用品类，下跌的是烟酒类，交通和通信类持平（见图 4）。

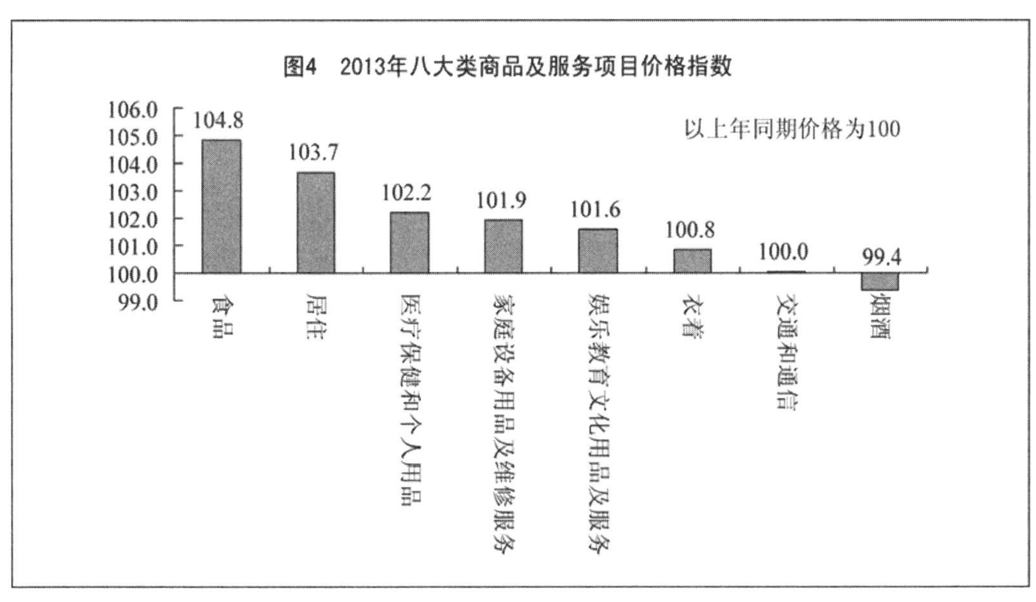

从 262 个基本分类来看，上涨的有 197 个，占 75%，涨价范围比 2012 年扩大 5 个百分点；持平的 13 个，占 4%，比 2012 年扩大 1 个百分点；下跌的 52 个，占 20%，比 2012 年收窄 6 个百分点。尽管 2013 年涨价面是近三年最大的，但其涨幅明显低于前两年。

表一 262 个基本分类涨跌情况

年 份	上涨		持平		下跌	
	个数	比例	个数	比例	个数	比例
2011	192	73%	6	2%	64	25%
2012	182	70%	11	4%	69	26%
2013	197	75%	13	5%	52	20%

（四）食品与服务项目价格引领作用凸显

1. 食品类价格继续领涨。2013 年，全省食品类价格上涨 4.8%，对总指数影响程度约 52.7%，不论涨幅还是对居民消费价格总指数的影响程度，均继续居八大类商品及服务价格之首，仍是 2013 年物价上涨的第一推手。在调查的 56 个食品基本类中，有 52 个不同程度上涨，粮油、肉禽蛋、鲜菜、鲜果、水产品、奶等与居民生活息息相关的产品价格稳中有升，部分重要品种走势不一。

一是鲜菜价格上下波动较大。2013 年，受蔬菜生产、流通成本上升以及局部自然灾害等影响，鲜菜价格波动较大。从环比来看，涨幅最大 4 月份与跌幅最大的 6 月份，只隔了一个月，但指数落差达 29 个百分点；从同比来看，10 月鲜菜同比涨幅一度达到 23.4%的年内高点，与 3 月份年内低点相差 31.7 个百分点（见图 5）。鲜菜价格全年上涨 8.8%，涨幅较大，影响食品类价格上涨 0.79 个百分点，影响总指数上涨 0.24 个百分点，是推动食品价格指数乃至总指数上涨的重要推手。

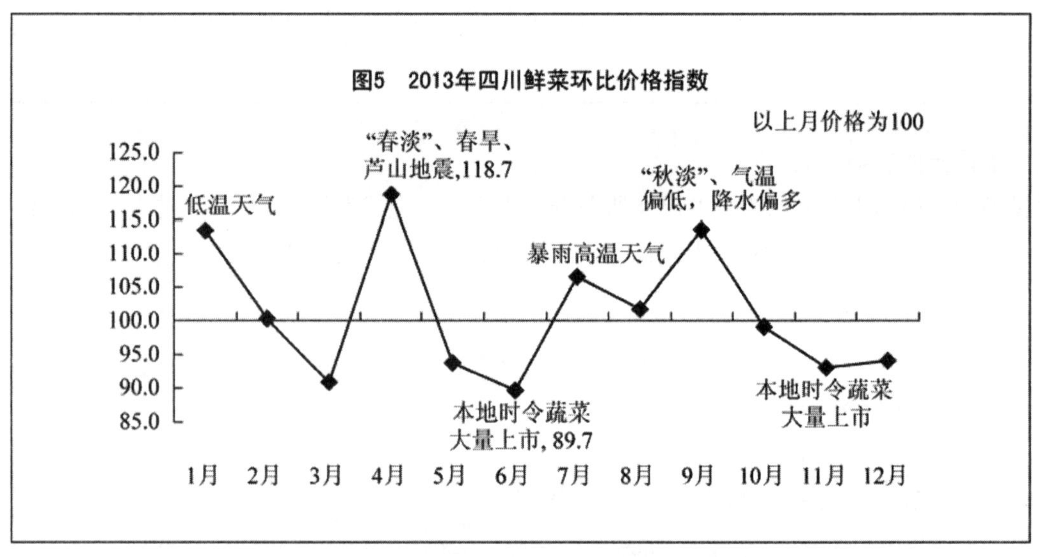

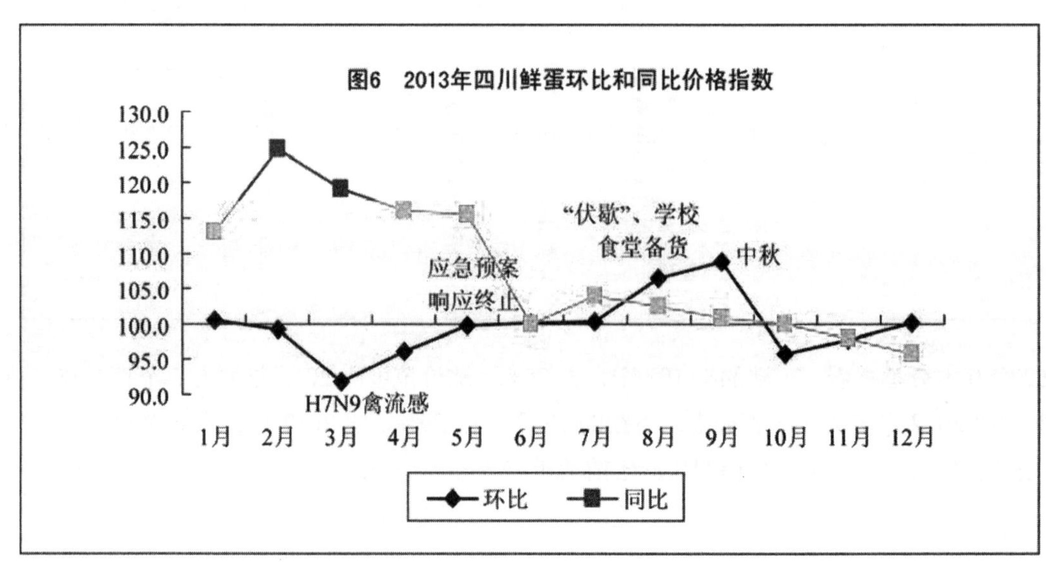

二是鲜蛋价格同比与环比指数走势相反。以鸡蛋为代表的鲜蛋价格全年上涨 6.6%，涨幅较大。从环比看，鲜蛋价格呈现“前低后高”的态势。从同比看，鲜蛋价格却呈现“前高后低”的走势（见图 6）。

三是液体乳及乳制品价格一路攀升。2013 年，受奶源紧俏影响，液体乳及乳制品价格逐步上涨，从 1 月同比上涨 5.7%一路攀升至 11 月的年内高点 12.2%，12 月才略有回落（见图 7），全年则上涨 7.7%，其中巴氏杀菌乳（灭菌乳）上涨 9.9%、酸牛乳上涨 7.9%、乳粉上涨 3.4%。

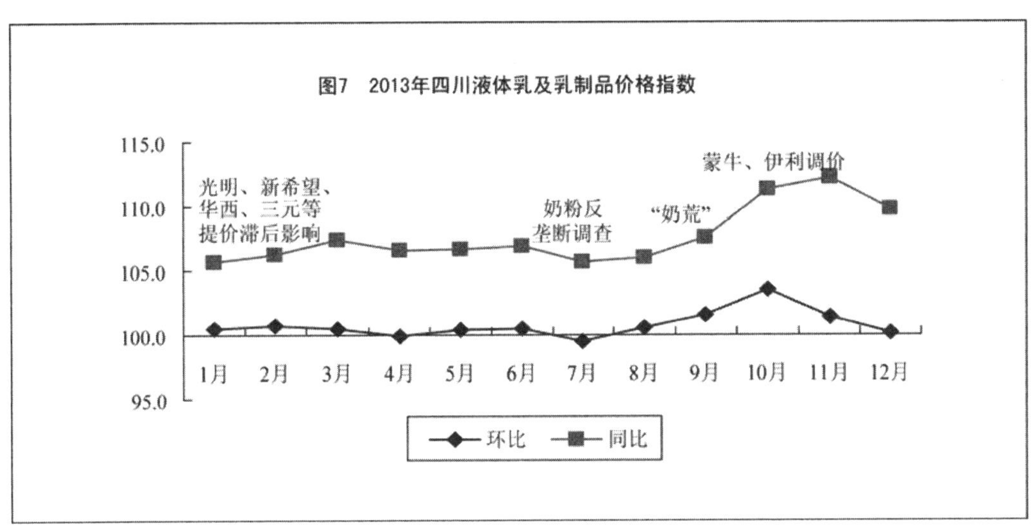

四是猪肉价格月度波动全年持平。2013 年上半年受供应充足、春节后市场进入淡季，以及黄浦江死猪事件等影响，猪肉价格走势低迷，有 5 个月同比指数呈下降态势，仅 1 个月微涨 0.2%。随着我省启动了“猪肉收储”，猪肉价格从 6 月开始止跌回升，8 月份猪肉价格同比指数一度上涨 6.8%，达到年内高点。2013 年猪肉价格与上年持平。

2. 服务项目上涨成为拉升 CPI 的第二大推手。2013 年，四川服务项目价格上涨 3.4%，对总指数影响程度 36.2%，成为影响物价总水平上涨新的重要因素。分月看，除 1 月份上涨 2.6%外，其余月份涨幅都在 3%以上，有 10 个月超过同期居民消费价格指数（见图 8）。

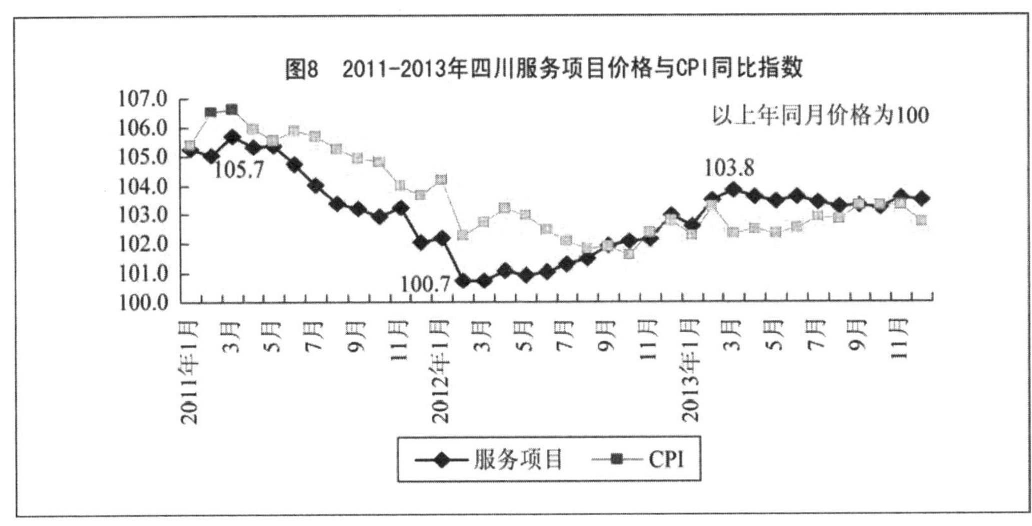

在居民服务项目价格调查的 58 个基本分类中，有 50 个不同程度上涨。其中由市场定价程度较高的服务项目涨幅较大，如学前教育，家庭服务、健身活动、衣物清洗费、理(烫)发、私房房租等；由政府调控力度较大的服务项目有涨有跌，如医疗保健服务中的注射费、挂号诊疗费、化验费、床位费等由于各地县级公立医院全面取消药品加成，以及部分医院升级影响收费不同程度上涨，“新旅游法”实施影响旅行社收费上涨，成品油调价影响长短途汽车票和飞机票价格波动，而火车票由于取消保险，价格下跌。

（五）新涨价影响大于翘尾影响

2013 年新涨价影响约 1.6 个百分点，翘尾影响约 1.2 个百分点，影响程度分别为 57.2%和 42.8 %。

（六）四川物价涨幅略高于全国

2013 年，四川居民消费价格总水平上涨 2.8%，比全国高 0.2 个百分点，主要是四川翘尾影响和新涨价影响分别比全国高出 0.1 个百分点所致。2013 年四川涨幅在全国居第十五位。

分省区市看，涨幅最高的前三位是青海、新疆和西藏，分别为 3.9%、3.9%、3.6%；涨幅最低的三位是黑龙江、山东和广西，均为 2.2%。

四川在西南五省区市中，位居第三，即低于西藏（3.6%）、云南（3.1%），高于重庆（2.7%）、贵州（2.5%）。

二、物价涨势温和原因分析

2013 年四川 CPI 波动幅度较小、走势总体平稳，主要是多因素共同作用的结果。

（一）自然灾害和突发因素影响

一是气候异常，鲜菜价格波动剧烈。如 7 月份，受西太平洋副热带高压的影响，四川先后出现了 4 次区域性暴雨天气过程，且影响范围之广、降水强度之大为历史同期少见，造成 7 月四川鲜菜价格环比上涨 6.5%。进入 8 月，随着气象条件好转，四川鲜菜价格环比仅上涨 1.7%。到了 9 月，四川平均气温 19.4℃，较常年同期偏低 0.3℃；月平均降水量 154.2 毫米，较常年同期偏多 9%，影响蔬菜生产，以致当月鲜菜价格环比大涨 13.7%。短短 3 个月，鲜菜价格环比指数高低相差 12 个百分点，对物价波动影响较大。

二是“4.20”芦山地震，对雅安及相邻地区有一定影响。4 月份，雅安、眉山居民消费价格环比分别上涨 0.3%和 0.4%，比全省平均水平分别高 0.1 和 0.2 个百分点。

三是 H7N9 禽流感，二季度对禽蛋价格带来较大冲击，下半年禽蛋价格才恢复性上涨，相关产品羽绒价格也一度飙升，影响今冬羽绒服价格普遍上涨。

（二）政策因素影响

一是成品油、水、长（短）途汽车票、火车票等由政府定价或实施指导价的商品和服务项目价格有涨有跌。

二是政策规定的实施效应。如随着中央八项规定及转变工作作风、抵制“四风”要求的落实，对高档白酒、餐饮、礼品等需求紧缩，价格出现理性回归。如全年白酒价格下跌 2.5%，拉低总指数约 0.02 个百分点。

（三）成本因素影响

在目前供需不是主要矛盾的背景下，劳动力、土地、房租、水电气等价格逐年上涨，以及环保压力带来的成本上涨影响凸显。

（四）国际大宗商品价格走势疲软

2013 年受美国经济复苏，以及退出量化宽松预期，美元走强，大宗商品价格走软，对我国输入性通胀影响减弱。

2013年四川工业生产者价格低位运行

2013年我省工业生产者价格（PPI）承接上年走势，继续在低位区间运行，但是总体呈现出逐渐回升趋势。PPI走势表明我省工业产品市场有效需求逐步回升，工业企业生产动力开始增加，企业经营与上半年相比有所改善，整体释放出经济回暖的信号。

一、2013年我省工业生产者价格走势

（一）PPI整体呈“V”字型波动

2013年四川工业生产者出厂价格总水平上年下跌1.3%，跌幅比去年收窄0.1个百分点。从全年走势看，1-4月PPI单月同比跌幅不断扩大，但从5月开始PPI单月同比跌幅持续收窄，至12月同比跌幅仅0.6%。从环比看，PPI环比在4-8月下降区间运行5个月后在9月开始转升，10-12月各月环比分别上涨0.2%、0.3%和0.4%，其中12月和1月的单月环比上涨幅度同为年内最高值。

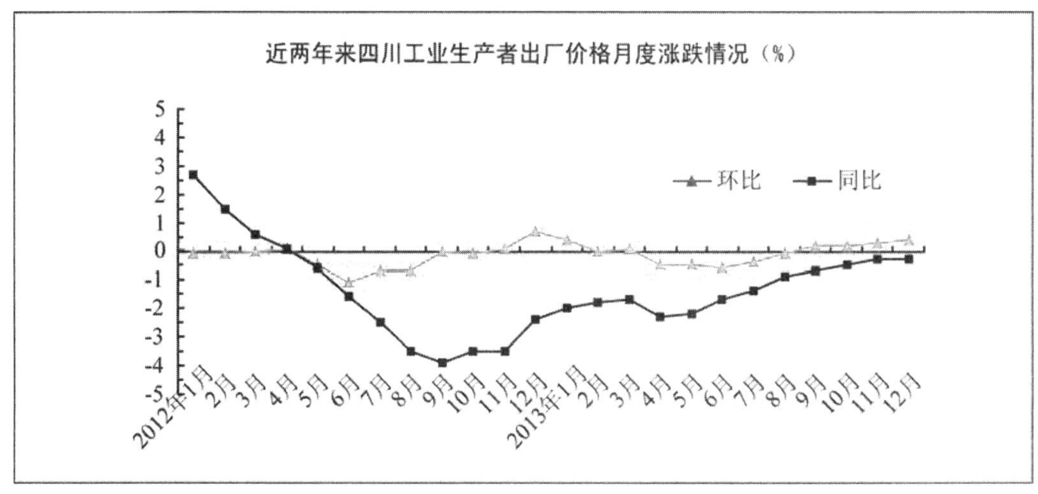

（二）IPI运行较为平稳

2013年我省工业生产者购进价格指数（IPI）下跌0.8%，跌幅比上半年收窄0.2个百分点，比2012年低0.8个百分点。从同比运行趋势看，1-6月IPI跌幅逐步扩大，从7月开始IPI走势逐渐上扬，运行较为平稳。12月我省IPI同比跌幅为0.5%，环比持平。

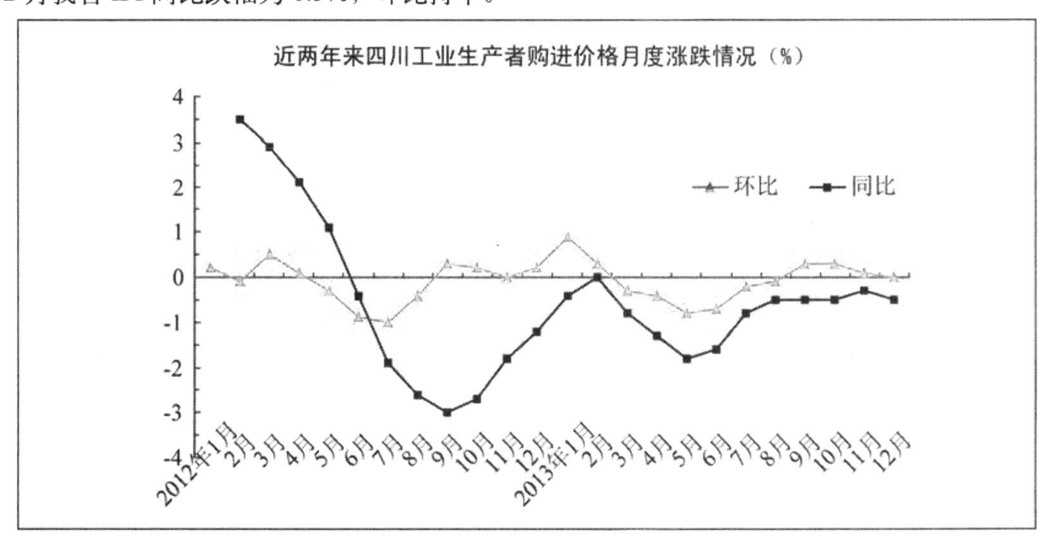

（三）四川 PPI 走势好于全国

从 1-12 月四川 PPI 与全国对比来看，四川总体情况好于全国。2013 年，四川 PPI 下跌 1.3%，跌幅好于全国 0.6 个百分点。四川 PPI 在全国由高到低排位列第 7 位，仅次于西藏、海南、吉林和黑龙江省。

2013 年四川与全国 PPI 走势比较

	1月	2月	3月	4月	5月	6月	7月	8月	9月	10月	11月	12月	全年
全国	98.4	98.4	98.1	97.4	97.1	97.3	97.7	98.4	98.7	98.5	98.6	98.6	98.1
四川	98.0	98.2	98.3	97.7	97.8	98.3	98.6	99.1	99.3	99.5	99.7	99.4	98.7
排名	22	20	13	13	8	7	7	6	6	3	3	5	7

二、全年我省工业生产者价格运行特点

从全年来看，我省重工业、生产资料、初级中间产品等产品价格跌幅持续收窄，特别是三、四季度回升速度尤为明显。我省 40 个工业大类中有 20 个大类的产品出厂价格持续上涨，涨幅在 0.1%-2.1%之间，有 15 个大类的产品出厂价格出现下降，降幅在 0.1%-1.7%之间，有 5 个大类的产品价格持平。总体来说上涨面大于下降面。

（一）轻重工业价格指数有所回升

全年我省轻工业产品价格上涨 0.2%，涨幅比前三季度扩大 0.1 个百分点；重工业产品出厂价格全年下跌 2.0%，跌幅比前三季度收窄 0.4 个百分点。在重工业三大行业门类中，采掘工业跌幅收窄幅度最大，采掘工业全年下跌 2.5%，跌幅比前三季度收窄 0.8 个百分点，原料工业、加工工业分别下跌 1.5%、2.1%，跌幅与前三季度相比均收窄 0.3 个百分点。

（二）生产资料价格回升速度快于生活资料

1-12 月我省生产资料出厂价格下跌 1.8%，跌幅比前三季度收窄 0.3 个百分比；生活资料价格下跌 0.1%，跌幅比前三季度收窄 0.2 个百分比。生产资料价格回升速度快于生活资料。

（三）初级、中间和最终产品价格跌幅持续收窄

2012 年我省初级产品价格下跌 2.5%，跌幅比前三季度收窄 0.8 个百分点；中间产品价格下跌 1.4%，跌幅比前三季度收窄 0.3 个百分点；最终产品价格下跌 0.2%，跌幅比前三季度收窄 0.1 个百分点。

（四）原料开采与初级加工业价格逐渐向好

今年四季度我省出厂价格上涨速度最快的 6 个行业大类中有 5 个为原料开采与初级加工类行业。其中跌幅收窄的有：黑色金属矿采选业、煤炭开采和洗选业、石油加工炼焦和核燃料加工业、黑色金属冶炼和压延加工业；涨幅扩大的有：燃气生产和供应业、皮革毛皮羽毛及其制品和制鞋业。虽然原料开采行业大部分依旧在下跌空间运行，但是下跌幅度与前三季度时相比都大幅度收窄，整体情况逐渐向好。

（五）九大类原材料购进价格大部份趋涨

1-12 月九大类原材料购进价格与前三季度相比呈现“四涨三跌两持平”的态势。涨幅扩大的主要有燃料动力类、建筑材料及纺织原料类，全年分别上涨 0.5%、0.5%、0.7%；降幅收窄的主要有黑色金属材料类，全年下跌 6.0%；整体持平的分别是农副产品类和木材及纸浆类。

三、四川 PPI 波动运行的主要原因

今年我省 PPI“阶段式”波动运行特征明显，一季度各月同比受节庆消费影响有所上涨，二季度开始进入下探阶段，7-11 月逐步维稳回升，11 月当月同比仅下降 0.3%，降幅为年内最小值，到 12 月同比下降 0.6%，降幅有所扩大，分析原因主要是：

（一）国际市场产品价格输入性传导影响

海关总署统计数据显示，前三季度，我国进口商品价格总体下跌 1.8%，主要能源和资源性产品进口价

格普遍下跌，其中铁矿石进口均价下跌 4.2%，煤进口均价下跌 14.2%，原油进口均价下跌 5.1%，铜进口均价下跌 5.1%。随着全球经济一体化的深入，国际市场中矿产品、原油、钢铁、有色金属、粮食等大宗产品价格的波动对国内市场 PPI 价格变动的输入性传导作用越来越明显。在欧债危机、中东北非政局动荡、中日关系恶化，美国、日本、欧洲等主要经济体经济增长乏力，新兴经济体增速放缓，国际市场需求疲软、全球经济增长减速等因素的影响下，石油、煤炭、有色金属、粮食等大宗商品价格出现明显波动，总体上同比涨幅回落甚至出现绝对价格同比下降，带动国内相关行业产品价格涨幅回落或同比价格下降。

（二）市场总需求不足

从国际市场来看，主要经济体经济增长乏力、新兴经济体增速放缓，一些低端产业向成本更低廉的东南亚等地转移，导致国际市场需求增长不足；从国内形势来看，上半年经济增速放缓，经济前景不明朗导致企业不能完全释放产能。国际和国内经济的不确定性导致市场总需求下降，部分企业特别是产能过剩和产品附加值低的企业普遍存在大额订单减少，小额订单压价的现象，给企业生产经营带来困境。

（三）行业内竞争加剧

今年以来，煤炭、钢材、水泥等行业明显受到供需矛盾掣肘，价格总体下行。特别是煤炭行业，今年以来国内煤炭需求整体疲软，国内煤矿、港口、电厂等各环节煤炭库存长期高企，供需矛盾突出，煤炭行业结束了持续多年的黄金期，价格持续走低。而煤炭、水泥行业又是我省工业中的重要产业，价格下降对我省 PPI 指数影响格外明显。

（四）后期推力有所显现

三季度以来，推动价格上行的力量有所显现，部分行业价格出现企稳回升迹象。一是下半年国内建设投入力度加大，国内制造业、房地产等领域需求增加，带动我省钢材、水泥等价格 9 月份以来环比连续 3 个月上涨；二是入冬以后部分地区持续出现的“雾霾天气”，政府推进环境保护政策、限制过剩产能的力度加大，各地调控政策相继出台，水泥、钢材等行业库存逐步回落，为后期企业价格调整挪出了一定空间。此外，年底资源性产品价格改革措施密集出台，发改委上调天然气、电力、热力等产品价格。这些因素推动多种生产资料价格在年底企稳回升。

2014 年，随着各项改革措施进一步深化落实，资源产品价格改革步伐继续加快，市场化进程将给相关产品价格走势带来更多不确定性。同时随着内外部经济的总体向好，投资增加，各领域需求可能继续回暖，生产资料价格有望回升，再加上四川 2013 年 10 月 22 日发布了《四川省重大投资项目名录》继续启动投资计划，这批项目共 2336 个，项目总投资 4.26 万亿元，这批基础工程的逐渐开工将对水泥、钢材等产品带来极大的需求。加之，今年基数水平总体较低，有利于明年价格指数继续企稳。总体来看，明年价格降幅继续收窄的可能性较大，各种不确定性因素依然较多。

2013 年四川固定资产投资价格触底回升

据国家统计局四川调查总队调查资料显示，2013 年四川固定资产投资价格比上年上涨 0.4 %，比 2012 年涨幅低 0.2 个百分点。从分季度同比数据看，一季度上涨 0.7%，二季度持平，三季度下跌 0.6%，四季度上涨 1.4%（见图 1），分季指数呈触底回升之势。从结构上看，构成固定资产投资的三大部分价格指数为两升一平，建筑安装及装饰工程、其他费用价格分别上涨 0.2%和 1.6%，设备工器具购置价格持平。

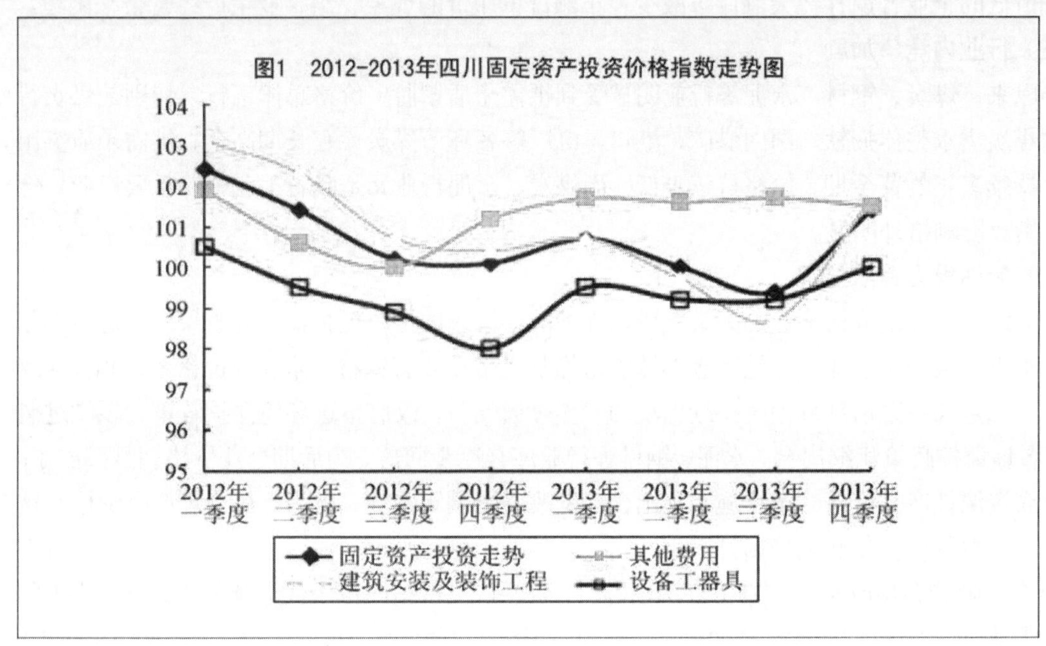

一、建筑安装及装饰工程价格涨幅持续回落

2013 年四川建筑安装及装饰工程价格比 2012 年上涨 0.2%，涨幅比上年低 1.4 个百分点。其中一季度上涨 0.7%，二季度下跌 0.3%，三季度下跌 1.3%，四季度上涨 1.7%，季度间指数波动较大，其走势与总指数基本趋同。分项目看，人工费价格仍保持高位运行，全年人工费价格上涨 9.0%；材料费下降 2.4%；机械费上涨 1.9%。

（一）人工费涨幅在高位趋稳

2013 年人工费价格承接前两年走势保持高位运行，比 2012 年上涨 9%，成为拉动固定资产投资价格上涨的主要因素。但涨幅较 2012 年回落了 1.3 个百分点。其中一季度上涨 9.1%，二季度上涨 9.2%，三季度上涨 8.8%，四季度上涨 8.8%。与 2012 年的价格快速波动相比，2013 年人工费涨幅表现为比较平稳。

人工费涨幅放缓的原因，一是人工费经过几年的快速上涨后基数较高；二是前几年出现的“用工荒”状况有了一定程度缓解。在调查的三类人员中，工程管理人员、工程技术人员和普通工人工资同比分别上涨 6.4%、6.5%和 10%（见图 2）。

（二）材料费价格跌幅明显

2013 年材料费价格比 2012 年下降 2.4%，其中一季度同比下降 1.9%、二季度下降 2.9%、三季度下降 4.5%、四季度下降 0.2%，以致全年下降趋势明显。调查的七大类建筑材料价格“五涨二跌”。

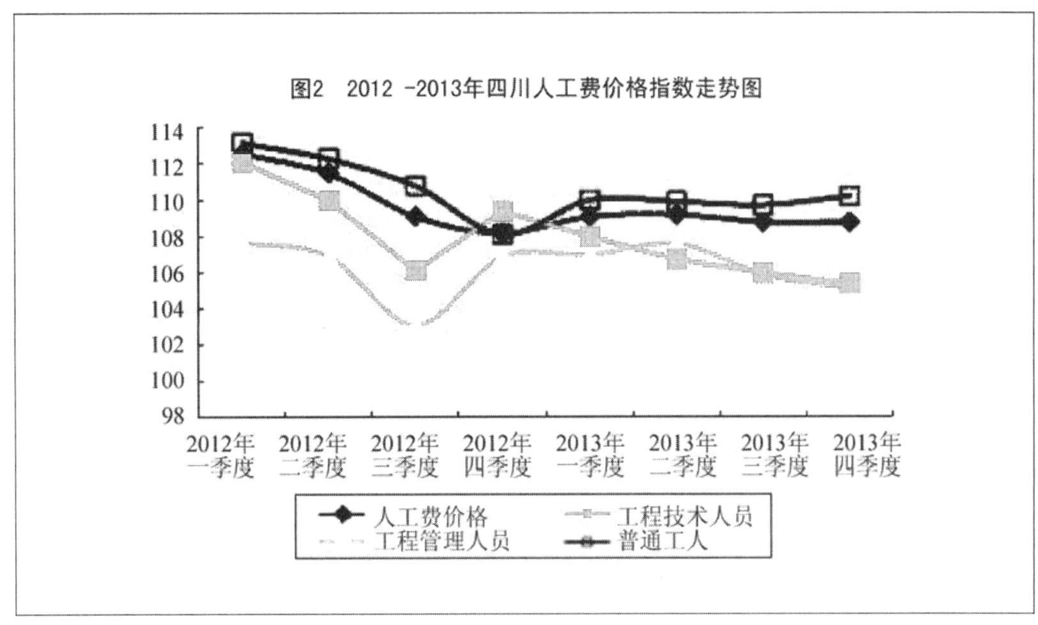

钢材价格探底回升。2013 年钢材价格比 2012 年下降 6.0%，跌幅比 2012 年低 2.4 个百分点。从分季度同比指数看，走势表现为深度探底有所回升。如一季度下降 5.1%，二季度下降 7.6%，三季度下降 8.4%，四季度下降 3.1%（见图 3）。从建筑企业用量较大的几种钢材看，螺纹钢价格下降 7.9%，薄钢板价格下降 7.5%，钢筋价格下降 4.9%，大、中、小型钢材分别下降 8.7%、5.7%、2.9%。

影响钢材价格深度探底的原因，主要是上半年受国家房地产宏观调控影响，需求有所抑制，价格降势加剧；下半年随着全球经济企稳，我国固定资产投资的增加，需求有所扩张，一度低迷的钢材价格有了一定的回升，价格降幅收窄。

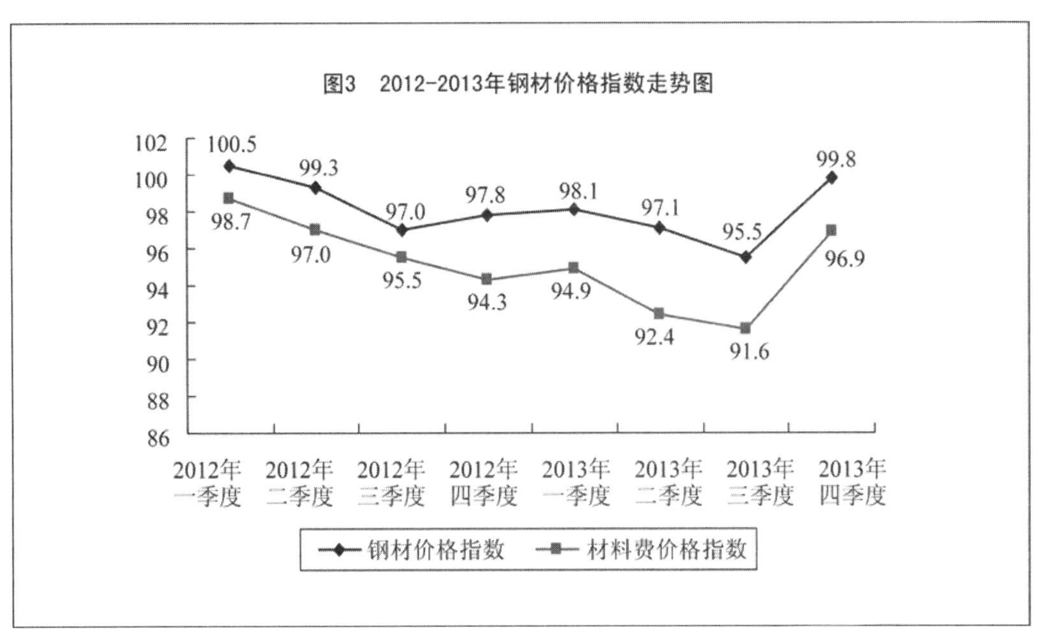

木材价格涨势平稳。2013 年木材价格比 2012 年上涨 0.5%，其中用量最大的特种锯材价格上涨 0.7%，另外，原木价格上涨 5.2%、胶合板价格下降 1%、普通锯材价格下降 0.5%。

水泥价格上涨明显。2013 年四川水泥价格比 2012 年上涨 1.3%，其中用量较大的普通水泥价格上涨 1.3%、特性水泥价格上涨 4.6%。分季度看，水泥价格一直呈上扬态势。如一季度上涨 0.9%，二季度上涨 0.5%，三季度上涨 2.2%，四季度上涨 1.7%。

地方建筑材料价格继续上行。2013 年地方建筑材料价格比 2012 年上涨 1.8%。分品种看，砖价格上涨

1.3%、石灰价格上涨 7.4%、砂子价格上涨 2.4%、石子价格上涨 4.1%、石材价格上涨 2.6%。

化工材料价格稳步上涨。化工材料种类繁多，但用量大，影响大的主要是柴油价格。2013 年化工材料价格比 2012 年上涨 1.1%，其中柴油价格上涨 1.1%，汽油上涨 1.5%。

电料价格小幅下降。2013 年电料价格下降 0.4%，其中绝缘线价格下降 2.6%，电缆下降 0.4%。

其它材料价格保持上涨。2013 年其它材料价格上涨 1.4%，其中玻璃产品价格上涨 1.5%、塑钢材料价格上涨 2.2%、铝材价格上涨 4.1%。

（三）机械费价格有所上涨

由于燃料、人工成本上涨，拉动 2013 年机械使用费比 2012 年上涨 1.9%。调查的八大类机械使用费全面上涨，尤以运输机械、起重机械涨幅最大（详见表 1）。

表 1　2013 年机械使用费价格指数变化情况

	1 季度	2 季度	3 季度	4 季度	全年
机械使用费	102.9	101.1	101.3	102.3	101.9
其中：土石方及筑路机械	102.9	99.7	101.1	103.1	101.7
打桩机械	101.3	101.8	100.5	100.6	101.1
起重机械	102.8	103	101.8	101.5	102.3
运输机械	104	102.3	101.7	102.4	102.6
混凝土及砂浆机械	100.8	101.1	100.8	100.8	100.9
加工机械	102.6	102.7	101.7	101.6	102.1
泵类机械	101.4	100.7	103.3	100.5	101.5
其他机械	103.2	102.9	101.2	100.9	102

二、设备、工器具购置价格低位运行

受工业生产者出厂、原材料购进价格总水平下降的影响，2013 年四川固定资产投资设备、工器具购置价格比 2012 年下降 0.5%。其中一季度上涨 0.5%，二季度下降 0.8%，三季度下降 0.8%，四季度持平，整体呈低位运行的趋势。

三、其他费用继续上涨

其他费用主要包括土地取得费、前期工程费、施工工作费和建设单位其他费用，2013 年其他费用比 2012 年上涨 1.6%。其中一季度同比上涨 1.7%，二季度上涨 1.6%，三季度上涨 1.7% ，四季度上涨 1.5%。

影响 2013 年固定资产投资价格水平变动的原因是多方面的。总体来看，受全年房地产市场宏观调控影响，企业投资、建筑投资、设备购进均受到了不同程度的影响，钢材表现出的深度探底成为拉动投资价格总水平走低的主要因素。

展望 2014 年，随着全球经济整体复苏，中国经济三季度开始后的企稳回升，加之规划中未来四川基础建设性投资的大幅增加，预计 2014 年四川固定资产投资价格总水平将继续呈现稳中有升态势。

2013年四川农产品生产价格保持平稳

据国家统计局四川调查总队调查，2013 年四川农产品生产价格总指数同比上涨 2.6%。今年农产品生产价格涨幅平稳，一直在低位徘徊，下半年情况略好于上半年。分季度看，今年一至四季度同比分别上涨 1.4%、0.04%、3.6%和 2.9%。分类看，除畜牧业产品外其他三大类农产品生产价格的涨幅都比去年同期有所回落，其中种植业产品生产价格全年上涨 2.3%，涨幅为十年来最低；畜牧业产品生产价格在牛羊价格大涨、下半年活猪价格反弹的带动下同比上涨 2.6%，涨幅比去年同期扩大 1.5 个百分点；渔业产品同比上涨 4.4%，涨幅比去年同期回落 0.8 个百分点；林业产品同比上涨 2.1%，涨幅比去年同期回落 2.3 个百分点。

一、全年农产品生产价格走势特点

（一）总指数涨幅低位徘徊，全年总体小幅上涨。四川农产品生产价格指数本轮上涨是从 2010 年一季度开始的，2011 年三季度到达顶点后开始回落，2012 年二季度至今同比涨幅一直处于低位徘徊的态势，最近七个季度总指数一直在 0－5%的区间波动。

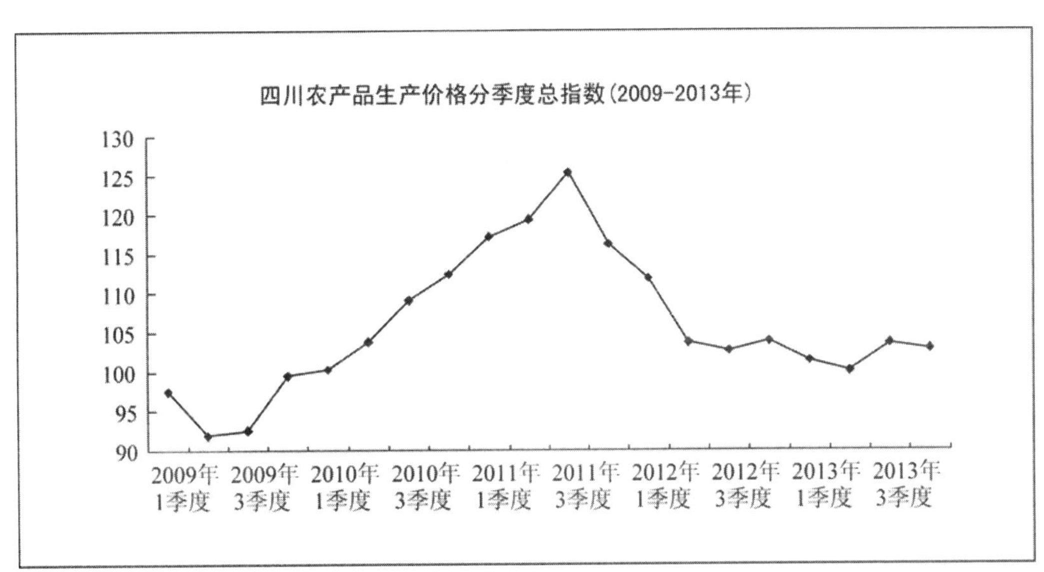

（二）种植业产品价格平稳上涨，多个类别涨幅较上年有所回落。全年累计同比上涨 2.3%，涨幅较去年同期回落 5.3 个百分点，四季度在主要粮食品种价格下跌的影响下首现负增长，但下跌幅度不大，全年总体较为平稳。

粮食生产价格同比上涨 0.6%，涨幅较去年同期缩小 8.2 个百分点，涨幅为十年来的新低。全年总体走势为高开低走，涨幅逐季下降，1、2 季度粮食生产价格同比分别上涨 4.4%和 3.1%，三季度受籼稻价格下跌影响出现负增长，四季度由于籼稻和玉米价格双双下跌，粮食价格继续疲软。各主要品种中，稻谷自去年四季度新粮上市后价格一直回落，三季度更是出现了八年来的第一个负增长，不少地方稻谷出售价已低于国家公布的最低收购价，全年累计同比下跌 0.8%；小麦全年累计上涨 4.6%；玉米全年累计上涨 2.1%。此外薯类价格全年累计上涨 2.4%。

油料价格涨幅回落，全年累计同比上涨 4.7%，比上年同期涨幅回落 2.1 个百分点。2010 年以来油料生产价格一直保持两位数的涨幅，2012 年一季度开始出现回落至今。主要品种中油菜籽价格相对稳定，近两年各季涨幅一直在 4%-8%之间波动，而花生由于含水率高、品质降低，生产价格回落较多，全年累计同比上涨 2.9%。

豆类价格全年累计同比上涨 4.9%，比上年同期涨幅回落 1.3 个百分点。今年除三季度受大豆价格上涨影响较大外，其他各季豆类价格都比较稳定，一直保持小幅上涨的趋势。其中三季度大豆价格同比上涨 10.0%，其他各季各类豆子价格涨幅均不超过 5%。

蔬菜生产价格先抑后扬，全年累计同比上涨 4.3%，比上年同期涨幅回落 3.1 个百分点。其中一至四季度同比分别上涨 2.3%、4.8%、6.2%、5.3%，同比涨幅前低后高，总体较为平稳。各类蔬菜除食用菌外价格均有所上涨，其中叶菜类全年累计同比上涨 7.4%、白菜类上涨 1.4%、甘蓝类上涨 4.3%、根茎类上涨 6.8%、瓜菜类上涨 3.9%、菜用豆类上涨 2.5%、茄果菜类上涨 4.0%、莴苣及菊苣类上涨 5.9%、葱蒜类上涨 5.3%、水生菜类上涨 8.6%。食用菌这两年由于产量增加，价格一直下跌，今年前三季度同比跌幅逐季缩小，四季度时同比出现上涨，全年累计同比下跌 2.6%。

2013 年水果生产价格同比上涨 2.6%，茶及其他饮料原料生产价格涨 4.1%。

（三）畜牧业产品生产价格全线上涨。2013 年四川畜牧业产品生产价格同比上涨 2.6%，涨幅比上年扩大 1.5 个百分点。其中，一季度同比上涨 0.5%；二季度在肉禽蛋价格齐跌的影响下同比下跌 1.9%；三季度禽流感影响逐渐消退，肉禽价格全面回升同比上涨 5.8%；四季度各类畜产品继续保持平稳增长，同比上涨 4.7%。主要品种中，活猪价格持续下跌一年半后触底反弹，三四季度同比涨幅分别为 6.9%和 4.1%，但由于前期下跌较多，全年累计同比仅上涨 0.1%；其他品种全线上涨，活牛、活羊涨幅最大，其中活牛全年累计同比上涨 11.1%、活羊上涨 10.5%。

（四）林业产品比上年同期上涨 2.1%，涨幅较去年同期回落 2.3 个百分点。林业产品指数前低后高，一季度同比下跌 1.7%，二至四季度同比分别上涨 0.9%、3.8%和 2.9%。其中育种和育苗价格、木材采伐产品价格、竹材采伐产品价格全年累计同比均上涨 2.1%。

（五）淡水渔业产品生产价格小幅上涨。2013 年四川淡水渔业产品生产价格同比累计上涨 4.4%，涨幅比上年同期回落 0.8 个百分点。分季度看，同比涨幅高开低走，二、三季度单季同比涨幅连续刷新近五年来的新低，年终有所反弹，其中一至四季度分别上涨 6.2%、1.5%、1.4%、9.3%；分品种看，草鱼价格全年累计同比上涨 5.8%，鲤鱼价格上涨 3.5%，鲫鱼价格上涨 8.6%，鲢鱼价格上涨 2.7%。淡水产品价格四季度快速反弹的主要原因有：一是生产成本居高不下；二是由于部分地方为保护环境，取消网箱养鱼，供应量一定程度上有所下降；三是今年夏季受气候、环境影响，部分地方鱼苗养殖困难，后续影响目前已经开始显现。

二、影响农产品生产价格变动的主要因素

今年四川农产品生产价格指数比上年有所回落，总体低位运行的主要原因有以下三个方面：

（一）政府宏观经济政策影响。2013 年国家调低了 GDP 增长目标，相关的各种宏观经济政策正引导我国经济从高速增长期向平稳增长期过渡。经济减速发展，市场需求相对减少，对价格稳定有着显著影响。

（二）“猪粮安天下”。今年国内活猪和粮食价格表现均比较平稳。粮食价格自 2008 年国家持续提高粮食最低收购价以来，每年增幅均在一成左右，自 2012 年四季度粮食价格逐季回落，今年各主要粮食品种全年平均价格同比涨幅均低于近年来的平均水平。活猪价格下跌一年多后开始反弹，但反弹力度有限，全年平均价格与上年基本持平。两大主要品种走势平稳对整个农产品价格上涨水平起了稳定作用。

（三）国际价格传导影响。我国粮食、肉类、原材料进口逐年增加，受国际价格影响增大。今年我国粮食总进口量同比约增长 8%，冷鲜冻猪肉进口量同比增长约 15%，煤炭进口依存度上涨至 8.13%，天然

气对外依存度涨至30.5%，原油对外依存度涨至57.39%。而今年美国退出宽松货币政策，国际大宗商品价格涨幅均有所回落，冲击国内产品价格。

（四）生产成本传导影响。今年生产成本和人工费用虽然都在上涨，但涨幅有明显回落。CPI调查数据显示四川农业生产资料价格比上年增1.5%，涨幅比上年下降3.2个百分点。而人工成本前两年每年上涨幅度均超过一成，今年涨幅回落到个位数。

2013年四川粮食产量增产获丰收

今年以来，四川各地高度重视粮食生产，坚持把粮食安全放在“三农”工作的首要位置，切实把粮食生产作为关系全局的重大任务来抓，努力增加投入，深化高产创建，科学防灾减灾，努力克服冬干春旱的影响，千方百计弥补夏粮损失。采取切实措施，狠抓秋粮生产，秋收粮食播种面积保持基本稳定，秋粮主产区生产气候风调雨顺，作物长势好于去年，秋收粮食获得丰收，全年粮食实现增产。据国家统计局11月29日通报，2013年全国粮食总产量60194万吨(12039亿斤)，比2012年增长2.1%，其中，四川粮食总产量3387.1万吨(677.4亿斤)，比2012年增产72.1万吨(14.4亿斤)，增长2.2%，比全国平均增幅高0.1个百分点，增长幅度位居全国31个省（市、区）第13位，粮食总产量位居全国第6位。2013年四川粮食生产主要有以下特点:

一、夏收粮食产量因灾减2.1%

今年夏收粮食播种面积略有减少，严重的冬干春旱使单产水平下降，夏收粮食因灾减产。

全省夏收粮食播种面积2716.5万亩，比上年减少3万亩，减少0.1%。其中小麦播种面积1824万亩，比上年减少27.2万亩，减1.5%。

由于去冬今春全省出现大面积冬干春旱，夏收粮食单产211.9公斤/亩，比上年下降4.2公斤，下降2%。

全省夏收粮食总产量575.5万吨（115.1亿斤），比上年减产12.1万吨（2.4亿斤），减2.1%。其中，小麦421.3万吨（84.3亿斤），比上年减少15.7万吨（3.1亿斤），减3.6%。

二、秋收粮食产量丰收增长3.1%

今年秋收粮食播种面积基本稳定，秋收粮食生产气候适宜，组织到位、投入增加、科技加大，秋收粮食单产水平提高，秋收粮食获得丰收。

全年全省秋粮播种面积6988.4万亩，比上年增加5.6万亩，增长0.1%。其中，全省稻谷2986.1万亩，比上年减少10.6万亩，减0.4%；玉米播种面积2067万亩，比上年扩大10.3万亩，扩大0.5%。

全省秋收粮食单产402.3公斤/亩，比上年提高11.7公斤/亩，提高3%。其中，稻谷518.9公斤/亩，比上年提高6.3公斤/亩，提高1.2%；由于2012年玉米减产，今年单产增幅较大，玉米今年单产368.8公斤/亩，提高27.9公斤/亩，提高8.2% 。

秋收粮食总产量达到2811.6万吨（562.3亿斤），比上年增加84.2万吨（16.8亿斤），增长3.1%。其中，稻谷1549.6万吨（309.9亿斤），比上年增加13.4万吨（2.7亿斤），增长0.9%；玉米762.4万吨（152.5亿斤），增加61.1万吨（12.2亿斤），增长8.7%。

三、全年粮食总产量增2.2%

尽管夏收粮食因灾减产，但由于秋粮产量占全年粮食总产量的83%左右，增减相抵后秋收粮食较大幅度增产确保了全年粮食增产。

2013年全年粮食播种面积9704.9万亩，比上年扩大2.6万亩，略增0.03%；粮食单产349公斤/亩，比上年提高7.3公斤/亩，提高2.2%；全年粮食总产量达到3387.1万吨（677.4亿斤），比上年增加72.1万吨（14.4亿斤），增长2.2%，实现了四川粮食产量七连增。

四、2013 年全省粮食总产量在全国位居第 6 位

今年全国粮食播种面积 167927.1 万亩，比 2012 年增加 1120.2 万亩，增长 0.7%。粮食单产 358.5 公斤/亩，比 2012 年增加 5 公斤/亩，提高 1.4%。全国粮食总产量 60193.5 万吨（12038.7 亿斤），比 2012 年增加 1235.6 万吨（247.1 亿斤），增长 2.1%。

今年四川全年粮食产量增 2.2%，比全国高 0.1 个百分点，占全国粮食产量的比重为 5.63%，与上年基本持平。四川粮食增产量占全国粮食增产量的 5.83%。四川是全国 13 个粮食主产省之一，全省 82 个粮食生产大县占全省粮食总产量的 82%左右，对全年粮食增产丰收起到了较好的稳定作用。

四川粮食总产量在全国 31 个省（市、区）中位居第 6 位，排在黑龙江（6004.1 万吨）、河南（5713.7 万吨）、山东（4528.2 万吨）、吉林（3551 万吨）、江苏（3423 万吨）后，居第 6 位（其中，今年吉林超江苏升 1 位，江苏下降 1 位）。全年粮食增产量（72.1 万吨）居全国第 9 位（增产量超四川的有：内蒙古增 244.5 万吨、黑龙江增 242.6 万吨、吉林增 208 万吨、辽宁增 125.1 万吨、河北增 118.4 万吨、新疆增 104 万吨、河南增 75.1 万吨、云南增 74.9 万吨）。增产幅度（2.2%）居全国第 13 位（增幅超四川的有：内蒙古 9.7%、新疆 8.2%、天津 8.0%、吉林 6.2%、辽宁 6.0%、云南 4.3%、黑龙江 4.2%、河北 3.6%、山西 3.0%、甘肃 2.6%、广西 2.5%、湖北 2.4%）。

2013年四川畜牧业生产稳定发展

2013年，受H7N9疫情、高温高热、洪涝灾害、生产周期、消费政策及养殖成本上升等综合因素影响，四川畜牧业尤其生猪生产遭遇到诸多困难，面临比往年更加复杂的生产形势和市场形势。面对新情况、新问题和新形势，各级政府积极采取应对措施，在适时出台冻猪肉收储、增加金融贷款支持等系列举措的同时，不断推进发展方式转变，推广适度规模养殖，大力建设发展养殖小区，加快现代畜牧业提质扩面，取得了明显成效。全年，以生猪为主导的四川畜牧业生产延续了稳定发展的良好局面，主要畜禽出栏量增加，市场价格趋于稳定，消费需求有所好转，养殖户总体盈利，且填槽补栏积极，信心明显增强。

一、畜牧业生产基本态势

2013年，四川以生猪生产为主的畜牧业继续保持稳定发展态势，市场供给进一步充足，部分指标创下近年新高。

（一）存栏保持总体平稳

主要畜禽中，生猪和家禽存栏小幅减少，牛羊存栏增加。2013年末生猪存栏5004.1万头，同比减2.5%，其中能繁母猪存栏513.9万头，增1.7%。其他主要畜禽存栏及变化情况为：牛949.7万头，增1.0%；羊1689.2万只，增1.0%；家禽35789.5万只，减0.6%。

（二）出栏量继续增加

全年主要畜禽出栏量均有不同程度增加，牛出栏增幅高于生猪。全年生猪出栏7314.1万头，同比增2.0%。分季度看，一季度出栏1973.5万头，二季度出栏1225.6万头，三季度出栏1496.9万头，四季度出栏2618.1万头；分类型看，年出栏500头以上的规模养殖户出栏肥猪807.3万头，比上年增长2.7%，高于全年总量增速，占全年生猪出栏的比重为11%，略高于上年占比；500头以下的散户养殖出栏6506.8万头，占全年生猪出栏的比重为89%。全年牛出栏264.7万头，增4.2%；羊出栏1583.6万只，增1.3%；家禽出栏63774.7万只，增2.9%。

（三）肉类产量全面增长

肉类产量均有较为明显提升，牛肉产量增幅最大。全年猪牛羊禽肉类总产量662.0万吨，同比增3.0%。其中：猪肉510.8万吨，增2.9%，牛肉31.1万吨，增6.2%，羊肉24.5万吨，增2.1%，禽肉95.6万吨，增2.9%。其他畜禽产品产量略有下降，其中，禽蛋产量145.2万吨，减0.8%；生牛奶产量70.6万吨，减少1.5%。

（四）生猪出栏创近年新高

除生猪存栏外，其他主要畜产品存栏出栏均创下近五年来的新高。对比近五年四川主要畜产品存栏出栏结果表明，2013年生猪出栏创下新高，不仅比上年增加143.4万头，比次高点的2010年也增加135.8万头。由于出栏增加，单体重有所提高，猪肉产量也同时创下新高。与此同时，受消费倾向驱动及规模养殖利润较高等多重因素影响，牛羊规模养殖积极性逐步提高，2013年牛、羊存出栏及牛羊肉产量均创下近五年新高。

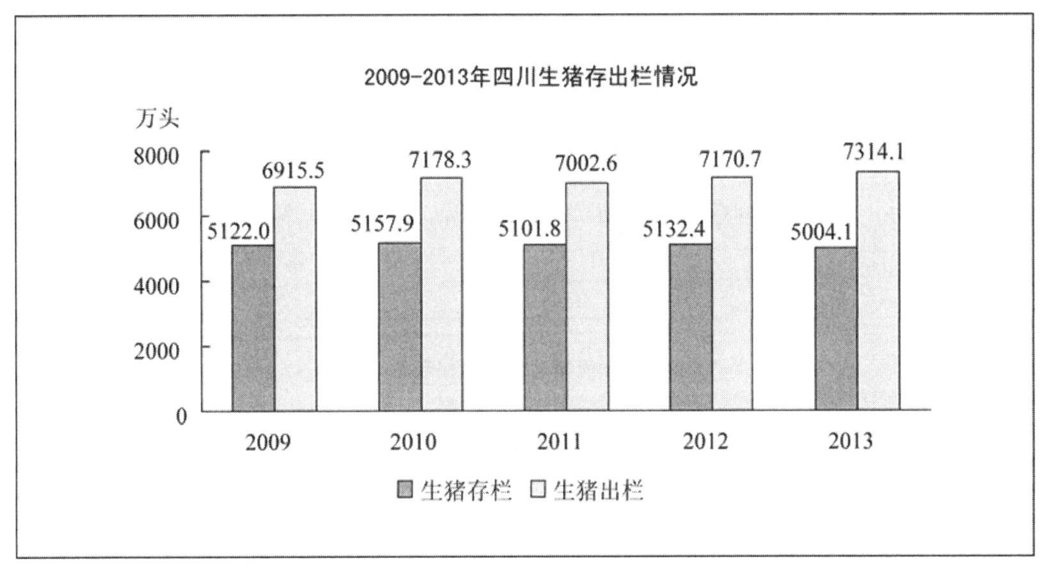

二、市场价格情况

纵观2013年四川生猪市场，呈现出上半年价格波动较大，5月份以后企稳回升，下半年上涨较为明显，全年总体表现平稳的特征。

（一）肥猪价格延续V型走势

2013年，四川肥猪价格延续了与2012年基本相近的V型走势。上半年，肥猪价格经历了较大起伏波动，春节前快速上涨至年内最高，使一季度均价达到16.2元/公斤；节后受季节性因素、消费政策及疫情等因素影响一路下滑，并于4月底5月初达到年内最低。5月下旬后，受收储效应的影响，价格开始回升，但二季度均价也仅13.2元/公斤，明显低于一季度，养殖进入完全亏损状态；三季度后情况开始明显好转，肥猪平均价格15.3元/公斤，同比增长7.2%，好于上年同期；四季度平均价格为16.3元/公斤，同比上涨6.5%。

与2012年比较结果表明，受冻猪肉收储政策启动和高温天气提前来临的双重作用，2013年肥猪价格回升时间早于上年2个月。全年看，2013年上半年，平均价格均低于2012年，下半年各月平均价格均高于2012年同期，但随着年底到来，2013年下半年增幅逐渐收窄，年底价格已基本与上年持平。年度比较，2013年肥猪价格与2012年基本持平，为15.3元/公斤左右。

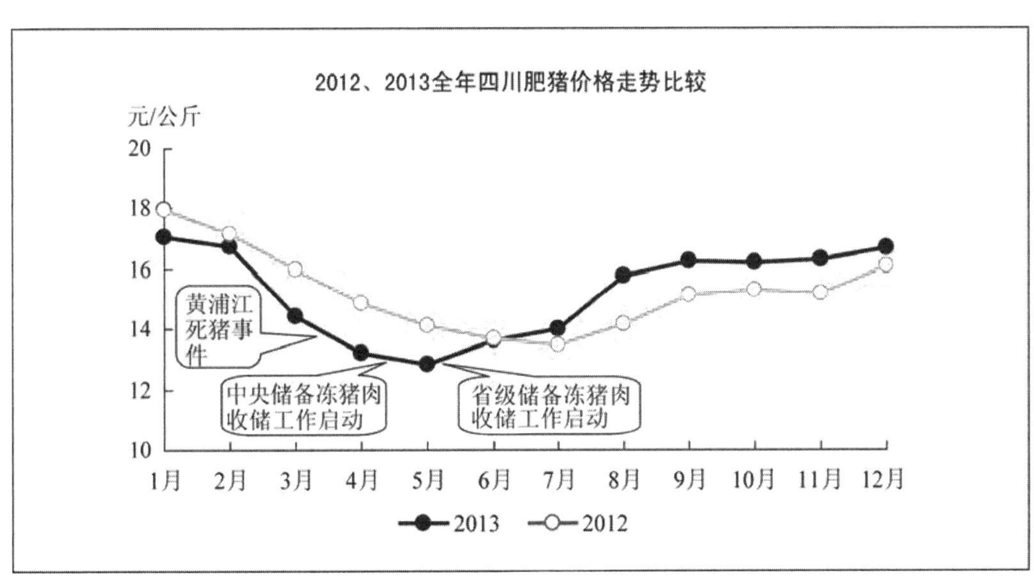

（二）仔猪价格小幅波动

全年仔猪价格表现为小幅波动，每公斤价格高于肥猪 3-7 元，处于比较匹配的区间。上半年，随着肥猪价格下降，仔猪价格也开始不断下跌，但价格降幅小于肥猪。下半年猪价回升后，养殖户补栏积极性提高，仔猪价格回升更快，三季度仔猪肥猪价差扩大至 7 元。四季度受季节因素影响，同时部分养殖户观望情绪加重，放缓补栏，仔猪价格回落，均价为 20.7 元/公斤，与上年基本持平，仔猪、肥猪价格差也开始逐步缩小，补栏成本有所下降。

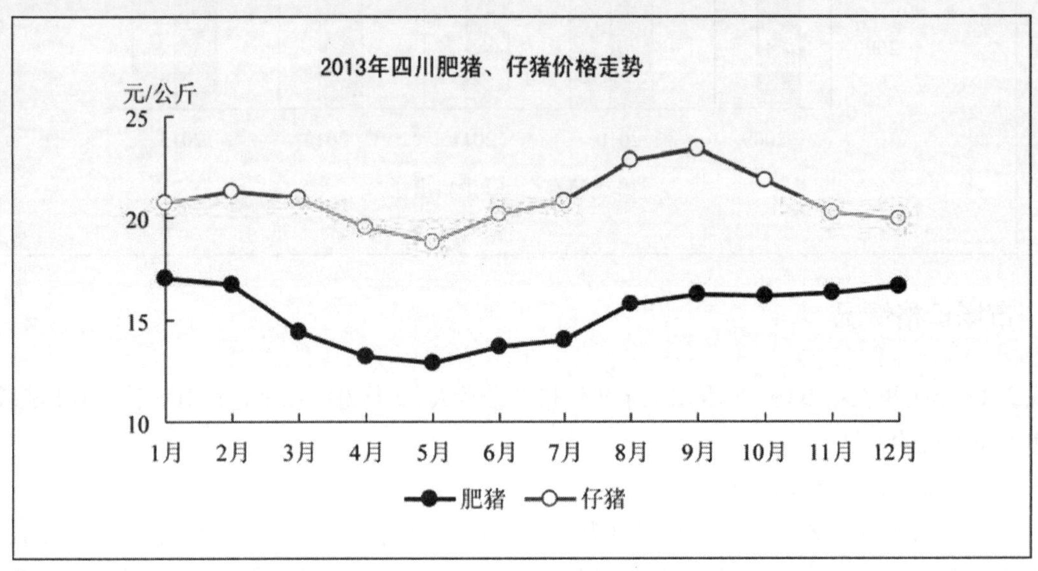

（三）养殖综合成本小幅上涨

由于 2013 年四川大春粮食收成较好，四季度，玉米价格继续回落，均价同比降低 2.3%，但全年玉米均价与上年基本持平。育肥猪配合饲料全年均价上涨 4.8%。但由于全年疫情有所扩大，防疫成本及人工费用有一定幅度上升，总体看，综合养殖成本呈现小幅上涨态势。

（四）猪粮比回升至正常水平

全年猪粮比已达盈利区间，但季度差异十分明显。上半年，猪粮比价基本呈逐月回落态势，分季度看，一季度平均 6.25∶1，二季度平均 5.46∶1。随着下半年生猪价格回升，猪粮比价上升至正常水平，生猪养殖处于盈利区间内运行。三季度全省平均猪粮比为 6.30∶1，四季度达到 6.43∶1。全年猪粮比价均值为 6.15∶1，略高于 6∶1 的盈亏平衡点。

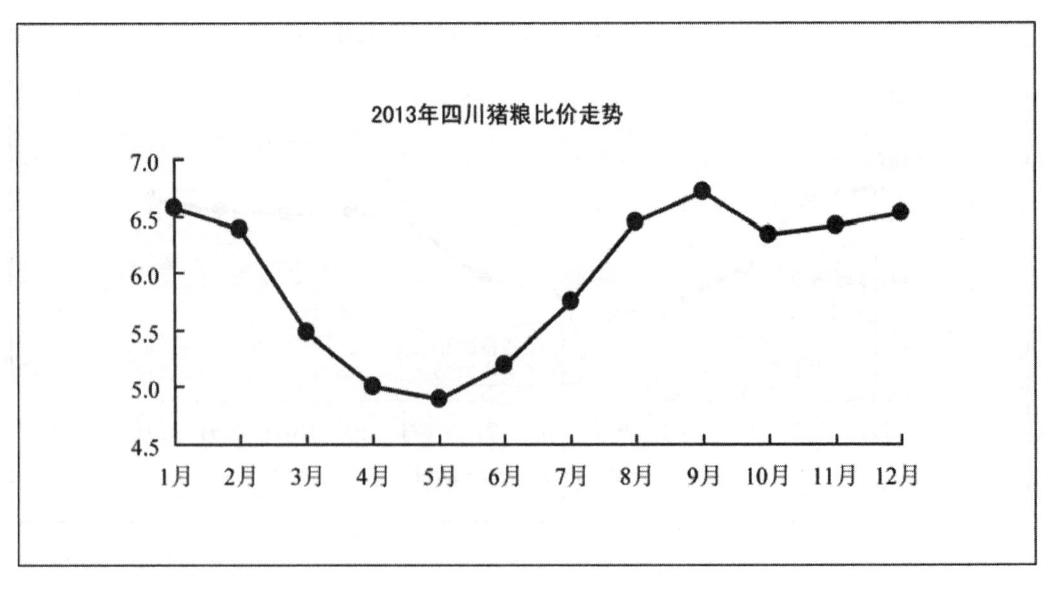

2013 年各季度生猪生产情况比较

	一季度	二季度	三季度	四季度
期末存栏（万头）	5001.6	5109.7	5388.5	5004.1
期内出栏（万头）	1973.5	1225.6	1496.9	2618.1
肥猪均价（元/公斤）	16.2	13.2	15.3	16.3
仔猪均价（元/公斤）	22.2	19.5	22.4	20.7
猪粮比价	6.25：1	5.46：1	6.30：1	6.43：1

三、当前生猪生产形势研判

虽然 2013 年四川生猪生产总体呈现稳定发展态势，但在国内外疫情趋于复杂、养殖业利润波动频繁、消费政策没有大的改观等因素影响下，当前生猪产、供、销仍面临较为复杂而严峻的形势。

（一）当前生猪生产出现疫情

国际方面，相关资料表明，北美、欧洲等地出现生猪流行性腹泻疫情。截止 12 月 5 日消息，美国发现生猪流行性腹泻疫情数达到 1373 例。美国联邦疾病防治中心 12 月 27 日宣布，H1N1 型流感目前已经扩散到全美超过十个州，引起四名儿童死亡，上万成年人入院治疗。H1N1 病毒始于 2009 年爆发的猪流感。这种病毒首次于 2009 年在人类身上发现，此后每年的冬季流感季节都会不同程度的爆发。

国内方面，冬季以来，河北、江西、贵州、广东等地陆续出现禽流感疫情。华北和东北部分地区入冬以来仍有零星散发的口蹄疫，因此对于局部地区毛猪出栏价格带来冲击。但纵观全国市场，随着口蹄疫疫苗的免费接种范围扩大以及规模化养殖场防疫措施的不断提高，疫病对生猪市场的影响较前几年仍呈现出下降趋势。省内方面，年底以来四川气温偏低，达州、广安等川东北地区生猪出现冬季痢疾等疫情。

（二）市场价格及消费情况

进入 12 月以来，全国猪价持续走低。元旦节前后出栏“二杂”瘦肉型肥猪均价跌破 15 元/公斤，低于 2012 年同期。原因一是 2013 年夏季猪价上涨，养殖户补栏积极，致使元旦节前后集中出栏，造成肥猪价格旺季不旺；二是北方地区受疫情影响养殖户出现担忧心理，为规避风险，积极出栏；三是由于受冬季寒冷生猪生长缓慢和目前出现疫情双重因素影响，部分散养户填槽补栏时间向 2-3 月春暖季节后推，造成仔猪价格下跌；四是元旦节期间出现出栏套现高峰，加之今年中央不断出台文件通知严禁公款消费，造成消费高峰时期缩短并临近尾声，需求有所萎缩，市场出现一定程度的供大于求现象。以生猪为主导的畜禽产品价格，全国市场总体上呈现北方以下跌行情为主，南方基本保持稳定的格局。

（三）后期生猪价格走势判断

从有利因素看：一是下半年以来生猪价格上涨，生猪养殖重回盈利区间，稳定了生猪生产和养殖信心；二是规模养殖比重不断提升，养殖小区建设持续加速，散养户比重呈下降趋势，有利于减少市场波动；三是养殖户市场参与和判断能力日趋成熟，从年前的补栏情况看，已在采取谨慎态度应对节后行情；四是入冬以来，相比北方地区，四川总体没有大面积的疫情疫病发生。

从不利因素看：一是四川能繁母猪存栏处于较高水平，年后市场供给估计较为充足；二是当前北方地区的价格下滑，可能对四川市场价格造成冲击；三是消费需求依然受到从政策面到市场面的诸多约束，难以进一步大幅拓展。

综合以上两方面因素，预计 2014 年生猪市场价格仍会延续 2013 年的相近走势，春节后会有一次比较明显的下跌行情，但整体价格波动可能小于 2013 年。

四、对策建议

（一）提高监测预警及宏观调控能力

从几年的生猪价格波动看出，监测预警与宏观调控对于稳定生猪生产有着重要意义。一是要建立起覆盖到所有养殖户的产供销信息平台；二是要加强行情预判，提前参与市场；三是要在冻肉收储政策基础上进一步增加调控手段，扩大宏观调控能力。

（二）加强疫情监测防控工作

目前仍是疫情发生的高危时期，要继续加强各地监测和防控工作。对于病死畜禽要妥善处理，防止疫情扩大和环境污染。同时，要吸取禽流感事件的经验教训，加强舆论引导，在没有疫情的地区维护生产、消费的稳定。

（三）积极引导畜牧业生产转型升级

当前，以生猪为主导的四川畜牧业正在经历成本上升、要素紧缺、需求转型等新变化。应对这些变化，要求畜牧业由劳动密集型向资本、技术密集型转变；由耗粮型向节粮型、生态型转变；由数量增长型向品质提高、畜牧产品结构优化型转变。

2013年四川制造业稳步扩张　非制造业业务活动加快

采购经理调查结果显示，2013年12月份，在企业新订单增长和生产增速加快的带动下，四川制造业经济继续稳步扩张；而非制造业在春节节日效应的拉动下，业务活动也有所加快。从企业预期看，受春节长假因素的影响，制造业企业对2014年一季度的总体预期比较消极，发展信心较上个月明显减弱；非制造业经济虽会继续保持较强扩张态势，但企业发展信心也略有减弱。

一、制造业继续稳步扩张

2013年12月份，四川制造业PMI为51.5%，环比上升0.7个百分点，连续4个月运行于荣枯线上方，并创下20个月以来的新高，显示当前四川制造业经济的扩张态势基本确立，但发展速度仍然比较平缓。

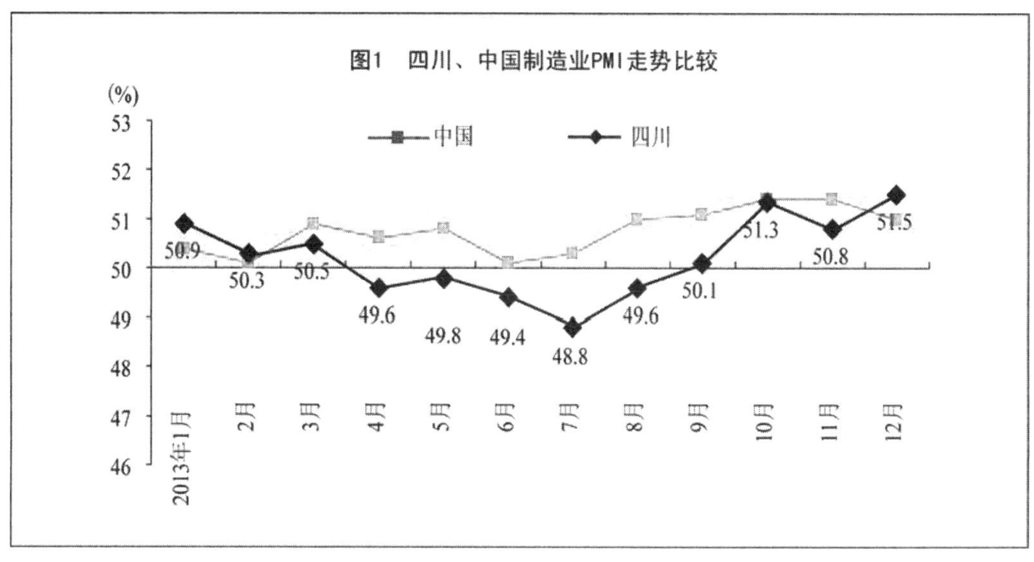

（一）11项分类指数“六升一平四降”

2013年12月份，四川制造业PMI的各分项指数中，出口订单、产成品库存、从业人员、供应商配送时间等四项指数环比下降，原材料购进价格指数持平，而其余六项指数则有所上升。其中，新订单指数为52.6%，环比上升1.4个百分点，连续4个月扩张，市场需求继续稳中趋增；生产指数为54.2%，较上个月上升0.6个百分点，连续5个月扩张，企业生产持续增加，增速也进一步加快；采购量指数为53.6%，环比上升1.6个百分点，在生产增长的情况下，企业采购活动更趋积极；主要原材料购进价格指数为54.0%，与上个月持平，且近4个月的波动幅度均小于1个百分点，企业主要原材料价格虽仍在上涨，但涨势比较平稳。

（二）超过半数行业表现为扩张状态

调查涉及的20个大类行业中，农副食品加工业等13个行业处于扩张状态，扩张行业个数较上月增加2个。具体来看，PMI高于50%的13个行业中，农副食品加工业、食品制造业、造纸印刷和文体用品制造业、化学原料和化学制品制造业、交通运输设备制造业等5个行业在荣枯线上方继续走高，行业扩张速度进一步加快；酒饮料和精制茶制造业、医药制造业、非金属矿物制品业、有色金属冶炼和压延加工业、电气机械和器材制造业等5个行业则由收缩区上升至扩张区，行业业务活动也较上个月有所加快。而PMI

低于50%的7个行业中，纺织业、服装制品和制鞋业、通用设备制造业等3个行业由扩张区间降至收缩区间，行业发展态势有所放缓；石油加工炼焦和核燃料加工业、化学纤维制造及橡胶塑料制品业、黑色金属冶炼及压延加工业、专用设备制造业等4个行业则在荣枯线下方继续走低，行业收缩态势有所加剧。

表1：2013年12月份四川制造业PMI及分项指数

单位：%

指 标	12月份	比上月增减	区间	趋 势
PMI	51.5	0.7	扩张	连续4个月
生产	54.2	0.6	扩张	连续5个月
新订单	52.6	1.4	扩张	连续4个月
出口订单	49.6	-0.8	收缩	首月
未完成订单	43.6	0.1	收缩	连续53个月
产成品库存	44.4	-2.2	收缩	连续17个月
采购量	53.6	1.6	扩张	连续4个月
进口	49.6	0.1	收缩	连续2个月
购进价格	54.0	0.0	扩张	连续6个月
原材料库存	47.6	0.3	收缩	连续9个月
从业人员	49.1	-0.8	收缩	连续30个月
配送时间	49.4	-1.7	收缩	首月

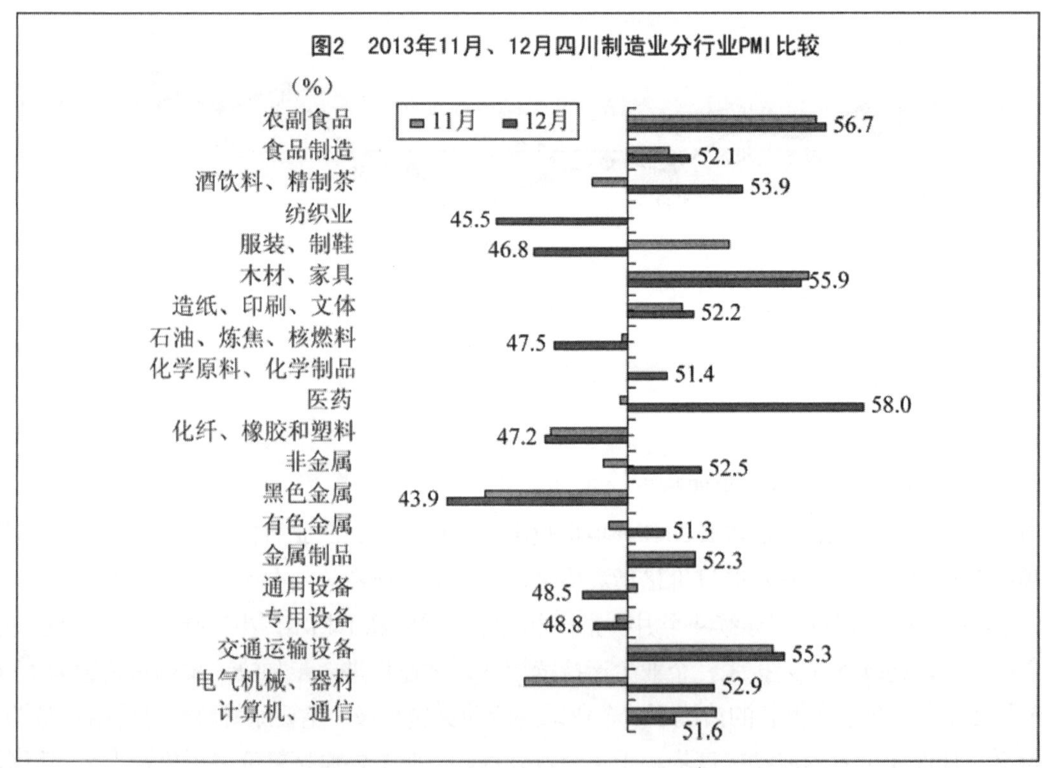

（三）多数产业保持扩张态势

监测的四大重要产业中，高耗能产业继续收缩，但有所改善，其余三大产业则保持扩张态势。其中，消费品产业的PMI为54.8%，较上个月上升2.6个百分点，随着春节的到来，整个产业发展状况明显趋好；高新技术制造产业为52.8%，环比上升0.9个百分点，在荣枯线上方继续走高，产业扩张态势得到进一步巩固；装备制造业为51.6%，环比虽微幅下降0.1个百分点，但继续运行于荣枯线上方，产业发展情况总体仍然较好；高耗能产业的PMI为48.7%，环比回升0.4个百分点，连续10个月运行于荣枯线下，虽然整个产业的收缩状态略有改善，但总体发展情况依然较差，对全省制造业经济增长仍有一定拖累。

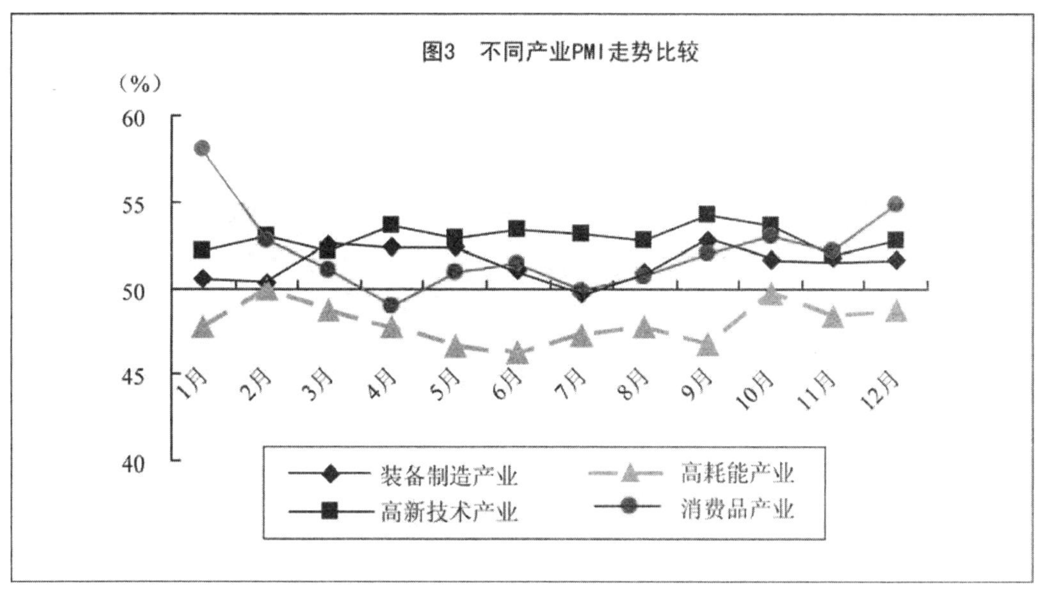

（四）发展情况与全国基本相当

2013 年 12 月份，中国制造业 PMI 为 51.0%，环比下降 0.4 个百分点，连续 15 个月位于荣枯线之上，显示中国制造业经济继续保持增长，但业务活动的扩张速度较为平缓。与全国对比，四川制造业 PMI 仅高于全国 0.5 个百分点，表明四川制造业经济发展情况与全国基本相当。但值得注意的是，受产业结构影响，四川制造业中比重较大的黑色金属冶炼及压延加工业、非金属矿物制品业等高耗能产业发展情况较差，具有较强竞争力优势的白酒行业也还处于调整状态中。因此，短期内四川制造业经济加快发展的难度仍不小。

从国际情况看，四川制造业经济发展则不如全球总体情况好。2013 年 12 月份，全球制造业 PMI 升至 2011 年 4 月以来的最高位，达到 53.3%，显示全球制造业活动出现了近 3 年来最大幅度的增长，令人期待的全球经济复苏有望在 2014 年加速。其中，美国 ISM 制造业 PMI 为 57.0%，在 11 月份创下 2 年半高位后只微幅回调 0.3 个百分点，显示美国制造业活动继续在快速扩张；欧元区制造业 PMI 为 52.7%，环比上升 1.1 个百分点，连续 6 个月扩张，并创下 2011 年 5 月以来的最高水平，制造业的稳步上行为整个欧元区经济的复苏打下了坚实的基础；日本制造业 PMI 为 55.2%，环比上升 0.1 个百分点，连续 10 个月扩张，并触及 2006 年 7 月以来的最高，显示日本制造业活动扩张速度达到七年来的最快水平。

二、非制造业业务活动加快

2013 年 12 月份，四川非制造业商务活动指数为 52.8%（未经季节因素调整），环比上升 3.4 个百分点。从历史数据看，每年 12 月份的非制造业商务活动指数均会明显回升，并处于当年的较高水平，季节影响因素较强。但同时应看到，由于当前宏观经济形势依然严峻，特别是受“八项规定”政策影响，住宿业、餐饮业、社会服务业的业务活动大幅萎缩，四川非制造业的商务活动指数低于历史同期水平。

（一）八项分类指数“四升四降”

2013 年 12 月份，四川非制造业的八项分类指数中，新订单、投入价格、收费价格、从业人员等四项指数上升，其余四项指数则有所下降。其中，新订单指数为 47.2%，环比回升 0.8 个百分点，连续 11 个月运行于收缩区间，显示今年以来整个非制造业企业的市场需求较为疲软；中间投入价格指数为 56.6%，环比上升 3.5 个百分点，在连续两个月走低后强劲反弹，显示企业投入成本的上升势头再度加快；收费价格指数为 50.3%，在上个月降至 6 个月低点后回升 2.1 个百分点，在春节消费旺季来临之际，企业收费价格总体趋于回升；从业人员指数为 48.6%，环比上升 0.1 个百分点，连续 2 个月收缩，受业务活动量减少的影响，企业对劳动力的需求依然不大。

表 2：2013 年 12 月份四川非制造业商务活动指数及分类指数

指　标	12 月份	比上月增减	区间	趋势
商务活动指数	52.8	3.4	扩张	首月
新订单指数	47.2	0.8	收缩	连续 11 个月
国外新订单指数	41.6	-4.0	收缩	连续 3 个月
积压订单指数	41.5	-0.6	收缩	连续 53 个月
存货指数	44.0	-0.9	收缩	连续 11 个月
中间投入价格指数	56.6	3.5	扩张	连续 53 个月
收费价格指数	50.3	2.1	扩张	首月
从业人员指数	48.6	0.1	收缩	连续 2 个月
供应商配送时间指数	52.2	-0.6	扩张	连续 10 个月

（二）各产业的业务活动均有所向好

2013 年 12 月份，四川生产性服务业的商务活动指数为 60.5%，环比上升 3.9 个百分点，整个产业继续表现出较快发展势头，且发展速度进一步加快；物流业的商务活动指数为 67.3%，环比上升 2.0 个百分点，在扩张区间高位继续走高，产业发展情况积极向好，业务活动表现得十分活跃；消费性服务业的商务活动指数为 48.3%，环比回升 4.1 个百分点，在春节效应的提前带动下，行业业务活动的萎缩幅度有所收敛。

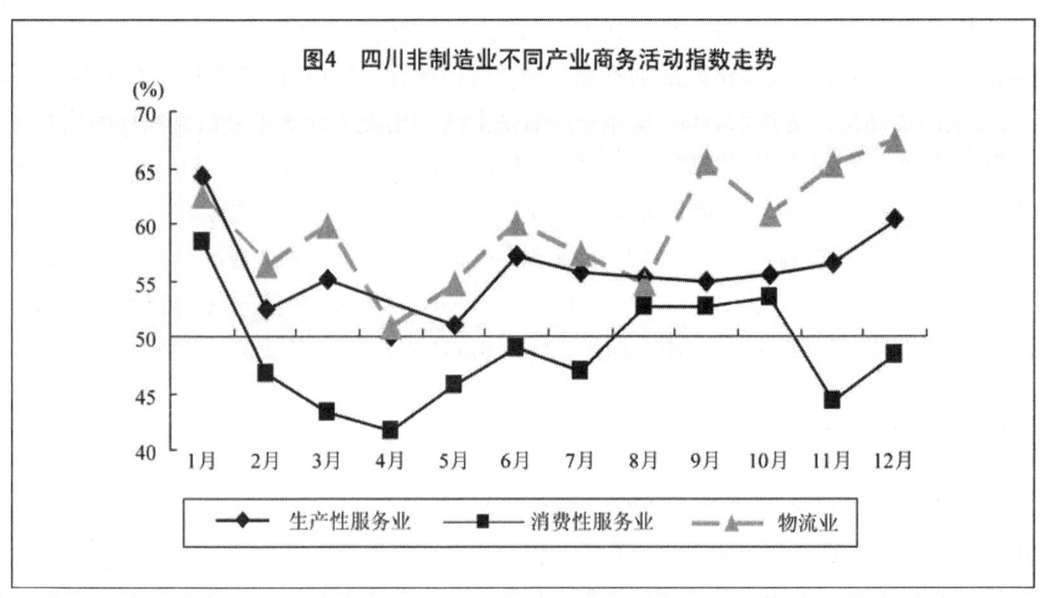

（三）过半行业呈扩张态势

2013 年 12 月份，四川 9 大非制造业行业中，建筑业、批发业、零售业、交通运输仓储和邮政业、信息传输软件和技术服务业等 5 个行业继续扩张，其余 4 个行业则表现为收缩态势。其中，建筑业、交通运输仓储和邮政业、信息传输软件和技术服务业的商务活动指数为 56.8%、58.3%、63.0%，分别较上个月上升 1.9 个百分点、4.2 个百分点和 5.2 个百分点，均在扩张区间走高，三大行业业务活动的扩张速度稳步加快；批发业的商务活动指数为 57.4%，虽然较上月回落 3.2 个百分点，但行业的业务活动依然处于较强扩张状态，只是扩张速度有所放缓；房地产业为 49.0%，环比虽上升 1.9 个百分点，但仍处于荣枯线下，行业发展形势仍不乐观；住宿业、餐饮业 39.5%、35.0%，尽管分别较上个月大幅上升 11.9 个百分点和 9.9 个百分点，但指数水平仍然较低，“八项规定”以及厉行节约、反对铺张浪费等政策性规定对两大行业的影响远未消除；社会服务业为 37.2%，环比下降 2.8 个百分点，行业收缩态势则进一步加剧。

表 3：2013 年 12 月份四川非制造业及分行业商务活动指数

单位：%

	商务活动指数	比上月增减	区间	趋势
全　省	52.8	3.4	扩张	首月
建筑业	56.8	1.9	扩张	连续 10 个月
批发和零售业	57.0	3.2	扩张	连续 5 个月
其中：批发业	57.4	-3.2	扩张	连续 5 个月
零售业	56.4	11.2	扩张	首月
交通运输、仓储和邮政业	58.3	4.2	扩张	连续 8 个月
住宿和餐饮业	37.4	11.0	收缩	连续 2 个月
其中：住宿业	39.5	11.9	收缩	连续 2 个月
餐饮业	35.0	9.9	收缩	连续 2 个月
信息传输、软件和信息技术服务业	63.0	5.2	扩张	连续 53 个月
房地产业	49.0	1.9	收缩	连续 4 个月
社会服务业	37.2	-2.8	收缩	连续 4 个月

（四）发展态势与全国基本一致

2013 年 12 月份，中国非制造业商务活动指数为 54.6%，环比回落 1.4 个百分点，受生产性服务业和房屋建筑业回落的影响，非制造业商务活动有所放慢 ，但新订单指数与上月持平，意味着市场需求较为稳定，非制造业商务活动具有继续向好发展的基础。四川非制造业商务活动指数虽稍低于全国，但与全国一样均处于扩张区间，显示当前四川和全国非制造业经济的发展态势基本一致。

三、当前企业面临的问题尚多

调查显示，当前全省企业生产经营中面临的主要问题中，选择资金紧张的企业比重为 48.6%，环比上升 0.7 个百分点；选择劳动力成本上涨的企业比重为 44.8%，环比上升 0.4 个百分点；选择订单不足的企业比重为 38.0%，环比下降 2.3 个百分点；选择运输成本上升的企业比重为 37.7%，环比上升 6.7 个百分点。同时，还有 22.8%的企业选择原材料价格上涨，13.9%的企业选择劳动力供应不足。制造业中，通用设备制造业、黑色金属冶炼及压延加工业、化学原料和化学制品制造业等 8 个行业反映资金紧张现象较为普遍，企业选择比重均超过 55%；纺织业、计算机通信和其他电子设备制造业、通用设备制造业等 7 个行业反映

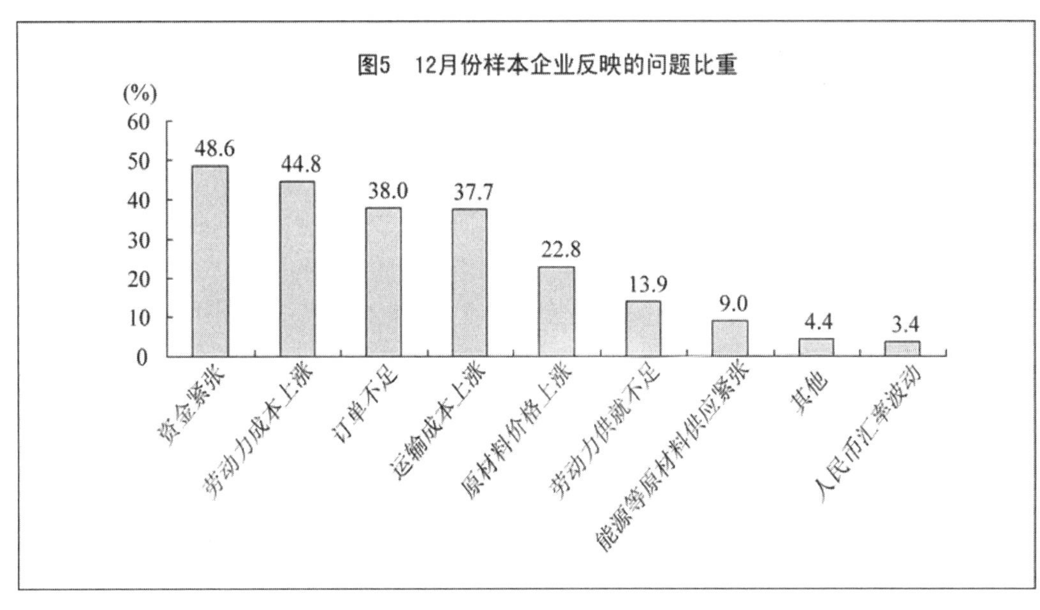

劳动力成本上涨的问题较为突出，企业选择比重均超过 50%；酒饮料和精制茶制造业、专用设备制造业、黑色金属冶炼及压延加工业等 6 个行业反映订单不足的情况较为严重，企业选择比重也都在 40%以上。非制造业中，建筑业、房地产业的资金更为紧张，企业选择比重分别达到 63.0%、56.3%；建筑业、零售业、交通运输设备制造业、社会服务业反映劳动力成本上涨的现象较为普遍，企业选择比重超过 40%；住宿业、餐饮业订单不足的情况十分突出，企业选择比重分别高达到 74.4%、72.5%。

四、企业发展信心有所减弱

（一）制造业企业预期大幅回落

2013 年 12 月份，所调查的制造业样本企业中，认为未来 3 个月生产经营状况较好的企业占 17.3%，较 11 月份减少 6.4 个百分点；认为生产经营状况一般的企业占 65.1%，较 11 月份增加 0.4 个百分点； 认为生产经营状况偏差的企业占 17.6%，较 11 月份增加 6.0 个百分点。以此为依据测算的四川制造业企业生产经营预期指数为 49.9%，环比下降 6.2 个百分点，降至 2013 年以来的最低点。这表明，受即将到来的春节长假因素影响，四川制造业企业对 2014 年一季度的总体预期比较消极，发展信心明显减弱。

从调查涉及的四大产业看，各产业的生产经营预期指数均有所回落。其中，消费品产业的生产经营预期指数为 55.8%，环比回落 8.2 个百分点，企业认为整个产业未来 3 个月的发展情况虽然总体依旧较好，但所表现出的信心程度已不如上个月强劲；装备制造产业、高新技术制造产业的企业生产经营预期指数为 51.5%、53.5%，环比分别回落 7.0 个百分点和 5.2 个百分点，两大产业未来 3 个月尽管会继续保持扩张态势，但企业的发展信心亦将不同程度减弱；高耗能产业的企业生产经营预期指数为 45.2%，环比回落 3.0 个百分点，连续 2 个月收缩，企业进一步看差未来 3 个月的生产经营状况，整个产业的发展形势会更加严峻。

（二）非制造业预期指数高位回调

2013 年 12 月份，所调查的非制造业样本企业中，有 27.9%的企业认为未来 3 个月的业务活动情况较好，较 11 月份增加 0.1 个百分点；有 57.6%的企业认为未来 3 个月的业务活动情况一般，较 11 月份减少 1.5 个百分点；有 14.5%的企业认为未来 3 个月的业务活动情况偏差，较 11 月份增加 1.4 个百分点。以此为依据测算的四川非制造业业务活动预期指数为 56.7%，环比回落 0.7 个百分点，显示四川非制造业经济未来 3 个月会继续保持较强扩张态势，但企业发展信心总体略有减弱。

调查涉及的 9 个大类行业中，交通运输仓储和邮政业、零售业的业务活动预期指数为 67.1%、65.7%，环比分别上升 1.8 个百分点和 0.7 个百分点，在扩张区间进一步走高，两大行业的业务活动在未来 3 个月将继续强劲扩张；批发业、信息传输软件和技术服务业的业务活动预期指数为 65.3%、62.0%，环比分别回落 1.1 个百分点和 3.6 个百分点，在扩张区间高位有所回调，企业发展信心仍然较强，只是行业扩张速度有所放缓；建筑业的业务活动预期指数为 50.3%，在上个月大幅回落后再度走低 1.0 个百分点，由于春节长假将至，企业进一步看淡行业未来 3 个月的行业形势；餐饮业的业务活动预期指数为 51.3%，环比回落 1.3 个百分点，未来 3 个月行业虽还会保持扩张态势，但企业对年末传统消费旺季的预期远不如往年积极；社会服务业的业务活动预期指数为 51.4%，较上个月回升 2.1 个百分点，从收缩区间升至扩张区间，企业认为未来 3 个月的业务活动会趋于活跃，行业发展将由收缩状态转为扩张状态；住宿业、房地产业的业务活动预期指数为 47.7%、47.1%，继续运行于收缩区间，企业对未来 3 个月的发展信心仍然较弱，行业发展情况还会趋差。

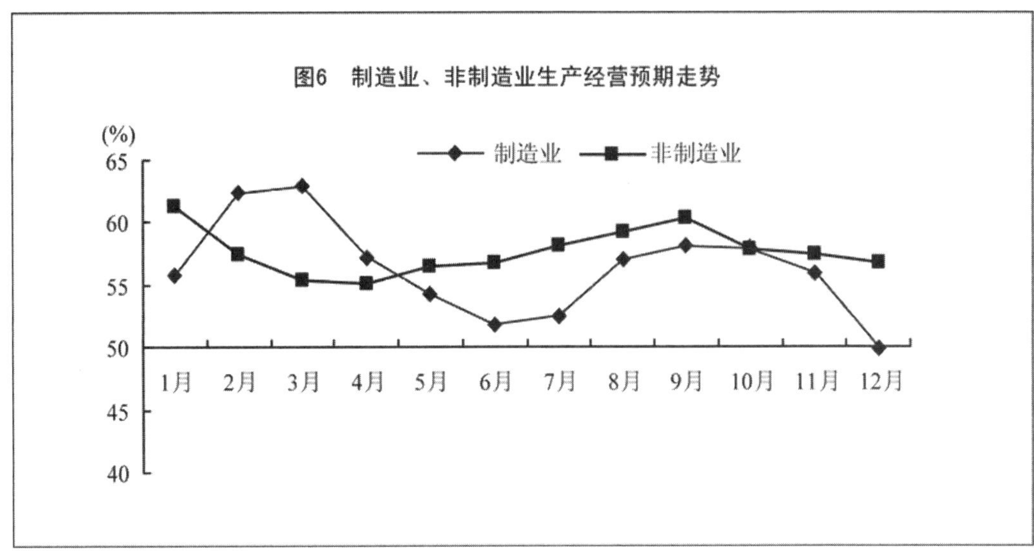
图6　制造业、非制造业生产经营预期走势
(%)
65
60
55
50
45
40
制造业
非制造业
1月
2月
3月
4月
5月
6月
7月
8月
9月
10月
11月
12月

2013 年四川规下工业企业发展情况简析

国家统计局四川调查总队抽样调查结果显示，尽管各级政府出台一系列扶持政策，但 2013 年四川省规下工业企业（不含个体，下同）在宏观经济环境趋紧、生产成本上升、市场需求乏力的背景下，发展情况欠理想。

一、2013 年规下工业企业发展情况

根据抽样调查数据推算，2013 年四川省规下工业企业主要经济指标中，除业务收入和税金有所增长外，其他方面的情况普遍偏差。其中，主营业务收入 1410.04 亿元，较上年增长 12.3%，同比加快 0.9 个百分点；上缴税金总额 63.75 亿元，较上年增长 4.0%。

但是，由于经济不景气，经营困难，规下工业企业不仅存在减员现象，而且还存在关、停、并、转的情况。截至 2013 年 12 月末，四川省仅有规下工业企业 34595 家，较上年减少 2838 家，减幅为 7.6%；拥有从业人员 62.73 万人，较上年减少 0.65 万人，减幅为 1.0%。

而且，由于市场需求总体比较低迷，规下工业企业订单明显减少。2013 年 12 月末，四川省规下工业企业剩余订单额比上年同期减少 1.14 亿元，减幅达 9.5%。

同时，规下工业企业成本上升则较快。到 2013 年 12 月，四川省规下工业企业主营业务成本达 1058.57 亿元，较上年增长 12.9%，增幅高出主营业务收入 0.6 个百分点。其中，用工成本上升快是企业最大的困扰。数据显示，尽管规下工业企业全年平均从业人数有所减少，职工薪酬却比上年增长了 17.1%。

而在生产经营成本大幅上升的情况下，产品销售价格并没有同步提高(2013 年四川 PPI 累计下降 1.3 个百分点)，由此导致企业的盈利空间不断被压缩。2013 年，四川省规下工业企业的营业利润仅有 46.6 亿元，较上年大幅减少了 16.3%。

二、当前企业发展中面临的突出问题

问卷调查显示，当前四川省规下工业企业在发展中仍面临四大突出问题:

一是用工成本上升。2013 年第四季度，所调查的规下工业样本企业中有 63.6%的企业认为用工成本上涨过快是当前面临的突出问题，认同度达到年内最高。

二是原材料价格上涨。2013 年第四季度，有 43.6%的规下工业样本企业认为原材料价格上涨是企业当前面临的突出问题，深感生产经营压力较大。

三是市场需求不足。问卷调查显示，2013 年第四季度有 21.7%的规下工业样本企业认为市场需求不足是企业当前面临的突出问题。

四是资金紧张。2013 年第四季度，规下工业样本企业中有 20.2%的企业认为资金紧张是当前面临的突出问题。而资金紧张，除由于生产经营成本上升所致外，融资难也是重要原因。问卷调查显示，规下工业企业中近三成企业有借款需求，但这些有借款需求的企业中却有 60.3%的企业完全没能贷到款，只能依靠自筹资金解决或停工停产。

三、2014 年一季度企业生产预计

问卷调查显示，四川省规下工业样本企业中，认为 2014 年一季度生产会加快的企业占 9.0%，较上季

度减少 1.8 个百分点；认为会持平的企业占 68.7%，较上季度减少 0.1 个百分点；认为会减缓的企业占 22.3%，较上季度增加 1.9 个百分点。这表明，2014 年一季度四川省多数规下工业企业生产会加快或持平。

另据抽样调查数据推算，2013 年四川省规下工业（含个体）增加值同比增速为 9.8%(可比价)，较上年减缓 0.4 个百分点。

2013 年四川规下服务业企业监测调查分析

规下服务业企业监测调查涵盖 10 个行业门类，包括 31 个行业大类，130 个行业中类和 249 个行业小类。2012 年末，在四川 44246 家规下服务业企业抽样框中抽取了 2612 家企业作为 2012 年报和 2013 年、2014 年定报的监测单位，截止 2013 年末，有效的调查企业数为 1150。下面进行简要分析。

一、规下服务业企业的基本情况呈四大特点

特点 1：超过九成九的企业为内资企业

被调查的 1150 家规下企业中，内资企业为 1142 家，占比为 99.3%；港澳台独资或合资企业只有 1 家，而外商独资或合资企业也仅 7 家；调查表明：在调查的有效企业中，外资企业（含港澳台及外商的独资、合资）所占比重还不到 1%。

特点 2：近六成企业为私营企业

抽样调查显示，1150 家规下服务业企业中，所占比重最大的是私人经营形式，其中私营独资企业 289 家，私营有限责任公司 265 家，私营合伙 75 家，私营股份有限公司 31 家，共计 660 家，占被调查企业的 57.4%。

特点 3：七成五的企业开业时间在十年内

被调查的 1150 家规下服务业企业中，开业时间普遍不长。从抽样时的 2012 年止，2002-2006 年开业的企业有 453 家，占 39.4%，2007 年-2012 年开业的企业有 411 家，占 35.7%， 2002 年后开业的规下服务业企业共计 864 家，占被调查企业的 75.1%。2002 年以前开业的企业只占调查企业的 24.9%。

特点 4：八成企业的规模在 30 人及以下

1150 家规下服务业企业中，从业人员 10 人及以下的企业 525 家，占 45.7%，11-30 人的企业 398 家，占 34.6%，两者比重相加即可看出：八成企业的规模在 30 人及以下；31-50 人的企业占 11.9%，50 人以上的企业占 7.8%。

二、规下服务业企业的运行现状

（一）从企业调查数据简单汇总结果看

1．营业收入“八增二减”

2013 年 1150 家调查企业的营业收入同比增长 4.07% 。在十个门类中，除居民服务、修理和其他服务业，租赁和商务服务业下降外，其余八个门类均为增长。其中：物业管理与房地产中介服务业，交通运输、仓储和邮政业，卫生和社会工作，教育业增幅较大。

2．劳动力成本不断提升。

2013 年，1150 家规下服务业企业应付职工薪酬年人均 32.94 千元，月均 2.75 千元；上年同期为年人均 29.92 千元，月均为 2.49 千元。即 2013 年的月均薪酬较 2012 年月均薪酬提高了 10%，表明劳动力成本不断提升。

3．薪酬占营业成本的比重也在不断提升。

2013 年规下服务业调查企业应付职工薪酬占营业成本的 22.8%（上年同期为 21.8%），提升了 1 个百分点。

4. 企业营业成本占营业收入的比重增加。

企业营业成本占营业收入的比重为66%，而上年同期的比重为65.5%。尽管增幅不大，但趋势确实是增加的。

5. 营业税金及附加同比下降

1150 家调查企业的营业税金及附加同比下降 8.48% 。在十个门类中，除交通运输、仓储和邮政业，信息传输、软件和信息技术服务业，科学研究和技术服务业，教育业外，其余六个门类均为下降，其中下降幅度较大的门类有居民服务、修理和其他服务业，租赁和商务服务业，水利、环境和公共设施管理业。

（二）企业推算数据结果

从国家最新推算数据看，四川规下服务业企业 2013 年 1-12 月的营业收入为 841 亿元，同比增长 13.6%。

（三）企业调查问卷分析

1. 综合经营状况不佳的企业略多于良好

调查显示：1150 家规下服务业企业中，16.0%的企业表示 2013 年企业总体经营状况良好；65.0%的企业表示综合经营状况一般，还有 19.0%的企业表示综合经营状况不佳，结果与去年调查基本一致。从企业所处发展阶段来看，12.1%的企业处于创业阶段，63.9%的企业处于发展阶段，有 24%的企业处于成熟阶段，反映了目前规下服务业企业的发展还是比较艰难。

2. 同比营业收入增加的企业近四成

调查显示，1150 家规下服务业企业的收入同比中，有 38.1%的企业表示营业收入增加(比去年同期高 4.2 个百分点)，29.0%的企业表示营业收入持平，而有 32.9%的企业则表示示营业收入减少(比去年同期高 2.1 个百分点)；其中一半的企业表示营业收入变动的主要影响因素为市场需求。调查数据与问卷反映的趋势相吻合。

3. 营业成本上升的企业仍超五成，但经营环境有所改善

调查显示，1150 家规下服务业企业中，54.3%的企业表示营业成本上升(上年同期为 54.7%)，33.9%的企业表示营业成本持平， 11.8%的企业经营成本有所下降(上年同期为 7.5%)，其中表示成本下降的企业比上年同期高了 4.3 个百分点，这表明尽管仍有超五成企业表示营业成本上升，但去年随着政府的各项扶持、减负政策措施出台，规下服务业企业的经营环境有所改善。其中影响营业成本变动最主要的因素为劳动力成本和原材料价格，60.4%的企业选择劳动成本（比去年同期高 6.5 个百分点），与前面的人均薪酬增长相对应；20.0%的企业选择原材料价格(与上年同期 19.9%基本持平)。

4. 企业本期的销售（服务）价格多数与上期持平

调查显示：61.7%的企业认为自己本期的销售（服务）价格与上期相比是持平的，有 23.0%的企业表示是价格是增加的，而有 15.3%的企业认为价格是减少的。在销售（服务）价格增加的企业中，有 56.1%的企业表示主要影响因素为劳动力成本。再联系前面所述的 54.3%的企业营业成本上升而仅有 23.0%的企业销售（服务）价格增加的，表明在激烈的市场竞争中，多数成本上升的企业承担了企业营业成本上升带来的压力，也压缩了企业的利润空间。

5. 从盈利状况看，经营状况不佳多于良好

1150 家规下服务业企业中，26.3%的企业表示 2013 年盈利增加(亏损减少)，35.9%的企业盈利减少(亏损增加)，有 8.6%的企业由盈转亏，还有 4.6%的企业扭亏为盈，其余企业选择了不变；从企业的盈利状况与前面的经营状况可以相互印证，经营状况不佳的企业确实略多于经营状况良好的企业。其中，50.4%的企业认为业务量是盈利变动的影响因素，30.4%的企业认为成本费用是盈利变动的影响因素，与去年同期比较，成本费用的影响下降了 11 个百分点，而受业务量变动的因素影响却上升了 6.4 个百分点，这也从一个侧面大致印证过去一年经济发展的速度放缓。

6. 本期对劳动力需求增加的企业多于减少的企业

调查显示：21.7%的企业本期对劳动力的需求是增加的，只有 15.2%的企业需求是减少的，另外 63%

的企业则是持平。而在劳动力需求变动的原因中，劳动力成本变动的影响因素比重为 30.1%，高于企业的经济效益（20.5%）和订单变动（20.7%），剩余的为其他因素。

7. 加大政策扶持和落实力度、减免税费仍是调查企业的主要心愿

问卷调查显示，1150 家企业中，分别有 63.4%（上年同期为 65.6%）、55.9%（上年同期为 59.3%）的企业建议政府应该加大政策扶持力度和减免税费；其余选项均在 25%以下。尽管要求减免税费的企业比重仍超过 50%，但是与上年同期比较下降了 3.4 个百分点。

（1）问卷调查显示：只有 26.9%的企业享受了税收优惠政策，而 73.1%的企业并未享受税收优惠政策。

（2）有 12.8%的企业享受免税政策，而执行增值税的企业比重为 28.5%，接近执行营业税的企业(占比 58.7%)的一半。

（3）从部门对企业的收费情况看，只有 11.7%的企业表示无收费，65.7%的企业表示不变，而收费增加和收费减少的企业分别为 12.4%和 10.2%。增加的企业略高于减少的。

三、规下服务业企业发展中存在的四个主要问题

1. 企业消亡较快

服务业小微企业由于进入门槛低、自身资金小、技术含量低、人才缺乏、市场竞争激烈等多方面制约，小微企业消亡比较快。调查显示，2612 家样本企业在 2013 年年初调查时实际有效企业为 1380 家，未完成调查企业 1232 家。而经过半年的时间再次调查时，有效样本企业为 1271 家，比年初时又少了 109 家，一年后再调查时，有效样本仅为 1150 家。

2. 部分企业流动资金紧张

问卷调查显示：从企业的流动资金来看，有 30.1%的企业感到紧张（上年同期为 31.6%），只有 8%的企业认为充足，而 61.9%的企业感觉一般。

3. 企业融资需求增加、民间借贷多于银行借贷

问卷调查显示：认为企业的本期融资困难的为 21.7%，一般的为 21.7%，容易的仅 1.4%，还有 55.2%的企业无融资需求（上年同期为 75.6%）。

企业获取资金的渠道中，银行贷款为 13.5%，民间借贷为 17.9%，专项资金为 5.1%，其他渠道为 63.5%，同上年比较，排除自有资金和专项资金，银行贷款方式和民间借贷方式之比由上年的 1：0.86 变为现在的 1：1.33。即企业从民间借贷多于向银行借贷，这也与 2013 年银根紧缩，中小企业向银行贷款难现状相吻合。

4. 用工成本上升快是企业当前面临的突出问题，同时要高度关注市场需求不足和招工难

调查显示：用工成本上升快、市场需求不足、资金紧张、原材料成本上升快、招工难是规下服务业企业当前面临的突出问题。分别有 63.6%(上年为 67.5%)、34.3%（上年为 29.8%）、25.1%（上年为 29.9%）、24.3%（上年为 27.0%）、24.3%(上年为 22.4%)的企业表示认同。

但从上面的数据可以清晰地看到，市场需求不足和招工难的比重在过去一年有所提升，需要引起我们的高度关注。

住户调查

2-1 城镇居民家庭人均收支及恩格尔系数(1980-2013年)

年 份	城镇居民家庭人均可支配收入		城镇居民家庭人均消费性支出		恩格尔系数(%)
	绝对数(元)	比上年±%	绝对数(元)	比上年±%	
1980	391		364		58.51
1981	412	5.4	396	9.0	59.51
1982	445	8.0	407	2.6	59.77
1983	493	10.8	457	12.3	59.03
1984	581	17.8	517	13.1	57.27
1985	695	19.6	680	31.5	51.45
1986	849	22.2	787	15.8	52.69
1987	948	11.7	889	13.0	52.85
1988	1130	19.2	1086	22.1	51.82
1989	1349	19.4	1184	9.0	55.66
1990	1490	10.5	1281	8.3	53.82
1991	1691	13.5	1488	16.1	51.91
1992	1989	17.6	1651	11.0	54.12
1993	2408	21.1	2034	23.2	52.08
1994	3297	37.0	2806	38.0	51.71
1995	4003	21.4	3429	22.2	51.33
1996	4406	10.1	3733	8.9	51.57
1997	4723	7.2	4093	9.6	49.10
1998	5127	8.5	4383	7.1	44.92
1999	5478	6.8	4499	2.7	43.88
2000	5894	7.6	4856	7.9	41.47
2001	6360	7.9	5176	6.6	40.22
2002	6611	3.9	5413	4.6	39.83
2003	7042	6.5	5759	6.4	38.91
2004	7710	9.5	6371	10.6	40.18
2005	8386	8.8	6891	8.2	39.33
2006	9350	11.5	7525	9.2	37.71
2007	11098	18.7	8692	15.5	41.19
2008	12633	13.8	9679	11.4	43.96
2009	13839	9.5	10857	12.2	40.40
2010	15461	11.7	12105	11.5	39.49
2011	17899	15.8	13696	13.1	40.68
2012	20307	13.5	15050	9.9	40.36
2013	22368	10.1	16343	8.6	39.60

注：1. 1980年度数据仅为第四季度。
2. 1992年前可支配收入为生活费收入。

2-2 城镇居民家庭平均每户家庭人口、就业人口和收支情况(1952-2013年)

年　份	户平家庭人口(人)	户平就业人口(人)	人均可支配收入(元)	人均消费性支出(元)	人均食品支出(元)
1952	5.34	1.84	130	129	77
1957	5.42	1.99	197	191	102
1962	4.80	1.88	211	207	160
1965	4.84	1.97	255	245	155
1970	4.92	1.96	260	254	158
1975	4.90	1.99	260	246	154
1978	4.56	2.05	338	314	186
1980	4.29	2.15	391	364	213
1985	3.70	2.03	695	680	350
1990	3.34	1.89	1490	1281	690
1991	3.27	1.88	1691	1488	772
1992	3.20	1.88	1989	1651	893
1993	3.15	1.82	2408	2034	1059
1994	3.07	1.77	3297	2806	1451
1995	3.06	1.81	4003	3429	1760
1996	3.05	1.80	4406	3733	1917
1997	3.09	1.85	4723	4093	2009
1998	3.07	1.79	5127	4383	1969
1999	3.04	1.75	5478	4499	1974
2000	2.96	1.50	5894	4856	2014
2001	2.97	1.48	6360	5176	2082
2002	2.94	1.45	6611	5413	2156
2003	2.91	1.43	7042	5759	2241
2004	2.90	1.44	7710	6371	2560
2005	2.88	1.42	8386	6891	2710
2006	2.89	1.49	9350	7525	2838
2007	2.85	1.54	11098	8692	3580
2008	2.90	1.47	12633	9679	4255
2009	2.86	1.48	13839	10857	4392
2010	2.86	1.51	15461	12105	4780
2011	2.90	1.51	17899	13696	5572
2012	2.92	1.49	20307	15050	6074
2013	3.08	1.55	22368	16343	6470

2-3 城镇居民家庭基本情况

项　　目	1995	2000	2005	2010	2011	2012	2013
平均每户家庭人口(人)	**3.06**	**2.96**	**2.88**	**2.86**	**2.90**	**2.92**	**3.08**
平均每户就业人口(人)	**1.81**	**1.50**	**1.42**	**1.51**	**1.51**	**1.49**	**1.55**
# 国有单位职工人数	1.46	1.07	0.75	0.66	0.62	0.61	0.38
个体经营者人数	0.03	0.19	0.17	0.14	0.15	0.16	0.31
平均每人总收入(元)	**4005**	**5926**	**9004**	**17129**	**19688**	**22328**	**23894**
工资性收入	3247	4015	5842	11311	12687	14249	14976
经营净收入	29	265	516	1199	1671	2018	2287
财产性收入	131	183	211	378	523	634	784
转移性收入	598	1462	2435	4241	4807	5427	5847
平均每人可支配收入(元)	**4003**	**5894**	**8386**	**15461**	**17899**	**20307**	**22368**
平均每人总支出(元)	**3864**	**5714**	**9211**	**16182**	**17825**	**19496**	**20332**
平均每人消费支出(元)	**3429**	**4856**	**6891**	**12105**	**13696**	**15050**	**16343**
# 食品支出	1760	2014	2710	4780	5572	6074	6470
衣着支出	459	464	641	1259	1484	1651	1728
居住支出	219	532	705	1127	1226	1284	1322
家庭设备用品及服务支出	295	419	423	876	1020	1098	1197
医疗保健支出	105	266	443	661	735	773	1019
交通和通信支出	134	305	828	1674	1758	1947	2186
教育文化娱乐服务支出	329	627	909	1225	1369	1587	1878
其它商品和服务支出	128	229	233	503	533	636	543
城镇居民恩格尔系数(%)	**51.33**	**41.47**	**39.33**	**39.49**	**40.68**	**40.36**	**39.60**

2-4 城镇居民家庭人均现金收支情况(2008-2012年)

单位：元

项　目	2008年	2009年	2010年	2011年	2012年
家庭总收入	**13685.1**	**15323.8**	**17128.9**	**19688.1**	**22328.3**
#可支配收入	12633.4	13839.4	15461.2	17899.1	20307.0
工资性收入	9117.0	10132.4	11310.7	12687.3	14249.3
工资及补贴收入	8991.7	9902.0	11182.3	12325.7	13820.7
其他劳动收入	125.3	230.4	128.4	361.6	428.6
经营净收入	1040.1	1132.1	1198.7	1670.5	2017.8
财产性收入	262.9	305.4	378.1	523.2	633.8
利息收入	26.2	52.9	43.1	66.2	102.2
股息与红利收入	92.6	54.8	47.0	43.1	49.5
保险收益	1.9	2.6	5.0	1.0	1.8
其它投资收入	47.9	25.5	28.9	52.2	42.3
出租房屋收入	88.7	155.2	232.8	354.5	430.7
知识产权收入			1.4		
其他财产性收入	5.6	14.4	20.0	6.2	7.3
转移性收入	3265.1	3753.8	4241.4	4807.1	5427.3
养老金或离退休金	2631.3	3062.0	3460.1	3803.0	4440.1
社会救济收入	74.5	66.0	67.9	51.7	107.2
辞退金	0.7	3.7		5.4	4.9
赔偿收入	5.1	9.4	3.0	1.3	9.9
保险收入	16.1	19.6	11.5	7.6	14.8
#失业保险金	11.1	13.9	8.0	6.2	13.0
赡养收入	171.5	173.1	185.4	281.1	288.8
捐赠收入	140.8	176.9	283.3	286.5	240.0
亲友搭伙费	20.5	15.8	29.3	33.6	
提取住房公积金	85.2	103.5	104.6	156.5	22.3
其他转移性收入	119.5	123.7	96.2	180.5	124.4
出售财物收入	**41.7**	**186.6**	**36.9**	**75.3**	**84.9**
出售住房收入	29.4	182.7	31.8	69.0	69.9
出售其他物品收入	12.4	3.8	5.1	6.3	15.0
借贷收入	**2211.5**	**3618.5**	**4353.8**	**4260.8**	**4640.5**
提取储蓄存款	1859.4	2976.3	4026.6	4052.4	4462.5
借入款	230.7	209.1	151.3	127.3	99.2
收回借出款	24.3	38.8	47.9	27.0	27.5
收回储蓄性保险本	20.5	14.6	2.3	0.2	4.2
兑售有价证券	2.8	13.1	9.8	6.9	3.7
收回投资本金	1.5	13.4	4.7		0.3
住房贷款	44.1	265.6	76.3	22.8	
汽车贷款	24.2	19.6	22.1	7.1	
教育贷款		1.7		1.0	
其他贷款	0.8	1.3	2.3	9.8	14.9
其他借贷收入	3.1	65.1	10.5	6.2	28.2
家庭总支出	**12228.7**	**14724.7**	**16181.9**	**17825.3**	**19496.0**
消费支出	9679.1	10856.9	12105.1	13696.3	15049.5

2-4 续表

单位：元

项 目	2008年	2009年	2010年	2011年	2012年
#服务性消费支出	2331.8	2715.6	2993.6	3380.0	3805.7
食品	4255.5	4391.8	4779.6	5571.7	6073.9
衣着	1042.5	1178.4	1259.5	1483.5	1651.1
居住	819.3	973.1	1126.7	1226.1	1284.1
家庭设备用品及服务	590.5	679.3	876.3	1020.2	1097.9
医疗保健	564.9	648.3	661.0	735.3	772.8
交通和通信	1121.5	1413.9	1674.1	1757.5	1946.7
教育文化娱乐服务	947.0	1149.6	1224.7	1369.5	1587.4
其它商品和服务	338.0	422.5	503.1	532.5	635.6
购房与建房支出	385.8	1052.0	749.1	449.6	386.1
购房	380.9	973.3	734.3	449.6	3.6
建房	4.9	78.6	14.8		6217.3
转移性支出	1191.4	1410.4	1732.9	1981.1	2097.5
交纳的个人收入税	22.8	42.9	65.1	57.0	48.9
捐赠支出	590.1	699.2	999.7	1307.4	1530.0
购买彩票	4.4	4.4	3.3	8.5	8.3
赡养支出	379.4	501.8	506.2	490.0	354.9
#在外就学子女费用	204.9	293.0	267.2	162.5	
各种非储蓄性保险支出	45.3	84.1	63.5	58.3	88.2
#车辆保险支出	11.5	18.6	32.5	28.5	
其他转移性支出	149.4	77.9	95.1	60.1	67.2
财产性支出	28.6	67.5	96.8	122.7	161.9
非生产性利息支出	18.2	56.2	70.2	116.2	151.6
其他	10.4	11.4	26.6	6.5	10.3
社会保障支出	943.8	1337.9	1498.0	1575.5	1797.4
个人交纳的养老基金	410.4	576.3	619.2	693.5	784.3
个人交纳的住房公积金	379.8	520.8	611.4	597.3	694.1
个人交纳的医疗基金	130.0	194.9	215.2	231.4	251.3
个人交纳的失业基金	18.4	24.5	30.5	28.7	31.9
其他社会保障支出	5.2	21.4	21.6	24.7	35.8
借贷支出	2957.0	3731.8	4404.8	5107.4	6217.3
存入储蓄款	2472.0	3097.6	3830.7	4321.5	5289.1
借出款	44.5	91.4	61.4	81.7	65.6
归还借款	106.4	153.5	136.9	123.6	90.0
储蓄性保险支出	67.9	71.7	63.3	57.4	57.9
购买有价证券	29.3	72.4	7.0	1.9	6.0
其它投资支出	11.8	6.1	2.2	5.6	11.9
归还住房贷款	213.0	183.4	245.4	408.6	498.2
归还汽车贷款	4.3	8.6	28.0	21.2	46.5
归还教育贷款	0.1		1.7	1.0	3.9
归还其他贷款	1.0	5.8		0.2	0.2
其他借贷支出	6.7	41.3	28.2	84.7	147.9

2-5　城镇居民家庭人均现金收支情况(2013年)

项　　目	总平均	低收入户	中低收入户	中等收入户	中高收入户	高收入户
家庭总收入	**23894**	**10744**	**17241**	**22651**	**28932**	**48188**
其中：可支配收入	22368	9796	16153	21230	27278	45220
(一)工资性收入	14976	6507	10087	13556	17001	31228
1.工资及补贴收入	14251	6184	9911	13278	16731	30479
2.其他劳动收入	726	323	176	279	270	749
(二)经营净收入	2287	1248	2171	2080	3084	5717
(三)财产性收入	784	192	517	608	893	2119
1.利息收入	131	60	87	103	119	343
2.股息与红利收入	140	11	75	128	132	443
3.保险收益	6	3	11	1	13	2
4.其他投资收入	11	1	2	15	1	42
5.出租房屋收入	425	76	303	263	552	1161
6.知识产权收入	1	1	2	0		
7.其他财产性收入	71	39	35	98	76	128
(四)转移性收入	5847	2798	4466	6407	7955	9124
1.养老金或离退休金	4440	1599	3312	5036	6371	7216
2.社会救济收入	76	207	50	26	38	27
其中：最低生活保障收入	52	159	40	14	9	11
3.辞退金	13	17	0	1	36	12
4.赔偿收入	2	5	1	1	2	2
5.保险收入	5	11	4			7
其中:失业保险金	5	11	4			7
6.赡养收入	620	404	510	641	669	1009
7.捐赠收入	157	103	184	135	159	224
8.提取住房公积金	5			1	2	25
9.记帐补贴	181	140	153	177	211	252
10.其它转移性收入	348	311	250	391	466	349
出售财物收入	**5**	**5**	**5**	**2**	**1**	**15**
1.出售住房收入	1	4				
2.出售其它物品收入	4	1	5	2	1	15
借贷收入	**2401**	**1387**	**1283**	**1886**	**2279**	**6227**
1.提取储蓄存款	2007	1015	1089	1654	2136	5032
2.借入款	227	262	91	54	47	787
3.收回借出款	87	53	83	157	56	91
4.收回储蓄性保险本	1	4				2
5.兑售有价证券	0					1
6.收回投资本金	5	1	7	2	1	15
7.住房贷款	47		7	10	38	228
8.汽车贷款	1		0			5
9.教育贷款	0				2	
10.其他贷款	23	52		7		59
11.其他借贷收入	3		6	2		8

2-6 城镇居民家庭人均消费支出情况(2013年)

单位：元

项目	合计	低收入户	中低收入户	中等收入户	中高收入户	高收入户
消费支出	**16343.5**	**8666.5**	**12434.1**	**15761.8**	**19908.6**	**29666.1**
一、食品	**6470.8**	**4104.1**	**5486.0**	**6593.9**	**7661.6**	**9797.1**
(一)粮油类	759.3	606.4	699.9	769.7	874.7	920.4
1.粮食	417.8	344.6	395.5	407.8	463.2	516.3
数量	74.1	65.5	70.9	71.1	76.5	91.8
(1)大米.单价						
数量	51.9	48.9	51.7	50.6	53.8	55.8
金额	276.9	247.8	273.1	270.6	299.4	307.0
(2)面粉.单价						
数量	2.0	1.5	2.1	2.0	2.8	1.9
金额	9.5	7.0	9.4	9.2	13.1	9.6
(3)其他粮食及制品	131.4	89.8	113.1	128.0	150.6	199.7
数量	20.2	15.2	17.2	18.4	19.8	34.1
2.淀粉及薯类	49.0	36.2	40.6	51.0	64.8	58.8
数量	11.1	9.1	9.8	11.2	14.2	12.1
3.干豆类及豆制品	51.7	40.6	44.1	52.0	66.4	61.3
4.油脂类	240.8	185.0	219.6	258.9	280.3	284.1
数量	14.6	11.3	13.5	15.7	16.8	16.8
(1)食用植物油.单价						
数量	13.6	10.5	12.4	14.6	15.9	16.2
金额	223.6	169.4	199.0	238.8	263.7	272.4
(2)食用动物油	17.2	15.6	20.7	20.2	16.6	11.7
(二)肉禽蛋水产品类	1893.6	1331.9	1787.5	2008.6	2184.7	2387.4
1.肉类	1268.6	916.0	1221.7	1333.6	1415.6	1601.4
数量	44.7	34.4	43.8	46.6	48.7	54.2
(1)猪肉.单价						
数量	36.4	29.1	35.7	37.7	39.0	43.7
金额	924.4	720.4	897.6	963.5	998.4	1127.3
(2)牛肉.单价						
数量	2.4	1.2	2.3	2.5	2.9	3.4
金额	128.3	64.3	123.5	134.1	157.0	188.8
(3)羊肉.单价						
数量	0.4	0.2	0.4	0.5	0.5	0.6
金额	26.5	14.3	25.1	28.6	31.8	37.9
(4)其他肉及制品	189.3	117.1	175.4	207.3	228.3	247.4
数量	5.5	3.9	5.4	5.9	6.3	6.5
2.禽类	337.6	224.7	315.4	373.0	406.7	410.7
数量	12.3	9.0	11.7	13.8	14.2	14.0
(1)鸡.单价						
数量	6.6	4.5	6.3	7.5	7.6	7.9
金额	184.4	114.7	172.9	207.6	219.7	233.4

2-6 续表 1

单位：元

项　　目	合计	低收入户	中低收入户	中等收入户	中高收入户	高收入户
(2)鸭.单价						
数量	3.5	2.9	3.3	4.0	3.9	3.7
金额	79.0	60.8	72.8	89.3	93.2	85.0
(3)其他禽类及制品	74.2	49.3	69.7	76.1	93.9	92.3
数量	2.2	1.6	2.0	2.4	2.7	2.5
3.蛋类	109.1	76.1	92.1	113.2	139.6	140.9
数量	7.9	5.7	6.7	8.3	10.1	9.7
(1)鲜蛋.单价						
数量	7.4	5.4	6.3	7.8	9.5	9.1
金额	100.7	71.0	85.1	104.8	128.7	128.8
(2)蛋制品	8.4	5.1	7.0	8.4	10.9	12.1
数量	0.5	0.3	0.4	0.5	0.7	0.7
4.水产品类	178.3	115.0	158.4	188.8	222.8	234.5
(1)鱼.单价						
数量	8.1	5.9	7.3	8.6	9.6	9.9
金额	145.6	98.0	131.7	151.7	179.3	188.1
(2)虾.单价						
数量	0.2	0.1	0.2	0.2	0.2	0.3
金额	8.5	4.2	6.4	8.2	12.9	13.1
(3)其他水产品及制品	24.2	12.8	20.2	28.9	30.6	33.3
数量	0.9	0.6	0.8	1.2	1.0	1.1
(三)蔬菜类	695.8	528.9	624.8	759.9	819.6	817.6
1.鲜菜.单价						
数量	121.5	101.5	113.6	129.8	137.8	132.5
金额	656.5	504.9	594.5	716.1	768.6	762.1
2.干菜	29.6	17.5	23.0	33.3	38.8	41.4
3.菜制品	9.7	6.4	7.3	10.4	12.3	14.0
(四)调味品	118.8	88.5	112.3	124.2	142.5	138.3
(五)糖烟酒饮料类	691.3	378.9	514.4	655.1	848.6	1260.0
1.糖类	46.8	29.9	35.9	45.8	63.5	68.5
2.烟草类	347.3	204.3	262.9	303.2	425.8	638.8
3.酒类	203.4	94.9	142.8	210.9	238.6	397.0
数量	7.9	6.8	6.9	8.2	8.7	9.8
(1)白酒.单价						
数量	3.5	3.1	2.9	3.9	3.9	4.0
金额	163.6	71.3	109.2	170.6	190.4	335.1
(2)果酒.单价						
数量	0.1	0.0	0.1	0.1	0.2	0.2
金额	6.8	1.1	4.4	4.8	10.2	16.7
(3)啤酒.单价						
数量	4.3	3.7	4.0	4.2	4.6	5.7
金额	28.6	21.2	25.7	29.4	33.3	37.3

2-6 续表 2

单位：元

项　　目	合计	低收入户	中低收入户	中等收入户	中高收入户	高收入户
(4)其他酒	4.4	1.2	3.5	6.1	4.7	7.9
数量						
4.饮料	93.9	49.9	72.7	95.2	120.7	155.7
(1)碳酸饮料.单价						
数量						
金额						
(2)瓶装饮用水.单价						
数量						
金额	15.8	9.9	12.7	16.8	19.5	22.9
(3)茶叶.单价						
数量	0.4	0.2	0.3	0.4	0.4	0.5
金额	46.3	21.5	34.7	44.7	60.7	84.2
(4)其他饮料	31.9	18.5	25.4	33.6	40.5	48.5
(六)干鲜瓜果类	380.8	219.2	297.4	407.3	476.4	591.2
1.鲜果.单价						
数量	32.2	21.8	27.1	35.3	38.5	43.5
金额	246.8	145.6	196.9	268.7	297.8	378.7
2.鲜瓜.单价						
数量	5.7	3.8	4.8	6.2	6.8	7.7
金额	43.5	25.7	34.8	47.4	52.6	66.8
3.其他干鲜瓜果类及制品	90.5	47.9	65.7	91.2	126.0	145.7
(七)糕点、奶及奶制品	371.2	217.3	346.4	361.1	434.2	571.6
1.糕点.单价						
数量	3.7	2.3	3.1	3.9	4.8	5.2
金额	83.4	46.9	61.4	84.8	109.1	136.2
2.奶及奶制品	287.8	170.5	285.0	276.3	325.1	435.4
(1)鲜乳品.单价						
数量	13.0	6.6	9.5	14.3	18.1	19.9
金额	114.6	55.5	79.9	126.7	164.6	177.4
(2)奶粉.单价						
数量	0.7	0.5	0.7	0.8	0.7	1.0
金额	115.0	70.3	140.4	90.2	96.2	197.4
(3)酸奶.单价						
数量	2.5	1.6	2.9	2.7	2.9	3.0
金额	22.0	12.4	22.5	24.6	26.4	26.8
(4)其他奶制品	36.3	32.3	42.2	34.7	37.9	33.8
(八)其他食品	82.4	53.4	56.5	85.6	110.5	124.7
(九)饮食服务	1424.0	623.1	995.4	1302.9	1763.0	2955.7
1.食品加工服务费	6.1	4.2	5.1	8.8	6.8	5.8
2.在外饮食	1418.0	618.9	990.3	1294.1	1756.2	2949.9
二、衣着	**1727.9**	**741.4**	**1316.1**	**1693.8**	**2105.4**	**3356.2**
(一)服装.单价						
数量						
金额	1286.8	533.7	953.1	1252.9	1586.8	2552.6

2-6 续表 3

单位：元

项　　目	合计	低收入户	中低收入户	中等收入户	中高收入户	高收入户
(二)衣着材料	9.6	3.0	9.5	10.2	8.8	19.4
(三)鞋类.单价						
数量	2.8	2.0	2.8	2.8	3.1	3.6
金额	366.9	178.4	302.3	356.6	442.9	658.4
(四)其他衣着用品	51.9	19.6	42.6	53.3	56.5	105.3
(五)衣着加工服务费	4.7	1.8	4.2	3.5	7.3	8.4
三、居住	**1321.5**	**725.2**	**1011.2**	**1320.8**	**1555.7**	**2359.9**
(一)住房	485.8	209.6	311.7	512.0	568.2	1005.9
1.租赁房房租	182.0	170.7	162.3	136.6	194.3	268.4
2.住房装潢支出	193.1	18.2	99.8	240.9	212.5	497.9
3.维修用建筑材料	97.3	13.9	41.7	125.0	146.5	206.4
4.其他住房支出	13.3	6.7	7.9	9.5	15.0	33.2
(二)水电燃料及其他	678.4	466.7	615.8	674.1	788.7	954.4
1.水.单价						
数量	46.9	31.4	41.2	48.5	54.3	67.0
金额	107.6	70.0	94.5	110.0	126.2	156.7
2.电.单价						
数量	639.0	463.1	547.3	639.2	723.2	927.4
金额	347.0	252.7	297.2	344.8	396.2	500.6
3.燃料	213.2	143.2	211.6	213.7	254.4	270.0
(1)煤炭.单价						
数量	7.6	13.0	7.4	7.1	7.4	1.1
金额	6.8	9.6	6.7	7.3	7.7	1.4
(2)罐装液化石油气.单价						
数量	3.0	2.5	3.9	3.0	2.4	3.1
金额	23.3	18.9	31.5	22.6	18.7	24.2
(3)管道液化石油气.单价						
数量	0.1	0.0	0.0	0.1	0.1	0.2
金额	0.9	0.7	0.0	0.9	0.6	2.7
(4)管道煤气.单价						
数量	2.7	0.6	1.7	3.4	6.0	2.2
金额	3.3	1.2	2.4	3.9	6.1	3.3
(5)管道天然气.单价						
数量	89.6	56.5	87.0	90.0	110.0	117.8
金额	175.2	111.4	168.9	175.2	215.1	231.7
(6)柴油.单价						
数量						
金额						
(7)其他燃料	3.8	1.4	2.1	3.9	6.2	6.6
4.取暖费						
5.其他相关支出	10.6	0.9	12.5	5.6	11.9	27.2

2-6 续表 4

单位：元

项　目	合计	低收入户	中低收入户	中等收入户	中高收入户	高收入户
(三)居住服务费	150.3	46.3	78.7	113.3	197.3	394.2
1.物业管理费	112.7	36.1	60.4	72.5	145.7	309.4
2.维修服务费	24.3	3.5	10.4	31.2	36.6	51.6
3.其他居住服务费	13.3	6.7	7.9	9.5	15.0	33.2
四、家庭设备用品及服务	**1196.6**	**500.9**	**968.8**	**1129.1**	**1467.8**	**2305.8**
(一)耐用消费品	534.1	184.7	451.2	497.9	662.2	1059.6
1.家具	184.6	54.1	148.6	158.4	244.3	389.9
2.家庭设备	349.5	130.6	302.6	339.5	417.9	669.8
(1)洗衣机.单价						
数量	0.0	0.0	0.0	0.0	0.0	0.0
金额	42.4	16.4	44.6	60.1	38.3	60.4
(2)电冰箱.单价						
数量	0.0	0.0	0.0	0.0	0.0	0.0
金额	62.3	22.7	44.5	44.7	77.7	149.0
(3)微波炉.单价						
数量	0.0	0.0	0.0	0.0	0.0	0.0
金额	7.9	2.2	4.7	6.5	8.2	22.0
(4)空调器.单价						
数量	0.0	0.0	0.0	0.0	0.0	0.0
金额	80.5	20.4	98.5	83.1	90.3	129.3
(5)淋浴热水器.单价						
数量	0.0	0.0	0.0	0.0	0.0	0.0
金额	24.3	8.7	12.2	15.3	41.9	55.0
(6)消毒碗柜.单价						
数量	0.0		0.0	0.0	0.0	0.0
金额	2.2		0.1	2.2	5.5	4.4
(7)洗碗机.单价						
数量	0.0	0.0	0.0	0.0	0.0	0.0
金额	1.0	0.2	0.6	1.2	0.1	3.4
(8)其他家庭设备	129.0	60.0	97.3	126.4	156.0	246.2
(二)室内装饰品	26.6	6.5	14.5	11.3	53.6	60.6
(三)床上用品	114.4	47.4	83.6	112.9	164.0	200.0
(四)家庭日用杂品	442.5	243.6	376.6	436.4	519.0	745.5
(五)家具材料	4.7	0.2	0.2	7.5	0.3	18.9
(六)家庭服务	67.9	15.4	39.5	42.3	67.3	216.7
1.家政服务	42.7	1.4	15.0	18.1	39.6	175.5
2.加工维修服务费	25.2	14.0	24.4	24.2	27.7	41.1
五、医疗保健	**1019.0**	**652.1**	**765.8**	**1090.6**	**1270.8**	**1531.5**
(一)医疗器具	8.4	4.5	2.4	4.7	17.9	16.5
(二)保健器具	10.0	4.4	0.7	20.4	13.4	14.6
(三)药品费	345.0	263.8	255.5	323.2	430.1	517.7
(四)滋补保健品	83.1	25.5	47.1	60.9	130.8	190.6
(五)医疗费	708.2	451.2	626.1	603.9	936.1	1066.5
(六)其他医疗保健支出						

2-6 续表 5

单位：元

项　　目	合计	低收入户	中低收入户	中等收入户	中高收入户	高收入户
六、交通和通信	**2185.9**	**867.5**	**1150.8**	**1715.2**	**3096.3**	**5097.8**
(一)交通	1438.3	479.8	521.9	1049.6	2158.9	3773.5
1.家庭交通工具	634.4	227.9	62.2	433.1	1111.4	1728.3
(1)摩托车.单价						
数量	0.0	0.0	0.0	0.0	0.0	0.0
金额	20.0	9.6	3.7	21.1	34.6	40.1
(2)助力车.单价						
数量	0.0	0.0	0.0	0.0	0.0	0.0
金额	34.3	11.7	38.6	33.2	44.5	50.9
(3)家用汽车.单价						
数量	0.0	0.0		0.0	0.0	0.0
金额	563.8	193.8		365.9	1013.6	1619.9
(4)其他交通工具	16.3	12.8	19.9	12.9	18.7	17.5
2.车辆用燃料及零配件	329.2	93.7	183.6	253.2	383.5	909.0
(1)燃料	305.5	85.2	165.6	235.5	350.4	858.4
其中：汽油.单价						
数量	39.6	10.9	21.8	30.9	46.1	109.7
金额	297.7	81.9	163.4	233.3	344.7	827.2
其中：柴油.单价						
数量	0.6	0.3	0.1	0.1	0.2	2.6
金额	4.3	2.6	0.6	0.6	1.6	19.5
(2)零配件	23.7	8.5	18.0	17.7	33.1	50.6
(3)其他						
3.交通工具服务支出	211.9	36.8	109.6	110.3	324.7	607.1
(1)维修费	35.6	12.8	27.0	26.6	49.7	75.8
(2)车辆使用税费	135.4	14.2	63.2	63.4	233.5	390.1
(3)其他车辆使用费用	40.9	9.9	19.3	20.3	41.6	141.2
4.交通费	257.6	118.1	165.7	244.2	338.9	513.2
(1)飞机	43.1	8.5	12.5	25.6	62.4	135.9
(2)火车	29.6	14.0	15.6	22.4	45.5	62.6
(3)长途汽车	63.2	36.3	50.9	60.7	71.6	113.2
(4)市内公共交通	57.6	31.6	47.3	64.6	73.7	82.9
(5)出租汽车费	39.0	13.9	20.5	43.2	45.4	89.0
(6)其他交通费	25.1	13.8	18.8	27.7	40.3	29.6
(二)通信	747.6	387.7	628.9	665.5	937.4	1324.2
1.通信工具	241.4	83.8	194.4	182.7	334.2	504.1
(1)电话机.单价						
数量	0.0	0.0	0.0	0.0	0.0	0.0
金额	2.1	2.5	1.0	1.8	3.6	1.9

2-6 续表 6

单位：元

项目	合计	低收入户	中低收入户	中等收入户	中高收入户	高收入户
(2)移动电话.单价						
数量	0.2	0.1	0.2	0.2	0.3	0.3
金额	229.5	77.4	185.7	172.3	322.0	478.1
(3)其他通信工具	9.0	4.0	6.8	6.9	8.6	22.8
2.通信服务	506.2	303.9	434.5	482.8	603.2	820.2
(1)电信费	492.5	295.7	424.5	463.9	593.0	795.5
其中：上网费	92.7	47.9	79.3	80.2	115.6	166.4
(2)邮费	2.1	1.0	1.3	1.7	2.6	4.8
(3)其他通信服务费	6.4	2.7	4.1	6.2	5.9	15.7
七、教育文化娱乐服务	1877.5	909.7	1406.6	1630.4	2138.2	3959.2
(一)文化娱乐用品	348.9	112.2	260.1	339.4	441.8	724.4
(二)文化娱乐服务	626.9	120.6	309.9	449.8	782.3	1852.0
1.参观游览	27.8	3.8	16.8	22.7	39.7	71.2
2.健身活动	9.3	0.9	3.9	4.8	12.9	30.7
3.团体旅游	409.1	40.3	171.0	261.5	528.1	1327.7
4.其他文娱活动	161.9	66.6	104.8	145.1	179.6	381.3
5.文娱用品修理服务费	18.8	9.0	13.4	15.7	21.9	41.1
(三)教育	895.1	673.9	834.8	834.6	914.2	1356.3
1.教材	36.6	36.2	37.5	32.7	44.6	31.7
2.教育费用	858.4	637.7	797.2	801.9	869.5	1324.6
(1)非义务教育学杂费	300.9	251.7	309.4	306.2	269.6	390.7
(2)义务教育学杂费	142.5	138.7	158.8	100.0	174.4	141.6
(3)托幼费	99.0	90.3	76.4	82.4	133.6	123.9
(4)成人教育费	32.1	19.7	32.9	30.8	49.5	30.8
(5)家教费						
(6)培训班	118.9	61.8	110.5	153.0	127.1	162.7
(7)学校住宿费						
(8)其他教育费用	165.0	75.5	109.2	129.5	115.3	474.9
八、其他商品和服务	543.0	165.6	328.8	588.0	612.8	1258.6
(一)其他商品	313.3	91.8	145.2	331.5	381.1	771.8
1.金银珠宝饰品	109.6	27.6	32.6	139.4	150.9	252.9
2.手表.单价						
数量						
金额	19.3	4.9	5.8	24.6	26.6	44.6
3.理发美容用具						
4.化妆品	96.9	22.7	42.2	86.1	107.3	283.1
5.其他杂品	85.9	31.9	64.6	80.4	96.0	189.6
(二)服务	229.7	73.8	183.6	256.5	231.7	486.8
1.旅馆住宿费	30.9	6.0	10.2	19.5	34.6	105.9
2.理发洗澡费	70.2	29.7	49.2	66.4	81.3	150.8
3.美容费	46.8	19.8	32.8	44.2	54.2	100.5
4.其他服务	79.5	16.3	89.5	122.6	61.3	125.9

2-7 城镇居民家庭生活设施情况(2013年)

单位：%

项　　目	总平均	低收入户	中低收入户	中等收入户	中高收入户	高收入户
饮水情况						
自来水	92.5	90.1	90.8	92.9	94.0	94.6
纯净水	3.2	3.7	5.5	3.3	1.9	1.6
用水情况						
独用自来水	96.8	94.6	94.5	97.0	99.1	98.6
公用自来水	0.5	1.1	0.8	0.3		0.2
其他	2.6	4.1	4.6	2.8	0.9	0.7
卫生设备						
无卫生设备	1.7	4.6	1.4	0.6	1.4	0.5
有厕所浴室	91.3	81.3	92.7	94.3	94.7	93.3
有厕所无浴室	4.4	11.3	3.8	2.8	1.2	3.0
公用	2.5	2.6	2.2	2.3	2.7	2.7
取暖设备						
无取暖设备	42.5	55.7	42.7	41.1	39.6	33.6
空调设备	57.3	44.0	57.3	58.9	60.4	65.8
其他	0.2	0.3				0.6
炊用燃料使用情况						
管道天燃气	73.9	63.0	73.3	74.3	80.1	79.0
液化石油气	8.0	10.5	11.1	7.6	4.7	6.3
煤	1.6	3.8	1.5	1.3	1.3	0.1
其他	16.5	22.7	14.2	16.9	13.9	14.7
信息化调查						
接入互联网的移动电话	64.4	52.2	68.0	57.8	64.2	79.8
接入有线电视网络的电视机	89.8	76.9	89.7	88.5	94.6	99.2
接入互联网的计算机	44.1	26.6	39.0	43.8	47.4	63.4

2-8 城镇居民家庭住房情况(2013年)

项 目		总平均	低收入户	中低收入户	中等收入户	中高收入户	高收入户
人均现住房建筑面积（平方米）		**36.61**	**31.58**	**33.31**	**32.41**	**39.08**	**50.95**
按房屋产权划分							
租赁公房	(%)	2.48	3.13	3.60	1.86	1.56	2.26
租赁私房	(%)	9.65	10.33	8.64	8.58	9.78	10.94
原有私房	(%)	25.48	40.47	31.92	23.15	17.09	14.84
房改私房	(%)	16.66	10.83	13.69	21.15	18.76	18.81
商品房	(%)	43.44	32.06	39.58	43.92	50.84	50.74
其他	(%)	2.13	2.93	2.56	1.33	1.97	1.87
按住宅建筑式样划分							
单栋住宅	(%)	13.09	18.52	16.05	11.36	10.10	9.42
四居室	(%)	3.76	2.01	4.11	2.04	3.85	6.79
三居室	(%)	40.25	28.15	38.85	39.84	46.05	48.35
二居室	(%)	30.59	29.76	27.22	37.40	32.48	26.08
一居室	(%)	3.27	4.76	3.19	2.90	1.92	3.58
普通楼房	(%)	2.84	4.74	3.14	2.07	1.84	2.58
平房及其他	(%)	6.01	11.82	7.44	4.39	3.80	2.64

2-9 城镇居民家庭平均每百户年末耐用消费品拥有量

项 目		2000	2005	2010	2011	2012	2013
摩托车	(辆)		1.9	9.8	9.6	9.6	15.0
助力车	(辆)		5.7	13.6	12.1	13.9	19.2
家用汽车	(辆)	0.5	2.4	8.6	12.3	14.3	17.5
洗衣机	(台)	91.3	97.9	96.1	98.1	98.4	94.9
电冰箱	(台)	80.7	92.9	95.4	97.5	98.2	93.3
彩色电视机	(台)	118.6	138.9	138.0	135.2	137.9	122.0
计算机	(台)	7.7	32.3	61.4	68.9	74.3	57.8
组合音响	(套)	24.9	30.1	26.0	22.7	21.6	9.5
摄像机	(架)	0.8	2.7	5.8	7.1	6.6	7.1
照相机	(架)	39.0	40.2	33.1	34.6	35.8	28.1
中高档乐器	(件)		4.7	4.0	2.6	2.8	2.3
微波炉	(台)	14.7	42.7	54.5	55.7	56.1	44.6
空调器	(台)	17.7	77.1	101.5	112.6	120.9	100.6
淋浴热水器	(台)	67.2	88.2	88.7	93.2	95.7	88.3
消毒碗柜	(台)		9.6	14.0	13.6	13.1	9.2
洗碗机	(台)		0.1	0.9	0.5	0.3	0.9
健身器材	(套)		3.6	2.9	2.8	2.4	2.9
固定电话	(部)	73.0	90.0	73.9	68.1	67.8	46.3
移动电话	(部)	17.1	127.9	191.8	203.3	210.2	211.0

2-10 城镇居民家庭平均每百户耐用消费品拥有量(2013年)

项　　目	平均	低收入户	中低收入户	中等收入户	中高收入户	高收入户
1.摩托车	15.0	20.4	20.0	11.7	11.6	11.2
2.助力车	19.2	15.7	24.1	23.1	15.5	17.6
3.家用汽车	17.5	7.3	12.0	13.3	21.3	33.6
4.洗衣机	94.9	91.3	96.4	97.1	97.0	92.7
5.电冰箱	93.3	90.1	91.0	92.4	97.1	95.9
6.彩色电视机	122.0	110.9	123.4	118.6	124.0	133.1
7.计算机	57.8	37.4	50.6	55.7	65.2	80.2
8.组合音响	9.5	4.9	6.9	7.8	12.3	15.4
9.摄像机	7.1	0.7	4.9	5.2	10.4	14.1
10.照相机	28.1	14.6	20.3	27.1	33.5	44.8
11.中高档乐器(含钢琴)	2.3		0.3	2.3	5.1	3.9
12.微波炉	44.6	26.1	39.1	43.7	53.0	60.8
13.空调器	100.6	56.9	90.2	92.4	117.4	145.9
14.淋浴热水器	88.3	75.9	89.7	86.8	93.7	95.3
15.消毒碗柜	9.2	3.8	6.3	6.1	8.5	21.3
16.洗碗机	0.9	0.2	2.1	0.3	0.2	1.8
17.健身器材	2.9	0.9	1.3	2.3	3.1	6.7
18.固定电话	46.3	37.5	41.7	44.2	53.9	54.2
19.移动电话	211.0	202.7	221.9	208.0	217.4	204.9

2-11 各市(州)城镇居民人均可支配收入(2013年)

单位：元

	2013年	2012年	增速(±%)
全　省	**22368**	**20307**	**10.1**
成都市	29968	26590	10.2
自贡市	21489	19447	10.5
攀枝花市	24906	22808	9.2
泸州市	22821	20746	10.0
德阳市	24701	22374	10.4
绵阳市	23100	20755	11.3
广元市	18713	17012	10.0
遂宁市	20737	18716	10.8
内江市	21114	19142	10.3
乐山市	22661	20397	11.1
南充市	19206	17225	11.5
眉山市	21901	19766	10.8
宜宾市	22718	20522	10.7
广安市	22210	19973	11.2
达州市	18915	16949	11.6
雅安市	22254	20049	11.0
巴中市	18937	16999	11.4
资阳市	22867	20751	10.2
阿坝藏族羌族自治州	23115	21168	9.2
甘孜藏族自治州	21418	19560	9.5
凉山彝族自治州	21699	19835	9.4

2-12 各市(州)城镇居民人均消费性支出

单位：元

	人均消费性支出			其中食品消费		
	2012	2013	增速(%)	2012	2013	增速(%)
全　省	**15050**	**16343**	**8.6**	**6074**	**6470**	**6.5**
成都市	18814	20243	7.6	6873	7394	7.6
自贡市	13648	15115	10.8	5605	6310	12.6
攀枝花市	15286	16553	8.3	6500	6755	3.9
泸州市	15028	16757	11.5	6062	6638	9.5
德阳市	16028	17506	9.2	6555	7070	7.9
绵阳市	15717	16714	6.3	6150	6452	4.9
广元市	11911	13141	10.3	4839	5359	10.8
遂宁市	14883	16660	11.9	6575	7055	7.3
内江市	13402	15502	15.7	5609	6293	12.2
乐山市	13921	14881	6.9	5866	6232	6.3
南充市	11816	12964	9.7	5455	5887	7.9
眉山市	13427	14830	10.5	5329	5855	9.9
宜宾市	14848	16180	9.0	6048	6625	9.5
广安市	12144	13678	12.6	5449	6033	10.7
达州市	12510	13634	9.0	5645	6301	11.6
雅安市	12850	14162	10.2	5128	5592	9.0
巴中市	12893	14215	10.3	5354	5785	8.1
资阳市	15193	16524	8.8	6032	6516	8.0
阿坝藏族羌族自治州	13433	14163	5.4	5477	5953	8.7
甘孜藏族自治州	13373	14917	11.5	5822	6388	9.7
凉山彝族自治州	13925	15261	9.6	6024	6627	10.0

2-13 农村居民家庭人均收支及恩格尔系数(1978-2013年)

年 份	农村居民人均纯收入		农村居民人均生活消费支出		农村居民人均食品消费支出		恩格尔系数(%)
	绝对数(元)	比上年±%	绝对数(元)	比上年±%	绝对数(元)	比上年±%	
1978	127		120		89		73.6
1980	188	-	160		112		70.0
1985	315	-	276		174		62.9
1986	338	7.3	311	12.6	195	11.9	62.6
1987	369	9.3	348	12.0	218	11.8	62.5
1988	449	21.5	426	22.4	260	19.4	60.9
1989	494	10.1	474	11.1	291	12.1	61.5
1990	558	12.9	509	7.5	330	13.4	64.8
1991	590	5.8	552	8.5	349	5.8	63.2
1992	634	7.5	569	3.1	353	1.2	62.0
1993	698	10.1	647	13.7	410	16.0	63.3
1994	946	35.5	904	39.7	561	36.9	62.0
1995	1158	22.4	1061	17.4	687	22.4	64.7
1996	1453	25.5	1350	27.2	864	25.8	64.0
1997	1681	15.6	1440	6.7	899	4.1	62.4
1998	1789	6.5	1441	0.0	872	-3.1	60.5
1999	1843	3.0	1426	-1.0	841	-3.5	59.0
2000	1904	3.3	1490	4.5	811	-3.7	54.4
2001	1987	4.4	1498	0.5	820	1.1	54.7
2002	2108	6.1	1591	6.3	858	4.6	53.9
2003	2230	5.8	1747	9.8	942	9.8	53.9
2004	2580	15.7	2011	15.1	1118	18.8	55.6
2005	2803	8.6	2274	13.1	1244	11.3	54.7
2006	3002	7.1	2395	5.3	1217	-2.2	50.8
2007	3547	18.1	2747	14.7	1437	18.1	52.3
2008	4121	16.2	3128	13.9	1627	13.2	52.0
2009	4462	8.3	4141	32.4	1741	7.0	42.0
2010	5087	14.0	3898	-5.9	1881	8.1	48.3
2011	6129	20.5	4675	20.0	2162	14.9	46.2
2012	7001	14.2	5367	14.8	2514	16.3	46.9
2013	7895	12.8	6127	14.2	2665	10.1	43.5

2-14　农村居民家庭基本情况

项　　目		2010	2011	2012	2013
平均每户常住人口	(人)	3.86	3.88	3.86	4.20
平均每户整、半劳力	(人)	2.87	2.79	2.78	2.82
平均每个劳动力负担人口(含本人)	(人)	1.34	1.39	1.39	1.49
全年人均总收入	**(元)**	**7031**	**8657**	**9498**	**10374**
工资性收入	(元)	2258	2652	3089	3543
家庭经营收入	(元)	4082	5127	5323	5543
转移性收入	(元)	544	737	920	1087
财产性收入	(元)	146	140	167	202
全年人均纯收入	**(元)**	**5087**	**6129**	**7001**	**7895**
工资性收入	(元)	2248	2652	3089	3543
家庭经营收入	(元)	2263	2762	3005	3321
转移性收入	(元)	431	574	741	829
财产性收入	(元)	144	140	167	202
全年人均总支出	**(元)**	**6163**	**7642**	**8366**	**9010**
家庭经营费用支出	(元)	1652	2110	2059	2008
购置生产性固定资产支出	(元)	115	134	157	154
生活消费支出	(元)	3898	4675	5367	6127
食品	(元)	1881	2162	2514	2665
衣着	(元)	227	282	339	407
居住	(元)	625	727	787	947
家庭设备、用品及服务	(元)	239	301	333	417
医疗保健	(元)	276	413	498	557
交通和通讯	(元)	361	431	464	642
文教娱乐用品及服务	(元)	219	277	329	357
其他商品和服务	(元)	70	83	102	135
恩格尔系数	(%)	48.27	46.24	46.85	43.50
平均每户年末生产性固定资产原值	(元)	7508	13464	13759	13443
平均每人经营耕地面积	(亩)	1.08	1.15	1.14	0.97
平均每人经营山地面积	(亩)	0.26	0.46	0.44	0.44
平均每人经营水面面积	(亩)		0.02	0.02	0.02
平均每人年内新建房屋面积	(平方米)	0.93	0.89	0.70	0.65
平均每人年末使用房屋面积	(平方米)	36.97	38.71	39.22	34.79
年末平均每平方米使用房屋价值	(元)	278.16	489.89	507.19	766.81

2-15 农村居民家庭人均主要指标

单位：元

年 份	总收入	纯收入	现金收入	总支出	#生活消费支出	#生产费用支出	现金支出
1962	139	121	57	130	109	17	58
1965	122	106	54	116	96	15	56
1978	154	127	65	149	120	27	65
1980	224	188	103	202	160	36	101
1985	460	315	275	422	276	125	258
1986	500	338	310	475	311	141	300
1987	553	369	360	536	348	160	351
1988	681	449	455	662	426	204	441
1989	761	494	516	748	474	233	517
1990	847	558	521	802	509	248	502
1991	916	590	584	884	552	282	575
1992	975	634	626	921	569	299	613
1993	1094	698	693	1050	647	329	666
1994	1519	946	932	1496	904	482	870
1995	1865	1158	1129	1796	1061	600	1112
1996	2322	1453	1371	2244	1350	734	1383
1997	2636	1681	1655	2381	1440	795	1569
1998	2738	1789	1732	2382	1441	784	1610
1999	2697	1843	1734	2258	1426	689	1565
2000	2830	1904	1832	2437	1490	709	1709
2001	2946	1987	1983	2494	1498	760	1763
2002	3107	2108	2111	2653	1591	812	1910
2003	3256	2230	2328	2828	1747	860	1986
2004	3805	2580	2734	3299	2011	1074	2324
2005	4158	2803	3087	3743	2274	1256	2747
2006	4343	3002	3367	3883	2395	1245	2942
2007	5097	3547	3940	4499	2747	1456	3463
2008	5903	4121	4534	5155	3128	1686	4099
2009	6238	4462	4979	6330	4141	1741	5218
2010	7031	5087	5684	6163	3898	1774	5003
2011	8657	6129	7249	7642	4675	2244	6575
2012	9498	7001	8091	8366	5367	2217	7174
2013	10374	7895	8835	9010	6127	2008	7716

2-16 农村居民家庭人均现金收、支、存情况

单位：元

项　　目	2005	2009	2010	2011	2012	2013
期内现金收入	**3087**	**4979**	**5684**	**7249**	**8091**	**8835**
工资性收入	954	1815	2257	2649	3088	3531
家庭经营收入	1902	2519	2746	3734	3930	4028
财产性收入	41	92	143	137	158	202
转移性收入	189	553	539	729	915	1074
期内现金支出	**225**	**5218**	**5003**	**6575**	**7174**	**7716**
生产费用支出	913	1388	1392	1931	1905	1774
家庭经营费用支出	845	1202	1270	1797	1748	1617
购置生产性固定资产支出	68	186	125	134	157	154
生活消费支出	1623	3385	3122	3924	4488	5394
食品	624	998	1123	1424	1654	1818
衣着	116	197	227	282	339	467
居住	208	1126	608	713	769	937
家庭设备、用品及服务	98	218	239	301	333	445
医疗保健	144	258	276	413	498	556
交通和通讯	172	324	361	431	464	682
文教娱乐用品及服务	225	207	219	277	329	357
其他商品和服务	36	57	70	83	102	133

2-17 按收入五等份分组农村居民家庭人均收入情况(2013年)

单位：元

	总平均	低收入户	中低收入户	中等收入户	中高收入户	高收入户
一、总收入	**10374**	**4980**	**7419**	**9444**	**12516**	**20792**
(一)工资性收入	3543	1523	2610	3595	4619	6370
(二)家庭经营收入	5543	2759	3842	4715	6508	11770
1.第一产业收入	4373	2417	3461	4124	5109	7867
(1)农业收入	2324	1307	1923	2271	2741	3901
(2)林业收入	100	34	76	110	108	203
(3)牧业收入	1892	1069	1441	1708	2214	3542
(4)渔业收入	57	6	18	35	46	221
2.第二产业收入	191	8	67	100	163	767
(1)工业收入	80	6	21	15	58	378
(2)建筑业收入	110	2	46	85	106	389
3.第三产业收入	979	335	314	491	1235	3136
(三)财产性收入	202	74	82	94	159	739
(四)转移性收入	1087	624	885	1040	1230	1914
二、全年纯收入	**7895**	**3079**	**5498**	**7388**	**9838**	**16413**
(一)工资性收入	3543	1523	2610	3595	4619	6370
(二)家庭经营纯收入	3321	1077	2221	2949	4098	7590
1.第一产业纯收入	2564	1047	2012	2518	3092	4916
(1)农业收入	1717	858	1398	1693	2044	3021
(2)林业收入	85	22	63	98	94	179
(3)牧业收入	723	164	537	706	931	1550
(4)渔业收入	39	3	14	21	23	166
2.非农产业纯收入	757	30	209	432	1005	2674
A.第二产业纯收入	125	-1	24	84	99	523
B.第三产业纯收入	633	31	185	348	906	2151
(三)财产性纯收入	202	74	82	94	159	739
(四)转移性纯收入	829	404	585	750	962	1714

2-18 农村居民家庭人均总收入及构成

年　份	2011	2012	2013
总收入(元)	**8657**	**9498**	**10374**
工资性收入	2653	3089	3543
家庭经营收入	5127	5323	5543
第一产业	4209	4293	4373
农业	2114	2315	2324
林业	92	111	100
牧业	1904	1765	1892
渔业	99	102	57
第二产业	165	178	191
工业	91	94	80
建筑业	74	84	110
第三产业	752	852	979
财产性收入	140	167	202
转移性收入	737	920	1087
总收入构成(%)	**100**	**100**	**100**
工资性收入	30.6	32.5	34.2
家庭经营收入	59.2	56.0	53.4
第一产业	48.6	45.2	42.2
农业	24.4	24.4	22.4
林业	1.1	1.2	1.0
牧业	22.0	18.6	18.2
渔业	1.1	1.1	0.5
第二产业	1.9	1.9	1.8
工业	1.1	1.0	0.8
建筑业	0.9	0.9	1.1
第三产业	8.7	9.0	9.4
财产性收入	1.6	1.8	1.9
转移性收入	8.5	9.7	10.5

2-19 农村居民家庭人均纯收入及构成

年 份	2011	2012	2013
纯收入(元)	**6129**	**7001**	**7895**
工资性收入	2652	3089	3543
家庭经营纯收入	2762	3005	3321
第一产业	2256	2385	2564
农业	1466	1616	1717
林业	73	91	85
牧业	667	625	723
渔业	50	53	39
第二产业	77	98	125
第三产业	429	522	633
财产性收入	140	167	202
转移性收入	574	741	829
纯收入构成(%)	**100**	**100**	**100**
工资性收入	43.3	44.1	44.9
家庭经营纯收入	45.1	42.9	42.1
第一产业	36.8	34.1	32.5
农业	23.9	23.1	21.7
林业	1.2	1.3	1.1
牧业	10.9	8.9	9.2
渔业	0.8	0.8	0.5
第二产业	1.3	1.4	1.6
第三产业	7.0	7.5	8.0
财产性收入	2.3	2.4	2.6
转移性收入	9.4	10.6	10.5

2-20 农村居民家庭人均现金收入及构成

年 份	2011	2012	2013
现金收入(元)	**7249**	**8091**	**8835**
工资性收入	2649	3088	3531
家庭经营现金收入	3734	3930	4028
第一产业	2817	2900	2859
农业	1010	1153	1154
林业	85	108	95
牧业	1624	1539	1556
渔业	98	100	53
第二产业	165	178	80
第三产业	752	852	979
财产性收入	137	158	202
转移性收入	729	915	1074
现金收入构成(%)	**100**	**100**	**100**
工资性收入	36.6	38.2	40.0
家庭经营现金收入	51.5	48.6	45.6
第一产业	38.9	35.9	32.4
农业	13.9	14.3	13.1
林业	1.2	1.3	1.1
牧业	22.4	19.0	17.6
渔业	1.4	1.2	0.6
第二产业	2.3	2.2	0.9
第三产业	10.4	10.5	11.1
财产性收入	1.9	2.0	2.3
转移性收入	10.1	11.3	12.2

2-21 按收入五等份分组农村居民家庭人均支出情况(2013年)

单位：元

	低收入户	中低收入户	中等收入户	中高收入户	高收入户
总支出	**6551**	**6843**	**7860**	**10477**	**15251**
(一)家庭经营费用支出	1496	1484	1611	2186	3756
1.第一产业生产费用支出	1242	1346	1484	1882	2797
(1)农业生产费用支出	358	458	490	610	776
(2)林业生产费用支出	11	12	12	14	24
(3)牧业生产费用支出	858	863	958	1223	1926
(4)渔业生产费用支出	3	4	12	23	52
2.第二产业生产费用支出	8	39	15	45	179
3.第三产业生产费用支出	246	99	112	260	781
(二)购置生产性固定资产支出	199	64	59	208	273
(三)建造生产性固定资产雇工支出	3	1	0	11	4
(四)税费支出		0	0		0
(五)生活消费支出	4287	5003	5795	7453	10303
其中：服务性支出	1126	1264	1493	1964	2714
1.食品消费支出	1979	2270	2504	3095	3890
2.衣着消费支出	273	350	437	543	856
3.居住消费支出	682	766	931	1254	1485
4.家庭设备.用品消费支出	283	360	426	498	764
5.交通和通讯消费支出	321	406	517	798	1545
6.文化教育.娱乐消费支出	233	305	337	440	713
7.医疗保健消费支出	417	452	523	684	798
8.其他商品和服务消费支出	99	93	121	141	252
(六)财产性支出	0	1	1	2	1
(七)转移性支出	566	290	394	617	916

2-22 农村居民家庭人均生活消费支出

	2013年	2012年	比上年±%
生活消费支出	**6127**	**5367**	**14.2**
其中：服务性支出	1631	1482	10.1
1.食品消费支出	2665	2514	6.0
A.食品消费品支出	2315	2165	7.0
B.食品消费服务性支出	332	349	-4.9
2.衣着消费支出	407	339	20.3
A.衣着消费品支出	406	337	20.5
B.衣着消费服务性支出	1	2	-62.6
3.居住消费支出	947	787	20.2
A.居住消费品支出	651	507	28.5
B.居住消费服务性支出	294	281	4.8
4.家庭设备.用品消费支出	417	333	25.0
A.家庭设备用品消费品支出	402	314	28.1
B.家庭设备用品服务性消费支出	10	20	-46.9
5.交通和通讯消费支出	642	464	38.4
A.交通和通讯用品支出	369	244	51.5
B.交通和通讯服务消费支出	273	220	23.8
6.文化教育.娱乐消费支出	357	329	8.4
A.文化教育.娱乐用品消费支出	99	86	15.4
B.教育服务消费支出	219	197	11.4
C.文化.体育.娱乐服务消费支出	38	47	-17.9
7.医疗保健消费支出	557	498	11.9
A.医疗保健用品	151	173	-12.5
B.医疗保健服务消费支出	405	325	24.4
8.其他商品和服务消费支出	135	102	32.0
A.其他商品支出	75	61	24.0
B.其他消费服务支出	58	41	40.9

2-23 农村居民家庭平均每百户耐用消费品拥有量

项 目	2010	2011	2012	2013
洗衣机(台)	66	70	73	78
电冰箱(台)	50	66	69	73
空调机(台)	8	11	15	16
抽油烟机(台)	4	4	4	6
微波炉(台)	8	4	8	8
热水器(台)	27	35	42	45
自行车(辆)	39	27	31	16
摩托车(台)	39	43	46	45
汽车(生活用)(辆)		4	4	8
电话机(部)	58	35	31	23
移动电话(部)	127	167	178	199
彩色电视机(台)	104	105	108	110
黑白电视机(台)	12	4	4	
影碟机(台)	50	31	35	52
照相机(架)	4	4	4	3
家用计算机(台)	4	8	12	10

2-24 农村居民家庭人均粮食结存情况

单位：公斤

年 份	2010	2011	2012	2013
期初粮食结存	0.7	385.2	506.2	
期内粮食收入合计	575.7	591.2	527.1	507.8
家庭经营生产粮食	504.1	499.5	452.6	445.4
谷物	447.3	451.0	405.5	388.8
薯类	44.4	36.0	37.1	49.1
豆类	12.4	12.5	10.1	7.5
购入粮食	65.9	88.1	71.3	62.4
谷物	64.6	86.6	69.9	59.7
薯类	0.3	0.4	0.2	0.5
豆类	1.0	1.1	1.2	2.2
借入粮食	1.0	0.4	1.2	
收回借出粮	3.1	1.5	0.4	
其他粮食收入	1.7	1.8	1.6	
期内粮食支出合计	453.3	448.0	416.4	
主食用粮	178.2	168.4	161.9	162.6
谷物	170.5	160.4	155.2	154.3
薯类	3.9	4.0	3.4	4.2
豆类	3.9	4.1	3.4	4.2
其他生活用粮				
出售粮食	86.2	101.4	104.7	129.4
谷物	81.5	95.6	99.1	122.4
薯类	1.3	2.8	3.0	3.2
豆类	3.4	3.0	2.6	3.8
种子用粮食	6.0	6.4	4.3	2.8
饲料用粮食	181.4	170.2	145.0	153.5

2-25 农村居民家庭人均主要食品消费量

单位：公斤

年 份	2010	2011	2012	2013
谷物消费量	178.21	168.4	161.89	154.3
稻谷	146.25	134.37	130.51	129.3
玉米	3.45	6.08	5.97	6
薯类消费量	3.87	3.95	3.35	4.2
红薯	3.09	2.65	2.34	3.1
马铃薯	0.63	1.12	0.88	1
豆类消费量	3.89	4.09	3.35	4.2
大豆	2.39	1.96	1.61	1.9
油脂类消费量	4.05	6.27	6.94	9.6
植物油	2.87	5.03	5.64	8.4
动物油	1.18	1.24	1.3	1.2
烟叶消费量	0.13	0.13	0.16	0.2
豆制品	0.93	1.1	1.08	1.9
蔬菜及菜制品消费量	122.76	114.3	116.4	101.6
瓜类	1.23	1.45	1.43	6
水果类	11.51	12	13.1	7.5
消费茶叶	0.21	0.28	0.29	0.2
坚果消费量	0.6	0.86	0.97	1.2
肉禽及其制品	34.62	34.58	33.88	36.8
#猪肉	27.5	25.94	25.72	27.8
牛肉	0.19	0.66	0.31	0.4
羊肉	0.11	0.09	0.09	0.2
家禽	5.18	5.94	5.8	6.9
蛋类及蛋制品	4.2	4.69	4.87	5.6
奶和奶制品	2.31	4.07	4.09	4.1
水产品	2.62	2.57	2.55	3.0
鱼类	2.46	2.45	2.42	2.8
食糖	1.16	1.14	1.17	1.1
酒	9.24	9.38	9.51	9.4
白酒	4.12	4.1	4.32	3.9
啤酒	5.02	5.19	5.1	5.5

2-26 各市(州)农民人均纯收入(2013年)

	2013年	2012年	增速(%)
全 省	**7895**	**7001**	**12.8**
成都市	12985	11501	12.9
自贡市	8961	7955	12.6
攀枝花市	9838	8728	12.7
泸州市	8455	7462	13.3
德阳市	10094	8953	12.7
绵阳市	9257	8213	12.7
广元市	6442	5649	14.0
遂宁市	8496	7488	13.5
内江市	8584	7602	12.9
乐山市	8737	7746	12.8
南充市	7650	6726	13.7
眉山市	9332	8236	13.3
宜宾市	8806	7771	13.3
广安市	8492	7474	13.6
达州市	8001	7047	13.5
雅安市	8093	7187	12.6
巴中市	6137	5387	13.9
资阳市	8756	7708	13.6
阿坝藏族羌族自治州	6793	5770	17.7
甘孜藏族自治州	5435	4610	17.9
凉山彝族自治州	7359	6419	14.6

2-27 各市(州)农村居民家庭人均纯收入及生活消费支出

单位：元

	农村居民人均纯收入		农村居民人均生活消费支出		食品消费	
	2012	2013	2012	2013	2012	2013
全　省	**7001**	**7895**	**5367**	**6127**	**2514**	**2665**
成都市	11501	12985	7990	8457	3284	3441
自贡市	7955	8961	5664	6172	2725	2923
攀枝花市	8728	9838	7114	8481	3397	3941
泸州市	7463	8455	5445	6050	2667	3005
德阳市	8953	10094	5792	6318	2871	3080
绵阳市	8213	9257	5772	6162	2511	2661
广元市	5649	6442	4406	4782	2082	2185
遂宁市	7488	8496	4358	4638	2092	2241
内江市	7602	8584	5112	5427	2490	2717
乐山市	7746	8737	4917	5350	2274	2427
南充市	6726	7650	4400	4580	2383	2376
眉山市	8236	9332	4936	5615	2237	2659
宜宾市	7771	8806	5404	5533	2860	2712
广安市	7474	8492	4416	4752	2429	2489
达州市	7047	8001	4693	5039	2422	2570
雅安市	7187	8093	5707	6650	2637	2470
巴中市	5387	6137	4934	5576	2398	2706
资阳市	7708	8756	4493	5226	2391	2444
阿坝藏族羌族自治州	5770	6793	3614	4058	1949	2171
甘孜藏族自治州	4610	5435	3267	3852	2013	2326
凉山彝族自治州	6419	7359	4145	4311	2259	2425

2-28 各县市(区)农民人均纯收入(2013年)

县市(区)	2013年	2012年	增幅(%)
锦江区	19463	17614	10.5
青羊区	19640	17710	10.9
金牛区	19050	17263	10.3
武侯区	19465	17584	10.7
成华区	18058	16342	10.5
龙泉驿区	14098	12554	12.3
青白江区	12045	10612	13.5
新都区	13800	12256	12.6
温江区	15345	13628	12.6
金堂县	10670	9409	13.4
双流县	13758	12262	12.2
郫　县	14132	12595	12.2
大邑县	11759	10406	13.0
蒲江县	11453	10135	13.0
新津县	12524	11064	13.2
都江堰市	11792	10417	13.2
彭州市	11066	9793	13.0
邛崃市	11101	9833	12.9
崇州市	11780	10406	13.2
自流井区	9547	8338	14.5
贡井区	9296	8190	13.5
大安区	8646	7696	12.4
沿滩区	8534	7589	12.5
荣　县	8988	7993	12.5
富顺县	9080	8067	12.6
仁和区	10388	9325	11.4
米易县	10178	8959	13.6
盐边县	9028	7997	12.9
江阳区	10398	9175	13.3
纳溪区	9363	8254	13.4
龙马潭区	11093	9788	13.3
泸　县	9331	8242	13.2
合江县	8494	7480	13.6
叙永县	6123	5413	13.1
古蔺县	6487	5735	13.1
旌阳区	11428	10139	12.7
中江县	8811	7813	12.8
罗江县	9202	8150	12.9
广汉市	10870	9646	12.7
什邡市	11388	10108	12.7
绵竹市	11205	9937	12.8
涪城区	11812	10528	12.2
游仙区	10046	8931	12.5
三台县	9196	8189	12.3
盐亭县	8734	7784	12.2

2-28 续表 1

县市(区)	2013年	2012年	增幅(%)
安　县	9625	8472	13.6
梓潼县	9118	8105	12.5
北川县	6472	5682	13.9
平武县	6120	5416	13.0
江油市	9533	8392	13.6
利州区	7519	6601	13.9
元坝区	6391	5611	13.9
朝天区	6045	5293	14.2
旺苍县	6445	5653	14.0
青川县	6170	5407	14.1
剑阁县	6391	5601	14.1
苍溪县	6352	5572	14.0
船山区	9084	8004	13.5
安居区	8304	7329	13.3
蓬溪县	7353	6427	14.4
射洪县	9232	8162	13.1
大英县	8684	7672	13.2
内江市市中区	8866	7961	11.4
东兴区	8458	7594	11.4
威远县	8959	7850	14.1
资中县	8391	7400	13.4
隆昌县	8567	7556	13.4
乐山市市中区	10331	9023	14.5
沙湾区	9239	8361	10.5
五通桥	9326	8283	12.6
金口河	6603	5894	12.0
犍为县	8851	7854	12.7
井研县	8743	7771	12.5
夹江县	10104	8817	14.6
沐川县	6757	6039	11.9
峨边县	4137	3607	14.7
马边县	4567	3985	14.6
峨眉山	10481	9485	10.5
顺庆区	9842	8633	14.0
高坪区	7378	6472	14.0
嘉陵区	6405	5604	14.3
南部县	8362	7350	13.8
营山县	7569	6668	13.5
蓬安县	8561	7577	13.0
仪陇县	6610	5783	14.3
西充县	6681	5840	14.4
阆中市	8272	7271	13.8
东坡区	10079	8864	13.7
仁寿县	8879	7874	12.8
彭山县	9962	8711	14.4

2-28 续表 2

县市(区)	2013年	2012年	增幅(%)
洪雅县	9196	8156	12.7
丹棱县	9519	8332	14.2
青神县	9215	8059	14.3
翠屏区	9793	8605	13.8
宜宾县	9023	7978	13.1
南溪区	8966	7927	13.1
江安县	8778	7727	13.6
长宁县	9193	8135	13.0
高　县	8939	7904	13.1
珙　县	8884	7814	13.7
筠连县	8854	7835	13.0
兴文县	7913	6965	13.6
屏山县	6528	5756	13.4
广安区	7790	6915	12.7
岳池县	8698	7601	14.4
武胜县	8905	7791	14.3
邻水县	8401	7404	13.5
华蓥市	9591	8523	12.5
通川区	9806	9313	5.3
达　县	9098	8016	13.5
宣汉县	5185	4474	15.9
开江县	8359	7379	13.3
大竹县	9419	8290	13.6
渠　县	8419	7411	13.6
万源市	5253	4532	15.9
雨城区	9160	8113	12.9
名山县	8741	7708	13.4
荥经县	8698	7725	12.6
汉源县	7348	6457	13.8
石棉县	7674	6797	12.9
天全县	7372	6672	10.5
芦山县	7397	6719	10.1
宝兴县	8188	7437	10.1
巴州区	6360	5575	14.1
通江县	5780	5085	13.7
南江县	6160	5430	13.4
平昌县	6115	5351	14.3
雁江区	9057	7980	13.5
安岳县	8610	7571	13.7
乐至县	8227	7238	13.7
简阳市	9054	7979	13.5
汶川县	7610	6430	18.4
理　县	6550	5506	19.0
茂　县	6810	5740	18.6
松潘县	6890	5890	17.0

2-28 续表 3

县市(区)	2013年	2012年	增幅(%)
九寨沟县	6820	5800	17.6
金川县	6575	5560	18.3
小金县	6185	5250	17.8
黑水县	5680	4840	17.4
马尔康县	7730	6630	16.6
壤塘县	5365	4560	17.6
阿坝县	7150	6150	16.3
若尔盖县	7030	6000	17.2
红原县	8006	6780	18.1
康定县	6554	5550	18.1
泸定县	5773	4949	16.6
丹巴县	6357	5373	18.3
九龙县	7005	6000	16.8
雅江县	5374	4524	18.8
道孚县	5047	4261	18.5
炉霍县	4990	4226	18.1
甘孜县	5162	4354	18.6
新龙县	5023	4219	19.1
德格县	4884	4139	18.0
白玉县	5098	4289	18.8
石渠县	4868	4174	16.6
色达县	4666	4017	16.2
理塘县	4929	4171	18.2
巴塘县	5158	4336	19.0
乡城县	5236	4434	18.1
稻城县	5560	4702	18.2
得荣县	5091	4309	18.1
西昌市	10340	9018	14.7
木里县	4967	4090	21.4
盐源县	6582	5752	14.4
德昌县	10155	8861	14.6
会理县	10107	8838	14.4
会东县	9765	8536	14.4
宁南县	9107	7952	14.5
普格县	5562	4868	14.3
布拖县	4704	4112	14.4
金阳县	4659	4075	14.3
昭觉县	4919	4297	14.5
喜德县	4650	4063	14.4
冕宁县	8498	7427	14.4
越西县	5213	4551	14.5
甘洛县	4597	3965	15.9
美姑县	4556	3981	14.4
雷波县	5258	4593	14.5

主要统计指标解释

一、农村住户

农村住户 指农村常住户。农村常住户指长期（一年以上）居住在乡镇（不包括城关镇）行政管理区域内的住户，以及长期居住在城关镇所辖行政村范围内的农村住户。户口不在本地而在本地居住一年及以上的住户也包括在本地农村常住户范围内；有本地户口，但举家外出谋生一年以上的住户，无论是否保留承包耕地都不包括在本地农村住户范围内。

常住人口 指全年经常在家或在家居住 6 个月以上，而且经济和生活与本户连成一体的人口。外出从业人员在外居住时间虽然在 6 个月以上，但收入主要带回家中，经济与本户连成一体仍视为家庭常住人口；在家居住，生活和本户连成一体的国家职工、退休人员也为家庭常住人口。但是现役军人、中专及以上（走读生除外）的在校学生、以及常年在外（不包括探亲、看病等）且也有稳定的职业与居住场所的外出从业人员，不算家庭常住人口。家庭常住人口主要作为计算农村住户平均每人收入、消费和积累水平及分析家庭人口状况的依据。

整、半劳动力 整劳动力指男子 18 周岁到 50 周岁，女子 18 周岁到 45 周岁；半劳动力指男子 16 周岁到 17 周岁，51 周岁到 60 周岁；女子 16 周岁到 17 周岁，46 周岁到 55 周岁，同时具有劳动能力的人。虽然在劳动年龄之内但已丧失劳动能力的人，不应算为劳动力；超过劳动年龄，但能经常参加劳动，计入半劳动力内。常住人口中的职工，若这些职工为劳动力，就包括在本户的整半劳动力中。

总收入 指调查期内农村住户和住户成员从各种来源渠道得到的收入总和。按收入的性质划分为工资性收入、家庭经营收入、财产性收入和转移性收入。

工资性收入 指农村住户成员受雇于单位或个人，靠出卖劳动而获得的收入。

家庭经营收入 指农村住户以家庭为生产经营单位进行生产筹划和管理而获得的收入。农村住户家庭经营活动按行业划分为农业、林业、牧业、渔业、工业、建筑业、交通运输邮电业、批发和零售贸易餐饮业、社会服务业、文教卫生业和其他家庭经营。

财产性收入 指金融资产或有形非生产性资产的所有者向其他机构单位提供资金或将有形非生产性资产供其支配，作为回报而从中获得的收入。

转移性收入 指农村住户和住户成员无须付出任何对应物而获得的货物、服务、资金或资产所有权等，不包括无偿提供的用于固定资本形成的资金。一般情况下，是指农村住户在二次分配中的所有收入。

现金收入 指农村住户和住户成员在调查期内得到以现金形态表现的收入。按来源分成工资性收入、家庭经营现金收入、财产性收入、转移性收入。

纯收入 指农村住户当年从各个来源得到的总收入相应地扣除所发生的费用后的收入总和。计算方法：

纯收入=总收入-税费支出-家庭经营费用支出-生产性固定资产折旧-赠送农村外部亲友支出

纯收入主要用于再生产投入和当年生活消费支出，也可以用于储蓄和各种非义务性支出。“农民人均纯收入”按人口平均的纯收入水平，反映的是一个地区或一个农户农村居民的平均收入水平。

总支出 指农村住户用于生产、生活和再分配的全部支出。家庭经营费用支出、购置生产性固定资产支出、生产性固定资产折旧、税费支出、生活消费支出、财产性支出和转移性支出。

二、城镇住户

城镇家庭人口 指居住在一起，经济上合在一起共同生活的家庭成员。凡计算为家庭人口的成员其全部收支都包括在本家庭中。

城镇就业面 指就业人口占家庭人口的百分比。

城镇就业者负担人数 指家庭人口与就业人口之比。

城镇家庭总收入 指家庭成员得到的工薪收入、经营净收入、财产性收入、转移性收入之和，不包括出售财物收入和借贷收入。

城镇家庭可支配收入 指家庭成员得到可用于最终消费支出和其它非义务性支出以及储蓄的总和，即居民家庭可以用来自由支配的收入。它是家庭总收入扣除交纳的所得税、个人交纳的社会保障支出以及记账补贴后的收入。计算公式为：

可支配收入=家庭总收入-交纳所得税-个人交纳的社会保障支出-记帐补贴

城镇家庭总支出 指除借贷支出以外的全部家庭支出。包括消费性支出、购房建房支出、转移性支出、财产性支出、社会保障支出。

城镇家庭消费性支出 指家庭用于日常生活的支出，包括食品、衣着、家庭设备用品及服务、医疗保健、交通和通信、娱乐教育文化服务、居住、杂项商品和服务等八大类支出。

城镇家庭服务性消费支出 指家庭用于支付社会提供的各种非商品性服务费用。

恩格尔系数 指食物支出金额在消费性总支出金额中所占的比例。计算公式为：

恩格尔系数=（食品支出金额/消费性总支出金额）×100%

价格调查

3-1 居民消费、商品零售、农业生产资料价格总指数(1985-2013年)

(上年=100)

年 份	居民消费价格指数			商品零售价格指数			农业生产资料价格指数		
	全 省	城 市	农 村	全 省	城 市	农 村	全 省	城 市	农 村
1985	107.6	109.5	105.3	106.8	109.6	104.9	111.9		111.9
1986	104.8	104.8	104.7	103.9	104.6	103.5	100.6		100.6
1987	107.6	110.1	105.6	107.5	110.6	105.7	106.3		106.3
1988	119.9	122.9	118.5	120.0	123.7	118.7	120.5		120.5
1989	119.8	117.8	121.3	118.3	116.8	119.2	116.2		116.2
1990	103.8	101.5	105.0	103.1	100.4	104.2	104.7		104.7
1991	103.0	104.3	102.1	102.3	103.7	101.4	100.8		100.8
1992	107.4	109.8	104.6	106.4	108.4	104.4	106.2		106.2
1993	116.8	116.9	116.7	113.9	114.7	113.7	115.0		115.0
1994	124.6	127.9	122.5	123.9	124.1	122.2	117.4		117.4
1995	118.5	119.0	118.3	117.0	115.7	118.2	130.8		130.8
1996	109.3	109.8	109.1	107.7	106.4	108.8	114.0		114.0
1997	105.1	105.1	105.0	102.9	102.8	102.9	100.9		100.9
1998	99.6	99.8	99.5	97.7	97.7	97.6	92.9		92.9
1999	98.5	98.1	99.0	97.3	96.9	97.6	95.2		95.2
2000	100.1	99.7	100.6	97.7	97.5	97.8	96.2		96.2
2001	102.1	101.8	102.7	100.8	100.5	101.2	97.8		97.8
2002	99.7	99.5	100.0	99.4	99.0	99.8	104.1		104.1
2003	101.7	101.9	100.9	100.1	100.1	100.1	100.8		100.8
2004	104.9	104.6	105.2	103.7	102.8	104.6	110.9		110.9
2005	101.7	101.7	101.6	100.6	100.1	101.0	107.2		107.2
2006	102.3	102.4	102.3	101.7	101.5	101.9	103.3		103.3
2007	105.9	105.9	106.0	105.3	105.1	105.5	109.0		109.0
2008	105.1	104.7	105.5	105.3	105.1	105.4	116.6		116.6
2009	100.8	100.7	101.0	100.1	99.8	100.4	101.2		101.2
2010	103.2	103.3	103.1	103.0	102.7	103.3	103.6		103.6
2011	105.3	105.1	105.8	104.6	104.4	105.2	112.4		112.4
2012	102.5	102.8	102.0	101.6	101.7	101.4	104.7		104.7
2013	102.8	102.8	102.8	101.7	101.7	101.6	101.5		101.5

3-2 居民消费价格分类指数(2013年)

(上年=100)

指　　标	全 省	城 市	农 村
居民消费价格总指数	**102.8**	**102.8**	**102.8**
一、食品	**104.8**	**105.0**	**104.5**
1.粮食	103.1	103.1	103.0
#大　　米	101.9	101.9	101.8
面　　粉	106.0	105.6	106.2
2.淀粉及制品	101.8	102.1	101.5
3.干豆类及豆制品	107.5	107.6	107.2
4.油脂	101.4	101.7	100.6
5.肉禽及其制品	104.1	104.7	103.3
(1)食用畜肉及副产品	104.0	105.0	102.6
#猪　　肉	100.0	100.1	99.8
鸡	103.9	103.6	104.5
鸭	104.5	103.2	107.1
6.蛋	106.5	106.5	106.3
#鲜　　蛋	106.6	106.7	106.5
7.水产品	104.4	103.7	105.9
8.菜	108.6	108.2	110.1
#鲜　　菜	108.8	108.1	111.3
9.调 味 品	102.4	102.1	102.7
10.糖	99.9	101.2	98.7
11.茶及饮料	103.4	103.6	102.8
(1)茶叶	104.1	104.0	104.2
(2)饮料	103.0	103.4	102.0
12.干鲜瓜果	107.9	109.1	104.0
#鲜 瓜 果	109.6	111.1	105.2
13.糕点饼干面包	102.7	102.9	101.9
14.液体乳及乳制品	107.7	108.3	104.6
15.在外用膳食品	105.0	103.4	107.3
16.其他食品	101.0	102.6	99.8
二、烟酒	**99.4**	**99.6**	**99.0**
1.烟草	99.9	99.8	100.0
2.酒	98.5	99.3	97.3
三、衣着	**100.8**	**101.1**	**100.1**
1.服　　装	101.0	101.2	100.6
2.衣着材料	100.9	100.3	101.5
3.鞋袜帽	100.2	100.9	98.8
4.衣着加工服务费	106.4	107.3	104.2
四、家庭设备用品及维修服务	**101.9**	**102.4**	**100.7**
1.耐用消费品	100.9	101.5	99.7
(1)家　　具	101.1	102.4	99.3
(2)家庭设备	100.8	101.1	100.1

3-2 续表

(上年＝100)

指　　标	全　省	城　市	农　村
2.室内装饰品	99.6	99.4	100.5
3.床上用品	102.0	102.8	100.5
4.家庭日用杂品	101.2	101.1	101.4
5.家庭服务及加工维修服务	107.7	108.0	106.3
五、医疗保健和个人用品	**102.2**	**101.3**	**104.1**
1.医疗保健	102.3	101.0	104.5
(1)医疗器具及用品	99.8	101.0	98.8
(2)中药材及中成药	102.7	101.8	104.8
(3)西药	99.8	100.1	99.2
(4)保健器具及用品	102.0	102.2	100.1
(5)医疗保健服务	104.5	101.2	107.6
2.个人用品及服务	102.0	101.8	102.5
(1)化妆美容用品	101.1	101.2	100.6
(2)清洁类化妆品	102.1	102.6	101.1
(3)个人饰品	95.5	95.0	96.5
(4)个人服务	107.3	106.6	109.1
六、交通和通信	**100.0**	**100.0**	**100.2**
1.交通	100.5	100.4	100.8
(1)交通工具	99.7	99.8	99.5
(2)车用燃料及零配件	99.5	99.4	99.6
(3)车辆使用及维修费	101.8	101.8	101.9
(4)市区公共交通费	101.3	100.6	103.6
(5)城市间交通费	100.5	100.3	100.9
2.通信	99.3	99.4	98.8
(1)通信工具	92.9	92.2	94.1
(2)通信服务	100.2	100.2	100.1
七、娱乐教育文化用品及服务	**101.6**	**102.0**	**100.6**
1.文娱用耐用消费品及服务	96.9	96.1	98.2
2.教育	102.7	103.7	101.2
(1)教材及参考书	101.3	101.3	101.3
(2)教育服务	102.9	104.1	101.2
3.文化娱乐类	101.7	101.9	101.0
(1)文化娱乐用品	100.0	100.0	100.1
(2)书报杂志	101.0	101.0	100.8
(3)文娱费	103.7	103.8	103.0
4.旅游	101.9	102.1	100.6
八、居住	**103.7**	**103.4**	**104.1**
1.建房及装修材料	101.8	101.0	102.4
2.住房租金	105.5	105.3	106.6
3.自有住房	104.9	104.1	106.4
4.水、电、燃料	102.1	102.5	101.5

3-3 分月居民消费价格指数(2013年)

(上年同月=100)

指　　标	1月	2月	3月	4月	5月	6月
居民消费价格总指数	**102.3**	**103.3**	**102.4**	**102.5**	**102.3**	**102.5**
非食品价格指数	**101.8**	**101.9**	**101.9**	**101.7**	**101.7**	**101.7**
服务项目价格指数	**102.6**	**103.5**	**103.8**	**103.6**	**103.5**	**103.6**
工业品价格指数	**101.1**	**100.6**	**100.4**	**100.2**	**100.3**	**100.3**
消费品价格指数	**102.2**	**103.2**	**101.8**	**102.1**	**101.9**	**102.1**
一、食品	**103.3**	**106.1**	**103.4**	**104.2**	**103.7**	**104.3**
1.粮食	104.7	104.3	103.9	103.6	103.5	103.4
大　米	104.7	103.8	103.1	102.6	102.4	102.3
面　粉	104.6	105.2	105.8	106.1	105.6	106.2
粮食制品	105.3	105.8	105.5	105.2	105.4	105.2
2.淀粉及制品	101.7	101.8	101.5	101.1	101.7	101.1
3.干豆类及豆制品	106.8	108.2	108.4	108.6	109.1	109.0
干　豆	99.6	99.8	100.5	101.8	101.3	101.2
豆制品	108.4	110.1	110.2	110.1	110.8	110.7
4.油脂	103.7	104.3	103.9	103.0	102.0	101.7
食用植物油	107.3	107.0	107.0	105.6	103.7	102.9
植物油制品	105.7	105.8	105.5	105.1	103.3	101.6
5.肉禽及其制品	101.0	106.2	102.7	100.9	100.7	104.0
(1)食用畜肉及副产品	99.3	105.0	100.5	99.3	99.7	104.3
猪　　肉	94.6	100.2	94.2	93.1	93.7	99.5
牛　　肉	131.8	134.7	131.9	127.8	126.0	125.9
羊　　肉	113.0	114.9	114.1	113.9	114.1	113.8
畜肉副产品	96.7	101.6	101.7	100.4	99.9	102.7
(2)禽	104.9	111.1	108.6	103.3	101.1	102.4
鸡	105.5	112.4	110.0	103.9	101.4	102.1
鸭	104.0	110.0	106.6	102.3	100.7	103.4
(3)加工肉禽	104.8	105.2	105.8	105.9	105.6	105.5
畜肉制品	106.0	106.3	106.8	107.0	106.4	106.1
禽 制 品	103.1	103.6	104.4	104.3	104.4	104.7
6.蛋	111.7	122.1	117.1	114.4	114.1	100.6
鲜　　蛋	112.9	124.8	119.1	116.1	115.5	100.0
蛋 制 品	100.7	101.1	102.0	101.5	103.1	105.6
7.水产品	106.5	111.5	106.5	105.0	103.8	101.9
(1)鱼	105.1	111.6	105.8	103.6	101.8	100.0
淡 水 鱼	105.7	112.9	106.5	104.2	102.2	100.3
海 水 鱼	100.4	100.3	99.8	97.8	98.0	97.3
(2)其他水产品	111.7	110.9	109.2	111.0	112.0	109.8
虾 蟹 类	100.2	101.1	100.7	100.7	105.2	109.7
8.菜	106.5	107.7	93.4	106.6	104.8	105.0
鲜　　菜	106.4	107.7	91.7	106.3	104.2	104.6
干菜及菜制品	103.1	103.2	102.4	102.2	101.8	101.5
薯　　类	118.3	122.7	126.1	128.7	131.1	124.2

3-3 续表 1

(上年同月＝100)

指　　标	7月	8月	9月	10月	11月	12月
居民消费价格总指数	**102.9**	**102.8**	**103.3**	**103.3**	**103.3**	**102.7**
非食品价格指数	**101.6**	**101.7**	**101.9**	**101.9**	**102.0**	**102.1**
服务项目价格指数	**103.4**	**103.3**	**103.3**	**103.3**	**103.6**	**103.5**
工业品价格指数	**100.2**	**100.4**	**100.8**	**100.8**	**100.7**	**100.9**
消费品价格指数	**102.7**	**102.7**	**103.2**	**103.3**	**103.1**	**102.4**
一、食品	**105.6**	**105.2**	**106.0**	**106.3**	**105.9**	**104.1**
1.粮食	103.2	102.7	102.0	102.0	101.8	102.2
大　米	102.1	101.1	100.3	100.2	100.0	100.0
面　粉	106.0	106.3	106.6	106.5	106.3	106.9
粮食制品	104.9	104.8	104.1	104.2	103.9	104.5
2.淀粉及制品	101.8	101.8	101.8	101.9	102.5	102.7
3.干豆类及豆制品	108.5	108.4	107.4	106.5	105.3	104.6
干　豆	100.2	100.5	100.9	101.4	101.5	101.9
豆制品	110.3	110.1	108.8	107.5	106.0	105.1
4.油脂	101.3	100.8	99.6	99.2	98.8	98.4
食用植物油	102.2	101.9	100.4	100.1	99.7	99.5
植物油制品	100.8	99.4	97.8	97.4	97.0	96.4
5.肉禽及其制品	106.7	107.7	106.6	105.5	105.2	102.6
(1)食用畜肉及副产品	107.9	109.1	107.7	106.6	106.4	103.1
猪　　肉	104.7	106.8	104.8	104.2	104.5	100.8
牛　　肉	125.8	124.2	123.1	119.6	116.4	113.3
羊　　肉	113.4	113.4	113.7	110.7	107.1	106.4
畜肉副产品	103.6	103.7	103.6	102.7	102.4	102.4
(2)禽	103.6	104.6	103.6	102.1	101.4	100.5
鸡	103.2	104.4	103.3	101.2	100.3	99.1
鸭	104.9	105.6	104.6	104.1	103.9	103.5
(3)加工肉禽	105.0	105.3	105.2	105.0	104.7	103.7
畜肉制品	105.4	105.4	105.1	104.8	104.8	103.6
禽 制 品	104.4	105.2	105.3	105.2	104.5	103.7
6.蛋	104.2	103.1	101.5	100.6	98.8	96.8
鲜　　蛋	103.9	102.6	100.8	99.9	97.9	95.8
蛋 制 品	107.2	107.7	107.7	107.4	107.5	107.5
7.水产品	101.5	102.1	103.0	103.2	104.1	104.3
(1)鱼	99.3	100.3	101.2	101.5	103.1	103.4
淡 水 鱼	99.6	100.6	101.6	102.0	103.7	104.0
海 水 鱼	96.4	97.2	97.7	97.3	97.2	97.4
(2)其他水产品	110.4	109.5	110.2	109.9	107.9	107.6
虾 蟹 类	112.3	112.0	113.8	113.8	113.3	115.8
8.菜	110.5	104.1	115.0	121.4	120.6	110.2
鲜　　菜	110.9	103.9	116.0	123.4	122.5	110.7
干菜及菜制品	101.5	101.3	100.6	100.5	101.4	102.5
薯　　类	121.0	117.7	121.5	120.2	120.4	117.2

3-3 续表 2

(上年同月＝100)

指　　标	1月	2月	3月	4月	5月	6月
9.调 味 品	105.0	103.1	103.0	102.8	102.7	102.3
食 用 盐	108.7	103.5	103.1	102.7	102.5	102.3
酱　　油	103.8	104.3	104.3	104.6	103.7	103.4
食　　醋	104.3	102.6	102.7	102.6	102.0	102.2
味　　精	102.9	101.6	102.1	101.7	102.8	101.3
10.糖	100.7	100.7	100.8	100.3	99.6	99.4
食　　糖	98.4	98.1	98.5	97.2	96.4	95.3
糖　　果	102.2	102.3	102.3	102.1	101.9	101.9
巧克力制品	100.4	100.2	100.5	101.2	99.2	100.1
糖类小食品	103.0	103.6	103.5	103.2	102.9	102.7
11.茶及饮料	104.7	104.6	104.4	103.7	103.1	103.2
(1)茶叶	104.1	104.6	104.3	103.8	103.6	103.9
茶　　叶	104.1	104.6	104.3	103.8	103.6	103.9
(2)饮料	105.1	104.6	104.4	103.6	102.9	102.8
固体饮料	106.3	106.0	105.3	105.0	103.8	103.3
液体饮料	103.8	103.2	103.1	102.1	102.2	102.1
冷冻饮品	106.4	106.5	106.5	105.5	103.2	104.1
12.干鲜瓜果	96.5	104.4	105.9	106.9	105.2	108.6
鲜 瓜 果	94.7	104.8	106.9	108.4	106.1	110.6
干(坚)果	103.7	102.7	102.0	101.3	101.5	100.6
13.糕点饼干面包	103.9	103.8	103.3	102.8	102.9	103.1
糕　　点	103.5	104.4	103.4	103.1	103.2	103.1
饼　　干	102.8	102.0	102.3	101.2	102.2	103.1
面　　包	106.2	105.5	104.5	104.3	103.5	103.2
14.液体乳及乳制品	105.7	106.2	107.4	106.5	106.6	106.9
巴氏杀菌乳或灭菌乳	105.7	107.1	108.7	107.5	107.3	108.0
酸 牛 乳	106.2	106.3	108.0	108.2	107.4	106.9
乳　　粉	105.3	104.2	104.4	103.7	104.6	104.7
15.在外用膳食品	104.3	105.3	105.7	105.7	105.8	105.1
主　　食	104.1	105.3	106.7	106.8	107.0	106.9
炒　　菜	103.4	104.1	104.2	104.0	104.0	103.4
地方小吃	109.1	111.2	111.0	111.1	111.7	108.9
16.其他食品	102.1	101.9	101.0	100.8	101.1	100.9
二、烟酒	**100.7**	**100.3**	**99.7**	**99.4**	**99.1**	**98.9**
1.烟草	99.9	99.9	99.9	99.9	99.9	99.9
高档卷烟	99.9	99.9	100.0	100.0	100.0	100.0
中档卷烟	99.9	99.9	99.8	99.8	99.9	99.9
2.酒	101.9	100.9	99.4	98.5	97.9	97.4
白　　酒	102.3	100.8	98.5	97.6	96.7	96.0
葡 萄 酒	100.6	100.6	100.3	99.8	100.0	100.1
啤　　酒	101.5	101.0	101.3	100.3	100.0	100.0

3-3 续表 3

(上年同月＝100)

指　　标	7月	8月	9月	10月	11月	12月
9.调 味 品	102.0	102.0	101.5	101.3	101.4	101.7
食 用 盐	102.3	102.3	100.0	100.0	101.4	101.8
酱　　油	102.6	102.2	102.3	101.9	101.6	101.3
食　　醋	101.9	102.2	102.3	101.6	100.9	100.9
味　　精	101.4	101.5	101.3	101.1	100.7	101.3
10.糖	99.2	99.2	99.6	99.8	100.0	99.8
食　　糖	95.2	95.4	95.7	95.8	96.1	95.8
糖　　果	101.5	101.6	102.2	102.8	102.8	103.2
巧克力制品	99.9	99.3	100.2	100.2	101.1	100.6
糖类小食品	102.6	102.7	102.5	102.2	101.5	100.7
11.茶及饮料	103.2	103.0	103.0	103.0	102.7	102.5
(1)茶叶	104.0	104.2	104.4	103.9	104.0	104.1
茶　　叶	104.0	104.2	104.4	103.9	104.0	104.1
(2)饮料	102.6	102.3	102.2	102.4	101.9	101.6
固体饮料	104.3	104.3	104.2	104.5	102.9	102.7
液体饮料	101.6	101.5	101.3	101.4	101.3	100.8
冷冻饮品	102.9	101.1	101.1	101.6	102.0	102.0
12.干鲜瓜果	109.6	110.6	112.2	111.0	110.7	113.4
鲜 瓜 果	112.0	113.4	115.3	113.7	113.9	117.6
干(坚)果	100.6	100.6	101.0	100.7	99.2	98.5
13.糕点饼干面包	102.7	102.1	101.9	102.2	101.9	101.8
糕　　点	102.8	102.6	102.4	103.0	102.5	102.6
饼　　干	102.4	101.7	101.8	101.7	101.6	101.2
面　　包	102.9	101.8	101.3	101.6	101.4	101.2
14.液体乳及乳制品	105.7	106.0	107.5	111.3	112.2	109.7
巴氏杀菌乳或灭菌乳	107.2	108.4	110.7	116.6	117.9	113.8
酸 牛 乳	105.9	105.9	106.8	110.6	112.6	109.5
乳　　粉	102.6	101.5	102.1	102.5	102.4	102.7
15.在外用膳食品	105.0	105.3	104.9	104.6	104.4	104.1
主　　食	106.9	107.6	107.4	106.6	106.1	106.3
炒　　菜	103.2	103.2	102.9	102.8	102.6	102.2
地方小吃	109.0	109.1	108.4	107.8	107.7	107.0
16.其他食品	101.1	101.5	101.2	100.2	100.1	100.5
二、烟酒	**98.9**	**99.1**	**99.2**	**99.1**	**99.2**	**98.9**
1.烟草	99.9	99.9	99.8	99.8	99.9	99.9
高档卷烟	100.0	100.0	99.9	99.9	99.9	99.8
中档卷烟	99.9	99.9	99.8	99.8	99.8	99.9
2.酒	97.2	97.8	98.1	97.9	98.0	97.5
白　　酒	95.8	96.5	96.9	96.5	96.8	95.9
葡 萄 酒	99.6	99.4	99.7	99.7	99.3	99.5
啤　　酒	99.9	100.3	100.4	100.6	100.6	100.5

3-3 续表 4

(上年同月＝100)

指　　标	1 月	2 月	3 月	4 月	5 月	6 月
三、衣着	**100.9**	**99.5**	**98.8**	**98.9**	**99.3**	**99.1**
1.服　　装	101.2	99.8	99.1	99.1	99.4	99.2
(1)男式服装	100.7	99.4	98.9	99.3	99.5	99.7
大　　衣	97.9	96.4	96.6	96.5	96.5	96.4
毛 线 衣	100.2	100.4	100.1	99.8	99.8	99.9
夹 克 衫	102.6	99.3	96.8	98.0	98.1	98.0
衬　　衫	102.3	101.2	99.9	100.5	102.3	102.1
T　恤 衫	100.5	99.5	99.0	98.9	99.5	99.6
裤　　子	102.9	102.1	101.7	102.7	102.5	102.6
西　　服	101.6	100.4	100.6	100.7	100.4	100.4
运动衫裤	102.2	101.3	100.0	99.7	99.6	100.5
内　　衣	96.7	96.0	97.5	99.4	99.6	100.4
羽 绒 衣	98.9	94.0	92.9	92.8	93.4	93.3
(2)女式服装	101.8	100.1	98.9	98.9	99.3	99.2
大　　衣	102.3	99.1	100.1	100.2	100.2	100.2
毛 线 衣	102.4	103.2	102.0	102.0	102.2	102.1
羽 绒 衣	100.9	95.2	94.9	94.9	94.7	94.6
套　　装	102.4	100.8	100.6	102.6	102.2	101.9
衬　　衫	103.4	101.7	101.5	100.3	100.9	101.0
T　恤 衫	99.3	97.6	95.7	95.5	96.5	97.9
裙　　子	101.5	100.6	98.5	97.2	98.7	97.6
裤　　子	106.1	104.2	99.0	99.4	100.9	99.7
运动衫裤	99.7	99.5	98.8	98.8	99.3	101.0
内　　衣	99.5	99.0	97.9	97.8	97.7	97.8
(3)儿童服装	100.2	99.8	100.4	99.2	99.0	97.7
上　　衣	99.6	99.7	99.2	98.6	99.1	98.3
裤　　子	102.1	101.4	102.7	102.2	101.9	100.2
裙　　子	97.9	97.1	97.6	94.4	93.7	92.4
2.衣着材料	100.9	100.9	100.7	101.2	101.0	100.9
棉　　布	100.2	100.2	100.1	100.1	99.7	99.6
化 纤 布	100.0	100.0	100.1	100.2	100.1	100.2
毛　　线	102.2	102.0	101.5	102.4	102.3	101.7
3.鞋袜帽	99.8	98.5	97.8	98.1	98.7	98.3
(1)鞋	99.7	98.2	97.4	97.8	98.4	98.0
男　　鞋	98.0	97.4	96.8	97.1	96.9	96.9
女　　鞋	100.6	98.5	97.1	97.7	99.2	98.4
童　　鞋	100.2	99.1	99.3	99.2	98.9	98.9
(2)袜子	100.7	100.9	100.7	100.8	101.2	101.2
男　　袜	101.5	101.3	101.3	101.3	100.7	100.6
女　　袜	100.1	100.7	100.3	100.5	101.6	101.6
(3)帽子	100.9	100.7	100.7	100.4	100.4	100.3
男　　帽	102.4	102.1	102.2	101.5	101.5	101.4
女　　帽	99.9	99.8	99.7	99.6	99.6	99.5
4.衣着加工服务费	105.5	105.1	106.8	107.1	107.3	106.6
缝　　纫	103.0	102.9	103.2	104.4	105.8	105.5
清　　洗	108.5	109.3	109.5	109.3	108.6	107.5

3-3 续表 5

(上年同月＝100)

指　　标	7 月	8 月	9 月	10 月	11 月	12 月
三、衣着	**99.9**	**100.8**	**102.7**	**103.1**	**103.2**	**103.7**
1.服　　装	100.0	101.0	102.7	103.3	103.2	103.7
(1)男式服装	100.6	101.6	103.0	103.7	103.9	104.1
大　　衣	96.7	97.4	97.7	99.0	98.7	98.9
毛 线 衣	100.1	100.4	102.6	103.3	101.4	101.3
夹 克 衫	98.4	99.7	99.9	101.2	102.7	103.2
衬　　衫	102.6	104.5	106.0	106.3	105.8	105.2
T 恤 衫	102.1	102.8	104.9	105.8	105.6	105.5
裤　　子	104.0	104.9	107.4	107.9	108.8	108.4
西　　服	101.0	101.2	101.7	102.3	102.4	102.9
运动衫裤	101.2	102.8	104.0	104.0	103.6	104.0
内　　衣	102.1	104.5	106.0	106.3	105.3	107.0
羽 绒 衣	94.0	94.2	95.8	96.0	100.7	102.0
(2)女式服装	100.1	101.2	102.8	103.0	102.8	103.5
大　　衣	100.2	100.4	101.2	100.0	99.5	101.8
毛 线 衣	102.1	102.6	105.1	105.2	101.6	101.3
羽 绒 衣	95.0	95.3	98.0	97.3	100.9	102.1
套　　装	102.5	104.1	104.6	106.1	106.6	107.4
衬　　衫	101.0	103.2	104.5	105.0	105.3	105.5
T 恤 衫	100.1	103.2	105.7	105.6	106.0	106.1
裙　　子	98.2	99.4	100.6	100.8	100.5	100.5
裤　　子	102.4	103.7	104.7	105.3	105.1	105.1
运动衫裤	101.3	102.5	104.6	104.7	104.7	104.9
内　　衣	98.9	99.6	102.2	103.6	103.3	104.1
(3)儿童服装	97.8	98.7	101.4	103.6	103.1	103.5
上　　衣	98.5	100.0	101.7	104.5	103.5	103.8
裤　　子	100.5	101.4	104.9	106.5	105.8	106.4
裙　　子	92.1	91.9	94.7	96.8	97.5	97.5
2.衣着材料	100.7	100.9	101.2	101.1	100.9	100.8
棉　　布	99.5	99.3	100.1	99.8	99.9	100.5
化 纤 布	100.2	100.2	100.2	100.4	100.6	100.7
毛　　线	101.2	101.8	102.3	102.0	101.3	100.7
3.鞋袜帽	99.4	99.9	102.5	102.4	103.0	103.9
(1)鞋	99.2	99.8	102.8	102.7	103.4	104.3
男　　鞋	98.3	99.2	103.2	103.6	103.7	104.4
女　　鞋	99.5	100.2	103.2	102.7	104.1	105.6
童　　鞋	100.1	99.9	101.0	101.0	100.9	100.8
(2)袜子	101.2	101.0	100.1	100.0	100.3	100.4
男　　袜	100.5	100.4	100.1	99.9	100.1	100.5
女　　袜	101.7	101.5	100.1	100.1	100.4	100.4
(3)帽子	100.3	100.2	100.3	100.1	100.5	100.0
男　　帽	101.2	101.2	101.6	101.5	101.9	100.7
女　　帽	99.7	99.5	99.4	99.1	99.6	99.5
4.衣着加工服务费	106.5	106.9	106.8	106.7	105.9	105.9
缝　　纫	105.5	106.6	105.4	105.7	106.7	106.8
清　　洗	107.3	107.2	107.9	107.8	105.7	105.3

3-3 续表 6

(上年同月＝100)

指　　标	1月	2月	3月	4月	5月	6月
四、家庭设备用品及维修服务	**102.1**	**101.9**	**102.2**	**102.1**	**102.1**	**102.1**
1.耐用消费品	101.1	100.8	101.0	101.1	100.9	101.0
(1)家　　具	101.5	101.0	100.9	101.0	101.1	101.1
柜	102.5	101.6	101.5	101.3	101.3	101.6
床	101.6	101.6	101.6	102.1	102.1	102.2
桌	100.6	100.4	100.0	99.6	99.6	99.6
椅	100.1	100.1	99.9	99.9	99.8	99.8
沙　　发	102.0	101.5	101.4	101.7	102.0	101.9
(2)家庭设备	100.9	100.6	101.0	101.2	100.8	101.0
洗 衣 机	99.8	99.7	99.8	99.9	99.6	99.3
电 风 扇	104.6	105.0	104.9	105.0	104.1	102.2
电冰箱(柜)	100.3	100.4	100.4	100.2	100.2	100.6
吸排油烟机	101.9	101.6	101.4	102.5	103.0	102.3
空 调 器	101.1	100.5	101.4	101.4	100.6	101.2
热 水 器	101.8	101.3	102.2	103.1	102.7	102.8
微 波 炉	99.6	99.4	99.2	99.7	99.6	99.7
2.室内装饰品	98.3	98.3	98.4	99.1	99.8	99.9
纺织装饰品	99.4	99.6	99.2	99.6	100.3	99.9
装饰灯具	98.3	97.8	98.1	99.1	99.9	100.5
3.床上用品	101.8	102.1	102.1	102.5	102.6	102.1
被　　子	102.9	102.8	102.9	103.0	103.1	102.9
床上套件	100.4	101.2	101.3	101.8	102.1	101.8
4.家庭日用杂品	101.5	101.5	102.1	101.6	101.3	101.3
茶　　具	100.9	101.7	102.0	100.7	100.0	100.1
餐　　具	99.8	100.3	102.1	101.6	101.6	101.7
厨　　具	100.7	100.8	100.6	99.9	100.0	100.0
家用手工工具	103.9	103.9	107.0	106.3	104.8	104.7
洗涤用品	102.7	102.7	102.9	102.3	101.8	101.6
5.家庭服务及加工维修服务	109.3	108.1	109.2	108.1	108.4	108.2
家庭服务	110.0	109.0	110.5	110.4	109.7	109.4
加工维修服务	108.4	107.0	107.5	105.5	106.8	106.8
五、医疗保健和个人用品	**102.5**	**102.7**	**102.7**	**102.6**	**102.7**	**102.5**
1.医疗保健	102.4	102.3	102.3	102.4	102.6	102.6
(1)医疗器具及用品	100.3	100.3	100.1	100.1	99.7	99.4
(2)中药材及中成药	103.0	102.5	102.3	102.9	103.2	103.0
中 药 材	103.1	102.5	102.0	103.1	104.0	103.9
中 成 药	102.9	102.4	102.7	102.5	102.3	101.9
(3)西药	100.1	99.6	99.6	99.6	99.7	99.5
抗菌素(抗感染药)	100.4	99.4	99.5	99.5	99.5	99.9
消化系统用药	101.5	100.2	100.4	99.9	99.6	99.1
呼吸系统用药	99.9	99.9	99.7	99.6	99.9	99.8
解热镇痛药	99.5	99.5	99.4	99.4	99.4	99.7
抗肿瘤药	98.7	99.3	99.2	99.2	100.6	100.2
激素类药	100.3	100.2	100.2	100.2	100.0	100.0
心血管系统用药	102.3	101.0	100.7	100.0	100.1	99.8

3-3 续表 7

（上年同月＝100）

指　　标	7月	8月	9月	10月	11月	12月
四、家庭设备用品及维修服务	**101.9**	**101.9**	**101.9**	**101.7**	**101.4**	**101.5**
1.耐用消费品	101.1	101.1	101.2	101.1	100.5	100.4
(1)家　　具	101.2	101.5	101.7	101.2	100.5	100.4
柜	101.5	102.1	102.3	101.6	100.6	100.7
床	102.3	102.3	102.5	101.9	101.0	100.9
桌	99.7	100.6	100.8	100.4	100.0	99.7
椅	99.9	100.0	100.5	100.7	100.6	100.7
沙　　发	102.3	102.1	102.3	101.4	100.4	100.4
(2)家庭设备	101.0	100.8	101.0	101.0	100.6	100.4
洗 衣 机	99.3	99.4	99.8	100.3	100.0	99.9
电 风 扇	101.3	100.5	101.3	101.1	101.0	101.1
电冰箱(柜)	100.3	100.1	100.1	100.3	100.0	100.0
吸排油烟机	102.3	102.4	102.3	101.8	100.9	100.0
空 调 器	101.9	101.4	101.5	101.7	101.4	101.5
热 水 器	102.7	102.6	103.1	102.4	101.6	100.8
微 波 炉	99.5	99.3	99.4	99.1	98.7	98.0
2.室内装饰品	100.2	100.2	100.3	100.2	100.3	100.4
纺织装饰品	100.7	100.7	100.7	100.7	100.7	100.7
装饰灯具	100.5	100.3	100.2	100.0	100.0	100.0
3.床上用品	101.8	101.7	101.9	101.8	101.6	102.1
被　　子	103.5	103.5	103.8	103.3	102.5	103.1
床上套件	101.7	101.7	101.9	102.1	101.9	102.7
4.家庭日用杂品	101.0	101.0	100.7	100.7	100.7	101.0
茶　　具	98.7	98.2	98.2	97.6	97.3	97.4
餐　　具	101.7	101.8	101.3	100.9	101.5	101.5
厨　　具	100.0	99.9	99.9	100.0	99.5	99.8
家用手工工具	104.7	104.7	104.3	103.5	103.2	103.3
洗涤用品	101.0	100.9	100.1	100.8	100.7	101.0
5.家庭服务及加工维修服务	107.8	107.7	107.2	106.4	106.3	106.6
家庭服务	108.6	108.5	107.5	106.2	106.1	106.8
加工维修服务	106.7	106.7	106.8	106.7	106.5	106.3
五、医疗保健和个人用品	**102.4**	**102.4**	**102.1**	**101.2**	**101.6**	**101.3**
1.医疗保健	102.7	102.6	102.4	101.5	102.1	101.8
(1)医疗器具及用品	99.6	99.1	99.1	99.5	100.2	100.2
(2)中药材及中成药	102.4	102.4	102.4	102.2	102.7	103.2
中 药 材	102.8	102.9	103.1	102.8	103.4	104.1
中 成 药	102.0	101.9	101.5	101.5	101.9	102.2
(3)西药	99.9	99.8	99.9	100.0	99.9	99.9
抗菌素(抗感染药)	99.9	99.5	99.4	99.3	99.3	99.3
消化系统用药	99.4	99.2	99.1	99.2	99.2	99.4
呼吸系统用药	100.3	100.9	100.9	100.8	100.8	100.9
解热镇痛药	99.9	99.8	99.7	99.7	99.7	99.7
抗肿瘤药	101.1	101.0	101.0	101.3	101.3	101.0
激素类药	102.3	102.7	103.5	103.1	102.6	102.3
心血管系统用药	100.1	100.1	99.4	99.0	99.0	99.1

3-3 续表 8

(上年同月＝100)

指　标	1月	2月	3月	4月	5月	6月
中枢神经系统用药	99.1	98.9	98.9	99.0	99.1	98.2
消毒防腐及创伤外科用药	98.9	98.9	99.0	100.0	100.6	99.9
泌尿系统用药	99.4	99.2	99.1	99.1	99.2	98.6
维生素类	98.3	98.3	98.5	98.3	98.4	98.2
(4)保健器具及用品	100.2	100.2	100.5	100.7	101.6	101.6
保健器具	99.6	99.6	101.8	101.9	101.9	101.9
滋补保健用品	100.3	100.3	100.3	100.5	101.5	101.5
(5)医疗保健服务	104.6	105.3	105.3	105.1	105.2	105.5
挂号诊疗费	108.2	108.2	108.1	109.4	109.4	109.4
注 射 费	109.5	113.7	113.7	113.6	113.6	113.6
检 查 费	103.2	103.2	103.1	103.0	103.0	102.2
手 术 费	101.7	101.7	101.7	101.5	101.5	105.2
床 位 费	105.7	107.2	107.2	107.2	107.7	106.0
理 疗 费	100.2	100.2	100.2	100.1	100.1	100.1
化 验 费	108.0	108.0	108.0	106.5	106.5	106.5
2.个人用品及服务	103.0	103.7	103.6	103.3	102.9	102.1
(1)化妆美容用品	101.2	101.2	101.2	101.2	101.1	100.8
化妆美容器具	101.7	101.6	101.5	100.9	100.4	100.4
美容化妆品	100.2	100.2	100.3	100.4	100.5	100.2
护 肤 品	102.0	101.8	101.7	101.7	101.3	100.8
护发美容品	101.1	101.4	101.7	101.6	102.1	102.1
(2)清洁类化妆品	104.0	103.9	104.1	103.7	102.7	101.9
洗发用品	104.0	103.8	103.9	102.8	101.2	100.7
洗浴用品	104.0	104.1	104.9	105.0	104.5	103.1
(3)个人饰品	101.2	99.6	99.8	98.8	98.3	96.4
首　饰	101.6	98.5	98.7	96.4	96.1	92.6
皮　件	99.8	99.2	99.4	99.2	99.0	98.6
手　表	100.7	100.8	101.1	101.1	101.1	101.0
领　带	100.7	101.3	101.1	100.9	100.9	100.8
(4)个人服务	104.9	108.4	107.8	108.1	107.8	107.3
美　容	105.8	105.8	106.6	106.6	106.1	105.4
理(烫)发	103.9	110.9	109.2	109.4	109.0	108.5
洗　浴	108.7	108.6	107.8	107.3	105.6	106.2
六、交通和通信	**100.5**	**100.7**	**100.3**	**99.6**	**99.2**	**99.6**
1.交通	101.3	101.8	100.9	99.7	99.1	99.8
(1)交通工具	99.8	99.8	99.5	99.7	99.3	99.4
助动自行车	96.0	96.6	97.6	97.3	97.6	97.5
轿　车	100.2	100.2	99.1	99.6	99.2	99.2
自 行 车	102.0	102.0	101.2	101.7	101.0	101.0
(2)车用燃料及零配件	102.7	101.3	100.2	94.6	94.3	98.0
汽　油	102.9	101.2	100.0	93.2	92.9	97.5
柴　油	103.5	101.7	100.4	92.5	91.9	96.8
零 配 件	101.4	101.3	100.6	99.9	99.8	99.8
(3)车辆使用及维修费	102.3	104.2	102.4	102.3	101.9	101.0
保 险 费	100.0	100.0	100.0	100.0	100.0	100.0

3-3 续表 9

(上年同月＝100)

指　　标	7月	8月	9月	10月	11月	12月
中枢神经系统用药	98.3	98.3	99.3	99.2	98.7	98.6
消毒防腐及创伤外科用药	99.7	99.0	100.2	100.0	100.4	100.4
泌尿系统用药	98.9	98.9	99.0	99.2	99.0	99.1
维生素类	98.3	99.0	99.1	99.4	99.3	99.2
(4)保健器具及用品	103.4	103.5	102.8	103.0	102.9	103.2
保健器具	101.7	101.9	100.0	100.0	99.4	99.5
滋补保健用品	103.7	103.7	103.3	103.5	103.6	103.8
(5)医疗保健服务	105.5	105.4	104.8	102.1	103.5	102.3
挂号诊疗费	109.4	109.4	103.2	103.7	114.4	115.6
注 射 费	113.6	112.9	112.2	105.7	108.8	105.1
检 查 费	102.2	102.1	101.9	99.3	99.3	99.3
手 术 费	105.2	105.2	105.2	104.0	103.9	100.2
床 位 费	106.0	106.0	106.0	102.6	103.6	102.2
理 疗 费	100.1	100.1	100.1	100.2	100.2	100.2
化 验 费	106.5	106.5	106.5	100.7	100.2	100.2
2.个人用品及服务	101.6	101.7	101.2	100.6	100.3	100.2
(1)化妆美容用品	100.9	101.2	101.1	101.0	101.0	100.9
化妆美容器具	100.3	100.4	100.5	99.8	99.9	99.7
美容化妆品	100.2	100.2	100.2	100.2	100.2	100.2
护 肤 品	100.8	101.1	101.2	101.5	100.9	100.7
护发美容品	102.4	103.4	102.6	101.9	102.9	102.9
(2)清洁类化妆品	101.6	101.4	100.9	100.6	100.4	100.3
洗发用品	100.8	101.3	101.0	100.9	100.4	100.3
洗浴用品	102.3	101.7	101.0	100.6	100.6	100.2
(3)个人饰品	93.9	93.8	92.5	91.0	90.7	89.8
首　　饰	87.7	88.4	85.7	82.9	82.4	80.7
皮　　件	99.3	99.4	99.5	99.5	99.7	99.8
手　　表	101.0	100.9	100.5	100.5	100.6	100.7
领　　带	100.0	99.5	99.6	99.6	99.6	99.5
(4)个人服务	107.5	107.8	107.8	107.2	106.7	106.8
美　　容	105.6	105.6	105.6	105.6	105.6	106.5
理(烫)发	108.8	109.4	109.8	108.5	107.3	107.3
洗　　浴	106.0	105.3	104.1	104.1	104.5	104.4
六、交通和通信	**100.2**	**100.3**	**100.2**	**99.8**	**99.9**	**100.2**
1.交通	100.6	100.9	100.8	100.1	100.3	100.8
(1)交通工具	99.6	99.9	99.9	99.9	99.9	100.0
助动自行车	98.5	99.1	99.2	99.2	98.8	99.1
轿　　车	99.1	99.2	99.3	99.3	99.3	99.4
自 行 车	101.0	101.9	101.6	101.6	101.6	101.6
(2)车用燃料及零配件	102.3	103.0	101.1	98.0	98.3	101.0
汽　　油	103.1	103.9	101.4	97.5	97.8	101.5
柴　　油	102.6	103.5	101.0	96.8	97.2	100.8
零 配 件	99.7	100.2	100.1	100.1	100.1	99.9
(3)车辆使用及维修费	101.1	101.3	101.3	101.3	101.3	102.0
保 险 费	100.0	100.0	100.0	100.0	100.0	100.0

3-3 续表 10

(上年同月＝100)

指　　标	1月	2月	3月	4月	5月	6月
停 车 费	101.1	102.7	100.9	100.9	100.9	100.9
车辆修理服务费	105.5	104.8	104.4	103.9	103.9	101.7
(4)市区公共交通费	102.9	102.3	101.8	101.8	100.7	100.6
公共汽车票	103.7	101.8	101.1	101.1	100.0	100.0
出租汽车	100.4	100.4	100.4	100.4	100.4	100.4
(5)城市间交通费	100.6	102.7	101.7	99.4	98.4	99.9
飞 机 票	93.9	108.8	102.2	97.5	95.7	103.5
火 车 票	99.2	99.2	99.2	99.1	99.1	99.1
长途汽车	102.0	101.5	102.2	99.7	98.8	99.9
短途汽车	105.7	105.7	103.9	100.6	98.7	98.2
2.通信	99.1	99.0	99.3	99.5	99.4	99.3
(1)通信工具	91.3	90.8	91.8	91.9	93.3	93.6
固定电话机	99.3	99.5	99.7	99.6	99.2	99.4
移动电话机	89.2	88.6	89.7	89.9	91.6	92.0
(2)通信服务	100.3	100.2	100.4	100.6	100.2	100.1
移动通信费	100.1	100.1	100.1	100.1	100.1	100.0
市内电话费	100.0	100.0	100.0	100.0	100.0	100.0
长途电话费	100.0	100.0	100.0	100.0	100.0	100.0
月 租 费	100.0	100.0	100.0	100.0	100.0	100.0
上 网 费	101.5	100.7	101.9	103.4	101.1	100.8
邮政邮寄	100.0	100.0	100.0	100.0	100.0	100.0
其他邮寄	101.3	101.3	101.3	100.7	100.0	100.0
七、娱乐教育文化用品及服务	**100.5**	**102.1**	**102.1**	**101.8**	**101.4**	**101.8**
1.文娱用耐用消费品及服务	96.4	96.4	96.9	96.7	96.6	97.0
电 视 机	93.7	93.8	95.4	94.6	93.8	95.1
激光视盘机	100.5	100.2	99.3	98.8	98.6	98.2
摄 像 机	99.1	98.5	98.1	97.7	97.9	98.0
照 相 机	93.5	92.6	92.2	91.9	92.5	92.7
家用音响	100.2	99.7	99.6	99.8	99.5	99.2
便携式音响	100.5	100.4	100.3	100.2	99.8	100.1
电　　脑	95.9	95.8	96.2	96.8	97.3	97.2
修理服务	104.2	104.6	104.6	104.7	104.6	104.7
2.教育	101.7	102.1	103.3	103.3	103.2	103.0
(1)教材及参考书	101.6	101.5	101.8	101.8	101.8	101.8
工 具 书	100.7	100.8	101.0	100.9	100.9	100.9
教　　材	101.6	101.6	101.8	101.8	101.8	101.8
参 考 书	102.3	102.1	102.4	102.4	102.5	102.5
教育软件	100.0	100.0	100.0	100.0	100.0	100.0
(2)教育服务	101.8	102.2	103.5	103.5	103.4	103.2
学前教育	106.9	111.4	113.2	113.2	113.2	113.2
中等教育	99.4	99.4	100.4	100.4	100.4	100.4
高等教育	100.0	100.0	100.0	100.0	100.0	100.0
专业技能培训	107.2	107.3	108.9	109.0	107.8	106.5
3.文化娱乐类	102.1	102.0	101.9	102.8	102.7	102.6
(1)文化娱乐用品	99.7	99.6	99.7	100.0	100.1	100.3
乐　　器	101.0	100.9	101.8	102.2	102.2	102.6

3-3 续表 11

(上年同月=100)

指　标	7月	8月	9月	10月	11月	12月
停 车 费	100.3	100.3	100.3	100.3	100.3	100.3
车辆修理服务费	101.3	101.6	101.6	101.6	101.6	101.6
(4)市区公共交通费	100.6	100.6	100.6	100.6	101.6	101.5
公共汽车票	100.0	100.0	100.0	100.0	101.7	101.7
出租汽车	100.4	100.4	100.4	100.4	100.4	100.0
(5)城市间交通费	100.8	101.1	101.5	100.2	100.1	100.3
飞 机 票	105.3	106.9	111.1	103.4	104.7	104.7
火 车 票	99.1	99.1	99.1	99.1	99.1	99.1
长途汽车	100.9	100.9	100.7	100.5	99.9	99.8
短途汽车	98.8	99.4	98.4	98.0	98.0	99.9
2.通信	99.4	99.4	99.3	99.3	99.2	99.3
(1)通信工具	94.2	94.2	93.6	93.7	93.6	93.8
固定电话机	99.5	99.2	99.0	99.1	99.0	99.0
移动电话机	92.7	92.8	92.1	92.2	92.1	92.3
(2)通信服务	100.1	100.1	100.1	100.0	100.0	100.0
移动通信费	100.0	100.0	100.0	100.0	100.0	100.0
市内电话费	100.0	100.0	100.0	100.0	100.0	100.0
长途电话费	100.0	100.0	100.0	100.0	100.0	100.0
月 租 费	100.0	100.0	100.0	100.0	100.0	100.0
上 网 费	100.8	100.7	100.7	99.9	99.9	99.9
邮政邮寄	100.0	100.0	100.0	100.0	100.0	100.0
其他邮寄	100.0	100.4	100.4	100.4	100.4	100.4
七、娱乐教育文化用品及服务	**101.4**	**101.3**	**101.1**	**101.6**	**102.0**	**102.0**
1.文娱用耐用消费品及服务	96.9	97.0	97.3	97.3	97.0	96.7
电 视 机	94.9	95.5	96.2	96.0	95.7	95.5
激光视盘机	98.0	98.0	97.8	97.7	97.5	97.5
摄 像 机	97.8	97.9	98.4	97.9	96.9	96.8
照 相 机	93.0	93.3	93.5	94.1	93.2	93.1
家用音响	99.0	99.1	99.2	99.1	99.1	98.8
便携式音响	99.9	99.6	99.2	99.1	99.2	99.3
电　脑	97.0	96.5	96.7	97.0	96.9	96.2
修理服务	105.3	106.1	106.1	105.1	104.9	104.1
2.教育	103.1	103.1	102.5	102.5	102.5	102.5
(1)教材及参考书	101.6	101.7	100.6	100.7	100.7	100.7
工 具 书	100.6	100.7	99.8	100.1	100.1	100.1
教　材	101.8	101.8	100.7	100.7	100.7	100.7
参 考 书	102.1	102.1	100.8	101.1	101.0	101.0
教育软件	100.1	100.1	100.0	100.0	100.0	100.0
(2)教育服务	103.3	103.3	102.8	102.8	102.8	102.8
学前教育	113.2	113.1	106.4	106.4	106.4	106.4
中等教育	100.4	100.4	101.0	101.0	101.0	101.0
高等教育	100.0	100.0	100.2	100.2	100.2	100.2
专业技能培训	106.7	106.7	106.9	106.9	107.0	106.8
3.文化娱乐类	101.9	101.8	100.6	100.6	100.7	100.7
(1)文化娱乐用品	100.3	100.3	99.9	99.9	100.2	100.2
乐　器	102.0	102.0	102.0	102.0	102.0	101.9

3-3 续表 12

(上年同月=100)

指　　标	1月	2月	3月	4月	5月	6月
音像光盘和视盘	100.0	100.0	100.0	100.0	100.0	100.0
电子存储器	90.1	89.3	89.3	91.1	92.5	94.1
儿童玩具	100.5	100.5	100.5	100.4	100.3	100.2
纸张本册	101.1	101.1	100.8	100.8	100.5	100.5
文　　具	101.4	101.5	101.8	101.7	101.7	101.5
体育用品	99.9	100.1	100.2	100.4	100.4	100.4
(2)书报杂志	101.4	101.3	101.3	101.1	101.1	101.0
书　　籍	101.4	101.2	101.3	100.9	101.0	101.1
报　　纸	102.2	101.9	101.9	101.9	101.9	101.3
杂　　志	100.4	100.4	100.4	100.4	100.4	100.4
(3)文娱费	104.7	104.7	104.4	106.5	106.1	105.7
电 影 票	105.0	103.7	102.5	106.5	105.3	103.0
景点门票	101.5	102.4	102.3	102.4	102.1	101.9
有线电视	104.6	104.6	104.6	105.4	105.4	105.4
健身活动	107.3	107.7	107.7	112.0	111.7	111.7
4.旅游	98.1	108.9	103.4	99.7	97.4	100.9
旅行社收费	97.0	109.3	103.4	99.1	96.3	100.5
宾馆住宿	103.9	106.2	103.2	102.6	102.7	102.7
其他住宿	104.1	108.7	103.6	101.7	103.3	103.0
八、居住	**103.4**	**103.5**	**104.1**	**104.1**	**104.3**	**104.2**
1.建房及装修材料	101.7	101.5	101.6	101.5	101.3	101.3
木　　材	102.2	101.4	101.4	101.5	101.5	102.1
木 地 板	102.7	101.6	101.1	101.3	101.6	100.9
砖	100.8	100.9	100.7	100.4	100.4	100.1
水　　泥	102.7	102.3	102.6	102.1	101.8	103.0
涂　　料	101.5	101.5	101.6	101.8	101.3	100.5
板　　材	102.3	102.1	102.9	102.7	102.6	102.5
玻　　璃	99.5	99.4	100.1	100.6	100.8	100.4
粘　　胶	102.0	101.6	101.7	101.5	100.9	100.9
厨卫设备	100.6	100.6	101.0	100.8	100.4	100.3
2.住房租金	104.6	103.6	105.5	105.1	105.3	105.8
公房房租	100.1	100.1	100.1	100.1	100.1	100.1
私房房租	105.8	104.4	106.9	106.4	106.7	107.4
其他费用	104.6	104.1	105.4	105.4	105.4	105.6
3.自有住房	103.4	103.7	104.9	105.0	105.5	105.3
住房估算租金	103.6	103.7	105.0	104.7	105.2	105.1
物业管理费用	102.3	102.0	103.3	103.0	103.0	102.0
维护修理费用	102.8	103.1	103.2	109.0	108.8	108.5
4.水、电、燃料	104.5	104.6	104.1	103.9	103.9	103.9
水	103.1	104.6	103.2	103.0	103.0	101.5
电	106.7	106.7	106.7	106.7	106.7	106.7
液化石油气	103.0	102.3	98.0	96.5	97.0	100.1
管道燃气	100.0	100.0	100.0	100.0	100.0	100.0
其他燃料	104.5	104.3	102.8	101.9	101.8	102.0

3-3 续表 13

（上年同月=100）

指　标	7月	8月	9月	10月	11月	12月
音像光盘和视盘	100.1	100.1	100.1	100.1	100.1	100.1
电子存储器	95.1	95.6	95.7	95.6	98.7	98.8
儿童玩具	100.0	100.1	100.1	100.0	100.0	100.0
纸张本册	100.5	100.5	100.4	100.2	100.2	100.2
文　　具	100.8	100.8	100.5	100.5	100.5	100.3
体育用品	100.4	100.5	100.5	100.5	100.3	100.3
(2)书报杂志	100.9	100.9	100.6	100.7	100.7	100.7
书　　籍	101.0	101.0	100.2	100.4	100.4	100.3
报　　纸	101.3	101.3	101.3	101.3	101.3	101.3
杂　　志	100.4	100.4	100.4	100.4	100.4	100.4
(3)文娱费	103.9	103.7	101.3	101.3	101.2	101.3
电 影 票	101.6	101.2	99.0	98.9	98.7	98.7
景点门票	101.9	101.0	101.0	101.0	101.0	101.0
有线电视	105.4	105.4	100.8	100.8	100.8	100.8
健身活动	104.6	105.0	104.6	104.5	104.5	104.6
4.旅游	98.9	97.7	100.2	103.8	107.5	107.8
旅行社收费	98.2	96.9	99.9	104.3	108.7	109.1
宾馆住宿	102.8	101.2	101.4	101.0	100.7	100.6
其他住宿	103.3	102.6	102.3	101.9	103.5	103.6
八、居住	**103.5**	**103.2**	**103.3**	**103.5**	**103.4**	**103.4**
1.建房及装修材料	101.7	102.3	102.3	102.2	102.1	102.3
木　　材	102.4	102.5	102.5	102.4	102.3	102.1
木 地 板	101.1	101.2	101.2	101.0	100.8	100.9
砖	100.5	101.1	101.6	101.4	101.8	102.5
水　　泥	103.8	105.8	105.6	105.1	104.7	105.4
涂　　料	100.7	101.0	101.1	101.1	100.9	100.6
板　　材	102.7	102.7	102.7	102.7	102.7	102.3
玻　　璃	101.2	101.1	101.3	101.7	101.3	100.8
粘　　胶	101.0	101.0	101.0	101.0	101.0	101.1
厨卫设备	100.1	100.1	100.1	99.8	99.5	99.6
2.住房租金	105.3	105.8	106.1	106.2	106.3	106.1
公房房租	100.1	100.1	100.1	100.1	100.1	100.1
私房房租	106.6	107.4	107.6	107.7	107.8	107.5
其他费用	105.2	105.5	106.4	106.8	106.7	106.4
3.自有住房	105.1	104.7	105.0	105.2	105.3	105.3
住房估算租金	105.0	104.5	104.8	105.1	105.2	105.1
物业管理费用	102.0	102.0	102.0	102.0	102.0	102.5
维护修理费用	107.4	107.7	107.7	107.7	107.7	107.5
4.水、电、燃料	101.1	100.1	100.1	100.2	99.9	99.8
水	101.5	102.0	102.1	102.1	102.1	102.4
电	100.8	98.7	98.7	98.7	98.7	98.7
液化石油气	101.9	102.0	101.7	101.8	101.6	101.0
管道燃气	100.0	100.0	100.0	100.0	100.0	100.0
其他燃料	103.5	104.9	105.3	105.4	103.2	102.2

3-4 居民消费价格分类指数

(上年=100)

指　标	2011	2012	2013
居民消费价格总指数	**105.3**	**102.5**	**102.8**
非食品价格指数	**102.4**	**101.7**	**101.8**
服务项目价格指数	**104.2**	**101.6**	**103.4**
工业品价格指数	**101.1**	**101.9**	**100.6**
消费品价格指数	**105.8**	**102.9**	**102.6**
一、食品	**112.0**	**104.2**	**104.8**
1.粮食	112.1	104.9	103.1
2.淀粉及制品	108.8	105.5	101.8
3.干豆类及豆制品	105.8	104.6	107.5
4.油脂	112.4	105.2	101.4
5.肉禽及其制品	123.7	99.9	104.1
(1)食用畜肉及副产品	130.4	97.7	104.0
(2)禽	112.2	103.3	103.9
(3)加工肉禽	109.0	107.2	105.1
6.蛋	114.3	97.7	106.5
7.水产品	107.7	111.5	104.4
(1)鱼	108.2	111.8	103.0
(2)其他水产品	105.5	110.3	110.0
8.菜	101.0	118.1	108.6
9.调 味 品	105.0	104.6	102.4
10.糖	110.4	103.9	99.9
11.茶及饮料	104.6	105.4	103.4
(1)茶叶	105.1	104.1	104.1
(2)饮料	104.3	106.3	103.0
12.干鲜瓜果	118.3	100.1	107.9
13.糕点饼干面包	106.5	104.5	102.7
14.液体乳及乳制品	106.6	103.6	107.7
15.在外用膳食品	105.5	104.6	105.0
16.其他食品	103.6	103.9	101.0
二、烟酒	**103.2**	**102.7**	**99.4**
1.烟草	100.2	99.9	99.9
2.酒	108.9	107.6	98.5
三、衣着	**100.0**	**109.7**	**100.8**
1.服　　装	99.9	110.1	101.0
(1)男式服装	99.7	110.7	101.2
(2)女式服装	100.0	110.4	101.0
(3)儿童服装	100.0	107.2	100.4
2.衣着材料	108.0	104.4	100.9
3.鞋袜帽	99.8	109.1	100.2
(1)鞋	99.5	109.5	100.1
(2)袜子	101.7	105.8	100.7
(3)帽子	100.6	107.6	100.4
4.衣着加工服务费	106.1	109.5	106.4

3-4 续表

(上年=100)

指　标	2011	2012	2013
四、家庭设备用品及维修服务	**101.1**	**99.6**	**101.9**
1.耐用消费品	99.3	96.5	100.9
(1)家　　具	101.3	96.2	101.1
(2)家庭设备	98.2	96.8	100.8
2.室内装饰品	100.0	98.1	99.6
3.床上用品	100.6	98.8	102.0
4.家庭日用杂品	101.9	101.9	101.2
5.家庭服务及加工维修服务	108.7	109.2	107.7
五、医疗保健和个人用品	**102.5**	**101.7**	**102.2**
1.医疗保健	102.1	101.5	102.3
(1)医疗器具及用品	100.9	101.1	99.8
(2)中药材及中成药	111.8	105.6	102.7
(3)西药	96.7	98.6	99.8
(4)保健器具及用品	103.5	101.2	102.0
(5)医疗保健服务	101.1	101.5	104.5
2.个人用品及服务	103.4	102.2	102.0
(1)化妆美容用品	100.6	100.6	101.1
(2)清洁类化妆品	100.4	103.0	102.1
(3)个人饰品	107.4	100.6	95.5
(4)个人服务	105.1	104.2	107.3
六、交通和通信	**101.0**	**100.3**	**100.0**
1.交通	103.4	101.6	100.5
(1)交通工具	99.8	97.7	99.7
(2)车用燃料及零配件	110.9	102.6	99.5
(3)车辆使用及维修费	103.3	105.2	101.8
(4)市区公共交通费	105.0	103.1	101.3
(5)城市间交通费	103.4	103.0	100.5
2.通信	97.3	98.2	99.3
(1)通信工具	86.5	85.3	92.9
(2)通信服务	99.4	100.3	100.2
七、娱乐教育文化用品及服务	**100.3**	**99.5**	**101.6**
1.文娱用耐用消费品及服务	92.2	92.1	96.9
2.教育	101.6	101.4	102.7
(1)教材及参考书	101.8	100.7	101.3
(2)教育服务	101.6	101.5	102.9
3.文化娱乐类	100.5	101.6	101.7
(1)文化娱乐用品	100.1	99.5	100.0
(2)书报杂志	100.1	101.6	101.0
(3)文娱费	101.1	103.7	103.7
4.旅游	105.9	98.2	101.9
八、居住	**106.0**	**100.8**	**103.7**
1.建房及装修材料	102.5	98.0	101.8
2.住房租金	109.8	102.0	105.5
3.自有住房	107.5	100.8	104.9
4.水、电、燃料	105.2	102.7	102.1

3-5 主要城市居民消费价格总指数(1985-2013年)

(上年=100)

年 份	成都市	自贡市	攀枝花市	泸州市	德阳市	绵阳市	广元市	遂宁市	内江市	乐山市	南充市
1985	111.4	111.0	110.9	112.5		107.9	108.4		108.0	107.5	107.1
1986	104.8	104.4	106.6	103.8		104.8	106.9		106.6	105.8	106.9
1987	108.8	110.0	109.1	111.2		111.4	110.0		109.7	109.4	110.2
1988	124.6	121.6	121.9	123.4		118.7	123.2		119.7	124.4	126.5
1989	116.2	113.8	121.3	115.0		113.7	115.8		115.2	114.3	113.5
1990	103.5	103.1	102.4	99.3		101.4	103.4		100.6	100.9	100.1
1991	105.2	106.4	106.3	105.8		102.3	105.7		103.7	107.7	106.8
1992	110.8	108.6	111.4	110.0		113.0	106.6		110.7	110.1	108.2
1993	115.9	116.9	122.0	115.7		115.1	116.7		114.1	121.0	117.1
1994	126.5	129.7	124.0	125.7		128.8	127.0		131.4	127.5	127.6
1995	117.5	119.1	121.2	118.7		121.7	117.0		119.7	120.1	118.2
1996	109.7	108.2	115.0	107.3		108.0	107.2		108.3	109.2	109.3
1997	105.7	105.5	107.3	104.7		105.5	105.0		103.1	104.3	103.1
1998	100.3	98.0	100.5	98.4		99.7	99.8		99.1	99.7	99.2
1999	98.3	96.9	98.2	99.1		98.3	97.9		99.6	98.2	96.8
2000	100.2	99.2	99.6	100.6		99.5	99.3		99.6	97.6	99.6
2001	100.8	103.2	101.4	101.5		102.6	102.0		102.0	104.4	102.0
2002	98.7	100.1	100.4	100.2		99.2	100.0		100.2	99.0	99.5
2003	102.1	102.5	101.0	100.3		101.7	101.0		102.3	101.9	101.8
2004	103.9	104.7	103.5	104.3		104.5	104.5		103.4	104.3	105.2
2005	102.3	100.9	101.0	100.7		100.6	101.2		101.3	101.1	101.5
2006	101.8	102.8	102.1	102.5		102.5	102.3		102.7	101.8	102.5
2007	105.2	105.8	105.4	106.2		106.4	106.4		106.4	105.7	107.6
2008	104.3	105.1	105.5	104.5		104.6	104.8		105.0	104.4	105.2
2009	100.3	100.9	100.7	101.2	100.5	100.6	101.4	100.9	100.8	101.2	101.4
2010	103.0	103.9	103.3	102.7	105.8	103.5	104.1	104.0	103.2	103.2	104.0
2011	105.4	105.7	104.8	105.8	106.1	105.0	105.3	106.5	105.4	105.0	106.4
2012	103.0	102.8	103.0	102.6	102.1	102.8	102.0	102.3	103.0	102.6	103.2
2013	103.1	103.5	101.3	103.2	102.3	103.2	102.9	102.9	102.3	102.4	103.2

3-5 续表

(上年=100)

年 份	眉山市	宜宾市	广安市	达州市	雅安市	巴中市	资阳市	阿坝藏族羌族自治州	甘孜藏族自治州	凉山彝族自治州
1985										107.6
1986										104.5
1987										109.3
1988										126.8
1989										118.0
1990										104.3
1991										104.7
1992										110.9
1993										114.5
1994										121.7
1995										118.1
1996										118.1
1997										103.1
1998										101.8
1999										99.6
2000										99.2
2001										102.9
2002										99.5
2003										101.2
2004										105.0
2005										102.1
2006										102.4
2007										104.5
2008										104.9
2009	101.2	102.0	100.5	100.6	99.4	100.8	100.3	103.1	105.0	99.8
2010	103.2	103.4	103.8	102.6	102.5	103.2	103.8	104.5	106.8	102.8
2011	106.0	105.6	106.1	105.8	105.7	106.6	105.9	106.2	108.6	105.0
2012	102.7	102.4	102.4	102.9	102.8	102.1	103.2	103.1	104.2	102.8
2013	102.8	102.2	102.8	102.5	102.9	102.6	102.9	103.6	104.1	102.5

3-6 居民消费价格累计指数

(2011年) (上年=100)

单 位	总指数	一、食品	二、烟酒	三、衣着	四、家庭设备用品及维修服务	五、医疗保健和个人用品	六、交通和通信	七、娱乐教育文化用品及服务	八、居住
四 川	105.3	112.0	103.2	100.0	101.1	102.5	101.0	100.3	106.0
成 都	105.4	112.6	103.5	98.9	104.0	102.8	100.7	97.3	106.5
自 贡	105.7	111.0	108.8	96.8	100.4	100.6	103.7	102.9	107.5
攀枝花	104.8	112.1	102.1	104.1	101.8	101.0	98.8	101.8	101.0
泸 州	105.8	112.3	101.5	98.3	101.9	102.1	99.5	99.7	110.7
德 阳	106.1	113.1	104.4	100.3	100.7	103.4	101.3	101.2	105.8
绵 阳	105.0	111.0	102.5	99.7	101.2	101.7	100.1	100.2	106.7
广 元	105.3	112.7	104.0	95.3	99.1	101.3	100.1	103.4	105.4
遂 宁	106.5	114.3	100.4	103.1	102.7	102.3	100.8	100.4	108.3
内 江	105.4	110.7	108.3	101.9	101.4	101.9	99.9	99.3	107.7
乐 山	105.0	110.7	103.4	99.9	101.9	102.4	101.5	100.4	105.2
南 充	106.4	114.2	106.5	102.5	102.4	102.4	101.0	100.8	103.6
眉 山	106.1	114.5	108.6	101.3	101.3	100.3	100.0	99.4	107.0
宜 宾	105.7	114.9	105.0	85.9	104.9	99.7	96.7	102.4	110.6
广 安	106.1	115.3	109.3	99.6	102.6	101.8	100.6	99.0	102.7
达 州	105.8	112.5	102.3	93.8	95.3	103.0	101.0	103.3	110.7
雅 安	105.7	111.5	101.1	92.5	103.5	102.2	100.8	100.4	113.9
巴 中	106.6	115.5	104.1	100.0	100.3	101.2	102.1	102.6	104.5
资 阳	106.1	114.1	110.0	99.6	99.8	102.9	101.1	98.5	106.4
阿 坝	106.2	112.9	113.1	97.4	102.6	102.6	101.8	98.6	106.5
甘 孜	108.6	114.5	105.1	111.9	105.7	105.9	100.8	101.9	106.7
凉 山	105.0	111.8	102.3	97.7	98.0	103.1	98.7	101.1	106.5

3-6 续表 1

(2012年) (上年＝100)

单 位	总指数	一、食品	二、烟酒	三、衣着	四、家庭设备用品及维修服务	五、医疗保健和个人用品	六、交通和通信	七、娱乐教育文化用品及服务	八、居住
四 川	102.5	104.2	102.7	109.7	99.6	101.7	100.3	99.5	100.8
成 都	103.0	103.9	103.4	111.6	101.6	101.9	99.3	100.7	102.0
自 贡	102.8	104.8	103.1	109.5	100.4	102.1	100.7	99.7	99.8
攀枝花	103.0	106.0	101.7	107.1	99.8	99.7	100.3	99.0	102.8
泸 州	102.6	105.7	104.7	105.0	99.3	99.6	99.3	98.9	101.7
德 阳	102.1	103.4	104.2	101.9	99.9	101.6	100.2	102.8	100.5
绵 阳	102.8	104.1	101.5	107.4	101.8	101.6	100.8	99.6	102.3
广 元	102.0	103.3	104.1	107.7	97.0	99.1	102.9	100.5	99.1
遂 宁	102.3	104.6	101.7	101.9	99.2	100.9	100.1	103.1	100.7
内 江	103.0	105.7	106.2	109.2	100.4	102.1	98.8	100.0	98.8
乐 山	102.6	105.7	104.0	106.8	96.8	102.0	101.0	100.1	98.5
南 充	103.2	105.5	104.5	113.5	101.1	100.6	99.3	99.4	99.1
眉 山	102.7	104.5	104.0	107.3	100.5	100.7	100.1	101.2	101.3
宜 宾	102.4	105.3	104.6	98.1	99.6	100.0	98.9	102.1	101.8
广 安	102.4	101.4	105.6	105.8	102.5	105.0	100.6	102.1	101.8
达 州	102.9	104.5	102.1	107.1	97.9	102.7	100.4	100.4	102.8
雅 安	102.8	105.2	100.9	100.9	98.9	101.9	100.6	101.8	102.7
巴 中	102.1	103.6	103.7	101.3	101.1	100.0	100.3	101.9	101.8
资 阳	103.2	104.9	103.0	104.0	100.6	103.9	99.5	101.3	103.2
阿 坝	103.1	105.9	103.7	103.9	99.2	101.4	100.3	97.7	103.8
甘 孜	104.2	106.3	103.6	105.1	103.8	102.3	100.1	103.5	102.9
凉 山	102.8	104.1	104.5	110.2	97.6	104.2	99.1	101.3	100.2

3-6 续表 2

(2013年) (上年=100)

单 位	总指数	一、食品	二、烟酒	三、衣着	四、家庭设备用品及维修服务	五、医疗保健和个人用品	六、交通和通信	七、娱乐教育文化用品及服务	八、居住
四 川	102.8	104.8	99.4	100.8	101.9	102.2	100.0	101.6	103.7
成 都	103.1	105.5	100.0	101.6	103.0	101.9	99.8	101.3	103.3
自 贡	103.5	105.6	98.4	99.6	103.7	100.5	99.5	102.4	107.3
攀枝花	101.3	103.0	99.3	100.3	101.2	101.1	99.9	100.1	100.8
泸 州	103.2	105.5	100.7	102.9	100.6	100.8	99.7	100.6	104.9
德 阳	102.3	104.7	100.3	99.1	100.9	102.3	100.4	102.6	100.1
绵 阳	103.2	104.3	99.5	102.2	104.2	101.2	100.2	104.3	103.5
广 元	102.9	105.7	98.2	98.7	101.9	100.4	99.5	102.6	104.2
遂 宁	102.9	104.2	99.3	102.8	101.9	102.7	100.1	104.2	102.6
内 江	102.3	104.9	99.9	97.2	101.6	102.9	100.0	101.4	101.8
乐 山	102.4	104.5	99.5	100.5	102.4	101.0	99.9	102.9	101.2
南 充	103.2	104.6	99.8	102.9	102.6	101.2	100.5	103.6	103.6
眉 山	102.8	105.1	98.3	101.4	101.3	101.0	99.5	102.6	103.4
宜 宾	102.2	103.3	99.8	99.7	101.9	99.3	99.7	103.7	103.4
广 安	102.8	104.3	101.8	103.1	101.4	102.1	100.2	102.3	102.5
达 州	102.5	103.3	100.4	101.3	101.0	99.9	100.8	104.3	103.2
雅 安	102.9	105.2	99.0	99.8	100.5	104.0	99.4	103.1	101.9
巴 中	102.6	104.7	99.8	101.4	101.2	100.6	99.7	103.2	101.7
资 阳	102.9	104.6	96.2	102.3	100.4	102.4	100.1	102.2	104.3
阿 坝	103.6	105.8	100.4	98.6	100.5	101.6	101.1	99.5	109.6
甘 孜	104.1	106.4	98.4	103.6	101.8	103.8	98.6	101.5	106.4
凉 山	102.5	104.3	99.9	103.8	100.2	99.5	100.2	102.0	102.1

3-7 主要城市居民消费价格分类指数(2013年)

(上年=100)

指　标	成都市	自贡市	攀枝花市	泸州市	德阳市	绵阳市	广元市
居民消费价格总指数	**103.1**	**103.5**	**101.3**	**103.2**	**102.3**	**103.2**	**102.9**
非食品价格指数	**101.8**	**102.3**	**100.4**	**101.9**	**100.9**	**102.5**	**101.3**
服务项目价格指数	**103.4**	**105.0**	**100.7**	**102.9**	**101.2**	**103.8**	**104.4**
工业品价格指数	**100.4**	**100.3**	**100.2**	**101.0**	**100.7**	**101.5**	**98.8**
消费品价格指数	**102.9**	**103.0**	**101.6**	**103.3**	**102.7**	**102.9**	**102.4**
一、食品	**105.5**	**105.6**	**103.0**	**105.5**	**104.7**	**104.3**	**105.7**
1.粮食	102.9	100.7	104.3	106.4	102.1	104.1	105.8
2.淀粉及制品	100.8	105.3	100.0	106.3	107.3	101.8	100.3
3.干豆类及豆制品	112.0	103.8	109.1	110.5	103.3	108.5	99.6
4.油脂	101.3	103.9	99.4	102.0	103.4	103.4	101.3
5.肉禽及其制品	103.7	107.9	103.6	107.4	105.5	103.9	106.2
(1)食用畜肉及副产品	104.1	109.0	105.1	105.7	103.2	104.3	109.2
(2)禽	101.8	106.9	98.0	111.8	109.6	101.1	95.3
(3)加工肉禽	105.0	102.8	105.7	106.4	110.6	106.4	107.7
6.蛋	107.1	106.7	106.7	107.8	102.0	107.4	104.1
7.水产品	103.4	105.8	103.2	102.2	104.1	99.3	106.6
(1)鱼	101.8	102.4	102.1	101.1	103.9	97.5	106.2
(2)其他水产品	106.6	115.5	106.8	110.2	105.2	104.8	107.9
8.菜	113.5	109.7	98.9	102.3	106.8	107.4	113.3
9.调 味 品	104.3	100.1	102.6	100.4	103.5	99.7	100.6
10.糖	102.7	100.6	97.9	106.5	98.6	99.4	96.5
11.茶及饮料	103.7	100.3	102.6	108.6	101.6	105.0	100.8
(1)茶叶	102.5	99.7	105.3	115.1	95.9	104.2	98.2
(2)饮料	104.2	100.8	101.0	105.7	104.2	105.3	102.1
12.干鲜瓜果	111.7	104.8	107.7	109.5	112.7	105.4	108.4
13.糕点饼干面包	104.9	99.6	103.3	103.6	100.8	101.5	107.4
14.液体乳及乳制品	113.3	101.0	103.8	115.6	102.9	106.0	104.0
15.在外用膳食品	101.6	105.6	102.8	101.8	102.8	103.8	102.8
16.其他食品	103.1	96.3	101.1	98.9	102.4	110.9	100.3
二、烟酒	**100.0**	**98.4**	**99.3**	**100.7**	**100.3**	**99.5**	**98.2**
1.烟草	99.9	99.9	100.0	98.9	100.0	100.0	100.4
2.酒	100.3	97.1	98.6	102.4	100.7	98.7	95.8
三、衣着	**101.6**	**99.6**	**100.3**	**102.9**	**99.1**	**102.2**	**98.7**
1.服　　装	101.9	100.3	101.1	100.9	97.9	102.1	97.5
(1)男式服装	102.5	101.0	102.5	99.6	101.5	100.0	97.6
(2)女式服装	101.7	100.3	100.6	101.4	95.8	104.1	96.5
(3)儿童服装	100.5	96.7	97.9	101.9	95.4	101.9	101.9
2.衣着材料	99.6	99.6	100.7	100.0	102.2	100.0	101.7
3.鞋袜帽	99.5	97.8	97.4	108.3	101.9	102.5	101.3
(1)鞋	99.4	97.9	97.1	109.4	102.1	102.2	101.3
(2)袜子	100.6	98.0	100.5	100.0	100.0	105.6	100.7
(3)帽子	98.6	92.5	100.0	100.0	104.4	101.0	99.6
4.衣着加工服务费	115.4	98.1	103.8	100.0	103.9	105.3	113.1

3-7 续表 1

（上年＝100）

指　　标	成都市	自贡市	攀枝花市	泸州市	德阳市	绵阳市	广元市
四、家庭设备用品及维修服务	**103.0**	**103.7**	**101.2**	**100.6**	**100.9**	**104.2**	**101.9**
1.耐用消费品	100.6	102.6	100.1	100.6	99.3	105.1	98.3
(1)家　　具	101.7	100.9	100.0	100.2	96.9	111.4	98.6
(2)家庭设备	100.1	103.5	100.2	100.8	100.4	101.7	98.2
2.室内装饰品	97.3	98.5	101.1	100.0	101.9	100.0	97.6
3.床上用品	102.0	104.9	98.9	98.9	91.2	111.3	99.5
4.家庭日用杂品	101.9	98.1	101.5	100.0	101.0	101.2	99.6
5.家庭服务及加工维修服务	112.9	117.8	104.2	103.8	109.4	103.8	118.7
五、医疗保健和个人用品	**101.9**	**100.5**	**101.1**	**100.8**	**102.3**	**101.2**	**100.4**
1.医疗保健	101.0	100.1	101.1	101.0	101.3	101.4	99.7
(1)医疗器具及用品	100.0	98.8	97.8	100.0	99.6	99.4	100.0
(2)中药材及中成药	99.2	100.2	104.6	101.7	102.8	105.5	98.8
(3)西药	101.0	100.3	99.7	100.0	101.0	99.6	100.0
(4)保健器具及用品	105.2	99.9	100.0	100.0	99.4	101.5	100.2
(5)医疗保健服务	100.5	100.0	100.0	102.3	100.0	100.0	100.0
2.个人用品及服务	103.2	101.2	100.9	100.2	104.7	100.9	102.0
(1)化妆美容用品	101.6	99.3	101.2	100.2	100.1	102.3	103.0
(2)清洁类化妆品	102.6	105.6	102.5	102.4	106.1	102.2	99.9
(3)个人饰品	95.6	93.6	94.2	95.6	95.1	96.1	93.7
(4)个人服务	112.8	103.5	104.9	101.0	115.0	101.6	108.7
六、交通和通信	**99.8**	**99.5**	**99.9**	**99.7**	**100.4**	**100.2**	**99.5**
1.交通	100.9	99.5	100.2	100.1	100.9	99.7	99.9
(1)交通工具	100.4	99.8	100.0	99.7	100.5	100.7	96.1
(2)车用燃料及零配件	99.5	99.7	99.2	99.4	100.1	99.2	99.3
(3)车辆使用及维修费	100.0	101.2	103.8	100.0	106.8	103.1	100.0
(4)市区公共交通费	100.0	100.2	100.0	100.0	100.0	100.0	102.1
(5)城市间交通费	104.4	97.8	99.9	100.7	100.3	97.0	100.4
2.通信	98.1	99.6	99.5	99.3	99.8	100.8	98.8
(1)通信工具	82.8	97.2	97.2	97.0	99.0	95.5	88.4
(2)通信服务	100.0	100.0	100.0	99.7	100.0	101.6	100.8
七、娱乐教育文化用品及服务	**101.3**	**102.4**	**100.1**	**100.6**	**102.6**	**104.3**	**102.6**
1.文娱用耐用消费品及服务	90.8	99.1	99.1	97.7	100.3	95.5	94.4
2.教育	103.9	105.5	100.2	103.2	105.9	107.2	104.7
(1)教材及参考书	101.8	100.0	100.0	102.3	100.0	101.3	108.1
(2)教育服务	105.2	106.7	100.2	103.3	106.5	108.0	104.3
3.文化娱乐类	102.3	100.4	100.2	100.0	101.7	102.1	104.4
(1)文化娱乐用品	100.4	100.0	100.6	100.0	100.7	98.7	100.9
(2)书报杂志	100.0	100.0	100.0	100.0	100.0	100.0	100.2
(3)文娱费	103.5	100.9	100.0	100.0	103.5	104.8	110.6
4.旅游	98.6	98.4	100.4	96.2	93.9	106.9	101.2
八、居住	**103.3**	**107.3**	**100.8**	**104.9**	**100.1**	**103.5**	**104.2**
1.建房及装修材料	100.4	99.8	100.2	100.8	101.1	102.1	100.8
2.住房租金	109.5	108.7	101.6	106.0	94.3	102.3	107.2
3.自有住房	103.0	111.3	100.8	106.3	97.0	104.2	106.4
4.水、电、燃料	103.2	103.8	100.9	102.1	104.6	102.4	100.7

3-7 续表 2

(上年＝100)

指　　标	遂宁市	内江市	乐山市	南充市	眉山市	宜宾市	广安市
居民消费价格总指数	**102.9**	**102.3**	**102.4**	**103.2**	**102.8**	**102.2**	**102.8**
非食品价格指数	**102.3**	**100.8**	**101.2**	**102.4**	**101.6**	**101.6**	**102.0**
服务项目价格指数	**103.1**	**101.6**	**101.5**	**104.3**	**103.1**	**103.9**	**102.6**
工业品价格指数	**101.7**	**100.1**	**101.0**	**101.0**	**100.5**	**99.7**	**101.5**
消费品价格指数	**102.9**	**102.6**	**102.8**	**102.8**	**102.6**	**101.6**	**102.9**
一、食品	**104.2**	**104.9**	**104.5**	**104.6**	**105.1**	**103.3**	**104.3**
1.粮食	105.1	105.2	101.6	98.5	103.2	101.6	104.5
2.淀粉及制品	101.9	98.6	103.1	108.2	101.7	100.0	95.0
3.干豆类及豆制品	105.4	111.1	100.7	107.8	105.4	110.1	109.6
4.油脂	100.1	101.4	102.1	98.6	99.4	100.4	98.1
5.肉禽及其制品	106.4	101.4	101.5	104.4	103.0	103.0	103.3
(1)食用畜肉及副产品	106.7	101.1	101.2	103.9	103.5	103.8	101.9
(2)禽	109.8	99.3	102.7	105.7	102.1	101.0	107.6
(3)加工肉禽	99.0	109.9	101.2	105.7	101.6	101.9	101.7
6.蛋	104.8	102.4	106.5	100.3	112.6	101.0	109.0
7.水产品	103.8	110.3	104.3	110.8	104.2	110.4	101.4
(1)鱼	104.5	104.1	100.5	108.0	102.0	109.5	97.2
(2)其他水产品	101.4	126.0	113.8	120.7	110.2	112.9	111.2
8.菜	104.6	115.6	107.0	104.6	111.0	101.9	109.3
9.调 味 品	106.2	101.1	103.6	104.3	101.9	104.9	103.5
10.糖	100.1	98.2	101.5	99.2	101.0	98.9	103.6
11.茶及饮料	103.7	101.0	108.1	102.9	101.4	100.7	100.8
(1)茶叶	102.1	100.0	116.0	100.8	103.0	100.3	100.0
(2)饮料	104.9	101.6	101.8	104.6	100.3	100.9	101.4
12.干鲜瓜果	101.3	109.2	116.7	106.7	107.9	112.5	109.9
13.糕点饼干面包	102.3	101.3	102.3	102.7	100.2	100.0	104.5
14.液体乳及乳制品	102.2	101.0	105.8	110.6	109.1	100.7	101.0
15.在外用膳食品	102.8	103.7	104.8	106.6	104.3	102.3	102.8
16.其他食品	101.8	100.0	100.3	97.7	106.5	99.9	107.1
二、烟酒	**99.3**	**99.9**	**99.5**	**99.8**	**98.3**	**99.8**	**101.8**
1.烟草	100.0	100.0	99.8	99.8	99.8	100.0	100.1
2.酒	98.2	99.9	99.1	99.9	96.5	99.6	103.8
三、衣着	**102.8**	**97.2**	**100.5**	**102.9**	**101.4**	**99.7**	**103.1**
1.服　　装	103.6	96.2	100.3	104.3	101.6	101.6	103.8
(1)男式服装	101.5	96.8	100.4	107.4	102.5	102.2	104.7
(2)女式服装	105.3	95.9	100.4	102.6	100.5	101.5	103.4
(3)儿童服装	100.1	96.0	99.1	100.5	104.5	99.5	102.3
2.衣着材料	100.0	97.8	104.2	96.5	106.6	100.0	107.7
3.鞋袜帽	100.6	99.6	100.5	99.5	100.6	93.4	99.9
(1)鞋	100.5	99.3	100.4	99.3	100.7	92.6	100.0
(2)袜子	101.3	103.6	101.2	101.2	100.2	100.0	100.0
(3)帽子	100.1	100.1	100.9	99.9	100.0	100.4	94.1
4.衣着加工服务费	104.2	100.0	111.6	108.0	103.8	104.1	110.7

3-7 续表 3

(上年=100)

指　　标	遂宁市	内江市	乐山市	南充市	眉山市	宜宾市	广安市
四、家庭设备用品及维修服务	**101.9**	**101.6**	**102.4**	**102.6**	**101.3**	**101.9**	**101.4**
1.耐用消费品	99.9	99.9	102.2	102.1	101.0	101.2	99.7
(1)家　　具	99.1	99.3	102.1	101.7	100.2	99.1	97.8
(2)家庭设备	100.3	100.2	102.2	102.2	101.5	102.1	100.6
2.室内装饰品	100.0	100.2	103.0	99.9	98.5	101.7	100.0
3.床上用品	100.0	102.6	100.0	99.8	100.0	99.3	100.0
4.家庭日用杂品	100.4	103.4	102.2	100.7	102.6	100.5	100.0
5.家庭服务及加工维修服务	111.5	103.5	104.0	112.0	101.7	106.6	108.9
五、医疗保健和个人用品	**102.7**	**102.9**	**101.0**	**101.2**	**101.0**	**99.3**	**102.1**
1.医疗保健	103.3	103.7	100.4	101.0	101.4	99.4	102.4
(1)医疗器具及用品	100.4	122.2	100.0	99.3	103.8	100.0	100.0
(2)中药材及中成药	110.0	107.0	99.8	101.0	105.7	97.6	107.7
(3)西药	102.0	103.8	101.0	96.3	99.1	99.7	101.3
(4)保健器具及用品	100.0	100.7	100.4	100.0	102.6	100.0	100.0
(5)医疗保健服务	100.0	100.5	100.0	108.1	100.0	100.3	100.0
2.个人用品及服务	101.3	101.2	102.6	101.9	100.1	99.2	101.3
(1)化妆美容用品	100.0	101.0	100.8	104.0	100.0	100.0	100.7
(2)清洁类化妆品	100.0	100.5	104.2	102.4	102.7	100.4	100.6
(3)个人饰品	91.7	96.0	92.4	92.9	94.6	94.5	93.5
(4)个人服务	110.8	104.6	109.1	105.8	101.4	100.4	108.0
六、交通和通信	**100.1**	**100.0**	**99.9**	**100.5**	**99.5**	**99.7**	**100.2**
1.交通	100.2	99.9	99.8	101.4	99.5	100.4	101.2
(1)交通工具	99.6	98.7	99.4	100.0	97.4	99.1	100.5
(2)车用燃料及零配件	99.2	99.4	99.3	99.5	99.7	98.9	100.0
(3)车辆使用及维修费	100.0	103.6	100.3	112.7	104.1	100.0	106.8
(4)市区公共交通费	101.2	100.2	100.0	100.0	101.4	100.0	100.0
(5)城市间交通费	100.1	99.6	100.3	101.2	98.4	104.1	102.3
2.通信	100.0	100.1	100.1	99.2	99.5	99.0	98.9
(1)通信工具	99.9	98.8	99.0	99.8	96.5	92.2	93.6
(2)通信服务	100.0	100.2	100.3	99.2	100.1	100.0	100.0
七、娱乐教育文化用品及服务	**104.2**	**101.4**	**102.9**	**103.6**	**102.6**	**103.7**	**102.3**
1.文娱用耐用消费品及服务	99.5	100.6	101.7	96.2	97.4	98.9	95.4
2.教育	100.7	101.8	103.7	102.5	101.7	104.6	105.3
(1)教材及参考书	100.9	100.2	102.0	100.8	95.6	102.0	102.7
(2)教育服务	100.7	102.0	104.0	102.7	102.8	104.9	105.7
3.文化娱乐类	100.0	101.1	102.7	110.6	101.5	100.7	101.1
(1)文化娱乐用品	100.0	100.4	100.3	100.2	100.8	99.6	99.4
(2)书报杂志	100.0	99.9	108.2	104.7	102.7	100.0	100.0
(3)文娱费	100.0	102.2	101.3	117.0	101.2	102.0	103.3
4.旅游	123.8	101.5	101.4	105.1	113.6	108.6	100.1
八、居住	**102.6**	**101.8**	**101.2**	**103.6**	**103.4**	**103.4**	**102.5**
1.建房及装修材料	100.4	100.6	102.1	102.6	101.9	97.4	99.8
2.住房租金	100.0	103.6	101.8	105.4	101.7	106.7	101.7
3.自有住房	101.4	101.6	100.1	104.2	104.6	105.1	101.5
4.水、电、燃料	106.9	102.1	103.3	102.6	102.1	101.7	106.1

3-7 续表 4

(上年＝100)

指　　标	达州市	雅安市	巴中市	资阳市	阿坝藏族羌族自治州	甘孜藏族自治州	凉山彝族自治州
居民消费价格总指数	**102.5**	**102.9**	**102.6**	**102.9**	**103.6**	**104.1**	**102.5**
非食品价格指数	**102.0**	**101.5**	**101.4**	**101.9**	**102.3**	**102.8**	**101.4**
服务项目价格指数	**104.0**	**103.0**	**102.3**	**103.3**	**104.6**	**101.8**	**102.2**
工业品价格指数	**100.4**	**100.2**	**100.7**	**100.8**	**100.6**	**103.3**	**100.7**
消费品价格指数	**101.9**	**102.8**	**102.7**	**102.7**	**103.3**	**104.7**	**102.6**
一、食品	**103.3**	**105.2**	**104.7**	**104.6**	**105.8**	**106.4**	**104.3**
1.粮食	102.4	103.2	101.7	102.2	102.0	104.4	101.8
2.淀粉及制品	100.3	100.0	110.0	101.1	103.8	100.0	101.7
3.干豆类及豆制品	101.2	106.7	105.2	109.4	104.4	101.8	101.4
4.油脂	102.6	99.2	101.4	103.3	103.6	97.5	102.0
5.肉禽及其制品	103.1	105.4	105.7	101.0	107.8	106.1	105.3
(1)食用畜肉及副产品	101.7	103.8	106.4	100.8	107.4	106.4	105.3
(2)禽	106.9	110.2	105.2	100.6	106.7	107.8	103.5
(3)加工肉禽	103.0	105.4	102.9	104.0	111.2	102.4	108.3
6.蛋	107.9	105.2	104.8	84.1	110.7	111.1	103.5
7.水产品	101.0	104.4	105.6	100.1	106.0	94.3	104.5
(1)鱼	100.6	102.0	105.0	99.8	105.6	93.4	100.6
(2)其他水产品	102.3	110.1	107.1	101.2	106.8	100.0	115.8
8.菜	107.1	110.6	106.7	117.9	111.3	108.1	95.8
9.调 味 品	99.2	103.9	97.4	100.8	99.0	100.5	99.6
10.糖	100.2	97.3	104.6	99.1	99.8	99.7	100.3
11.茶及饮料	99.7	103.4	102.9	102.2	101.1	100.7	99.2
(1)茶叶	100.0	104.5	106.4	102.0	101.1	100.6	100.0
(2)饮料	99.5	102.0	100.9	102.3	101.2	100.9	98.7
12.干鲜瓜果	102.9	107.1	107.9	114.6	102.3	107.7	123.0
13.糕点饼干面包	99.6	100.7	102.1	101.8	100.2	101.7	101.4
14.液体乳及乳制品	103.6	104.7	103.4	109.9	102.9	111.8	105.5
15.在外用膳食品	103.0	105.2	104.1	102.9	104.5	112.7	105.0
16.其他食品	102.2	102.1	100.6	102.5	102.5	106.3	104.4
二、烟酒	**100.4**	**99.0**	**99.8**	**96.2**	**100.4**	**98.4**	**99.9**
1.烟草	100.0	100.6	100.0	100.0	100.6	98.9	100.0
2.酒	101.1	96.9	99.7	91.8	100.3	97.8	99.9
三、衣着	**101.3**	**99.8**	**101.4**	**102.3**	**98.6**	**103.6**	**103.8**
1.服　　装	101.1	99.3	101.5	102.6	97.5	102.7	104.0
(1)男式服装	100.6	99.3	101.1	103.6	96.7	103.2	101.6
(2)女式服装	101.4	99.3	101.5	101.7	98.6	102.1	104.6
(3)儿童服装	101.1	99.3	102.7	104.2	96.2	104.5	109.5
2.衣着材料	100.3	107.3	108.6	99.7	107.0	108.2	100.1
3.鞋袜帽	101.7	99.5	100.4	100.5	101.1	104.9	103.6
(1)鞋	101.9	99.4	100.4	100.5	101.3	105.7	104.0
(2)袜子	100.0	100.0	100.0	100.0	100.6	100.0	100.0
(3)帽子	96.7	101.9	100.0	100.0	96.7	100.0	100.0
4.衣着加工服务费	109.3	120.2	105.2	118.1	100.0	122.8	101.0

3-7 续表 5

(上年=100)

指　　标	达州市	雅安市	巴中市	资阳市	阿坝藏族羌族自治州	甘孜藏族自治州	凉山彝族自治州
四、家庭设备用品及维修服务	**101.0**	**100.5**	**101.2**	**100.4**	**100.5**	**101.8**	**100.2**
1.耐用消费品	99.4	98.2	100.4	99.1	99.8	100.4	100.4
(1)家　　具	99.7	101.7	100.0	99.4	99.2	102.8	99.2
(2)家庭设备	99.3	96.8	100.6	98.8	100.1	98.9	100.9
2.室内装饰品	97.7	100.7	100.0	100.4	99.8	100.9	100.0
3.床上用品	107.2	98.7	100.1	101.0	101.2	100.5	100.1
4.家庭日用杂品	101.4	100.2	98.9	101.0	101.9	102.5	99.0
5.家庭服务及加工维修服务	102.9	110.1	108.1	103.4	100.0	107.6	101.1
五、医疗保健和个人用品	**99.9**	**104.0**	**100.6**	**102.4**	**101.6**	**103.8**	**99.5**
1.医疗保健	100.5	103.2	99.8	103.1	102.9	103.8	99.7
(1)医疗器具及用品	100.0	102.4	100.0	100.0	102.7	100.3	89.0
(2)中药材及中成药	102.1	108.1	100.0	108.2	107.0	109.5	99.4
(3)西药	99.9	102.3	99.4	102.6	100.4	101.3	97.5
(4)保健器具及用品	100.8	104.1	100.0	100.0	100.5	101.4	100.0
(5)医疗保健服务	99.6	100.0	100.0	100.0	102.8	100.0	103.6
2.个人用品及服务	98.5	105.7	102.9	100.1	99.2	103.7	99.3
(1)化妆美容用品	99.6	100.8	103.1	101.3	100.1	102.6	100.0
(2)清洁类化妆品	99.7	101.3	101.1	102.0	100.7	102.0	102.2
(3)个人饰品	92.9	96.2	94.6	94.0	94.5	97.4	91.3
(4)个人服务	100.0	118.3	113.1	102.4	100.7	112.2	102.5
六、交通和通信	**100.8**	**99.4**	**99.7**	**100.1**	**101.1**	**98.6**	**100.2**
1.交通	101.4	100.1	99.7	99.8	102.2	97.7	101.5
(1)交通工具	99.1	100.6	100.4	99.2	100.0	100.7	99.9
(2)车用燃料及零配件	100.2	100.5	99.5	99.4	100.0	99.4	99.3
(3)车辆使用及维修费	102.1	100.0	100.0	101.0	100.0	100.0	104.2
(4)市区公共交通费	105.9	100.0	100.0	100.7	105.4	82.5	107.7
(5)城市间交通费	97.1	99.4	98.2	99.9	101.2	110.1	97.7
2.通信	100.0	98.2	99.8	100.4	99.8	99.5	98.8
(1)通信工具	98.9	84.3	99.0	94.1	98.9	95.8	88.9
(2)通信服务	100.2	100.0	100.0	101.2	100.0	100.1	100.0
七、娱乐教育文化用品及服务	**104.3**	**103.1**	**103.2**	**102.2**	**99.5**	**101.5**	**102.0**
1.文娱用耐用消费品及服务	98.4	97.2	99.8	98.6	97.8	98.5	99.9
2.教育	105.8	103.9	104.4	100.2	99.8	102.3	102.8
(1)教材及参考书	99.7	100.9	104.0	100.7	102.7	103.1	108.1
(2)教育服务	106.8	104.3	104.4	100.1	99.5	102.2	102.0
3.文化娱乐类	100.7	100.6	101.1	101.6	99.6	102.0	100.2
(1)文化娱乐用品	100.1	101.1	100.1	99.9	98.4	104.8	100.0
(2)书报杂志	101.9	100.0	103.3	100.0	100.7	100.5	100.9
(3)文娱费	100.5	100.4	100.5	103.9	100.0	100.1	100.0
4.旅游	110.7	109.8	105.9	114.7	100.4	100.6	103.0
八、居住	**103.2**	**101.9**	**101.7**	**104.3**	**109.6**	**106.4**	**102.1**
1.建房及装修材料	101.0	104.6	99.4	102.1	101.5	100.4	99.8
2.住房租金	106.4	102.5	103.5	108.8	114.1	104.4	103.0
3.自有住房	104.2	102.0	101.3	105.0	110.8	104.2	103.0
4.水、电、燃料	100.7	100.0	103.0	102.0	108.2	109.5	100.5

3-8　商品零售价格分类指数(2013年)

(上年=100)

指　　标	全　省	城　市	农　村
商品零售价格总指数	**101.7**	**101.7**	**101.6**
一、食品	**105.0**	**105.3**	**104.2**
1.粮食	102.9	102.8	103.0
4.油脂	101.2	101.6	100.3
5.肉禽及其制品	103.9	104.6	102.7
6.蛋	106.6	106.7	106.2
7.水产品	104.0	103.6	105.2
8.菜	109.4	109.4	109.3
9.调味品	102.7	102.9	102.5
10.糖	100.4	102.0	98.6
11.干鲜瓜果	108.7	110.1	104.0
12.糕点饼干面包	103.1	103.4	101.3
13.液体乳及乳制品	109.4	110.1	104.2
14.在外用膳食品	104.7	103.3	107.2
主　　食	106.8	107.0	106.5
炒　　菜	102.7	101.0	106.3
地方小吃	109.5	107.7	111.6
15.其他食品	101.5	103.4	99.9
二、饮料、烟酒	**100.0**	**100.3**	**99.3**
1.茶及饮料	103.5	103.6	102.9
2.烟草	99.9	99.8	100.0
3.酒	99.0	99.6	97.5
三、服装、鞋帽	**101.1**	**101.3**	**100.6**
1.服装	101.4	101.5	101.1
2.鞋袜帽	100.2	100.6	99.5
四、纺织品	**101.6**	**102.4**	**100.8**
1.衣着材料	101.3	100.8	101.7
2.床上用品	101.8	102.9	100.3
五、家用电器及音像器材	**98.7**	**98.8**	**98.4**
六、文化办公用品	**98.2**	**97.6**	**100.0**
七、日用品	**100.7**	**100.9**	**100.1**
1.日用百货	99.7	100.2	98.6
2.日用杂品	100.5	100.0	101.2
八、体育娱乐用品	**100.8**	**101.4**	**99.6**
九、交通、通信用品	**98.5**	**98.5**	**98.6**
十、家具	**101.7**	**102.5**	**99.2**
十一、化妆品	**101.6**	**101.7**	**101.0**
十二、金银珠宝	**91.8**	**91.8**	**91.7**
十三、中西药品及医疗保健用品	**101.0**	**100.7**	**101.8**
1.医疗器具及用品	100.1	100.2	99.3
2.中药材及中成药	102.1	100.7	104.3
3.西药	100.2	100.2	100.1
十四、书报杂志及电子出版物	**100.5**	**100.4**	**100.8**
十五、燃料	**100.4**	**100.0**	**101.5**
十六、建筑材料及五金电料	**100.3**	**100.1**	**100.6**

3-9 商品零售价格分类指数

(上年＝100)

指　　标	2011	2012	2013
商品零售价格总指数	**104.6**	**101.6**	**101.7**
一、食品	**112.2**	**104.1**	**105.0**
1.粮食	112.1	104.6	102.9
2.淀粉及制品	109.4	106.2	101.7
3.干豆类及豆制品	106.2	104.4	108.8
4.油脂	113.7	105.2	101.2
5.肉禽及其制品	123.7	100.0	103.9
(1)食用畜肉及副产品	130.5	98.0	103.8
(2)禽	112.1	103.4	103.6
(3)加工肉禽	108.3	106.7	104.9
6.蛋	115.1	96.8	106.6
7.水产品	108.0	112.2	104.0
(1)鱼	108.4	112.3	102.7
(2)其他水产品	106.5	111.9	109.0
8.菜	99.3	117.1	109.4
9.调味品	105.4	104.9	102.7
10.糖	110.2	104.2	100.4
11.干鲜瓜果	117.8	100.3	108.7
12.糕点饼干面包	106.7	105.1	103.1
13.液体乳及乳制品	109.0	104.5	109.4
14.在外用膳食品	105.6	104.4	104.7
15.其他食品	105.2	104.6	101.5
二、饮料、烟酒	**104.2**	**103.7**	**100.0**
1.茶及饮料	105.1	105.9	103.5
(1)茶叶	106.0	103.8	103.5
(2)饮料	104.6	107.2	103.4
2.烟草	99.9	99.8	99.9
3.酒	110.9	109.0	99.0
三、服装、鞋帽	**99.7**	**110.0**	**101.1**
1.服装	99.7	110.4	101.4
(1)男式服装	99.4	110.9	101.6
(2)女式服装	100.0	110.9	101.3
(3)儿童服装	99.5	106.7	100.8
2.鞋袜帽	99.9	109.4	100.2
(1)鞋	99.5	109.7	100.2
(2)袜子	103.3	107.0	100.6
(3)帽子	99.7	106.1	100.2
3.其他	94.6	98.0	100.3

3-9 续表

(上年＝100)

指　标	2011	2012	2013
四、纺织品	**101.6**	**100.6**	**101.6**
1.衣着材料	108.8	103.6	101.3
2.床上用品	99.0	99.5	101.8
五、家用电器及音像器材	**95.8**	**95.0**	**98.7**
1.家庭设备	98.8	96.2	100.5
2.文娱用耐用消费品	90.8	91.0	95.3
3.专业音像器材	96.5	100.0	98.8
六、文化办公用品	**96.5**	**96.8**	**98.2**
七、日用品	**101.7**	**100.8**	**100.7**
1.日用百货	102.4	100.1	99.7
2.日用杂品	101.1	100.6	100.5
3.洗涤用品	103.0	103.2	102.4
4.其他日用品	99.2	98.9	100.0
八、体育娱乐用品	**101.6**	**100.7**	**100.8**
1.体育用品	101.5	100.3	101.0
2.娱乐用品	101.7	100.9	100.8
九、交通、通信用品	**95.5**	**94.9**	**98.5**
1.交通运输机械	97.9	97.3	99.8
2.通信器材	89.3	88.2	94.7
十、家具	**101.4**	**97.3**	**101.7**
十一、化妆品	**101.2**	**101.3**	**101.6**
十二、金银珠宝	**112.6**	**101.8**	**91.8**
十三、中西药品及医疗保健用品	**102.3**	**101.5**	**101.0**
1.医疗器具及用品	102.2	101.3	100.1
2.中药材及中成药	112.6	106.0	102.1
3.西药	96.8	98.8	100.2
4.保健器具及用品	103.3	101.1	103.3
十四、书报杂志及电子出版物	**99.6**	**100.2**	**100.5**
1.教材及参考书	101.0	100.4	101.1
2.书报杂志	100.1	101.3	101.0
3.电子音像制品	94.9	97.4	98.0
十五、燃料	**113.2**	**102.3**	**100.4**
1.煤炭及制品	112.9	103.7	102.7
2.石油及制品	113.3	101.8	99.6
十六、建筑材料及五金电料	**103.6**	**97.3**	**100.3**
1.建筑装璜材料	104.2	96.8	100.1
2.五金电料	100.0	100.7	101.6

3-10 主要城市商品零售价格总指数(1985-2013年)

(上年=100)

年 份	成都市	自贡市	攀枝花市	泸州市	德阳市	绵阳市	广元市	遂宁市	内江市	乐山市	南充市
1985	111.3	111.5	111.9	113.1		108.3	108.2		107.5	107.7	107.4
1986	104.7	104.1	106.9	101.8		105.0	106.8		106.6	105.9	106.8
1987	109.4	110.6	109.0	111.9		112.2	111.6		110.0	110.3	110.9
1988	125.7	123.2	122.8	124.7		119.8	125.0		120.6	125.1	128.1
1989	116.1	114.0	119.9	114.3		112.9	115.3		114.4	113.1	112.8
1990	102.9	101.7	100.9	98.7		100.6	102.5		99.7	100.6	99.5
1991	104.7	106.0	105.8	105.8		102.1	105.0		103.0	105.6	106.7
1992	108.5	107.1	108.7	109.3		110.3	106.1		107.7	107.7	107.6
1993	115.1	116.1	119.9	113.2		113.2	114.3		112.6	116.8	113.6
1994	123.3	124.4	119.0	122.0		122.0	122.0		125.4	123.8	126.0
1995	114.5	113.4	119.0	116.7		115.9	116.7		115.1	114.3	114.7
1996	106.5	105.5	107.0	106.3		106.2	106.1		106.6	106.7	107.4
1997	102.9	102.9	104.9	102.0		102.5	102.7		102.5	102.9	101.6
1998	98.4	97.1	99.2	96.2		97.4	96.2		98.1	96.2	96.5
1999	97.1	96.4	97.0	97.1		96.7	95.4		97.4	97.7	96.1
2000	98.2	97.0	96.7	97.8		96.3	97.1		98.4	96.7	97.2
2001	100.7	101.8	98.3	98.4		100.7	101.3		103.9	100.5	100.9
2002	98.8	100.0	99.8	98.0		98.8	99.6		101.9	98.5	99.2
2003	100.2	101.4	100.3	97.4		100.6	98.7		101.5	100.4	99.7
2004	101.4	103.7	103.1	102.7		104.0	103.1		102.7	103.0	103.8
2005	99.8	100.0	100.3	100.0		99.7	100.7		100.0	99.8	100.6
2006	101.2	102.6	102.4	101.7		102.1	101.9		101.7	101.3	102.2
2007	104.2	105.0	105.1	105.9		106.0	105.2		106.3	104.6	107.4
2008	104.5	105.3	105.0	104.9		104.8	104.8		106.4	104.8	105.9
2009	99.0	100.7	100.4	99.7	98.0	100.6	100.2	100.2	100.2	100.7	100.2
2010	102.4	103.6	103.9	102.2	102.5	102.5	103.4	104.0	102.7	103.1	103.5
2011	104.3	104.7	105.0	104.7	105.4	104.2	104.4	106.1	104.7	105.1	106.8
2012	101.4	102.0	102.0	102.0	100.7	101.4	100.2	101.6	102.3	101.3	102.4
2013	101.7	101.7	100.9	102.2	101.3	101.8	101.1	101.9	101.8	101.8	102.0

3-10 续表

(上年＝100)

年 份	眉山市	宜宾市	广安市	达州市	雅安市	巴中市	资阳市	阿坝藏族羌族自治州	甘孜藏族自治州	凉山彝族自治州
1985										108.1
1986										104.3
1987										109.9
1988										127.4
1989										117.6
1990										102.2
1991										103.9
1992										105.3
1993										113.6
1994										120.5
1995										115.8
1996										106.4
1997										101.7
1998										99.6
1999										99.2
2000										98.1
2001										98.7
2002										98.9
2003										99.8
2004										103.9
2005										101.4
2006										102.7
2007										104.0
2008										104.2
2009	100.8	100.1	99.4	98.5	98.5	100.2	99.9	102.9	105.5	99.2
2010	103.3	102.6	103.0	102.3	102.6	103.3	103.6	104.3	107.0	102.4
2011	105.3	104.4	106.6	103.6	104.2	106.6	106.2	105.6	109.1	103.9
2012	101.6	101.1	101.3	101.5	101.5	101.7	102.6	103.1	104.2	102.8
2013	101.4	100.4	101.5	101.3	101.7	101.8	101.7	102.8	103.2	101.5

3-11 主要城市商品零售价格分类指数(2013年)

(上年＝100)

指　　标	成都市	自贡市	攀枝花市	泸州市	德阳市	绵阳市	广元市
商品零售价格总指数	**101.7**	**101.7**	**100.9**	**102.2**	**101.3**	**101.8**	**101.1**
一、食品	**105.7**	**105.7**	**103.0**	**105.4**	**104.5**	**104.4**	**105.7**
1.粮食	103.1	100.7	104.3	106.4	102.0	104.1	105.6
2.淀粉及制品	100.8	105.3	100.0	106.3	107.3	101.8	100.3
3.干豆类及豆制品	112.0	103.8	109.1	110.8	103.3	108.5	99.6
4.油脂	101.3	103.9	99.4	102.1	103.4	103.4	102.2
5.肉禽及其制品	103.6	107.9	103.6	107.4	104.6	103.9	105.4
(1)食用畜肉及副产品	103.9	109.0	105.1	105.7	101.8	104.3	107.9
(2)禽	101.8	106.9	98.0	111.8	109.5	101.1	95.4
(3)加工肉禽	105.0	102.8	105.7	106.4	112.0	106.4	108.3
6.蛋	107.1	106.7	106.7	107.8	102.0	107.4	104.1
7.水产品	103.5	105.8	103.2	102.4	104.4	99.3	107.0
(1)鱼	102.1	102.5	102.1	101.1	104.0	97.5	106.5
(2)其他水产品	106.6	115.5	106.8	109.3	105.7	104.8	108.2
8.菜	113.7	109.7	98.9	102.3	106.6	107.4	113.4
9.调味品	104.3	100.1	102.6	100.4	103.5	99.7	100.6
10.糖	102.7	100.6	97.9	106.5	98.9	99.4	96.3
11.干鲜瓜果	111.7	104.8	107.7	109.3	112.5	105.4	108.5
12.糕点饼干面包	104.9	99.6	103.3	103.4	101.0	101.5	107.8
13.液体乳及乳制品	113.3	101.0	103.7	115.6	103.3	106.0	103.6
14.在外用膳食品	101.6	105.5	102.8	101.8	102.8	103.8	103.3
15.其他食品	103.1	96.3	101.1	98.9	102.4	110.9	100.3
二、饮料、烟酒	**100.7**	**98.5**	**99.8**	**101.4**	**100.4**	**100.2**	**98.5**
1.茶及饮料	103.8	100.2	102.6	108.8	101.3	105.0	100.5
(1)茶叶	102.5	99.7	105.3	115.1	95.9	104.2	98.2
(2)饮料	104.3	100.8	101.0	105.7	104.0	105.3	102.1
2.烟草	99.9	99.9	100.0	98.9	100.0	100.0	100.4
3.酒	100.3	97.1	98.6	102.4	100.6	98.7	95.8
三、服装、鞋帽	**101.2**	**99.7**	**100.2**	**103.1**	**99.0**	**102.2**	**98.2**
1.服装	101.8	100.3	101.1	100.9	97.9	102.1	97.3
(1)男式服装	102.5	101.0	102.5	99.6	101.6	100.0	97.6
(2)女式服装	101.7	100.3	100.6	101.4	95.6	104.1	96.2
(3)儿童服装	100.5	96.7	97.9	101.9	95.5	101.9	101.9
2.鞋袜帽	99.5	97.8	97.4	108.2	101.8	102.5	101.3
(1)鞋	99.4	97.9	97.1	109.4	101.9	102.2	101.3
(2)袜子	100.6	98.0	100.5	100.0	100.0	105.6	100.7
(3)帽子	98.6	92.5	100.0	100.0	104.7	101.0	99.6
3.其他	100.0	103.8	100.0	98.5	100.0	100.0	99.6

3-11 续表 1

(上年＝100)

指　　标	成都市	自贡市	攀枝花市	泸州市	德阳市	绵阳市	广元市
四、纺织品	**101.7**	**106.4**	**99.5**	**98.8**	**92.8**	**107.8**	**99.0**
1.衣着材料	99.9	99.6	100.7	100.0	102.3	100.0	101.3
2.床上用品	102.2	107.2	99.0	98.3	88.9	111.4	98.0
五、家用电器及音像器材	**96.7**	**100.7**	**99.9**	**99.5**	**100.2**	**100.3**	**97.9**
1.家庭设备	100.2	103.4	100.2	100.8	100.5	101.6	99.4
2.文娱用耐用消费品	89.1	97.2	99.2	97.3	99.7	98.0	94.0
3.专业音像器材	98.9	99.5	100.0	100.0	100.0	97.3	96.8
六、文化办公用品	**96.5**	**100.1**	**99.8**	**99.3**	**99.9**	**93.7**	**95.0**
七、日用品	**101.3**	**99.4**	**99.6**	**100.5**	**100.4**	**100.7**	**99.7**
1.日用百货	100.3	98.9	100.1	101.0	100.3	101.5	100.6
2.日用杂品	99.3	97.0	102.7	100.0	101.9	101.2	99.5
3.洗涤用品	103.1	100.8	98.2	100.6	101.7	100.0	99.2
4.其他日用品	99.8	100.1	99.6	99.9	96.1	100.1	99.5
八、体育娱乐用品	**102.1**	**100.6**	**100.8**	**100.0**	**99.8**	**100.2**	**100.1**
1.体育用品	102.5	101.2	100.0	100.0	99.2	101.5	100.0
2.娱乐用品	101.9	100.3	101.1	100.0	100.0	99.9	100.2
九、交通、通信用品	**98.7**	**98.6**	**99.4**	**99.4**	**99.3**	**98.9**	**95.5**
1.交通运输机械	100.4	98.9	100.0	99.8	99.4	99.9	96.9
2.通信器材	87.0	97.6	97.9	97.9	99.1	96.2	92.0
十、家具	**101.7**	**100.9**	**100.0**	**100.2**	**96.9**	**111.4**	**98.6**
十一、化妆品	**101.4**	**100.3**	**102.0**	**101.2**	**100.5**	**102.7**	**102.7**
十二、金银珠宝	**91.1**	**94.4**	**93.2**	**96.7**	**93.0**	**92.6**	**88.8**
十三、中西药品及医疗保健用品	**101.2**	**100.0**	**101.7**	**100.3**	**101.1**	**101.2**	**99.7**
1.医疗器具及用品	100.0	98.8	97.8	100.0	99.6	99.4	100.0
2.中药材及中成药	99.2	100.2	104.6	101.1	102.8	105.5	98.8
3.西药	101.0	100.3	99.7	100.0	100.6	99.6	100.0
4.保健器具及用品	105.2	99.9	100.0	100.0	99.4	101.5	100.2
十四、书报杂志及电子出版物	**98.9**	**100.3**	**100.0**	**100.9**	**100.0**	**100.2**	**103.2**
1.教材及参考书	100.9	100.0	100.0	102.3	100.0	101.3	108.1
2.书报杂志	100.0	100.0	100.0	100.0	100.0	100.0	100.3
3.电子音像制品	94.7	101.8	100.0	100.0	100.0	98.4	100.0
十五、燃料	**100.0**	**98.9**	**99.9**	**100.4**	**99.6**	**98.5**	**99.6**
1.煤炭及制品	103.3	97.0	103.0	103.8	101.4	94.4	99.4
2.石油及制品	99.8	99.3	99.3	99.9	99.3	99.1	99.7
十六、建筑材料及五金电料	**99.1**	**98.6**	**100.1**	**100.1**	**100.4**	**101.6**	**99.3**
1.建筑装璜材料	98.8	98.4	100.1	100.1	100.5	101.5	99.1
2.五金电料	100.9	100.2	100.0	100.0	99.9	102.0	101.5

3-11 续表 2

（上年＝100）

指　标	遂宁市	内江市	乐山市	南充市	眉山市	宜宾市	广安市
商品零售价格总指数	**101.9**	**101.8**	**101.8**	**102.0**	**101.4**	**100.4**	**101.5**
一、食品	**104.3**	**104.8**	**104.4**	**104.6**	**105.1**	**103.2**	**104.1**
1.粮食	106.4	105.2	101.6	98.5	103.2	101.5	104.5
2.淀粉及制品	101.9	98.6	103.1	108.2	101.7	100.0	95.0
3.干豆类及豆制品	105.4	111.0	100.6	107.8	105.4	110.1	109.6
4.油脂	100.1	101.5	102.1	98.6	99.4	100.4	98.1
5.肉禽及其制品	106.3	101.5	101.8	104.4	103.0	102.8	103.1
(1)食用畜肉及副产品	106.5	101.1	101.7	103.9	103.5	103.5	101.9
(2)禽	109.8	99.3	102.7	105.7	102.1	100.9	107.6
(3)加工肉禽	99.2	109.8	101.2	105.7	101.6	101.9	101.7
6.蛋	104.8	102.4	106.5	100.3	112.6	101.0	109.0
7.水产品	104.0	110.3	104.0	110.8	104.2	109.7	101.4
(1)鱼	104.8	104.3	100.5	108.0	102.0	109.3	97.2
(2)其他水产品	101.5	125.5	112.3	120.7	110.2	111.0	111.2
8.菜	104.6	115.6	106.9	104.6	111.0	101.9	109.3
9.调味品	106.1	101.1	103.6	104.3	101.9	105.4	103.5
10.糖	100.1	98.2	101.8	99.2	101.0	98.8	103.6
11.干鲜瓜果	101.3	109.6	116.7	106.7	107.9	112.6	109.9
12.糕点饼干面包	102.5	101.3	102.4	102.6	100.2	100.0	104.5
13.液体乳及乳制品	102.3	101.0	105.8	110.6	109.1	100.7	96.0
14.在外用膳食品	103.0	103.8	104.5	106.6	104.3	102.3	102.8
15.其他食品	101.8	100.0	100.3	97.7	106.5	99.9	107.1
二、饮料、烟酒	**99.9**	**100.0**	**100.4**	**100.2**	**98.6**	**99.9**	**101.8**
1.茶及饮料	103.7	100.9	107.9	103.0	101.4	100.6	100.8
(1)茶叶	102.1	100.0	116.0	100.8	103.0	100.3	100.0
(2)饮料	104.8	101.3	101.7	104.6	100.3	100.8	101.4
2.烟草	100.0	99.9	99.8	99.8	99.8	100.0	100.1
3.酒	98.2	99.9	99.1	99.9	96.5	99.6	103.8
三、服装、鞋帽	**102.8**	**97.2**	**100.3**	**102.9**	**101.6**	**99.6**	**102.7**
1.服装	103.6	96.2	100.3	104.3	101.6	101.5	103.8
(1)男式服装	101.6	96.8	100.4	107.4	102.5	101.9	104.7
(2)女式服装	105.3	95.9	100.4	102.6	100.5	101.5	103.4
(3)儿童服装	100.1	96.0	99.1	100.5	104.5	99.7	102.3
2.鞋袜帽	100.6	99.6	100.5	99.5	100.6	93.4	99.9
(1)鞋	100.5	99.3	100.5	99.3	100.7	92.6	100.0
(2)袜子	101.3	103.6	101.2	101.2	100.2	100.0	100.0
(3)帽子	100.1	100.1	100.8	99.9	100.0	100.4	94.1
3.其他	100.0	100.0	100.0	92.1	112.7	100.0	100.0

3-11 续表 3

(上年＝100)

指　　标	遂宁市	内江市	乐山市	南充市	眉山市	宜宾市	广安市
四、纺织品	**100.0**	**99.4**	**101.2**	**99.9**	**101.6**	**99.4**	**102.0**
1.衣着材料	100.0	97.5	104.3	96.5	106.6	100.0	107.7
2.床上用品	100.0	100.0	99.8	100.7	100.0	99.2	100.0
五、家用电器及音像器材	**100.0**	**100.3**	**102.1**	**100.6**	**100.2**	**100.2**	**98.7**
1.家庭设备	100.3	100.2	102.4	102.0	101.5	102.1	100.6
2.文娱用耐用消费品	99.3	100.3	102.3	95.3	96.7	99.0	93.7
3.专业音像器材	100.0	101.0	100.0	100.0	100.0	90.9	98.8
六、文化办公用品	**100.0**	**100.0**	**99.9**	**98.7**	**98.9**	**93.5**	**99.0**
七、日用品	**100.4**	**100.3**	**102.5**	**100.9**	**102.4**	**100.0**	**100.7**
1.日用百货	100.0	99.8	102.4	100.1	101.1	100.3	99.4
2.日用杂品	100.0	100.0	99.5	100.2	99.7	100.4	100.0
3.洗涤用品	100.5	101.1	104.5	102.1	105.1	100.0	101.8
4.其他日用品	101.7	100.0	99.4	100.7	100.0	99.3	101.2
八、体育娱乐用品	**100.0**	**104.1**	**100.0**	**101.0**	**100.6**	**101.4**	**100.0**
1.体育用品	100.0	100.9	100.1	105.5	100.0	100.2	100.0
2.娱乐用品	100.0	105.4	100.0	99.5	100.9	101.9	100.0
九、交通、通信用品	**99.7**	**98.8**	**98.7**	**99.9**	**95.6**	**97.1**	**98.8**
1.交通运输机械	99.6	98.8	98.5	99.9	94.5	98.6	100.4
2.通信器材	99.9	98.8	99.2	99.8	98.5	92.4	95.1
十、家具	**99.1**	**99.3**	**102.1**	**101.7**	**100.2**	**99.1**	**97.8**
十一、化妆品	**100.0**	**100.8**	**101.7**	**104.0**	**100.6**	**99.9**	**100.8**
十二、金银珠宝	**91.4**	**90.6**	**88.9**	**91.9**	**89.6**	**94.8**	**90.7**
十三、中西药品及医疗保健用品	**103.8**	**107.8**	**100.5**	**98.3**	**101.8**	**99.2**	**102.9**
1.医疗器具及用品	100.4	122.2	100.0	99.3	103.8	100.0	100.0
2.中药材及中成药	110.0	107.4	99.8	101.0	105.7	97.6	107.7
3.西药	102.0	103.8	101.0	96.3	99.1	99.7	101.3
4.保健器具及用品	100.0	100.6	100.4	100.0	102.6	100.0	100.0
十四、书报杂志及电子出版物	**100.4**	**99.9**	**104.0**	**102.7**	**99.5**	**99.2**	**101.1**
1.教材及参考书	100.9	100.3	102.0	100.8	95.6	102.0	102.7
2.书报杂志	100.0	99.9	108.4	105.2	102.7	100.0	100.0
3.电子音像制品	100.0	99.3	100.0	101.4	100.0	91.6	100.0
十五、燃料	**100.5**	**100.7**	**99.2**	**99.9**	**100.1**	**99.4**	**98.9**
1.煤炭及制品	105.4	99.0	98.3	101.4	104.0	98.1	92.8
2.石油及制品	99.6	101.0	99.4	99.6	99.5	99.6	99.8
十六、建筑材料及五金电料	**100.4**	**99.7**	**101.7**	**100.4**	**100.2**	**97.5**	**98.8**
1.建筑装璜材料	100.4	99.5	101.8	100.2	100.2	97.1	98.9
2.五金电料	100.0	101.0	100.4	101.7	99.6	99.8	98.7

3-11 续表 4

(上年＝100)

指　标	达州市	雅安市	巴中市	资阳市	阿坝藏族羌族自治州	甘孜藏族自治州	凉山彝族自治州
商品零售价格总指数	**101.3**	**101.7**	**101.8**	**101.7**	**102.8**	**103.2**	**101.5**
一、食品	**103.3**	**105.3**	**104.7**	**104.6**	**106.0**	**106.6**	**104.5**
1.粮食	102.4	103.6	101.7	102.2	102.1	104.4	101.8
2.淀粉及制品	100.3	100.0	110.0	101.1	103.8	100.0	101.7
3.干豆类及豆制品	101.2	106.9	105.2	109.4	104.4	101.8	101.6
4.油脂	102.6	99.1	101.4	103.3	104.1	97.5	102.0
5.肉禽及其制品	103.1	105.4	105.7	101.0	109.9	106.1	105.2
(1)食用畜肉及副产品	101.7	103.4	106.4	100.8	110.2	106.4	105.4
(2)禽	106.9	111.8	105.2	100.6	106.7	107.8	103.5
(3)加工肉禽	103.0	105.6	102.9	104.0	111.2	102.4	107.5
6.蛋	107.9	105.1	104.8	84.1	110.7	111.1	103.4
7.水产品	101.0	103.5	105.6	100.1	105.7	94.3	105.0
(1)鱼	100.6	102.0	105.0	99.8	105.1	93.4	100.6
(2)其他水产品	102.3	107.7	107.1	101.2	106.8	100.0	115.2
8.菜	107.1	110.8	106.7	117.9	111.2	108.1	95.7
9.调味品	99.2	103.5	97.4	100.8	98.8	100.5	99.6
10.糖	100.2	96.3	104.6	99.1	99.8	99.7	100.3
11.干鲜瓜果	102.9	107.4	107.9	114.6	102.3	107.7	123.6
12.糕点饼干面包	99.6	100.7	102.1	101.8	100.2	101.7	101.4
13.液体乳及乳制品	103.6	104.8	103.4	109.9	102.9	111.8	105.8
14.在外用膳食品	103.0	105.0	104.1	102.9	103.4	112.7	105.8
15.其他食品	102.2	102.1	100.6	102.5	102.5	106.3	104.4
二、饮料、烟酒	**100.2**	**99.7**	**100.2**	**97.6**	**101.3**	**98.6**	**99.9**
1.茶及饮料	99.8	103.6	102.9	102.2	101.1	100.7	99.1
(1)茶叶	100.0	104.5	106.4	102.0	101.1	100.6	100.0
(2)饮料	99.5	102.3	100.9	102.3	101.2	100.9	98.5
2.烟草	100.0	100.7	100.0	100.0	102.5	99.3	100.0
3.酒	101.1	96.9	99.7	91.8	100.4	97.8	99.9
三、服装、鞋帽	**101.2**	**99.3**	**101.2**	**102.0**	**98.2**	**103.3**	**103.5**
1.服装	101.1	99.2	101.5	102.6	97.5	102.7	103.6
(1)男式服装	100.6	99.4	101.1	103.6	96.7	103.2	101.2
(2)女式服装	101.4	99.2	101.5	101.7	98.6	102.1	104.3
(3)儿童服装	101.1	98.9	102.7	104.2	96.2	104.5	109.3
2.鞋袜帽	101.7	99.4	100.4	100.5	100.8	104.9	103.6
(1)鞋	101.9	99.2	100.4	100.5	101.3	105.7	104.0
(2)袜子	100.0	100.0	100.0	100.0	100.6	100.0	100.0
(3)帽子	96.7	101.9	100.0	100.0	96.7	100.0	100.0
3.其他	100.0	100.0	100.0	99.6	105.5	100.0	100.0

3-11 续表 5

(上年＝100)

指　　标	达州市	雅安市	巴中市	资阳市	阿坝藏族羌族自治州	甘孜藏族自治州	凉山彝族自治州
四、纺织品	**105.1**	**101.1**	**103.1**	**100.7**	**102.2**	**102.0**	**100.1**
1.衣着材料	100.3	107.3	108.6	99.7	106.0	108.2	100.1
2.床上用品	107.8	98.3	100.1	101.1	100.8	100.6	100.2
五、家用电器及音像器材	**99.2**	**97.1**	**100.4**	**99.4**	**99.1**	**98.7**	**100.3**
1.家庭设备	99.3	97.1	100.6	99.1	100.0	98.9	100.9
2.文娱用耐用消费品	98.8	95.0	100.1	99.6	96.7	98.1	99.2
3.专业音像器材	100.0	100.8	100.0	100.0	98.6	99.9	100.0
六、文化办公用品	**99.1**	**98.3**	**99.4**	**99.0**	**100.2**	**102.2**	**100.0**
七、日用品	**100.3**	**101.9**	**100.4**	**100.8**	**101.0**	**100.6**	**100.6**
1.日用百货	99.2	100.9	100.3	99.8	100.1	100.2	100.0
2.日用杂品	101.0	100.0	99.9	100.2	103.1	101.1	100.0
3.洗涤用品	101.5	103.7	100.7	102.1	101.4	100.5	101.5
4.其他日用品	99.4	101.5	99.9	100.3	98.6	101.2	100.0
八、体育娱乐用品	**99.5**	**102.0**	**100.5**	**99.9**	**99.7**	**100.0**	**100.0**
1.体育用品	99.5	101.0	100.0	100.0	100.0	100.0	100.0
2.娱乐用品	99.5	102.3	100.7	99.8	99.6	100.0	100.0
九、交通、通信用品	**99.7**	**96.1**	**99.8**	**98.1**	**99.4**	**97.9**	**98.0**
1.交通运输机械	99.8	99.2	100.0	99.4	100.0	100.1	99.9
2.通信器材	99.5	86.8	99.3	94.6	98.9	96.7	91.7
十、家具	**99.7**	**101.7**	**100.0**	**99.4**	**99.3**	**102.7**	**99.1**
十一、化妆品	**99.7**	**100.7**	**100.5**	**101.4**	**100.5**	**102.5**	**100.6**
十二、金银珠宝	**91.3**	**91.0**	**90.8**	**92.6**	**100.1**	**91.4**	**87.0**
十三、中西药品及医疗保健用品	**100.5**	**104.0**	**99.7**	**104.0**	**103.0**	**103.8**	**96.9**
1.医疗器具及用品	100.0	102.4	100.0	100.0	102.7	100.3	89.0
2.中药材及中成药	102.1	108.1	100.0	108.2	108.3	112.0	99.4
3.西药	99.9	102.3	99.4	102.6	100.2	101.5	97.5
4.保健器具及用品	100.8	104.5	100.0	100.0	100.9	101.4	100.0
十四、书报杂志及电子出版物	**100.7**	**100.4**	**103.0**	**100.3**	**101.5**	**102.0**	**103.5**
1.教材及参考书	99.7	100.9	104.0	100.7	102.7	102.2	108.1
2.书报杂志	101.9	100.0	103.3	100.0	100.7	100.5	100.9
3.电子音像制品	100.0	100.0	100.0	100.0	100.0	104.8	100.0
十五、燃料	**100.8**	**99.2**	**100.1**	**99.9**	**106.9**	**100.9**	**100.0**
1.煤炭及制品	105.7	97.7	101.0	100.4	98.0	100.0	100.0
2.石油及制品	99.9	99.6	99.9	99.8	109.2	101.1	100.0
十六、建筑材料及五金电料	**100.0**	**102.3**	**99.1**	**100.9**	**101.4**	**100.9**	**98.5**
1.建筑装璜材料	100.0	102.3	99.1	101.0	101.7	100.7	98.2
2.五金电料	99.8	102.1	99.6	100.0	99.7	101.7	100.0

3-12 农业生产资料价格分类指数(2013年)

(上年＝100)

指　标	全　省	城 市	农　村
农业生产资料价格指数	**101.5**	**-**	**101.5**
一、农用手工工具	**103.9**	**-**	**103.9**
二、饲料	**103.5**	**-**	**103.5**
混合饲料	103.7	-	103.7
其　他	102.2	-	102.2
三、产品畜	**100.6**	**-**	**100.6**
幼禽家畜	100.6	-	100.6
四、半机械化农具	**100.1**	**-**	**100.1**
五、机械化农具	**100.2**	**-**	**100.2**
农用机械	100.2	-	100.2
六、化学肥料	**99.1**	**-**	**99.1**
氮　肥	97.7	-	97.7
磷　肥	100.3	-	100.3
钾　肥	100.3	-	100.3
复合肥料	100.5	-	100.5
七、农药及农药器械	**102.4**	**-**	**102.4**
1.化学农药	102.2	-	102.2
杀 虫 剂	101.5	-	101.5
杀 菌 剂	103.1	-	103.1
除 草 剂	102.8	-	102.8
2.农药器械	103.5	-	103.5
八、农用机油	**99.1**	**-**	**99.1**
九、其他农业生产资料	**101.9**	**-**	**101.9**
1.农用种子	102.0	-	102.0
2.其他	101.4	-	101.4
农用薄膜	101.6	-	101.6
其　他	100.9	-	100.9
十、农业生产服务	**109.7**		**109.7**
#排 灌 费	105.3	-	105.3
机械作业费	106.2	-	106.2

3-13 分月农业生产资料价格指数(2013年)

(上年同月＝100)

指　　标	1月	2月	3月	4月	5月	6月
农业生产资料价格指数	**103.6**	**102.6**	**102.7**	**101.5**	**100.2**	**100.4**
一、农用手工工具	**104.3**	**103.8**	**104.3**	**103.8**	**104.1**	**103.6**
二、饲料	**102.9**	**103.6**	**105.7**	**105.3**	**103.6**	**103.4**
混合饲料	102.5	103.4	105.6	105.2	104.1	103.9
其　　他	104.9	104.8	105.8	105.7	101.3	100.7
三、产品畜	**105.3**	**103.1**	**103.1**	**98.3**	**95.2**	**97.6**
幼禽家畜	105.3	103.1	103.1	98.3	95.2	97.6
四、半机械化农具	**100.3**	**100.3**	**100.2**	**100.2**	**100.2**	**100.3**
五、机械化农具	**100.8**	**100.8**	**100.6**	**100.4**	**100.3**	**100.2**
农用机械	100.8	100.8	100.6	100.4	100.3	100.2
六、化学肥料	**101.9**	**100.8**	**100.1**	**100.0**	**99.2**	**98.0**
氮　　肥	101.4	100.5	100.1	99.1	96.9	94.8
磷　　肥	104.2	103.0	100.4	99.8	100.4	100.3
钾　　肥	100.9	98.6	98.4	101.2	101.8	102.7
复合肥料	101.7	100.5	100.6	101.3	101.7	100.8
七、农药及农药器械	**102.4**	**101.8**	**102.4**	**102.9**	**102.2**	**102.9**
1.化学农药	101.0	100.6	101.5	101.9	102.4	103.2
杀 虫 剂	99.1	99.7	101.4	101.3	101.5	102.4
杀 菌 剂	101.5	101.5	102.3	103.4	104.0	104.2
除 草 剂	104.6	101.6	100.9	101.8	102.6	103.9
2.农药器械	109.5	107.9	107.1	107.8	101.2	101.7
八、农用机油	**104.8**	**102.8**	**99.8**	**95.5**	**95.1**	**97.7**
九、其他农业生产资料	**102.9**	**100.4**	**101.1**	**102.0**	**101.6**	**101.7**
1.农用种子	103.3	100.6	101.1	102.1	101.8	101.8
2.其他	100.4	99.4	100.9	101.4	100.6	100.7
农用薄膜	100.3	98.9	101.0	101.8	100.7	100.7
其　　他	100.5	100.7	100.6	100.4	100.4	100.7
十、农业生产服务	**112.4**	**112.0**	**111.1**	**109.5**	**107.6**	**108.7**
#排 灌 费	107.6	107.6	110.3	104.3	104.3	104.1
机械作业费	111.9	111.0	110.4	108.9	103.7	104.3

3-13 续表

(上年同月=100)

指　标	7月	8月	9月	10月	11月	12月
农业生产资料价格指数	**101.1**	**101.9**	**101.1**	**100.8**	**100.9**	**101.1**
一、农用手工工具	**103.6**	**103.8**	**103.8**	**103.8**	**103.8**	**104.2**
二、饲料	**103.5**	**104.1**	**103.2**	**102.6**	**102.0**	**102.3**
混合饲料	104.2	104.6	103.6	103.0	102.3	102.5
其　他	100.0	101.1	100.9	100.3	100.4	100.8
三、产品畜	**99.9**	**102.8**	**99.6**	**100.1**	**101.4**	**101.3**
幼禽家畜	99.9	102.8	99.6	100.1	101.4	101.3
四、半机械化农具	**100.2**	**99.9**	**99.9**	**100.1**	**99.9**	**99.8**
五、机械化农具	**100.2**	**100.1**	**99.9**	**99.9**	**99.7**	**99.8**
农用机械	100.2	100.1	99.9	99.9	99.7	99.8
六、化学肥料	**98.3**	**98.8**	**98.4**	**98.0**	**98.0**	**98.1**
氮　肥	96.1	96.9	96.8	96.3	96.6	96.8
磷　肥	99.9	99.8	100.0	99.1	98.4	98.5
钾　肥	100.6	100.9	100.1	99.5	99.2	99.6
复合肥料	100.3	100.6	99.4	99.7	99.7	99.7
七、农药及农药器械	**102.7**	**102.3**	**102.1**	**102.4**	**102.4**	**102.6**
1.化学农药	102.9	102.5	102.3	102.6	102.7	102.8
杀虫剂	102.4	102.1	101.8	102.0	102.0	102.3
杀菌剂	103.9	103.3	103.0	103.3	103.4	103.4
除草剂	103.3	102.4	102.7	103.2	103.4	103.2
2.农药器械	101.8	101.5	101.2	101.2	101.1	101.3
八、农用机油	**101.6**	**101.8**	**100.0**	**96.5**	**96.3**	**98.5**
九、其他农业生产资料	**101.9**	**101.8**	**102.4**	**102.2**	**102.3**	**102.2**
1.农用种子	102.0	101.8	102.4	102.2	102.2	102.2
2.其他	101.3	102.0	102.3	102.5	102.9	102.6
农用薄膜	101.4	102.2	102.7	103.0	103.6	103.1
其　他	101.0	101.4	101.1	101.2	101.2	101.5
十、农业生产服务	**108.4**	**108.5**	**110.0**	**109.7**	**109.3**	**109.3**
#排灌费	104.1	104.3	104.3	104.3	104.3	104.3
机械作业费	103.9	104.3	104.4	104.4	104.4	104.4

3-14 农业生产资料价格分类指数

(上年=100)

指 标	2007	2008	2009	2010	2011	2012	2013
农业生产资料价格指数	**109.0**	**116.6**	**101.2**	**103.6**	**112.4**	**104.7**	**101.5**
农用手工工具	107.4	109.8	105.5	100.9	104.3	105.6	103.9
饲料	106.0	111.8	101.3	108.3	106.9	103.1	103.5
混合饲料	106.5	112.0	101.4	106.7	107.8	102.8	103.7
其他	104.9	111.3	101.2	112.5	102.1	105.1	102.2
产品畜	150.9	133.3	90.1	98.7	142.0	106.0	100.6
幼禽家畜	150.9	133.3	90.1	98.7	142.0	106.0	100.6
半机械化农具	103.3	103.9	100.5	99.8	100.4	100.3	100.1
机械化农具	102.8	105.7	101.1	100.1	100.5	100.5	100.2
农用机械	102.8	105.7	101.1	100.1	100.5	100.5	100.2
化学肥料	104.0	120.5	101.7	101.0	106.4	104.8	99.1
氮肥	99.3	115.8	100.0	99.2	110.4	106.4	97.7
磷肥	105.4	118.3	100.3	110.2	103.5	103.5	100.3
钾肥	106.5	131.3	107.7	101.0	106.0	102.9	100.3
复合肥料	111.8	127.9	103.7	96.7	102.1	103.5	100.5
农药及农药械	100.7	105.5	101.1	101.0	101.6	102.1	102.4
化学农药	100.0	105.3	101.6	101.1	101.5	101.2	102.2
杀虫剂	99.2	105.6	101.8	101.1	101.3	99.5	101.5
杀菌剂	98.3	103.2	103.5	102.2	103.6	101.2	103.1
除草剂	104.1	106.4	99.0	99.5	99.9	104.9	102.8
农药器械	104.5	106.7	98.1	100.5	102.5	107.2	103.5
农用机油	105.2	112.6	102.3	107.0	109.4	105.1	99.1
其他农业生产资料	102.2	104.4	103.8	108.0	110.9	103.1	101.9
农用种子	102.2	103.3	106.9	112.3	112.6	103.4	102.0
其他	102.2	106.1	99.1	101.5	101.6	101.6	101.4
农用薄膜	102.3	105.5	97.4	102.2	101.5	101.8	101.6
其他	102.1	107.8	103.5	99.6	101.8	101.1	100.9
农业生产服务	117.5	114.5	112.3	109.9	120.2	112.2	109.7
# 排灌费	106.1	104.1	103.4	102.3	103.7	106.4	105.3
机械作业费	117.5	112.0	108.7	113.2	118.8	117.5	106.2

3-15 主要年份工业生产者价格指数

(上年同期=100)

年 份	工业生产者出厂价格指数	生产资料	生活资料	工业生产者购进价格指数
1991	105.9	107.1	103.9	108.6
1992	106.1	106.9	104.3	112.5
1993	127.4	135.0	112.4	137.2
1994	115.4	112.2	122.1	120.9
1995	112.3	108.4	120.6	115.5
1996	102.2	103.4	99.7	106.1
1997	100.9	99.9	102.9	101.5
1998	97.3	97.8	96.4	95.3
1999	97.0	96.4	98.3	96.4
2000	98.1	98.6	97.0	101.5
2001	98.5	98.5	98.5	100.4
2002	97.7	98.0	97.1	99.2
2003	100.5	101.4	98.3	101.7
2004	105.4	107.0	101.3	110.3
2005	104.0	105.5	100.1	109.3
2006	101.9	102.8	99.1	104.3
2007	103.9	103.3	105.9	105.7
2008	109.3	109.6	108.0	112.4
2009	96.5	95.7	98.8	95.3
2010	105.0	105.7	102.8	106.1
2011	107.3	107.9	105.7	112.6
2012	98.6	97.9	100.6	100.0
2013	98.7	98.2	99.9	99.2

3-16 按轻重部类分组的工业生产者出厂价格指数(2008-2013)

(上年同期=100)

项　　目	2008年	2009年	2010年	2011年	2012年	2013年
总指数	**109.3**	**96.5**	**105.0**	**107.3**	**98.6**	**98.7**
按轻重工业分						
轻工业	107.9	98.8	103.3	107.7	99.9	100.2
以农产品为原料	108.9	98.4	105.9	109.7	100.5	101.7
以非农产品为原料	106.8	99.4	99.6	99.8	97.5	94.4
重工业	110.2	94.8	106.3	107.2	98.0	98.0
采掘	115.3	96.6	112.5	116.8	98.2	97.5
原料	109.9	93.6	108.8	107.8	98.4	98.5
加工	109.4	95.3	102.8	105.1	97.8	97.9
按生产生活资料分						
生产资料	109.6	95.7	105.7	107.9	97.9	98.2
采掘	118.3	96.3	112.6	116.8	98.2	97.5
原料	107.9	93.4	109.0	108.5	98.2	98.3
加工	109.1	96.7	103.0	106.1	97.7	98.3
生活资料	108.0	98.9	102.8	105.7	100.6	99.9
食品	110.1	98.5	104.4	109.6	101.6	101.1
衣着	105.8	103.1	101.2	102.5	102.2	104.6
一般日用品	106.1	101.1	102.9	102.8	98.5	99.2
耐用消费品	101.4	96.8	94.2	92.3	97.3	92.2
按工业部门分						
冶金工业	114.9	85.7	110.6	111.3	93.9	94.1
电力工业	102.2	100.4	103.1	99.8	100.2	100.5
煤炭及炼焦工业	130.5	98.6	112.1	118.3	95.8	94.3
石油工业	110.2	99.1	111.0	112.4	101.8	103.0
化学工业	108.7	94.6	105.5	109.6	99.4	97.6
机械工业	103.3	99.9	100.0	101.6	98.7	98.5
建筑材料工业	113.5	103.2	99.0	103.3	98.0	99.5
森林工业	106.3	101.3	104.7	100.0	102.8	101.3
食品工业	111.8	98.3	104.4	109.4	101.6	101.3
纺织工业	99.2	97.9	115.8	117.6	92.7	101.9
缝纫工业	102.4	103.1	101.0	103.4	107.3	101.7
皮革工业	107.1	97.5	100.7	101.5	100.5	106.6
造纸工业	108.4	94.7	102.1	108.5	99.3	97.9
文教艺术用品工业	103.2	102.1	102.1	97.9	99.2	100.0
其它工业	105.6	100.9	104.0	108.7	101.6	102.3

3-17 分月工业生产者出厂价格指数(2013年)

(上年同月＝100)

类别	全年	1月	2月	3月	4月	5月	6月
工业生产者出厂价格指数	**98.7**	**98.0**	**98.2**	**98.3**	**97.7**	**97.8**	**98.3**
#轻工业	100.2	99.6	99.7	99.8	99.4	99.6	101.0
以农产品为原料	101.7	100.7	101.1	101.0	100.5	100.9	102.6
以非农产品为原料	94.4	95.0	94.2	95.1	95.2	94.5	94.7
重工业	98.0	97.4	97.5	97.6	97.0	97.0	97.2
采掘	97.5	95.5	96.0	96.5	95.3	94.8	95.6
原料	98.5	98.8	98.5	98.4	97.7	97.3	97.4
加工	97.9	97.2	97.4	97.6	97.0	97.3	97.5
#生产资料	98.2	97.5	97.7	97.9	97.3	97.3	97.6
采掘	97.5	95.5	96.0	96.5	95.3	94.8	95.6
原料	98.3	98.5	98.3	98.3	97.7	97.3	97.3
加工	98.3	97.5	97.7	98.0	97.5	97.8	98.1
生活资料	99.9	99.5	99.7	99.4	98.9	99.1	100.3
食品	101.1	100.3	100.8	100.4	99.5	99.9	102.3
衣着	104.6	104.9	105.1	102.9	102.3	102.8	100.6
一般日用品	99.2	99.3	99.2	99.1	99.2	99.1	99.0
耐用消费品	92.2	93.2	92.2	93.2	93.8	92.8	92.2
按工业部门分							
冶金工业	94.1	93.0	93.2	93.1	92.2	92.3	92.9
电力工业	100.5	104.6	103.8	102.9	101.6	100.9	99.2
煤炭及炼焦工业	94.3	88.5	89.9	90.9	90.0	89.9	91.5
石油工业	103.0	102.9	102.2	101.9	101.4	101.3	102.1
化学工业	97.6	97.7	97.7	97.6	97.3	97.0	97.1
机械工业	98.5	97.9	98.1	98.6	98.2	98.3	98.5
建筑材料工业	99.5	98.2	98.0	99.2	99.0	99.1	99.3
森林工业	101.3	103.5	102.9	101.7	101.7	101.4	100.7
食品工业	101.3	100.7	101.3	101.0	100.0	100.4	102.7
纺织工业	101.9	98.9	98.6	100.2	101.9	101.6	103.1
缝纫工业	101.7	106.2	100.8	95.8	97.9	99.5	101.0
皮革工业	106.6	104.6	108.0	107.1	105.2	105.0	100.8
造纸工业	97.9	97.2	96.8	97.1	97.7	97.9	98.3
文教艺术用品工业	100.0	100.6	100.2	99.8	100.0	99.7	99.8
其它工业	102.3	99.8	100.2	100.6	99.9	103.0	103.6

3-17 续表

(上年同月=100)

类　别	7月	8月	9月	10月	11月	12月
工业生产者出厂价格指数	**98.6**	**99.1**	**99.3**	**99.5**	**99.7**	**99.4**
#轻工业	100.7	100.6	100.2	100.6	100.8	100.5
以农产品为原料	102.3	102.5	101.9	102.1	102.5	101.9
以非农产品为原料	94.3	92.8	93.2	94.5	94.0	94.7
重工业	97.7	98.5	98.9	99.1	99.2	98.9
采掘	97.1	99.1	100.1	100.1	100.6	99.7
原料	97.9	98.5	99.0	99.2	99.7	99.5
加工	97.7	98.4	98.6	98.8	98.8	98.6
#生产资料	98.0	98.8	99.1	99.2	99.4	99.1
采掘	97.1	99.1	100.1	100.1	100.6	99.7
原料	97.9	98.5	98.8	98.9	99.4	99.3
加工	98.2	98.9	99.1	99.2	99.2	98.9
生活资料	100.1	100.0	99.7	100.5	100.6	100.4
食品	102.1	102.1	101.3	101.6	101.7	101.0
衣着	101.8	104.4	105.0	107.3	108.4	110.2
一般日用品	98.9	99.0	99.0	99.1	99.3	99.5
耐用消费品	91.2	89.1	90.4	93.0	92.5	93.4
按工业部门分						
冶金工业	93.1	95.4	96.0	96.0	96.3	96.3
电力工业	98.6	98.8	98.7	98.1	98.7	99.4
煤炭及炼焦工业	95.3	97.8	100.1	100.7	100.7	99.4
石油工业	103.0	104.7	104.3	104.1	104.3	103.5
化学工业	97.0	97.3	97.1	97.9	98.6	98.6
机械工业	98.8	98.2	98.6	99.1	98.7	98.3
建筑材料工业	99.4	100.0	100.8	100.5	100.6	100.3
森林工业	100.4	100.3	100.4	100.3	101.7	101.2
食品工业	102.2	102.1	101.3	101.5	101.6	100.9
纺织工业	103.2	104.2	103.5	102.5	103.1	102.1
缝纫工业	101.2	102.3	101.1	104.0	105.6	105.4
皮革工业	103.0	106.0	107.2	109.4	109.8	112.4
造纸工业	98.3	98.3	98.6	98.5	98.2	98.2
文教艺术用品工业	99.9	99.7	100.3	100.0	100.0	99.6
其它工业	103.3	102.2	102.6	103.2	104.7	104.0

3-18 分月工业生产者出厂价格环比指数(2013年)

(上月=100)

类 别	1月	2月	3月	4月	5月	6月
全部工业品	**100.4**	**100.0**	**100.1**	**99.5**	**99.5**	**99.4**
#轻工业	100.3	99.7	100.0	99.7	99.8	100.0
以农产品为原料	100.5	99.9	100.0	99.6	100.0	100.1
以非农产品为原料	99.6	98.8	100.1	99.8	99.1	99.6
重工业	100.5	100.2	100.1	99.4	99.4	99.2
采掘	99.8	100.2	100.5	99.4	99.2	99.6
原料	101.5	100.2	100.2	99.3	98.8	97.9
加工	100.1	100.1	100.1	99.5	99.7	99.7
#生产资料	100.4	100.1	100.2	99.5	99.5	99.3
采掘	99.8	100.2	100.5	99.4	99.1	99.6
原料	101.5	100.3	100.2	99.3	98.8	97.9
加工	100.1	100.1	100.1	99.6	99.8	99.7
生活资料	100.4	99.7	99.8	99.5	99.7	100.0
食品	100.5	100.1	99.7	99.2	99.8	100.2
衣着	100.7	98.7	98.4	101.2	100.5	98.6
一般日用品	100.1	99.9	100.3	99.8	99.7	100.0
耐用消费品	99.5	97.9	100.4	99.9	98.7	99.5
按工业部门分						
冶金工业	99.9	100.4	99.6	98.8	99.3	99.1
电力工业	103.2	100.4	100.0	99.3	97.7	94.6
煤炭及炼焦工业	99.6	100.3	100.7	99.6	98.8	99.6
石油工业	101.1	99.9	100.4	99.9	99.4	99.6
化学工业	100.4	99.9	100.1	99.5	99.6	99.6
机械工业	100.0	99.9	100.2	99.7	99.7	100.1
建筑材料工业	100.2	99.5	101.0	99.6	99.8	99.7
森林工业	100.6	99.5	100.1	100.0	100.1	99.9
食品工业	100.6	100.1	99.9	99.2	99.7	100.1
纺织工业	100.3	100.5	101.0	100.6	99.7	100.7
缝纫工业	103.2	96.1	96.8	104.3	101.7	101.3
皮革工业	99.3	100.1	99.1	100.0	99.9	97.3
造纸工业	99.6	99.0	100.1	100.4	100.1	99.9
文教艺术用品工业	99.9	99.7	100.0	100.1	99.7	100.1
其它工业	99.9	100.3	99.7	100.1	102.8	100.4

3-18 续表

(上月=100)

类别	7月	8月	9月	10月	11月	12月
全部工业品	**99.6**	**99.9**	**100.2**	**100.2**	**100.3**	**100.4**
#轻工业	99.9	99.8	100.3	100.6	100.2	100.2
以农产品为原料	100.0	100.2	100.4	100.6	100.4	100.3
以非农产品为原料	99.6	98.1	100.1	100.4	99.4	100.1
重工业	99.4	99.9	100.1	100.0	100.3	100.5
采掘	99.8	100.5	100.2	100.1	100.1	100.2
原料	98.8	99.8	100.2	100.0	101.1	101.7
加工	99.6	99.8	100.1	100.0	100.0	100.0
#生产资料	99.4	99.9	100.1	100.0	100.3	100.4
采掘	99.8	100.5	100.2	100.1	100.1	100.2
原料	98.8	99.8	100.1	100.0	101.1	101.7
加工	99.6	99.9	100.1	100.0	100.0	99.9
生活资料	99.9	99.7	100.4	100.7	100.2	100.5
食品	99.8	99.9	100.5	100.6	100.2	100.4
衣着	102.6	102.3	99.9	102.2	102.2	102.7
一般日用品	99.7	100.0	100.0	99.9	100.0	100.1
耐用消费品	99.4	96.8	100.9	101.0	99.2	100.1
按工业部门分						
冶金工业	98.8	100.5	100.3	100.1	99.9	99.7
电力工业	96.9	99.8	100.1	99.4	103.1	105.4
煤炭及炼焦工业	100.5	99.7	100.0	99.9	100.3	100.3
石油工业	100.1	101.7	100.5	100.4	100.1	100.3
化学工业	99.2	99.7	99.8	100.3	100.1	100.1
机械工业	100.2	99.1	100.2	99.9	99.6	99.8
建筑材料工业	99.4	99.6	100.0	100.1	100.8	100.7
森林工业	100.0	99.9	100.3	100.0	101.0	99.9
食品工业	99.8	100.0	100.6	100.7	100.1	100.2
纺织工业	99.5	100.7	99.4	99.9	100.4	99.5
缝纫工业	100.2	101.1	98.9	100.5	101.7	99.7
皮革工业	104.4	102.4	100.4	102.9	102.4	104.0
造纸工业	99.9	99.8	100.0	99.4	99.9	100.0
文教艺术用品工业	100.1	100.0	100.0	100.0	100.0	100.0
其它工业	99.8	99.8	100.2	100.4	101.0	99.6

3-19 分行业工业生产者出厂价格指数(2013年)

(上年同月＝100)

类　别	全年	1月	2月	3月	4月	5月	6月
煤炭开采和洗选业	**94.9**	**89.2**	**90.6**	**91.9**	**91.0**	**91.0**	**92.8**
烟煤和无烟煤开采洗选	94.9	89.2	90.7	91.9	91.0	91.0	92.7
其他煤炭采选	106.8	79.7	79.7	79.7	79.7	114.6	134.2
石油和天然气开采业	**103.4**	**102.8**	**102.6**	**102.8**	**102.4**	**102.2**	**102.3**
石油开采	96.4	97.0	95.3	98.2	93.9	92.0	92.5
天然气开采	104.1	103.3	103.3	103.3	103.3	103.3	103.3
黑色金属矿采选业	**94.1**	**91.1**	**93.2**	**93.2**	**90.6**	**88.7**	**88.8**
铁矿采选	94.0	91.0	93.1	93.1	90.5	88.6	88.7
锰矿、铬矿采选	97.6	100.0	100.0	100.0	100.0	100.0	100.0
有色金属矿采选业	**89.7**	**98.0**	**93.4**	**93.0**	**89.5**	**86.1**	**87.8**
常用有色金属矿采选	91.5	100.6	96.2	94.4	90.9	88.0	89.9
贵金属矿采选	83.7	102.2	94.2	93.8	90.3	87.3	82.3
稀有稀土金属矿采选	65.0	70.4	64.3	76.2	71.2	58.8	58.8
非金属矿采选业	**102.8**	**102.6**	**102.8**	**104.0**	**103.2**	**103.7**	**103.5**
土砂石开采	104.3	104.4	104.3	106.2	106.3	106.3	105.8
化学矿开采	97.8	106.0	105.9	107.3	101.6	96.9	96.8
采盐	100.7	95.1	96.1	95.5	94.2	99.3	100.3
石棉及其他非金属矿采选	99.6	99.2	99.8	99.8	99.4	99.1	99.5
其他采矿业	**100.0**	**100.0**	**100.0**	**100.0**	**100.0**	**100.0**	**100.0**
农副食品加工业	**103.3**	**103.7**	**104.9**	**104.5**	**103.0**	**103.3**	**104.2**
谷物磨制	101.5	104.4	104.1	103.3	102.7	102.1	99.8
饲料加工	102.2	104.6	104.7	105.5	104.9	103.7	104.4
植物油加工	96.6	103.3	100.3	98.5	95.1	93.9	99.5
制糖业	93.4	90.3	88.9	91.7	90.6	89.3	95.6
屠宰及肉类加工	105.7	103.4	106.4	105.8	103.9	105.5	106.3
蔬菜、水果和坚果加工	104.0	104.2	105.6	106.1	105.5	104.5	104.2
其他农副食品加工	103.2	103.0	102.7	102.5	103.5	103.3	103.9
食品制造业	**102.6**	**101.5**	**102.1**	**102.0**	**102.1**	**102.5**	**102.3**
焙烤食品制造	100.7	100.1	100.7	101.1	100.9	100.8	101.2
糖果、巧克力及蜜饯制造	98.6	99.6	99.5	99.7	99.4	99.6	99.8
方便食品制造	103.4	102.6	103.5	103.1	103.0	103.5	102.8
乳制品制造	108.6	105.3	106.7	108.2	108.2	108.2	107.3
罐头食品制造	105.1	100.2	100.9	101.7	104.3	106.0	106.3
调味品、发酵制品制造	101.8	101.6	102.8	102.1	101.8	101.6	101.9
其他食品制造	97.8	100.2	98.5	97.3	96.0	96.6	95.8
酒、饮料和精制茶制造业	**97.8**	**95.7**	**95.5**	**95.6**	**94.8**	**95.3**	**100.9**
酒的制造	97.3	94.4	94.3	94.3	93.4	94.1	101.0
饮料制造	98.7	100.1	99.6	100.6	100.5	100.0	99.3
精制茶加工	103.0	104.2	104.2	102.4	101.9	102.4	102.5
烟草制品业	**100.4**	**101.6**	**101.5**	**100.3**	**100.2**	**100.3**	**100.3**
烟叶复烤	100.0	100.0	100.0	100.0	100.0	100.0	100.0
卷烟制造	100.2	101.3	101.3	100.0	100.0	100.0	100.0
其他烟草制品制造	106.5	112.4	108.2	109.6	105.6	109.3	107.2
纺织业	**102.0**	**98.9**	**98.6**	**100.3**	**101.9**	**101.7**	**103.3**
棉纺织及印染精加工	98.5	94.9	93.5	95.7	97.8	98.7	100.6
麻纺织及染整精加工	107.5	96.7	97.2	100.7	108.6	108.1	110.1
丝绢纺织及印染精加工	107.1	105.6	107.0	107.9	107.9	106.5	107.4
针织或钩针编织物及其制品制造	105.9	96.1	101.6	101.6	101.6	105.7	109.3
家用纺织制成品制造	99.8	98.8	98.9	100.3	99.9	99.7	100.1
非家用纺织制成品制造	96.0	97.7	96.3	94.5	97.7	92.2	95.1

3-19 续表 1

(上年同月＝100)

类　别	7月	8月	9月	10月	11月	12月
煤炭开采和洗选业	**96.3**	**98.5**	**100.3**	**100.8**	**100.5**	**98.8**
烟煤和无烟煤开采洗选	96.2	98.4	100.3	100.7	100.4	98.7
其他煤炭采选	134.2	134.2	134.2	134.2	134.2	114.6
石油和天然气开采业	**102.6**	**104.8**	**104.8**	**104.8**	**105.0**	**103.6**
石油开采	95.8	99.4	99.4	96.2	98.0	99.9
天然气开采	103.3	105.3	105.3	105.6	105.6	103.9
黑色金属矿采选业	**91.8**	**93.2**	**97.3**	**98.2**	**101.4**	**103.6**
铁矿采选	91.7	93.1	97.3	98.2	101.5	103.8
锰矿、铬矿采选	100.0	100.0	100.0	100.0	85.7	85.7
有色金属矿采选业	**86.6**	**89.3**	**88.0**	**87.5**	**89.3**	**88.4**
常用有色金属矿采选	88.7	90.8	89.9	89.4	90.8	89.2
贵金属矿采选	78.8	80.7	76.0	74.0	74.4	70.9
稀有稀土金属矿采选	58.2	65.1	59.0	59.5	64.2	75.0
非金属矿采选业	**102.6**	**104.5**	**102.8**	**101.5**	**101.7**	**100.3**
土砂石开采	104.7	104.4	104.7	103.4	101.0	100.8
化学矿开采	93.0	94.6	93.5	95.1	92.0	92.0
采盐	102.1	114.2	102.4	98.6	112.1	102.7
石棉及其他非金属矿采选	99.5	99.4	99.4	99.4	99.1	101.2
其他采矿业	**100.0**	**100.0**	**100.0**	**100.0**	**100.0**	**100.0**
农副食品加工业	**103.4**	**103.4**	**102.1**	**102.7**	**103.0**	**101.9**
谷物磨制	98.3	100.9	100.4	100.7	100.9	100.6
饲料加工	101.3	100.6	99.6	99.0	99.2	99.3
植物油加工	97.4	94.0	92.0	92.8	96.8	96.6
制糖业	95.7	95.6	95.8	96.7	96.5	96.0
屠宰及肉类加工	107.0	107.6	105.6	106.9	106.5	104.1
蔬菜、水果和坚果加工	102.5	103.1	103.5	103.2	102.8	103.2
其他农副食品加工	103.8	103.6	103.1	102.9	103.1	102.8
食品制造业	**102.7**	**102.8**	**103.1**	**103.2**	**103.3**	**103.1**
焙烤食品制造	101.2	101.1	100.7	100.3	100.3	100.1
糖果、巧克力及蜜饯制造	99.7	99.8	99.6	95.4	95.6	95.6
方便食品制造	103.7	103.0	103.9	104.3	104.1	103.2
乳制品制造	107.8	107.8	110.8	111.0	110.8	110.7
罐头食品制造	107.2	107.8	107.1	107.2	106.0	106.6
调味品、发酵制品制造	101.3	102.0	101.8	101.7	102.2	101.0
其他食品制造	96.3	96.7	96.8	98.3	100.4	101.5
酒、饮料和精制茶制造业	**100.5**	**100.3**	**99.5**	**99.2**	**98.9**	**98.7**
酒的制造	100.7	100.6	99.6	99.2	98.8	98.7
饮料制造	98.5	97.2	97.9	97.6	97.1	96.5
精制茶加工	103.2	103.0	102.8	103.1	103.3	103.2
烟草制品业	**100.3**	**100.1**	**100.2**	**100.1**	**100.1**	**100.1**
烟叶复烤	100.0	100.0	100.0	100.0	100.0	100.0
卷烟制造	100.0	100.0	100.0	100.0	100.0	100.0
其他烟草制品制造	108.4	103.5	105.0	103.0	103.6	103.0
纺织业	**103.3**	**104.3**	**103.6**	**102.7**	**103.2**	**102.3**
棉纺织及印染精加工	100.8	101.3	100.2	99.0	99.7	100.2
麻纺织及染整精加工	109.4	108.8	113.9	109.1	114.7	113.6
丝绢纺织及印染精加工	108.0	109.4	107.4	107.7	106.9	103.9
针织或钩针编织物及其制品制造	109.3	109.3	109.3	109.3	109.3	109.3
家用纺织制成品制造	100.1	99.8	100.2	99.9	99.7	100.6
非家用纺织制成品制造	91.7	95.8	99.6	96.3	99.0	96.0

3-19 续表 2

（上年同月＝100）

类　　别	全年	1月	2月	3月	4月	5月	6月
纺织服装、服饰业	**101.2**	**107.5**	**100.6**	**95.0**	**97.3**	**98.8**	**100.0**
机织服装制造	101.2	107.5	100.6	95.0	97.3	98.8	100.0
皮革、毛皮、羽毛及其制品和制鞋业	**107.4**	**102.7**	**105.1**	**105.2**	**103.8**	**106.8**	**104.4**
皮革鞣制加工	103.1	101.6	104.4	104.3	103.9	102.3	101.7
皮革制品制造	103.8	106.3	105.2	105.2	103.0	104.0	104.4
毛皮鞣制及制品加工	99.7	102.4	94.0	94.4	97.5	98.3	100.9
羽毛(绒)加工及制品制造	116.4	95.7	95.7	100.0	100.0	120.9	124.8
制鞋业	106.4	104.1	107.6	106.6	104.8	104.7	100.1
木材加工和木、竹、藤、棕、草制品业	**100.8**	**101.2**	**101.2**	**101.0**	**100.7**	**101.0**	**101.0**
木材加工	99.6	100.0	100.0	100.0	100.0	100.0	100.0
人造板制造	100.8	101.3	101.5	101.1	100.9	101.2	101.2
木制品制造	101.1	101.3	101.3	101.3	100.9	101.1	101.1
竹、藤、棕、草等制品制造	101.2	101.8	100.1	101.2	100.4	99.8	100.3
家具制造业	**101.7**	**105.3**	**104.2**	**102.4**	**102.6**	**101.8**	**100.8**
木质家具制造	102.0	106.3	105.0	102.5	102.9	101.9	100.4
竹、藤家具制造	100.1	99.7	100.0	99.5	99.7	100.5	100.3
金属家具制造	100.4	100.8	100.8	100.7	100.8	100.3	100.3
塑料家具制造	99.5	98.6	98.6	100.0	104.4	97.2	97.2
其他家具制造	101.2	103.5	103.2	103.2	102.4	102.6	102.7
造纸和纸制品业	**97.9**	**97.2**	**96.8**	**97.1**	**97.7**	**97.9**	**98.3**
纸浆制造	99.8	98.9	99.1	100.3	99.6	99.6	99.9
造纸	96.9	96.5	95.5	95.7	96.3	96.5	96.5
纸制品制造	99.0	98.1	98.2	98.6	99.1	99.4	100.3
印刷和记录媒介复制业	**100.0**	**100.7**	**100.2**	**99.8**	**100.0**	**99.7**	**99.8**
印刷	100.0	100.7	100.2	99.8	100.0	99.6	99.8
装订及印刷相关服务	100.0	100.0	100.0	100.0	100.0	100.0	100.0
文教、工美、体育和娱乐用品制造业	**100.3**	**101.6**	**98.6**	**100.0**	**102.4**	**105.6**	**102.7**
乐器制造	100.0	100.0	100.0	100.0	100.0	100.0	100.0
工艺美术品制造	100.3	101.9	98.2	99.9	102.9	106.9	103.3
石油加工、炼焦和核燃料加工业	**96.5**	**94.8**	**94.1**	**93.2**	**92.5**	**92.2**	**94.0**
精炼石油产品制造	100.8	103.2	101.2	99.7	99.1	98.8	101.8
炼焦	91.0	85.2	85.8	85.5	84.8	84.3	85.0
化学原料和化学制品制造业	**96.1**	**96.5**	**96.8**	**96.7**	**96.0**	**95.1**	**94.8**
基础化学原料制造	96.6	94.8	95.9	95.8	95.8	95.1	95.3
肥料制造	89.5	93.1	93.8	92.4	91.8	89.1	86.8
农药制造	106.7	111.5	107.6	103.9	99.7	103.0	105.3
涂料、油墨、颜料及类似产品制造	99.2	99.8	99.5	99.1	99.3	98.4	99.6
合成材料制造	98.4	98.4	97.9	99.0	99.3	98.7	98.9
专用化学产品制造	97.1	95.1	95.1	98.1	95.8	95.9	97.0
炸药、火工及焰火产品制造	99.3	100.3	100.0	100.2	99.3	99.8	99.2
日用化学产品制造	101.6	103.7	104.3	103.4	102.5	100.4	100.1
医药制造业	**99.7**	**100.3**	**100.0**	**99.2**	**99.5**	**99.7**	**100.0**
化学药品原料药制造	96.9	97.7	98.5	97.0	96.7	96.3	96.1
化学药品制剂制造	98.1	101.0	98.8	96.7	99.4	99.0	99.6
中药饮片加工	100.5	98.0	98.7	98.3	97.4	98.5	98.9
中成药生产	101.7	102.6	102.0	101.0	101.3	102.1	102.7
兽用药品制造	101.9	100.1	101.2	103.3	102.0	102.0	102.0
生物药品制造	99.3	101.0	99.5	100.8	100.8	100.0	99.4
卫生材料及医药用品制造	100.3	100.2	100.2	100.4	100.4	100.3	100.4
化学纤维制造业	**90.8**	**89.5**	**87.4**	**88.6**	**89.3**	**90.9**	**93.5**
纤维素纤维原料及纤维制造	89.7	90.8	87.2	88.2	88.9	91.0	92.4
合成纤维制造	91.9	88.1	87.7	89.0	89.8	90.8	94.7

3-19 续表 3

(上年同月＝100)

类　别	7月	8月	9月	10月	11月	12月
纺织服装、服饰业	**100.2**	**101.5**	**100.1**	**103.3**	**105.1**	**104.9**
机织服装制造	100.2	101.5	100.1	103.3	105.1	104.9
皮革、毛皮、羽毛及其制品和制鞋业	**105.6**	**107.7**	**109.1**	**111.2**	**112.5**	**113.9**
皮革鞣制加工	105.5	104.5	102.9	103.8	101.5	100.8
皮革制品制造	104.3	104.5	104.5	104.7	101.8	98.3
毛皮鞣制及制品加工	103.7	103.7	104.0	100.3	99.2	99.0
羽毛(绒)加工及制品制造	122.4	120.9	124.2	127.9	134.8	131.8
制鞋业	101.8	105.5	107.1	109.4	110.6	114.0
木材加工和木、竹、藤、棕、草制品业	**101.0**	**100.7**	**100.9**	**100.4**	**100.0**	**99.9**
木材加工	100.0	97.7	100.0	97.7	100.0	100.0
人造板制造	101.1	100.9	101.0	100.6	99.5	99.2
木制品制造	101.0	100.9	101.1	101.1	101.1	101.3
竹、藤、棕、草等制品制造	102.1	102.5	101.6	101.5	101.5	101.5
家具制造业	**99.9**	**99.7**	**99.7**	**100.1**	**102.5**	**102.0**
木质家具制造	99.9	99.8	99.7	100.2	103.6	102.8
竹、藤家具制造	100.0	100.5	101.1	100.3	100.0	100.0
金属家具制造	100.3	100.3	100.3	100.2	100.2	100.2
塑料家具制造	97.2	97.2	97.2	104.3	101.4	101.4
其他家具制造	100.3	99.2	99.4	99.7	99.3	99.2
造纸和纸制品业	**98.3**	**98.3**	**98.6**	**98.5**	**98.2**	**98.2**
纸浆制造	100.6	100.1	100.4	100.6	99.6	98.7
造纸	96.7	97.3	97.7	98.2	97.8	97.9
纸制品制造	100.1	99.4	99.5	98.7	98.5	98.4
印刷和记录媒介复制业	**99.9**	**99.7**	**100.4**	**100.1**	**100.0**	**99.6**
印刷	99.9	99.7	100.4	100.1	100.0	99.5
装订及印刷相关服务	100.0	100.0	100.0	100.0	100.1	100.1
文教、工美、体育和娱乐用品制造业	**101.4**	**98.3**	**97.1**	**98.4**	**98.2**	**99.5**
乐器制造	100.0	100.0	100.0	100.0	100.0	100.0
工艺美术品制造	101.7	97.9	96.4	98.0	97.7	99.4
石油加工、炼焦和核燃料加工业	**98.0**	**99.7**	**99.6**	**99.6**	**100.3**	**100.8**
精炼石油产品制造	104.5	104.5	100.4	98.9	99.0	99.2
炼焦	90.3	93.8	98.5	100.5	101.9	102.7
化学原料和化学制品制造业	**94.7**	**95.0**	**95.5**	**96.9**	**97.4**	**97.6**
基础化学原料制造	96.5	96.9	97.1	98.4	99.1	98.7
肥料制造	86.0	86.2	86.6	88.1	89.7	90.2
农药制造	104.0	107.6	110.6	113.5	109.0	104.5
涂料、油墨、颜料及类似产品制造	99.3	99.1	99.3	99.1	99.2	99.2
合成材料制造	98.5	97.5	98.1	97.9	98.0	98.4
专用化学产品制造	95.2	95.1	95.9	99.4	99.7	103.1
炸药、火工及焰火产品制造	99.1	99.0	99.1	98.3	98.6	98.4
日用化学产品制造	100.6	100.7	100.2	101.4	101.6	100.7
医药制造业	**99.9**	**99.7**	**99.0**	**99.7**	**99.9**	**100.0**
化学药品原料药制造	94.7	95.8	95.6	97.4	98.5	98.3
化学药品制剂制造	99.6	97.7	96.7	97.3	96.1	95.7
中药饮片加工	101.9	102.5	101.5	102.0	103.8	104.4
中成药生产	102.7	101.8	100.6	101.0	101.1	101.2
兽用药品制造	102.0	101.9	102.2	102.0	101.9	101.9
生物药品制造	94.1	96.9	98.1	100.5	99.7	101.3
卫生材料及医药用品制造	100.4	100.4	100.4	100.4	100.4	100.4
化学纤维制造业	**94.7**	**93.5**	**90.8**	**89.7**	**90.5**	**92.1**
纤维素纤维原料及纤维制造	94.3	94.1	86.7	85.9	87.9	89.7
合成纤维制造	95.1	92.8	95.1	93.8	93.4	94.6

3-19 续表 4

(上年同月=100)

类别	全年	1月	2月	3月	4月	5月	6月
橡胶和塑料制品业	**99.4**	**98.6**	**98.7**	**98.9**	**99.0**	**99.3**	**99.3**
橡胶制品业	98.6	97.2	98.7	99.1	98.0	98.2	98.0
塑料制品业	99.5	98.8	98.7	98.9	99.1	99.5	99.5
非金属矿物制品业	**99.0**	**97.9**	**97.7**	**98.7**	**98.3**	**98.4**	**98.7**
水泥、石灰和石膏制造	100.2	98.4	97.6	99.7	99.6	99.9	100.3
石膏、水泥制品及类似制品制造	99.4	97.6	98.4	98.8	98.9	99.1	99.0
砖瓦、石材等建筑材料制造	99.3	98.6	97.9	98.5	98.2	98.4	97.9
玻璃制造	102.9	104.7	105.5	103.1	103.0	101.1	100.2
玻璃制品制造	97.2	96.2	96.1	98.0	96.1	96.0	98.2
玻璃纤维和玻璃纤维增强塑料制品制造	96.3	96.4	97.2	97.8	96.4	96.1	98.1
陶瓷制品制造	71.3	68.1	68.3	67.3	67.2	66.7	68.3
耐火材料制品制造	98.9	98.5	98.8	98.6	99.0	98.8	98.3
石墨及其他非金属矿物制品制造	97.9	96.7	97.6	96.6	96.7	97.2	97.3
黑色金属冶炼和压延加工业	**93.6**	**90.3**	**91.0**	**91.2**	**90.7**	**91.6**	**92.4**
炼铁	92.5	89.1	84.4	85.4	87.5	89.8	91.9
炼钢	94.3	90.3	91.3	91.7	94.1	93.0	93.8
黑色金属铸造	99.8	96.4	97.2	98.7	98.5	98.7	100.1
钢压延加工	91.9	88.9	89.6	89.3	87.8	89.3	90.4
铁合金冶炼	96.4	92.3	93.6	95.1	95.5	95.6	94.6
有色金属冶炼和压延加工业	**93.0**	**97.0**	**95.3**	**94.0**	**92.8**	**92.5**	**93.1**
常用有色金属冶炼	94.7	95.2	93.3	93.3	93.4	93.5	95.3
贵金属冶炼	91.1	99.1	97.0	96.0	94.8	94.3	91.5
稀有稀土金属冶炼	93.4	95.6	97.1	91.4	89.8	87.1	90.1
有色金属合金制造	97.9	98.4	97.4	97.0	98.3	97.0	97.0
有色金属铸造	97.5	98.5	104.4	102.4	95.4	100.6	101.9
有色金属压延加工	89.3	98.8	96.3	93.1	90.8	89.4	88.4
金属制品业	**99.1**	**98.1**	**98.7**	**99.3**	**98.8**	**98.5**	**98.6**
结构性金属制品制造	97.3	95.8	96.0	96.7	96.7	96.9	97.2
金属工具制造	101.7	99.0	100.1	102.0	102.4	102.1	101.4
集装箱及金属包装容器制造	100.5	101.1	100.5	99.9	100.4	100.8	100.7
金属丝绳及其制品制造	95.0	93.0	92.6	94.0	94.7	92.7	92.2
建筑、安全用金属制品制造	95.6	94.8	95.0	95.0	92.7	93.1	95.5
金属表面处理及热处理加工	105.7	104.0	106.8	110.6	108.8	107.2	105.1
金属制日用品制造	100.0	100.0	100.0	100.0	100.0	100.0	100.0
其他金属制品制造	99.0	99.6	100.4	99.7	98.9	97.1	97.5
通用设备制造业	**99.8**	**99.9**	**99.9**	**100.1**	**99.7**	**99.7**	**99.5**
锅炉及原动设备制造	101.5	100.8	100.9	101.0	100.9	100.9	100.8
金属加工机械制造	99.3	100.4	99.6	99.7	99.8	99.5	99.5
物料搬运设备制造	96.4	97.2	99.3	101.5	98.3	94.2	95.2
泵、阀门、压缩机及类似机械制造	99.8	96.5	97.9	98.7	99.0	99.5	100.0
轴承、齿轮和传动部件制造	99.0	99.0	98.7	98.9	98.8	98.7	99.0
烘炉、风机、衡器、包装等设备制造	97.7	100.4	98.5	98.4	98.4	97.9	97.7
文化、办公用机械制造	97.4	97.8	98.2	99.5	96.4	96.0	97.1
通用零部件制造	98.2	102.0	101.6	100.8	98.6	99.6	97.7
其他通用设备制造业	100.3	100.6	100.6	99.7	99.9	99.9	100.1
专用设备制造业	**101.7**	**99.9**	**101.1**	**101.9**	**101.9**	**102.0**	**102.0**
采矿、冶金、建筑专用设备制造	101.6	99.4	100.8	102.0	102.2	102.2	101.9
化工、木材、非金属加工专用设备制造	102.1	102.8	103.0	102.8	101.7	102.5	103.3
食品、饮料、烟草及饲料生产专用设备制造	98.1	99.3	99.0	97.6	97.2	97.2	98.2
印刷、制药、日化及日用品生产专用设备制造	100.3	100.0	100.0	100.0	100.0	100.0	100.0
电子和电工机械专用设备制造	98.3	98.4	98.5	97.7	97.7	98.6	99.4
农、林、牧、渔专用机械制造	110.9	102.3	106.8	109.9	110.9	110.9	112.8
医疗仪器设备及器械制造	100.8	103.0	103.5	102.3	101.6	100.7	100.2
环保、社会公共服务及其他专用设备制造	99.3	98.5	98.5	98.5	98.5	98.5	98.5

3-19 续表 5

(上年同月＝100)

类　　别	7月	8月	9月	10月	11月	12月
橡胶和塑料制品业	**99.1**	**99.7**	**99.5**	**99.4**	**101.0**	**100.4**
橡胶制品业	97.6	99.7	99.8	99.3	99.5	98.9
塑料制品业	99.4	99.7	99.5	99.5	101.3	100.7
非金属矿物制品业	**99.0**	**99.4**	**100.0**	**99.9**	**100.3**	**100.0**
水泥、石灰和石膏制造	100.2	100.3	102.0	101.6	101.9	101.0
石膏、水泥制品及类似制品制造	99.1	100.2	100.2	100.2	100.5	100.9
砖瓦、石材等建筑材料制造	99.1	99.8	100.4	100.3	101.5	101.0
玻璃制造	103.8	103.7	103.2	102.8	102.4	101.8
玻璃制品制造	97.3	97.6	97.5	98.2	97.8	97.6
玻璃纤维和玻璃纤维增强塑料制品制造	96.5	97.4	96.7	94.4	93.8	94.9
陶瓷制品制造	71.3	71.2	74.1	78.2	78.8	81.0
耐火材料制品制造	98.2	99.2	98.6	98.4	98.7	101.3
石墨及其他非金属矿物制品制造	98.4	98.2	98.8	98.8	99.5	98.4
黑色金属冶炼和压延加工业	**92.5**	**95.8**	**97.3**	**97.1**	**97.2**	**97.2**
炼铁	94.1	93.9	101.7	101.6	98.5	97.2
炼钢	94.0	95.3	96.0	96.3	99.4	97.0
黑色金属铸造	100.2	100.2	100.9	102.2	102.7	102.8
钢压延加工	90.3	95.2	97.0	95.9	95.1	95.8
铁合金冶炼	95.2	97.0	98.0	100.1	100.5	99.9
有色金属冶炼和压延加工业	**91.9**	**93.5**	**91.0**	**91.6**	**91.7**	**91.1**
常用有色金属冶炼	95.2	95.0	95.7	94.8	96.4	95.7
贵金属冶炼	89.1	89.4	87.0	85.2	86.0	84.5
稀有稀土金属冶炼	86.4	92.2	97.2	97.3	98.5	100.3
有色金属合金制造	98.9	98.3	98.0	98.9	96.9	99.1
有色金属铸造	97.9	102.2	97.0	100.2	86.6	82.8
有色金属压延加工	85.6	89.6	83.5	85.4	85.7	85.1
金属制品业	**99.4**	**99.7**	**99.3**	**99.6**	**99.3**	**99.4**
结构性金属制品制造	98.0	97.9	98.0	98.9	98.2	97.7
金属工具制造	101.9	102.0	103.0	102.4	101.7	102.2
集装箱及金属包装容器制造	100.5	100.6	100.4	100.6	100.5	100.3
金属丝绳及其制品制造	93.4	96.7	99.6	98.7	99.3	94.5
建筑、安全用金属制品制造	95.6	95.6	95.0	96.0	96.9	102.1
金属表面处理及热处理加工	108.2	106.2	103.1	103.3	102.9	102.6
金属制日用品制造	100.0	100.0	100.0	100.0	100.0	100.0
其他金属制品制造	98.2	100.7	100.1	99.0	98.7	98.3
通用设备制造业	**100.1**	**99.9**	**100.2**	**100.2**	**100.1**	**98.9**
锅炉及原动设备制造	101.7	102.1	103.1	103.1	102.8	99.6
金属加工机械制造	101.6	98.2	98.0	98.2	98.4	98.2
物料搬运设备制造	95.7	97.4	96.4	94.2	94.6	93.3
泵、阀门、压缩机及类似机械制造	101.0	101.0	101.0	101.5	101.2	100.6
轴承、齿轮和传动部件制造	99.3	98.7	98.7	99.0	99.5	99.3
烘炉、风机、衡器、包装等设备制造	96.8	96.6	95.7	96.6	96.9	99.0
文化、办公用机械制造	99.3	98.2	97.7	95.6	95.6	97.8
通用零部件制造	96.9	96.4	97.0	96.2	96.2	96.1
其他通用设备制造业	100.0	100.8	100.9	100.2	100.7	100.7
专用设备制造业	**102.3**	**102.0**	**102.3**	**102.0**	**101.4**	**101.2**
采矿、冶金、建筑专用设备制造	102.4	102.0	102.4	101.6	101.1	101.3
化工、木材、非金属加工专用设备制造	102.2	101.8	101.4	100.9	102.2	101.0
食品、饮料、烟草及饲料生产专用设备制造	97.6	97.7	97.9	98.2	98.2	99.1
印刷、制药、日化及日用品生产专用设备制造	100.0	100.7	100.7	100.7	100.7	100.7
电子和电工机械专用设备制造	99.4	97.8	98.1	98.1	98.0	98.2
农、林、牧、渔专用机械制造	114.4	115.5	111.3	117.5	110.2	108.9
医疗仪器设备及器械制造	100.2	99.8	99.4	99.7	99.3	99.6
环保、社会公共服务及其他专用设备制造	98.5	98.5	102.2	101.8	101.7	99.0

3-19 续表 6

(上年同月=100)

类　别	全年	1月	2月	3月	4月	5月	6月
汽车制造业	**99.8**	**100.1**	**100.0**	**99.5**	**98.9**	**99.4**	**100.5**
汽车整车制造	100.8	100.5	100.3	100.3	99.6	100.2	101.0
改装汽车制造	103.5	103.7	102.5	99.9	101.3	104.4	107.6
汽车车身、挂车制造	100.4	97.9	98.6	100.2	99.8	100.6	101.1
汽车零部件及配件制造	98.3	99.1	99.2	99.0	97.9	97.5	98.3
铁路、船舶、航空航天和其他运输设备制造业	**100.0**	**100.4**	**100.4**	**100.4**	**100.4**	**100.4**	**100.3**
铁路运输设备制造	100.5	101.9	101.9	101.9	101.9	101.8	101.4
船舶及相关装置制造	99.6	98.7	98.7	98.7	98.7	100.0	100.0
航空、航天器及设备制造	100.0	100.0	100.0	100.0	100.0	100.0	100.0
摩托车制造	99.4	99.5	99.6	99.5	99.6	99.6	99.7
自行车制造	97.3	96.8	96.8	96.8	96.8	96.8	96.8
电气机械和器材制造业	**98.2**	**97.6**	**97.7**	**98.6**	**96.3**	**97.2**	**97.9**
电机制造	99.5	99.2	99.9	99.9	97.3	97.2	98.7
输配电及控制设备制造	100.6	100.9	100.3	100.4	102.5	101.9	100.8
电线、电缆、光缆及电工器材制造	96.2	95.8	95.6	96.8	93.8	95.6	96.4
电池制造	90.5	88.2	85.9	88.7	87.8	87.7	90.2
家用电力器具制造	99.9	99.5	97.6	102.2	101.1	98.9	99.1
非电力家用器具制造	108.6	97.8	104.1	107.6	102.9	115.0	112.8
照明器具制造	98.9	100.6	97.8	104.6	100.7	100.5	98.2
其他电气机械及器材制造	95.2	93.8	95.5	94.5	87.5	88.5	92.0
计算机、通信和其他电子设备制造业	**92.4**	**91.3**	**91.4**	**92.4**	**93.2**	**92.7**	**92.3**
计算机制造	100.4	95.8	97.9	99.0	99.2	97.3	97.1
通信设备制造	99.5	99.9	99.9	99.7	99.7	100.1	100.1
广播电视设备制造	102.0	99.7	101.7	101.0	101.1	101.1	101.9
雷达及配套设备制造	100.3	101.1	101.1	100.5	100.3	100.3	100.3
视听设备制造	81.7	83.1	81.1	82.9	84.7	82.5	82.2
电子器件制造	93.5	88.6	91.2	91.5	92.4	95.4	95.4
电子元件制造	97.9	98.9	98.8	98.5	98.5	99.5	97.8
其他电子设备制造	102.9	100.8	102.8	104.7	102.9	103.6	101.2
仪器仪表制造业	**102.5**	**111.5**	**108.9**	**101.1**	**100.2**	**102.2**	**100.9**
通用仪器仪表制造	102.5	111.5	108.9	101.1	100.2	102.2	100.9
其他制造业	**98.2**	**95.9**	**96.6**	**95.9**	**97.4**	**95.4**	**96.9**
日用杂品制造	98.3	95.5	96.3	95.7	97.7	95.3	96.8
煤制品制造	96.9	99.4	99.3	98.2	95.6	96.4	98.2
废弃资源综合利用业	**89.3**	**94.3**	**94.3**	**94.3**	**94.3**	**94.3**	**94.1**
非金属废料和碎屑加工处理	89.3	94.3	94.3	94.3	94.3	94.3	94.1
金属制品、机械和设备修理业	**100.0**	**100.1**	**100.1**	**100.0**	**100.1**	**99.9**	**99.9**
金属制品修理	100.0	100.0	100.0	100.0	100.0	100.0	100.0
专用设备修理	99.8	100.6	100.6	100.1	100.7	99.7	99.4
电力、热力生产和供应业	**100.6**	**105.0**	**104.1**	**103.2**	**101.9**	**101.1**	**99.1**
电力生产	100.1	106.3	104.9	103.7	102.3	100.4	96.9
电力供应	101.0	103.9	103.5	102.8	101.5	101.5	100.7
热力生产和供应	100.0	100.0	100.0	100.0	100.0	100.0	100.0
燃气生产和供应业	**104.8**	**103.2**	**102.4**	**102.2**	**101.5**	**101.8**	**101.9**
水的生产和供应业	**103.7**	**103.2**	**104.8**	**104.8**	**104.9**	**103.6**	**103.3**
自来水生产和供应	104.3	103.8	105.6	105.6	105.7	104.1	103.8
污水处理及其再生利用	100.0	100.0	100.0	100.0	100.0	100.0	100.0

3-19 续表 7

(上年同月＝100)

类　别	7月	8月	9月	10月	11月	12月
汽车制造业	**100.8**	**99.9**	**99.7**	**100.0**	**99.5**	**99.4**
汽车整车制造	101.3	101.0	101.0	101.7	100.9	101.7
改装汽车制造	108.1	103.1	103.3	104.2	103.5	100.5
汽车车身、挂车制造	102.1	101.5	100.3	100.2	101.3	101.7
汽车零部件及配件制造	98.5	98.3	98.0	98.0	97.5	97.8
铁路、船舶、航空航天和其他运输设备制造业	**100.4**	**100.0**	**99.7**	**99.2**	**99.2**	**99.1**
铁路运输设备制造	102.1	100.8	99.6	97.7	97.7	97.5
船舶及相关装置制造	100.0	100.0	100.0	100.0	100.0	100.0
航空、航天器及设备制造	100.0	100.0	100.0	100.0	100.0	100.0
摩托车制造	99.3	99.4	99.4	99.1	99.1	99.1
自行车制造	96.8	96.8	97.9	97.9	97.9	100.0
电气机械和器材制造业	**98.5**	**98.1**	**98.5**	**99.2**	**99.7**	**98.9**
电机制造	99.2	98.5	98.7	101.8	101.8	101.5
输配电及控制设备制造	99.5	101.9	101.6	100.3	99.1	98.6
电线、电缆、光缆及电工器材制造	96.9	96.5	96.5	96.5	98.1	96.7
电池制造	91.2	90.8	92.7	94.5	93.7	95.4
家用电力器具制造	100.1	101.5	99.9	100.8	99.0	99.2
非电力家用器具制造	113.9	112.4	111.3	109.8	108.5	107.7
照明器具制造	97.1	97.2	97.3	97.7	97.3	97.3
其他电气机械及器材制造	98.0	91.7	97.0	100.7	102.6	102.0
计算机、通信和其他电子设备制造业	**92.3**	**90.7**	**92.3**	**94.1**	**92.6**	**93.0**
计算机制造	101.8	102.0	106.0	107.0	102.0	100.6
通信设备制造	100.1	99.2	99.2	99.4	99.2	98.0
广播电视设备制造	103.7	104.4	103.7	103.1	103.1	100.0
雷达及配套设备制造	100.3	100.0	100.0	100.0	100.0	100.0
视听设备制造	80.7	76.2	78.7	83.3	80.9	83.3
电子器件制造	94.8	95.2	95.2	94.5	94.3	94.3
电子元件制造	97.6	97.3	96.8	96.4	96.9	97.6
其他电子设备制造	100.8	101.1	103.1	105.0	107.5	101.5
仪器仪表制造业	**101.5**	**100.2**	**100.3**	**101.5**	**100.9**	**102.2**
通用仪器仪表制造	101.5	100.2	100.3	101.5	100.9	102.2
其他制造业	**97.2**	**98.4**	**104.4**	**101.0**	**98.3**	**100.7**
日用杂品制造	97.4	98.9	105.8	101.4	98.6	101.3
煤制品制造	96.2	95.0	93.9	97.9	96.4	96.3
废弃资源综合利用业	**84.3**	**84.3**	**84.3**	**84.3**	**84.3**	**84.3**
非金属废料和碎屑加工处理	84.3	84.3	84.3	84.3	84.3	84.3
金属制品、机械和设备修理业	**100.1**	**99.9**	**100.0**	**99.9**	**99.7**	**99.7**
金属制品修理	100.0	100.0	100.0	100.0	100.0	100.0
专用设备修理	100.6	99.4	100.3	99.5	98.7	98.3
电力、热力生产和供应业	**98.5**	**98.7**	**98.6**	**97.9**	**98.6**	**99.3**
电力生产	95.9	96.6	96.5	96.7	98.1	99.6
电力供应	100.3	100.2	100.1	98.9	99.0	99.0
热力生产和供应	100.0	100.0	100.0	100.0	100.0	100.0
燃气生产和供应业	**102.4**	**104.8**	**108.3**	**109.7**	**109.9**	**109.7**
水的生产和供应业	**103.7**	**103.4**	**103.3**	**103.1**	**103.2**	**103.1**
自来水生产和供应	104.2	103.9	103.8	103.6	103.7	103.6
污水处理及其再生利用	100.0	100.0	100.0	100.0	100.0	100.0

3-20 分行业工业生产者出厂价格环比指数(2013年)

(上月=100)

类 别	1月	2月	3月	4月	5月	6月
煤炭开采和洗选业	**99.3**	**100.3**	**100.8**	**99.6**	**98.8**	**99.7**
烟煤和无烟煤开采洗选	99.2	100.3	100.8	99.6	98.7	99.7
其他煤炭采选	114.6	100.0	100.0	100.0	100.0	100.0
石油和天然气开采业	**101.1**	**100.0**	**100.5**	**100.0**	**99.6**	**99.7**
石油开采	100.4	99.7	106.1	99.6	95.8	96.1
天然气开采	101.1	100.0	100.0	100.0	100.0	100.0
黑色金属矿采选业	**100.1**	**100.9**	**102.0**	**98.7**	**99.6**	**99.2**
铁矿采选	100.1	101.0	102.0	98.7	99.6	99.2
锰矿、铬矿采选	100.0	100.0	100.0	100.0	100.0	100.0
有色金属矿采选业	**99.8**	**100.3**	**98.7**	**96.5**	**97.2**	**99.9**
常用有色金属矿采选	99.5	100.3	98.8	96.6	97.8	100.0
贵金属矿采选	99.3	98.6	97.0	93.6	95.7	94.6
稀有稀土金属矿采选	107.0	100.0	98.9	92.9	82.8	97.9
非金属矿采选业	**100.0**	**100.7**	**101.0**	**100.0**	**100.0**	**99.6**
土砂石开采	99.2	100.2	101.3	100.6	99.9	99.9
化学矿开采	100.7	99.9	101.2	98.9	98.2	100.1
采盐	102.5	102.9	100.1	98.7	101.4	97.9
石棉及其他非金属矿采选	100.0	100.0	100.0	100.0	100.0	100.0
其他采矿业	**100.0**	**100.0**	**100.0**	**100.0**	**100.0**	**100.0**
农副食品加工业	**100.8**	**100.1**	**99.8**	**98.8**	**99.2**	**100.3**
谷物磨制	101.0	100.8	100.3	100.0	99.8	99.3
饲料加工	100.1	99.3	100.8	100.5	99.2	99.6
植物油加工	100.0	100.0	98.9	98.8	98.9	103.9
制糖业	99.1	97.4	100.6	99.3	98.8	100.1
屠宰及肉类加工	101.0	100.2	99.4	97.5	98.9	100.0
蔬菜、水果和坚果加工	102.0	102.0	100.6	99.6	99.7	100.0
其他农副食品加工	101.7	99.8	99.9	100.3	100.1	100.2
食品制造业	**100.8**	**100.4**	**100.2**	**100.1**	**100.4**	**99.9**
焙烤食品制造	100.1	100.3	100.2	100.0	100.3	100.2
糖果、巧克力及蜜饯制造	100.0	100.0	99.9	99.9	100.1	100.0
方便食品制造	101.0	100.9	100.1	100.1	100.1	99.7
乳制品制造	103.4	101.4	101.5	100.4	100.2	99.5
罐头食品制造	100.5	100.0	101.0	100.3	101.3	100.1
调味品、发酵制品制造	100.3	100.3	99.7	99.9	100.0	100.2
其他食品制造	100.5	99.6	99.7	100.2	100.8	99.4
酒、饮料和精制茶制造业	**100.1**	**99.8**	**100.0**	**99.4**	**100.3**	**100.0**
酒的制造	100.1	99.8	99.9	99.2	100.4	100.1
饮料制造	99.3	99.5	101.0	100.2	100.0	99.5
精制茶加工	102.6	99.9	100.1	100.5	100.6	100.0
烟草制品业	**100.0**	**100.1**	**100.0**	**99.9**	**100.1**	**99.9**
烟叶复烤	100.0	100.0	100.0	100.0	100.0	100.0
卷烟制造	100.0	100.0	100.0	100.0	100.0	100.0
其他烟草制品制造	99.6	102.9	99.8	98.4	101.7	96.7
纺织业	**100.3**	**100.6**	**101.0**	**100.6**	**99.7**	**100.7**
棉纺织及印染精加工	100.4	100.0	100.6	100.2	99.8	100.5
麻纺织及染整精加工	98.5	101.0	103.2	108.7	99.1	100.4
丝绢纺织及印染精加工	100.5	101.1	101.6	99.8	100.1	101.1
针织或钩针编织物及其制品制造	100.0	105.7	100.0	100.0	100.0	103.4
家用纺织制成品制造	100.5	100.1	99.9	99.8	100.0	100.3
非家用纺织制成品制造	100.3	100.0	99.5	102.0	97.2	100.5

3-20 续表 1

（上月＝100）

类　别	7月	8月	9月	10月	11月	12月
煤炭开采和洗选业	**100.2**	**99.8**	**100.1**	**99.9**	**100.1**	**100.2**
烟煤和无烟煤开采洗选	100.2	99.8	100.1	99.9	100.1	100.2
其他煤炭采选	100.0	100.0	100.0	100.0	100.0	100.0
石油和天然气开采业	**100.0**	**101.8**	**100.1**	**100.4**	**100.1**	**100.4**
石油开采	100.0	100.0	101.2	100.6	101.9	98.9
天然气开采	100.0	101.9	100.0	100.3	100.0	100.5
黑色金属矿采选业	**100.1**	**99.8**	**100.8**	**100.3**	**101.0**	**101.1**
铁矿采选	100.1	99.8	100.8	100.3	101.2	101.1
锰矿、铬矿采选	100.0	100.0	100.0	100.0	85.7	100.0
有色金属矿采选业	**98.0**	**100.9**	**99.6**	**100.0**	**99.2**	**97.9**
常用有色金属矿采选	97.9	100.9	99.8	100.0	99.2	97.8
贵金属矿采选	95.0	103.2	100.1	98.0	97.3	94.1
稀有稀土金属矿采选	100.0	99.9	93.5	100.0	100.0	100.8
非金属矿采选业	**99.3**	**99.9**	**100.0**	**99.6**	**99.9**	**100.2**
土砂石开采	99.5	100.0	100.4	99.5	100.0	100.2
化学矿开采	97.8	99.1	97.5	99.1	98.9	100.3
采盐	99.3	100.0	100.0	100.0	100.0	100.0
石棉及其他非金属矿采选	100.0	100.0	100.0	100.0	99.7	101.5
其他采矿业	**100.0**	**100.0**	**100.0**	**100.0**	**100.0**	**100.0**
农副食品加工业	**99.9**	**100.0**	**101.1**	**101.3**	**100.2**	**100.3**
谷物磨制	98.8	100.4	99.3	100.5	100.4	100.1
饲料加工	100.0	100.0	100.6	100.7	99.3	99.0
植物油加工	98.3	97.3	99.9	99.3	101.3	100.0
制糖业	100.1	99.8	100.0	100.2	101.1	99.5
屠宰及肉类加工	100.6	100.5	102.2	102.5	100.4	100.9
蔬菜、水果和坚果加工	98.6	100.2	100.2	100.1	99.8	100.3
其他农副食品加工	100.1	100.2	99.9	100.0	100.2	100.4
食品制造业	**100.0**	**100.2**	**100.2**	**100.0**	**100.1**	**100.6**
焙烤食品制造	100.0	99.9	99.6	99.6	100.0	100.0
糖果、巧克力及蜜饯制造	100.0	100.1	100.0	95.6	100.0	100.0
方便食品制造	100.0	100.1	100.8	100.3	100.0	100.0
乳制品制造	100.5	100.2	102.5	100.1	100.1	100.4
罐头食品制造	100.5	100.4	99.4	100.3	100.0	102.7
调味品、发酵制品制造	99.7	100.6	100.0	99.9	100.2	100.1
其他食品制造	99.5	99.8	99.4	100.8	100.7	101.2
酒、饮料和精制茶制造业	**99.5**	**99.8**	**99.9**	**99.9**	**100.0**	**99.9**
酒的制造	99.6	99.9	99.8	100.1	100.0	99.9
饮料制造	98.9	99.2	100.2	98.5	100.1	100.2
精制茶加工	100.4	99.7	99.8	99.8	99.9	99.8
烟草制品业	**100.1**	**100.0**	**100.1**	**100.0**	**100.0**	**100.0**
烟叶复烤	100.0	100.0	100.0	100.0	100.0	100.0
卷烟制造	100.0	100.0	100.0	100.0	100.0	100.0
其他烟草制品制造	102.2	100.3	101.5	100.0	99.9	100.2
纺织业	**99.5**	**100.6**	**99.4**	**99.9**	**100.4**	**99.5**
棉纺织及印染精加工	99.2	100.3	99.3	99.5	100.4	100.1
麻纺织及染整精加工	98.3	100.0	104.0	96.8	104.1	99.2
丝绢纺织及印染精加工	100.3	101.1	98.6	101.1	99.6	99.2
针织或钩针编织物及其制品制造	100.0	100.0	100.0	100.0	100.0	100.0
家用纺织制成品制造	100.0	100.0	100.0	100.0	100.0	100.0
非家用纺织制成品制造	96.5	102.2	100.0	100.3	101.1	96.7

3-20 续表 2

（上月=100）

类　别	1月	2月	3月	4月	5月	6月
纺织服装、服饰业	**103.6**	**95.0**	**96.4**	**105.0**	**101.9**	**101.0**
机织服装制造	103.6	95.0	96.4	105.0	101.9	101.0
皮革、毛皮、羽毛及其制品和制鞋业	**99.5**	**100.1**	**99.3**	**100.0**	**103.0**	**98.6**
皮革鞣制加工	97.6	101.7	99.9	100.3	99.4	99.9
皮革制品制造	97.4	99.1	99.8	100.0	100.9	100.4
毛皮鞣制及制品加工	100.0	99.9	100.1	100.0	99.4	100.0
羽毛(绒)加工及制品制造	100.0	100.0	100.0	100.0	120.9	103.3
制鞋业	99.9	99.9	99.0	99.9	99.9	97.0
木材加工和木、竹、藤、棕、草制品业	**99.9**	**100.0**	**100.1**	**99.9**	**100.3**	**99.9**
木材加工	100.0	100.0	100.0	100.0	100.0	100.0
人造板制造	99.6	100.0	100.0	99.8	100.5	99.8
木制品制造	101.2	100.0	100.0	99.8	100.2	100.0
竹、藤、棕、草等制品制造	99.5	99.6	100.6	100.3	99.2	100.5
家具制造业	**101.1**	**99.3**	**100.0**	**100.1**	**99.9**	**99.9**
木质家具制造	101.5	99.0	100.0	100.1	99.8	99.9
竹、藤家具制造	99.7	100.3	100.0	100.3	100.3	99.7
金属家具制造	100.2	100.0	100.0	100.0	100.0	100.0
塑料家具制造	101.4	100.0	95.8	104.4	98.6	100.0
其他家具制造	100.1	99.9	100.0	100.0	100.1	100.0
造纸和纸制品业	**99.6**	**99.0**	**100.1**	**100.4**	**100.1**	**99.9**
纸浆制造	100.1	99.7	100.7	99.9	99.6	100.3
造纸	99.4	99.0	100.2	100.4	100.1	99.6
纸制品制造	99.9	99.1	99.9	100.5	100.2	100.3
印刷和记录媒介复制业	**99.9**	**99.7**	**100.0**	**100.1**	**99.7**	**100.1**
印刷	99.9	99.7	100.0	100.1	99.7	100.1
装订及印刷相关服务	100.0	100.0	100.0	100.0	100.0	100.0
文教、工美、体育和娱乐用品制造业	**99.0**	**98.3**	**100.3**	**100.6**	**102.2**	**98.7**
乐器制造	100.0	100.0	100.0	100.0	100.0	100.0
工艺美术品制造	98.8	97.9	100.4	100.7	102.8	98.4
石油加工、炼焦和核燃料加工业	**101.0**	**100.1**	**100.3**	**99.6**	**98.6**	**99.2**
精炼石油产品制造	100.6	99.7	100.5	99.8	98.3	99.0
炼焦	101.5	100.6	99.9	99.4	98.8	99.5
化学原料和化学制品制造业	**100.7**	**99.9**	**100.2**	**99.0**	**99.2**	**99.3**
基础化学原料制造	100.4	99.8	100.0	99.3	98.8	99.8
肥料制造	101.7	100.2	100.0	99.4	97.3	97.1
农药制造	101.4	96.5	98.5	96.3	104.1	102.6
涂料、油墨、颜料及类似产品制造	100.5	99.9	99.9	99.8	99.8	99.9
合成材料制造	100.7	99.9	99.7	100.2	99.2	99.8
专用化学产品制造	100.2	100.4	102.6	96.9	101.2	99.6
炸药、火工及焰火产品制造	100.0	100.0	100.1	99.0	99.7	100.1
日用化学产品制造	99.8	100.5	99.7	99.6	100.1	100.4
医药制造业	**100.0**	**100.0**	**99.7**	**100.4**	**99.9**	**100.3**
化学药品原料药制造	100.3	100.0	100.2	99.5	99.4	100.0
化学药品制剂制造	99.9	98.2	98.4	100.6	98.9	102.2
中药饮片加工	99.5	101.1	99.0	101.4	100.2	99.7
中成药生产	100.2	100.2	99.5	101.2	100.6	99.5
兽用药品制造	100.0	101.1	102.1	98.7	100.0	100.0
生物药品制造	99.3	99.9	100.9	100.0	101.7	102.4
卫生材料及医药用品制造	100.2	100.1	100.1	100.0	100.0	100.0
化学纤维制造业	**100.0**	**99.4**	**99.0**	**99.8**	**99.3**	**98.8**
纤维素纤维原料及纤维制造	100.4	98.1	98.6	100.1	99.5	99.6
合成纤维制造	99.6	100.8	99.5	99.6	99.1	97.9

3-20 续表 3

(上月=100)

类　　别	7月	8月	9月	10月	11月	12月
纺织服装、服饰业	**100.3**	**101.3**	**98.8**	**100.6**	**101.9**	**99.6**
机织服装制造	100.3	101.3	98.8	100.6	101.9	99.6
皮革、毛皮、羽毛及其制品和制鞋业	**102.7**	**101.6**	**100.7**	**102.6**	**102.6**	**102.5**
皮革鞣制加工	103.7	98.5	100.3	100.0	99.6	100.0
皮革制品制造	100.0	100.2	100.0	100.2	100.2	100.4
毛皮鞣制及制品加工	100.0	99.7	100.0	101.1	99.0	99.7
羽毛(绒)加工及制品制造	98.1	98.7	102.7	103.0	105.4	97.8
制鞋业	104.3	103.1	100.3	103.2	102.7	104.4
木材加工和木、竹、藤、棕、草制品业	**100.0**	**99.7**	**100.5**	**99.5**	**100.3**	**99.8**
木材加工	100.0	97.7	102.3	97.7	102.3	100.0
人造板制造	99.9	99.9	100.3	99.5	100.2	99.7
木制品制造	99.9	100.0	100.2	100.0	100.0	100.0
竹、藤、棕、草等制品制造	101.3	100.3	100.2	100.0	99.9	100.1
家具制造业	**99.8**	**100.0**	**100.1**	**100.5**	**101.3**	**100.0**
木质家具制造	100.0	100.0	100.1	100.6	101.7	100.0
竹、藤家具制造	99.7	100.0	100.5	99.7	99.7	100.0
金属家具制造	100.0	100.0	100.0	100.0	100.0	100.0
塑料家具制造	100.0	100.0	100.0	102.9	98.6	100.0
其他家具制造	98.9	100.0	100.0	100.0	100.1	100.0
造纸和纸制品业	**99.9**	**99.8**	**100.0**	**99.4**	**99.9**	**100.0**
纸浆制造	99.7	99.9	100.3	100.4	99.4	98.8
造纸	99.9	100.2	99.8	99.5	99.9	100.1
纸制品制造	100.0	99.3	100.2	99.2	100.0	100.0
印刷和记录媒介复制业	**100.1**	**100.0**	**100.0**	**100.0**	**100.0**	**100.0**
印刷	100.1	100.0	100.0	100.0	100.0	100.0
装订及印刷相关服务	100.0	100.0	100.0	100.0	100.1	100.0
文教、工美、体育和娱乐用品制造业	**99.7**	**99.6**	**99.1**	**101.2**	**99.7**	**101.1**
乐器制造	100.0	100.0	100.0	100.0	100.0	100.0
工艺美术品制造	99.7	99.5	98.9	101.5	99.7	101.3
石油加工、炼焦和核燃料加工业	**101.0**	**100.2**	**99.7**	**99.7**	**100.5**	**100.8**
精炼石油产品制造	100.2	101.0	99.9	99.7	99.9	100.6
炼焦	102.0	99.3	99.5	99.8	101.2	101.1
化学原料和化学制品制造业	**98.9**	**99.4**	**100.0**	**100.8**	**100.1**	**100.2**
基础化学原料制造	99.3	99.5	100.0	100.8	100.8	100.1
肥料制造	97.3	98.0	98.9	100.0	99.9	100.2
农药制造	99.0	102.1	104.5	102.7	98.0	99.3
涂料、油墨、颜料及类似产品制造	99.8	99.8	100.1	99.8	99.9	99.9
合成材料制造	99.2	99.7	100.2	100.2	99.9	99.8
专用化学产品制造	99.1	99.5	100.4	102.8	99.4	101.2
炸药、火工及焰火产品制造	99.8	100.0	100.1	99.5	100.0	100.0
日用化学产品制造	99.6	100.1	99.6	101.0	100.5	99.6
医药制造业	**99.8**	**99.6**	**99.9**	**100.2**	**100.0**	**100.1**
化学药品原料药制造	99.2	99.9	99.8	99.8	100.4	99.7
化学药品制剂制造	98.6	98.9	99.9	100.1	99.7	100.3
中药饮片加工	101.6	100.7	100.0	100.4	100.5	100.1
中成药生产	100.4	99.2	99.9	100.2	99.8	100.5
兽用药品制造	100.0	100.0	100.0	100.0	100.1	100.0
生物药品制造	97.7	100.0	98.8	101.3	99.7	99.8
卫生材料及医药用品制造	100.0	100.0	100.0	100.0	100.0	100.0
化学纤维制造业	**99.9**	**99.3**	**96.8**	**99.4**	**100.0**	**100.1**
纤维素纤维原料及纤维制造	99.7	99.8	92.8	99.6	101.6	99.6
合成纤维制造	100.1	98.7	101.1	99.3	98.5	100.6

3-20 续表 4

(上月=100)

类　　别	1月	2月	3月	4月	5月	6月
橡胶和塑料制品业	**100.2**	**100.1**	**100.6**	**99.9**	**100.1**	**99.7**
橡胶制品业	100.4	101.1	100.5	99.5	100.0	99.1
塑料制品业	100.2	99.9	100.6	99.9	100.1	99.9
非金属矿物制品业	**100.2**	**99.6**	**100.7**	**99.6**	**99.7**	**99.7**
水泥、石灰和石膏制造	100.6	99.0	101.7	99.5	99.3	98.7
石膏、水泥制品及类似制品制造	100.2	100.0	100.9	99.8	100.0	99.9
砖瓦、石材等建筑材料制造	100.7	100.0	100.2	100.3	99.9	99.9
玻璃制造	100.7	100.5	97.7	99.1	99.4	101.0
玻璃制品制造	99.3	98.9	101.5	99.0	100.0	100.1
玻璃纤维和玻璃纤维增强塑料制品制造	99.7	99.8	100.5	97.1	100.8	101.2
陶瓷制品制造	93.1	97.2	96.2	97.3	97.0	99.7
耐火材料制品制造	99.9	99.8	99.9	100.0	99.8	99.9
石墨及其他非金属矿物制品制造	99.5	100.7	98.9	99.6	99.4	100.2
黑色金属冶炼和压延加工业	**100.4**	**100.3**	**99.5**	**99.1**	**99.8**	**98.7**
炼铁	101.9	100.4	100.6	99.5	99.4	98.4
炼钢	100.4	100.2	99.7	100.0	99.7	99.9
黑色金属铸造	100.3	100.7	100.0	100.2	100.0	100.2
钢压延加工	100.0	100.2	98.9	98.5	100.0	98.1
铁合金冶炼	101.8	100.4	101.1	99.7	98.9	98.5
有色金属冶炼和压延加工业	**99.2**	**100.5**	**98.7**	**97.5**	**98.2**	**100.0**
常用有色金属冶炼	99.8	100.2	99.5	98.5	99.7	100.6
贵金属冶炼	99.5	99.1	98.4	96.7	98.4	97.9
稀有稀土金属冶炼	109.4	103.3	94.9	95.1	100.9	98.8
有色金属合金制造	99.9	100.2	99.6	101.1	98.2	100.2
有色金属铸造	100.0	104.4	96.9	99.2	100.0	103.5
有色金属压延加工	98.1	100.5	97.9	95.5	95.8	98.5
金属制品业	**99.2**	**100.6**	**100.3**	**99.9**	**99.6**	**99.9**
结构性金属制品制造	97.1	100.7	100.5	100.6	99.7	100.0
金属工具制造	101.9	100.4	101.0	100.0	99.6	99.4
集装箱及金属包装容器制造	100.4	99.9	100.0	100.1	100.4	100.0
金属丝绳及其制品制造	100.5	100.6	100.4	99.3	97.1	98.6
建筑、安全用金属制品制造	100.2	100.0	100.0	97.6	100.3	100.3
金属表面处理及热处理加工	100.0	101.1	100.7	100.4	99.6	99.3
金属制日用品制造	100.0	100.0	100.0	100.0	100.0	100.0
其他金属制品制造	100.2	101.2	99.7	99.6	98.5	100.1
通用设备制造业	**99.9**	**100.2**	**100.0**	**100.0**	**99.9**	**99.6**
锅炉及原动设备制造	100.0	100.1	100.0	100.0	99.8	99.6
金属加工机械制造	100.0	100.0	100.0	100.1	99.8	99.9
物料搬运设备制造	97.1	101.4	99.4	99.5	97.3	99.6
泵、阀门、压缩机及类似机械制造	99.9	100.5	100.0	100.3	100.6	100.0
轴承、齿轮和传动部件制造	99.9	99.9	99.9	100.2	100.0	100.1
烘炉、风机、衡器、包装等设备制造	100.1	100.0	99.8	100.0	100.1	99.4
文化、办公用机械制造	99.1	98.7	100.0	97.7	100.0	100.0
通用零部件制造	100.3	100.5	100.0	99.5	99.6	99.0
其他通用设备制造业	99.9	100.0	100.0	100.0	100.0	100.4
专用设备制造业	**100.5**	**101.0**	**100.3**	**100.4**	**100.0**	**99.9**
采矿、冶金、建筑专用设备制造	100.6	101.1	100.4	100.4	99.8	99.6
化工、木材、非金属加工专用设备制造	101.7	100.1	99.4	100.4	101.4	100.1
食品、饮料、烟草及饲料生产专用设备制造	98.6	99.2	100.2	100.4	99.8	100.9
印刷、制药、日化及日用品生产专用设备制造	100.0	100.0	100.0	100.0	100.0	100.0
电子和电工机械专用设备制造	100.8	100.0	99.2	100.0	100.1	99.9

3-20 续表 5

(上月＝100)

类　别	7月	8月	9月	10月	11月	12月
橡胶和塑料制品业	**99.4**	**100.5**	**99.9**	**99.6**	**100.5**	**99.9**
橡胶制品业	98.8	100.8	99.7	99.4	100.3	99.4
塑料制品业	99.6	100.4	99.9	99.7	100.5	100.0
非金属矿物制品业	**99.6**	**99.6**	**99.9**	**100.1**	**100.8**	**100.6**
水泥、石灰和石膏制造	98.1	98.6	100.2	100.9	102.7	101.8
石膏、水泥制品及类似制品制造	100.0	99.9	100.0	100.0	100.2	100.1
砖瓦、石材等建筑材料制造	100.0	100.0	100.1	99.9	100.1	100.0
玻璃制造	103.1	99.8	100.1	100.7	100.1	99.8
玻璃制品制造	100.0	100.6	99.4	99.8	99.2	99.8
玻璃纤维和玻璃纤维增强塑料制品制造	99.6	100.5	98.2	97.0	99.2	101.2
陶瓷制品制造	100.2	99.1	98.7	100.8	100.1	100.0
耐火材料制品制造	99.7	101.1	98.9	100.0	100.0	102.3
石墨及其他非金属矿物制品制造	100.4	99.8	100.0	99.7	100.6	99.6
黑色金属冶炼和压延加工业	**98.6**	**100.5**	**100.4**	**99.9**	**100.2**	**99.9**
炼铁	99.2	99.3	100.2	99.8	98.6	99.9
炼钢	99.6	99.7	100.0	100.1	99.9	97.7
黑色金属铸造	100.1	99.9	100.5	100.5	100.2	100.2
钢压延加工	97.9	101.1	100.8	99.5	100.3	100.5
铁合金冶炼	99.6	99.8	99.4	100.8	100.4	99.4
有色金属冶炼和压延加工业	**97.8**	**101.1**	**100.2**	**100.5**	**98.5**	**98.5**
常用有色金属冶炼	99.5	99.2	100.1	100.0	100.0	98.5
贵金属冶炼	97.0	100.2	100.6	98.9	99.0	97.7
稀有稀土金属冶炼	93.2	98.0	102.2	100.1	103.3	102.3
有色金属合金制造	100.8	100.1	98.9	101.1	98.7	100.4
有色金属铸造	97.1	101.1	98.1	100.4	87.9	93.8
有色金属压延加工	95.0	104.3	101.0	101.2	97.9	98.7
金属制品业	**100.2**	**99.7**	**99.7**	**100.4**	**99.8**	**100.1**
结构性金属制品制造	99.8	99.6	100.1	100.6	99.4	99.6
金属工具制造	100.3	99.8	99.7	100.0	99.8	100.3
集装箱及金属包装容器制造	99.6	99.7	99.9	100.2	100.2	100.0
金属丝绳及其制品制造	99.8	100.2	100.2	98.9	100.2	98.6
建筑、安全用金属制品制造	100.1	100.0	99.5	101.3	99.7	103.2
金属表面处理及热处理加工	102.5	98.6	98.9	101.1	100.7	99.6
金属制日用品制造	100.0	100.0	100.0	100.0	100.0	100.0
其他金属制品制造	99.7	100.4	99.4	99.8	99.6	100.1
通用设备制造业	**100.3**	**99.7**	**99.7**	**99.8**	**99.9**	**99.8**
锅炉及原动设备制造	100.5	100.1	99.8	100.0	99.8	100.0
金属加工机械制造	102.1	96.7	99.9	99.8	100.1	99.9
物料搬运设备制造	100.8	99.5	97.2	98.8	102.2	100.3
泵、阀门、压缩机及类似机械制造	99.9	100.0	100.0	100.0	99.8	99.6
轴承、齿轮和传动部件制造	100.2	99.7	99.8	99.8	100.2	99.7
烘炉、风机、衡器、包装等设备制造	99.7	99.8	99.1	100.5	100.0	100.3
文化、办公用机械制造	100.0	100.0	100.0	100.0	100.0	102.3
通用零部件制造	99.6	100.2	99.6	99.1	99.4	99.2
其他通用设备制造业	100.0	100.4	100.0	99.9	100.4	99.7
专用设备制造业	**100.4**	**99.5**	**99.9**	**99.8**	**99.4**	**100.0**
采矿、冶金、建筑专用设备制造	100.6	99.4	100.3	99.5	99.5	100.1
化工、木材、非金属加工专用设备制造	99.9	99.1	99.5	99.2	100.9	99.2
食品、饮料、烟草及饲料生产专用设备制造	99.3	100.0	100.4	99.4	99.9	100.9
印刷、制药、日化及日用品生产专用设备制造	100.0	100.7	100.0	100.0	100.0	100.0
电子和电工机械专用设备制造	100.0	98.1	100.1	100.0	99.9	100.1

3-20 续表 6

(上月＝100)

类　别	1月	2月	3月	4月	5月	6月
农、林、牧、渔专用机械制造	100.0	104.4	102.9	100.9	100.0	101.7
医疗仪器设备及器械制造	100.4	100.4	99.3	99.6	100.0	100.3
环保、社会公共服务及其他专用设备制造	99.4	100.0	100.0	100.0	100.0	100.0
汽车制造业	**100.4**	**99.4**	**100.2**	**99.2**	**100.4**	**100.9**
汽车整车制造	100.5	99.6	100.4	98.1	100.9	100.3
改装汽车制造	100.6	98.4	100.4	100.8	101.0	104.0
汽车车身、挂车制造	100.0	100.8	101.6	100.0	100.3	100.4
汽车零部件及配件制造	100.4	99.5	100.0	99.3	100.0	100.3
铁路、船舶、航空航天和其他运输设备制造业	**100.0**	**100.0**	**99.9**	**100.0**	**99.4**	**100.2**
铁路运输设备制造	100.0	100.0	100.0	100.0	97.9	100.6
船舶及相关装置制造	100.0	100.0	100.0	100.0	100.0	100.0
航空、航天器及设备制造	100.0	100.0	100.0	100.0	100.0	100.0
摩托车制造	100.0	100.0	99.8	100.0	100.0	100.0
自行车制造	100.0	100.0	100.0	100.0	100.0	100.0
电气机械和器材制造业	**100.2**	**100.0**	**100.4**	**98.4**	**100.1**	**100.7**
电机制造	99.9	100.0	100.0	98.8	100.0	101.2
输配电及控制设备制造	99.9	100.0	99.7	99.8	99.6	99.9
电线、电缆、光缆及电工器材制造	100.4	100.3	100.1	98.1	99.7	100.8
电池制造	100.9	95.1	102.7	96.1	99.1	104.0
家用电力器具制造	100.4	99.2	103.8	98.5	98.9	99.7
非电力家用器具制造	101.6	99.6	104.1	96.2	109.8	101.0
照明器具制造	100.2	97.6	106.8	96.6	100.0	97.6
其他电气机械及器材制造	99.9	100.0	99.1	96.9	101.7	102.6
计算机、通信和其他电子设备制造业	**99.2**	**98.8**	**100.3**	**100.2**	**98.4**	**99.6**
计算机制造	98.7	101.7	102.4	102.4	96.6	100.7
通信设备制造	100.0	100.0	99.7	100.0	100.5	100.0
广播电视设备制造	102.5	101.6	99.4	99.4	100.0	100.0
雷达及配套设备制造	101.1	100.0	99.5	99.7	100.0	100.0
视听设备制造	98.0	95.8	99.7	100.4	96.5	98.9
电子器件制造	99.5	99.7	100.3	99.0	99.8	99.0
电子元件制造	100.3	99.9	99.3	99.9	100.2	100.1
其他电子设备制造	100.8	100.8	101.8	98.7	101.0	100.0
仪器仪表制造业	**100.1**	**101.9**	**97.9**	**100.1**	**99.9**	**99.7**
通用仪器仪表制造	100.1	101.9	97.9	100.1	99.9	99.7
其他制造业	**99.0**	**100.1**	**100.0**	**101.5**	**98.9**	**100.9**
日用杂品制造	98.7	100.3	100.0	102.0	98.6	100.8
煤制品制造	101.1	98.0	99.8	98.1	101.1	101.9
废弃资源综合利用业	**94.5**	**100.0**	**100.0**	**100.0**	**100.0**	**99.8**
非金属废料和碎屑加工处理	94.5	100.0	100.0	100.0	100.0	99.8
金属制品、机械和设备修理业	**99.8**	**100.0**	**99.9**	**100.0**	**100.0**	**100.0**
金属制品修理	100.0	100.0	100.0	100.0	100.0	100.0
专用设备修理	99.1	100.0	99.6	100.0	99.9	100.0
电力、热力生产和供应业	**103.4**	**100.4**	**100.0**	**99.2**	**97.6**	**94.4**
电力生产	105.4	100.8	100.7	99.6	93.5	88.3
电力供应	101.8	100.1	99.5	98.9	100.8	98.8
热力生产和供应	100.0	100.0	100.0	100.0	100.0	100.0
燃气生产和供应业	**101.9**	**100.0**	**100.0**	**100.1**	**100.2**	**100.1**
水的生产和供应业	**100.5**	**101.5**	**100.0**	**100.0**	**100.0**	**100.6**
自来水生产和供应	100.6	101.8	100.0	100.0	100.0	100.7
污水处理及其再生利用	100.0	100.0	100.0	100.0	100.0	100.0

3-20 续表 7

(上月＝100)

类　　别	7月	8月	9月	10月	11月	12月
农、林、牧、渔专用机械制造	101.5	100.9	96.4	105.6	94.7	100.0
医疗仪器设备及器械制造	99.6	99.9	100.0	100.1	99.6	100.3
环保、社会公共服务及其他专用设备制造	100.0	100.0	100.0	99.7	99.9	100.0
汽车制造业	**100.1**	**99.3**	**100.0**	**99.9**	**99.5**	**100.0**
汽车整车制造	100.0	100.1	99.9	100.3	100.3	101.4
改装汽车制造	100.9	96.0	100.7	99.6	99.0	99.3
汽车车身、挂车制造	100.2	99.2	99.5	99.9	100.0	99.9
汽车零部件及配件制造	99.8	99.9	99.9	99.8	99.2	99.5
铁路、船舶、航空航天和其他运输设备制造业	**100.2**	**99.8**	**99.7**	**100.1**	**100.0**	**100.0**
铁路运输设备制造	100.8	99.2	98.8	100.5	100.0	99.8
船舶及相关装置制造	100.0	100.0	100.0	100.0	100.0	100.0
航空、航天器及设备制造	100.0	100.0	100.0	100.0	100.0	100.0
摩托车制造	99.6	100.0	100.0	99.8	100.0	100.0
自行车制造	100.0	100.0	100.0	100.0	100.0	100.0
电气机械和器材制造业	**99.8**	**99.2**	**100.7**	**100.2**	**99.9**	**99.4**
电机制造	100.0	100.7	100.2	100.9	100.0	99.7
输配电及控制设备制造	99.7	100.1	99.9	100.1	100.0	99.8
电线、电缆、光缆及电工器材制造	98.8	98.9	100.6	99.7	100.4	98.9
电池制造	98.3	98.7	102.3	99.1	99.5	100.0
家用电力器具制造	101.5	99.8	99.0	100.8	97.8	99.8
非电力家用器具制造	98.5	100.0	99.6	99.3	98.5	100.0
照明器具制造	98.9	100.0	99.8	100.2	99.6	100.1
其他电气机械及器材制造	104.3	93.8	106.4	100.4	98.5	99.1
计算机、通信和其他电子设备制造业	**100.1**	**97.1**	**100.9**	**99.8**	**98.8**	**99.5**
计算机制造	104.8	99.7	101.6	96.0	97.8	98.6
通信设备制造	100.0	99.0	99.9	100.2	99.8	98.9
广播电视设备制造	100.0	100.0	99.4	100.0	100.0	97.9
雷达及配套设备制造	100.0	99.7	100.0	100.0	100.0	100.0
视听设备制造	98.7	92.7	102.2	101.5	97.8	100.2
电子器件制造	99.2	98.4	100.0	99.5	99.8	100.0
电子元件制造	99.5	99.7	99.6	99.5	99.8	99.9
其他电子设备制造	99.2	99.2	101.0	102.0	99.5	97.5
仪器仪表制造业	**101.0**	**99.4**	**99.9**	**101.2**	**100.5**	**100.5**
通用仪器仪表制造	101.0	99.4	99.9	101.2	100.5	100.5
其他制造业	**100.5**	**99.7**	**103.6**	**97.8**	**98.6**	**100.3**
日用杂品制造	101.0	100.0	104.1	96.9	98.6	100.4
煤制品制造	96.6	97.4	99.0	104.8	98.6	100.0
废弃资源综合利用业	**89.4**	**100.0**	**100.0**	**100.0**	**100.0**	**100.0**
非金属废料和碎屑加工处理	89.4	100.0	100.0	100.0	100.0	100.0
金属制品、机械和设备修理业	**100.0**	**99.9**	**100.0**	**100.0**	**100.0**	**100.0**
金属制品修理	100.0	100.0	100.0	100.0	100.0	100.0
专用设备修理	100.1	99.7	100.2	99.8	99.9	99.8
电力、热力生产和供应业	**96.8**	**99.7**	**100.1**	**99.4**	**103.3**	**105.6**
电力生产	95.3	99.6	99.6	100.1	107.4	111.5
电力供应	97.8	99.8	100.4	98.9	100.6	101.7
热力生产和供应	100.0	100.0	100.0	100.0	100.0	100.0
燃气生产和供应业	**100.4**	**102.2**	**103.2**	**101.3**	**100.2**	**99.8**
水的生产和供应业	**100.5**	**100.0**	**100.0**	**99.9**	**100.0**	**100.0**
自来水生产和供应	100.6	100.0	100.0	99.9	100.0	100.0
污水处理及其再生利用	100.0	100.0	100.0	100.0	100.0	100.0

3-21 分月各市州工业生产者出厂价格指数(2013年)

(上年同月=100)

地 区	1月	2月	3月	4月	5月	6月	7月	8月	9月	10月	11月	12月
四 川	**98.0**	**98.2**	**98.3**	**97.7**	**97.8**	**98.3**	**98.6**	**99.1**	**99.3**	**99.5**	**99.7**	**99.4**
成 都	99.1	98.9	98.7	98.6	98.6	98.9	98.4	98.7	98.9	98.9	99.0	99.0
自 贡	97.7	99.4	101.6	100.9	98.3	99.3	104.6	104.9	102.1	101.6	101.7	101.8
攀枝花	95.1	95.1	96.3	95.3	93.8	94.6	95.6	96.8	99.2	99.6	99.3	99.1
泸 州	97.1	98.1	98.6	98.0	97.4	96.7	97.2	98.1	98.8	99.6	99.6	99.4
德 阳	100.6	100.4	100.4	100.1	99.3	99.7	100.0	98.8	98.3	99.6	100.0	99.0
绵 阳	92.9	92.0	92.6	93.3	92.3	92.5	91.6	89.7	91.0	93.4	92.2	93.3
广 元	98.0	98.5	97.4	98.0	97.8	98.9	99.6	100.3	100.5	100.5	100.4	99.4
遂 宁	100.0	99.5	99.1	98.7	98.0	100.8	102.3	102.5	100.5	99.2	99.4	98.6
内 江	96.8	97.5	98.2	97.6	100.0	101.0	100.8	102.2	101.9	101.4	101.8	101.3
乐 山	96.4	96.2	96.6	95.8	96.3	96.9	96.8	98.6	99.3	98.9	99.4	99.7
眉 山	98.0	97.3	96.9	96.4	96.2	96.4	96.7	97.3	97.4	97.2	97.9	97.7
宜 宾	100.5	100.7	101.0	100.7	100.1	99.4	99.6	100.4	100.3	99.5	99.0	98.4
广 安	96.0	96.7	97.2	96.7	99.1	98.9	99.2	100.9	101.5	102.1	105.1	102.3
达 州	98.2	98.3	97.6	98.1	97.0	97.0	98.2	98.1	98.6	98.3	98.6	98.7
雅 安	97.2	97.2	96.8	95.4	97.0	96.3	98.6	99.6	99.4	99.8	99.5	98.9
巴 中	98.9	99.4	98.0	98.0	98.5	97.6	97.4	97.8	98.6	101.5	101.7	101.3
资 阳	101.2	101.1	100.1	99.7	99.8	99.3	100.1	101.3	101.1	100.9	101.6	101.8
南 充	100.5	101.0	100.6	99.5	99.4	100.8	100.8	101.3	100.8	100.9	100.7	99.8
阿 坝	103.4	101.2	99.0	99.6	94.9	97.7	97.2	97.8	98.6	99.1	95.9	97.9
甘 孜	112.6	111.8	109.5	107.8	100.2	98.7	97.6	98.9	97.1	95.5	101.4	100.1
凉 山	95.7	94.8	95.6	94.4	93.2	94.2	94.4	97.0	98.0	96.6	97.2	97.5

3-22 分月各市州工业生产者出厂价格环比指数(2013年)

(上月=100)

地 区	1月	2月	3月	4月	5月	6月	7月	8月	9月	10月	11月	12月
四 川	**100.4**	**100.0**	**100.1**	**99.5**	**99.5**	**99.4**	**99.6**	**99.9**	**100.2**	**100.2**	**100.3**	**100.4**
成 都	100.2	99.9	99.9	99.8	99.8	99.8	99.4	99.9	100.2	100.0	99.9	100.3
自 贡	101.8	101.4	100.6	99.2	97.2	100.5	102.4	100.3	97.8	99.6	99.8	101.3
攀枝花	100.9	100.9	102.4	99.4	98.8	99.2	99.2	99.0	99.8	99.7	99.8	100.2
泸 州	99.9	99.8	100.1	99.7	99.6	99.4	100.0	100.2	100.3	100.3	99.9	100.1
德 阳	100.4	100.1	99.8	99.8	99.5	99.6	99.9	99.6	99.8	100.1	100.1	100.2
绵 阳	99.8	98.3	100.9	99.7	98.1	99.2	98.9	97.0	100.8	100.8	99.2	100.5
广 元	100.8	99.8	98.4	99.2	98.7	99.8	100.1	100.7	100.2	100.0	100.8	101.0
遂 宁	100.2	100.3	101.0	99.6	98.4	100.1	99.9	100.4	99.6	99.7	99.7	99.8
内 江	100.1	99.9	100.4	99.3	102.2	99.4	99.2	100.2	99.8	99.9	100.5	100.2
乐 山	101.1	99.5	100.6	99.4	100.1	99.5	98.6	100.0	100.4	99.8	100.6	100.0
眉 山	101.2	100.0	99.6	99.6	99.3	99.5	99.0	99.4	99.9	99.8	100.3	100.1
宜 宾	100.3	100.1	100.4	99.6	99.2	99.3	99.9	99.6	100.2	99.8	100.0	99.9
广 安	100.5	101.1	100.3	99.1	99.6	98.6	99.3	101.1	99.8	100.9	101.9	100.2
达 州	100.4	100.2	100.0	100.0	98.3	99.3	99.1	99.6	100.3	100.2	100.8	100.5
雅 安	101.9	101.1	99.9	98.9	99.0	97.2	100.0	100.2	99.2	100.3	99.8	101.6
巴 中	100.2	100.2	100.6	99.3	99.8	99.1	99.6	99.6	100.2	102.8	99.9	100.2
资 阳	100.9	99.8	99.1	99.4	99.9	100.1	100.6	101.0	100.2	100.3	100.2	100.4
南 充	100.7	99.9	98.9	98.4	99.8	100.5	100.0	101.1	100.2	100.3	100.2	99.9
阿 坝	100.2	100.7	99.3	100.9	92.4	93.1	97.9	100.0	101.4	101.0	106.1	106.6
甘 孜	103.5	100.4	98.7	98.4	89.4	89.8	99.3	100.6	100.5	99.4	111.0	111.4
凉 山	100.5	100.4	100.1	98.6	96.8	97.1	99.5	100.7	100.1	99.6	102.1	102.2

3-23 工业生产者购进价格指数(2008-2013年)

(上年同期=100)

分　组	2008年	2009年	2010年	2011年	2012年	2013年
总指数	**112.4**	**95.3**	**106.1**	**112.6**	**100.0**	**99.2**
燃料、动力类	114.7	99.2	107.5	109.0	102.7	100.5
黑色金属材料类	117.3	88.2	104.0	110.6	94.5	94.0
其中：钢材	112.7	89.7	101.9	107.4	94.8	94.1
其它	123.3	86.1	106.8	115.1	94.2	93.8
有色金属材料和电线类	98.0	85.9	115.5	127.0	98.5	95.1
化工原料类	111.6	89.0	108.0	113.6	97.3	97.1
木材及纸浆类	106.2	101.0	101.2	105.0	102.2	97.2
建筑材料及非金属矿类	119.0	102.4	98.7	104.9	99.2	100.5
其它工业原材料及半成品类	108.1	97.3	102.5	107.3	100.3	100.4
农副产品类	114.3	98.6	109.8	126.1	101.9	102.2
纺织原料类	103.1	98.7	113.1	118.3	101.5	100.7

3-24 分月工业生产者购进价格指数(2013年)

(上年同月＝100)

类　别	1月	2月	3月	4月	5月	6月	7月	8月	9月	10月	11月	12月
总指数	**101.6**	**100.0**	**99.2**	**98.7**	**98.2**	**98.4**	**99.2**	**99.5**	**99.5**	**99.5**	**99.7**	**99.5**
燃料、动力类	102.0	101.9	100.2	99.4	98.2	97.5	100.1	101.6	101.3	101.4	101.5	100.7
黑色金属材料类	92.0	92.7	93.0	92.7	92.6	92.2	92.7	94.2	96.4	97.0	96.7	96.6
#钢材	92.2	92.8	93.5	93.7	93.7	93.2	93.0	94.4	95.6	96.4	95.8	95.7
其它	91.7	92.6	92.5	91.4	91.0	90.7	92.3	93.8	97.6	97.8	98.0	97.9
有色金属材料和电线类	97.1	97.2	95.7	94.7	94.3	94.2	93.2	94.9	94.8	94.9	95.3	94.5
化工原料类	96.4	96.2	96.3	95.4	95.2	96.0	97.2	97.5	98.1	98.4	98.8	99.5
木材及纸浆类	96.8	96.2	96.4	97.0	97.3	97.4	97.5	98.1	98.0	97.6	96.6	97.2
建筑材料及非金属矿类	99.3	99.3	98.8	100.4	101.0	101.5	101.2	100.8	100.7	101.1	101.0	100.6
其它工业原材料及半成品类	101.3	102.2	101.3	100.8	100.2	100.8	100.8	100.0	99.4	98.9	99.2	99.4
农副产品类	101.8	103.1	102.4	101.7	101.7	102.5	102.7	102.5	101.7	102.1	102.5	102.0
纺织原料类	103.3	103.4	102.1	102.2	101.5	102.2	102.5	100.4	98.4	97.8	97.6	97.3

3-25 分月工业生产者购进价格环比指数(2013年)

(上月=100)

类　别	1月	2月	3月	4月	5月	6月	7月	8月	9月	10月	11月	12月
总指数	**100.9**	**100.3**	**99.7**	**99.6**	**99.2**	**99.3**	**99.8**	**99.9**	**100.3**	**100.3**	**100.1**	**100.0**
燃料、动力类	102.4	100.7	100.2	99.9	98.4	97.0	100.4	100.7	100.2	100.6	100.5	99.8
黑色金属材料类	100.3	100.4	100.2	99.5	99.3	98.8	98.9	99.7	99.7	100.0	99.9	99.8
#钢材	100.2	100.0	100.1	99.5	99.4	99.0	98.9	99.7	99.8	99.9	99.5	99.7
其它	100.6	101.0	100.4	99.5	99.3	98.5	98.9	99.8	99.6	100.1	100.4	99.9
有色金属材料和电线类	100.2	100.0	99.0	98.7	99.3	99.5	98.2	100.1	100.0	100.2	99.6	99.4
化工原料类	100.4	100.0	99.8	99.7	99.3	99.6	99.7	99.5	100.5	100.5	100.3	100.4
木材及纸浆类	99.0	99.8	100.1	100.0	100.1	99.8	99.8	99.9	99.8	99.6	99.0	100.1
建筑材料及非金属矿类	100.3	99.9	99.6	101.0	100.5	99.7	99.5	99.2	99.6	100.4	100.4	100.4
其它工业原材料及半成品类	100.7	100.3	99.1	99.8	99.6	100.2	99.9	99.1	100.4	99.9	100.1	100.4
农副产品类	101.0	100.5	99.7	98.5	99.3	101.0	100.2	100.6	100.8	100.7	100.1	99.6
纺织原料类	99.8	100.0	99.9	99.6	99.3	99.9	99.4	99.8	99.9	99.7	99.9	100.1

3-26 分行业工业生产者购进价格指数(2013年)

(上年同月=100)

类 别	全年	1月	2月	3月	4月	5月	6月
总指数	**99.2**	**99.6**	**100.0**	**99.2**	**98.7**	**98.2**	**98.4**
农业	**102.7**	**102.8**	**102.7**	**102.9**	**103.3**	**102.9**	**102.8**
谷物种植	104.4	105.5	106.3	106.2	105.8	104.7	103.9
豆类、油料和薯类种植	98.4	95.7	95.2	94.6	99.2	100.8	101.5
棉、麻、糖、烟草种植	102.0	99.9	96.9	99.8	98.9	98.6	100.6
蔬菜、食用菌及园艺作物种植	103.5	106.8	106.2	107.3	105.7	105.0	104.7
水果种植	97.7	105.1	104.0	98.8	97.8	97.8	98.2
坚果、含油果、香料和饮料作物种植	101.7	100.9	101.0	101.4	102.8	102.2	101.5
中药材种植	100.4	97.3	98.1	97.5	97.2	98.5	100.3
其他农业	106.1	99.9	100.0	99.9	103.0	104.3	106.5
林业	**101.1**	**100.2**	**98.2**	**99.1**	**99.8**	**100.8**	**101.6**
木材和竹材采运	99.2	99.0	95.9	97.1	97.5	99.0	100.4
林产品采集	105.9	103.3	104.3	104.2	105.7	105.1	104.6
畜牧业	**99.8**	**95.9**	**101.2**	**98.5**	**95.5**	**96.6**	**100.5**
牲畜饲养	97.8	94.3	95.2	92.9	96.4	94.2	99.7
家禽饲养	102.3	97.8	109.5	105.8	94.2	99.6	101.3
其他畜牧业	114.1	115.4	114.7	115.0	114.2	113.7	118.3
农、林、牧、渔服务业	**105.8**	**112.4**	**111.4**	**111.2**	**107.6**	**107.8**	**107.3**
农业服务业	105.8	112.4	111.4	111.2	107.6	107.8	107.3
煤炭开采和洗选业	**97.0**	**96.6**	**96.6**	**96.3**	**96.0**	**95.5**	**95.7**
烟煤和无烟煤开采洗选	97.0	96.7	96.7	96.4	96.1	95.4	95.6
其他煤炭采选	96.9	93.5	92.8	93.1	93.1	96.8	98.6
石油和天然气开采业	**104.4**	**111.4**	**109.0**	**102.8**	**101.6**	**99.2**	**102.1**
石油开采	104.0	119.2	114.2	102.7	100.3	95.9	101.0
天然气开采	104.7	104.9	104.4	103.0	103.0	102.2	102.9
黑色金属矿采选业	**94.8**	**92.0**	**93.0**	**93.1**	**91.2**	**90.9**	**91.3**
铁矿采选	94.8	92.2	93.1	93.2	91.2	91.0	91.3
锰矿、铬矿采选	94.2	90.0	90.8	91.1	91.0	90.6	91.6
有色金属矿采选业	**93.4**	**96.7**	**96.8**	**94.8**	**93.8**	**92.6**	**91.3**
常用有色金属矿采选	96.1	98.9	99.6	98.2	97.1	96.0	95.5
稀有稀土金属矿采选	89.7	93.9	93.2	90.3	89.5	88.4	85.7
非金属矿采选业	**100.1**	**102.6**	**102.6**	**102.3**	**101.5**	**101.5**	**100.1**
土砂石开采	102.7	102.4	103.3	103.6	103.3	103.7	102.3
化学矿开采	96.9	105.9	104.0	102.2	100.0	99.0	96.8
采盐	95.5	93.0	93.9	95.4	95.0	96.4	97.5
石棉及其他非金属矿采选	98.2	101.5	101.5	100.7	100.5	100.5	99.0

3-26 续表 1

(上年同月＝100)

类　别	7月	8月	9月	10月	11月	12月
总指数	**99.2**	**99.5**	**99.5**	**99.5**	**99.7**	**99.5**
农业	**102.4**	**102.5**	**102.1**	**102.1**	**103.0**	**102.7**
谷物种植	103.4	103.4	103.2	103.3	103.7	103.4
豆类、油料和薯类种植	99.1	98.9	98.8	98.8	99.9	99.0
棉、麻、糖、烟草种植	102.9	106.2	103.3	103.2	107.0	107.3
蔬菜、食用菌及园艺作物种植	102.7	101.7	101.3	100.5	100.6	100.2
水果种植	100.6	90.9	91.1	94.8	95.0	97.7
坚果、含油果、香料和饮料作物种植	101.6	101.7	102.1	102.0	101.7	101.6
中药材种植	100.7	102.4	103.4	103.2	103.9	102.6
其他农业	113.6	113.2	108.5	108.4	107.9	107.9
林业	**102.1**	**103.5**	**102.8**	**102.3**	**101.2**	**101.8**
木材和竹材采运	100.7	102.2	100.8	99.8	98.7	99.9
林产品采集	105.3	106.6	107.8	108.7	107.9	106.6
畜牧业	**102.3**	**102.0**	**100.8**	**102.2**	**102.2**	**100.6**
牲畜饲养	100.2	101.0	100.6	101.2	100.4	98.5
家禽饲养	104.7	103.3	100.9	103.2	104.5	103.2
其他畜牧业	119.5	114.1	115.4	113.4	108.2	108.0
农、林、牧、渔服务业	**107.9**	**104.6**	**101.2**	**101.4**	**99.4**	**100.2**
农业服务业	107.9	104.6	101.2	101.4	99.4	100.2
煤炭开采和洗选业	**96.2**	**97.1**	**98.1**	**98.8**	**98.4**	**98.5**
烟煤和无烟煤开采洗选	96.1	97.1	98.1	98.8	98.4	98.4
其他煤炭采选	100.3	97.4	99.1	98.6	100.2	100.4
石油和天然气开采业	**105.0**	**107.5**	**104.9**	**103.8**	**104.2**	**102.2**
石油开采	107.7	111.4	104.0	100.5	99.7	95.8
天然气开采	102.6	104.1	105.7	106.9	108.2	108.1
黑色金属矿采选业	**92.3**	**93.2**	**98.0**	**100.4**	**101.9**	**101.8**
铁矿采选	92.2	93.0	98.1	100.6	102.0	101.9
锰矿、铬矿采选	94.7	96.0	96.6	97.9	100.9	100.6
有色金属矿采选业	**88.9**	**91.6**	**93.7**	**93.9**	**93.8**	**92.4**
常用有色金属矿采选	93.3	94.9	95.9	95.0	95.2	93.7
稀有稀土金属矿采选	83.0	86.9	90.6	92.3	91.9	90.5
非金属矿采选业	**100.3**	**99.3**	**97.7**	**97.8**	**97.8**	**97.9**
土砂石开采	104.0	103.6	101.8	101.8	101.6	101.7
化学矿开采	95.4	93.0	91.7	91.6	91.9	92.0
采盐	97.1	96.9	94.7	94.8	95.4	95.5
石棉及其他非金属矿采选	97.2	96.2	94.8	95.2	95.3	95.7

3-26 续表 2

(上年同月＝100)

类别	全年	1月	2月	3月	4月	5月	6月
其他采矿业	**99.8**	**100.7**	**100.7**	**101.6**	**100.1**	**102.4**	**97.1**
农副食品加工业	**103.2**	**103.8**	**106.5**	**104.2**	**103.1**	**101.7**	**103.1**
谷物磨制	101.9	103.2	103.5	103.0	103.2	101.2	101.2
植物油加工	95.1	99.7	99.9	101.5	100.2	97.9	94.6
制糖业	95.3	93.3	94.7	94.6	94.0	93.2	93.1
屠宰及肉类加工	107.9	106.9	112.3	107.1	105.0	104.1	108.7
水产品加工	112.6	122.8	123.2	124.2	131.2	130.4	123.0
蔬菜、水果和坚果加工	108.9	111.3	109.9	111.9	108.0	106.8	103.8
其他农副食品加工	98.8	99.1	98.6	99.1	98.9	99.0	98.7
食品制造业	**99.8**	**98.5**	**98.8**	**98.0**	**97.7**	**98.6**	**100.6**
乳制品制造	106.0	102.2	103.8	104.0	102.8	104.8	106.4
调味品、发酵制品制造	81.6	84.4	82.2	77.9	79.4	78.7	86.0
其他食品制造	100.3	100.3	100.3	100.3	100.1	100.0	100.0
酒、饮料和精制茶制造业	**100.1**	**101.5**	**101.4**	**102.1**	**101.4**	**101.5**	**101.9**
酒的制造	100.7	100.2	100.4	100.9	100.7	101.0	101.2
饮料制造	97.7	105.5	105.5	105.5	103.3	103.2	104.5
精制茶加工	101.4	101.2	98.5	101.7	101.6	101.5	100.6
烟草制品业	**105.0**	**119.0**	**119.0**	**119.0**	**113.8**	**108.6**	**108.6**
烟叶复烤	105.0	119.0	119.0	119.0	113.8	108.6	108.6
纺织业	**100.7**	**103.3**	**103.4**	**102.1**	**102.2**	**101.5**	**102.2**
棉纺织及印染精加工	98.4	100.4	100.5	99.0	99.2	98.4	99.1
麻纺织及染整精加工	100.5	100.4	100.6	100.5	100.1	100.1	100.1
丝绢纺织及印染精加工	111.6	118.2	118.7	118.4	118.1	117.6	118.6
皮革、毛皮、羽毛及其制品和制鞋业	**99.9**	**100.7**	**101.3**	**99.1**	**100.3**	**99.0**	**99.6**
皮革鞣制加工	99.8	100.5	101.1	99.3	100.3	99.2	99.8
羽毛(绒)加工及制品制造	101.1	102.9	102.9	97.2	100.0	97.2	97.9
木材加工和木、竹、藤、棕、草制品业	**100.9**	**101.7**	**100.9**	**100.9**	**100.6**	**100.7**	**100.7**
木材加工	101.6	102.1	101.4	101.5	101.6	101.5	101.5
人造板制造	99.9	101.0	100.3	100.1	99.3	99.6	99.8
竹、藤、棕、草等制品制造	100.2	102.6	100.0	100.0	100.0	100.0	100.0
造纸和纸制品业	**97.1**	**96.0**	**95.6**	**96.2**	**96.8**	**97.0**	**96.5**
纸浆制造	95.8	90.2	90.6	94.3	95.9	96.1	93.6
造纸	97.2	96.4	96.1	96.2	97.0	96.9	97.4
纸制品制造	97.8	99.0	97.9	97.2	97.1	97.7	97.0
印刷和记录媒介复制业	**93.4**	**93.9**	**93.9**	**92.9**	**94.1**	**94.6**	**95.1**
印刷	93.4	93.9	93.9	92.9	94.1	94.6	95.1
石油加工、炼焦和核燃料加工业	**97.8**	**96.7**	**96.5**	**95.1**	**95.3**	**96.4**	**97.0**
精炼石油产品制造	99.1	99.8	99.5	97.8	96.8	97.9	98.6
炼焦	96.1	93.0	92.8	91.8	93.4	94.6	95.0

3-26 续表 3

（上年同月＝100）

类　别	7月	8月	9月	10月	11月	12月
其他采矿业	**94.5**	**100.2**	**98.1**	**101.1**	**100.7**	**100.5**
农副食品加工业	**103.1**	**103.9**	**103.6**	**102.2**	**102.5**	**101.0**
谷物磨制	101.9	101.6	101.8	101.5	101.0	100.2
植物油加工	92.2	91.4	91.1	90.6	91.2	91.7
制糖业	93.5	94.2	94.7	97.6	99.5	101.5
屠宰及肉类加工	109.3	111.4	110.7	107.5	107.9	104.4
水产品加工	117.0	108.6	101.9	95.6	92.7	94.3
蔬菜、水果和坚果加工	105.5	109.8	110.2	109.2	109.5	110.8
其他农副食品加工	98.7	98.8	98.4	98.0	98.3	99.3
食品制造业	**101.2**	**98.8**	**100.4**	**100.6**	**101.9**	**102.1**
乳制品制造	105.8	103.2	107.4	109.5	111.5	109.8
调味品、发酵制品制造	90.7	83.1	80.9	77.0	78.4	82.8
其他食品制造	100.0	100.2	100.4	100.6	100.8	100.9
酒、饮料和精制茶制造业	**102.3**	**97.0**	**97.7**	**97.5**	**98.5**	**98.3**
酒的制造	101.2	100.2	101.0	99.5	101.2	101.3
饮料制造	105.7	85.5	86.4	89.7	89.4	88.6
精制茶加工	102.5	102.6	101.8	101.6	101.5	101.1
烟草制品业	**108.6**	**108.6**	**91.3**	**91.3**	**91.3**	**91.3**
烟叶复烤	108.6	108.6	91.3	91.3	91.3	91.3
纺织业	**102.5**	**100.4**	**98.4**	**97.8**	**97.6**	**97.3**
棉纺织及印染精加工	99.0	98.4	97.5	96.8	96.5	96.2
麻纺织及染整精加工	100.4	101.1	100.9	100.9	100.7	100.6
丝绢纺织及印染精加工	120.5	109.8	102.2	101.6	101.4	101.4
皮革、毛皮、羽毛及其制品和制鞋业	**99.6**	**99.6**	**100.2**	**100.7**	**100.1**	**99.3**
皮革鞣制加工	99.7	99.6	99.8	100.2	99.4	98.6
羽毛(绒)加工及制品制造	98.6	99.0	103.3	104.7	105.2	105.2
木材加工和木、竹、藤、棕、草制品业	**100.7**	**101.0**	**101.1**	**100.9**	**100.3**	**100.8**
木材加工	101.4	102.1	102.3	101.8	100.5	101.4
人造板制造	99.8	99.6	99.5	99.6	99.9	99.8
竹、藤、棕、草等制品制造	100.0	100.0	100.0	100.0	100.0	100.0
造纸和纸制品业	**96.4**	**97.9**	**98.1**	**98.5**	**98.3**	**98.6**
纸浆制造	93.5	98.8	98.6	99.9	99.2	99.7
造纸	97.2	97.4	98.0	97.8	98.0	98.2
纸制品制造	96.9	98.1	98.1	98.6	98.1	98.5
印刷和记录媒介复制业	**95.7**	**94.5**	**93.9**	**92.3**	**89.2**	**90.1**
印刷	95.7	94.5	93.9	92.3	89.2	90.1
石油加工、炼焦和核燃料加工业	**99.5**	**100.0**	**99.4**	**99.5**	**99.5**	**98.9**
精炼石油产品制造	101.2	100.8	99.4	99.3	99.6	98.3
炼焦	97.3	98.9	99.3	99.6	99.2	99.8

3-26 续表 4

(上年同月=100)

类　别	全年	1月	2月	3月	4月	5月	6月
化学原料和化学制品制造业	**96.7**	**96.8**	**96.4**	**96.3**	**95.4**	**95.5**	**96.0**
基础化学原料制造	95.9	95.9	95.1	95.7	94.7	94.8	95.2
肥料制造	89.7	98.7	98.4	93.3	91.3	90.5	86.6
农药制造	109.6	112.4	110.8	108.5	109.4	111.8	112.1
涂料、油墨、颜料及类似产品制造	99.5	100.6	100.3	99.5	99.2	99.3	99.5
合成材料制造	96.9	95.4	96.0	95.1	94.5	94.5	96.1
专用化学产品制造	98.8	96.9	96.6	97.3	96.2	95.9	97.3
炸药、火工及焰火产品制造	100.9	100.8	100.7	100.8	100.9	101.1	101.2
日用化学产品制造	98.8	100.9	100.5	99.8	95.9	97.8	97.6
医药制造业	**100.2**	**98.5**	**99.8**	**100.4**	**100.4**	**100.7**	**100.8**
化学药品原料药制造	98.7	96.6	97.8	98.7	98.7	98.9	99.3
中成药生产	111.6	114.7	116.2	114.3	113.7	114.9	112.4
生物药品制造	108.1	109.7	109.1	108.8	108.8	109.0	113.2
化学纤维制造业	**94.8**	**90.8**	**90.7**	**92.4**	**91.6**	**89.2**	**92.7**
纤维素纤维原料及纤维制造	101.0	99.5	98.5	100.8	100.0	97.2	98.4
合成纤维制造	94.1	89.7	89.7	91.4	90.6	88.3	92.1
橡胶和塑料制品业	**100.1**	**98.3**	**99.0**	**98.7**	**97.8**	**97.6**	**98.4**
橡胶制品业	95.2	94.8	94.8	93.7	93.9	94.2	94.6
塑料制品业	100.7	98.7	99.5	99.3	98.3	98.0	98.8
非金属矿物制品业	**100.6**	**97.7**	**97.7**	**97.1**	**99.9**	**100.7**	**102.2**
水泥、石灰和石膏制造	102.0	98.1	98.1	97.0	100.9	102.6	104.2
砖瓦、石材等建筑材料制造	100.0	97.5	97.8	97.5	99.1	102.0	100.4
玻璃制造	101.1	101.0	101.1	101.4	101.5	101.5	106.3
玻璃制品制造	94.9	95.3	94.4	94.6	93.7	92.9	94.1
玻璃纤维和玻璃纤维增强塑料制品制造	101.0	103.6	103.2	100.7	99.9	100.0	99.4
耐火材料制品制造	98.9	97.5	99.2	99.0	99.0	99.2	99.2
石墨及其他非金属矿物制品制造	99.9	95.0	95.5	95.9	100.2	99.4	99.3
黑色金属冶炼和压延加工业	**94.1**	**92.2**	**92.9**	**93.2**	**93.2**	**93.1**	**92.5**
炼铁	96.0	95.7	96.6	97.3	97.8	97.2	93.9
炼钢	92.2	89.9	90.9	90.2	89.1	88.7	89.0
黑色金属铸造	99.1	98.2	97.7	98.6	98.9	99.2	98.9
钢压延加工	94.3	92.4	93.0	93.6	93.8	93.8	93.4
铁合金冶炼	92.5	89.4	91.1	91.5	91.3	92.3	89.9
有色金属冶炼和压延加工业	**95.9**	**97.2**	**97.4**	**96.2**	**95.2**	**95.1**	**95.6**
常用有色金属冶炼	96.5	97.8	98.1	96.4	95.4	95.4	95.8
贵金属冶炼	84.5	98.8	93.9	91.8	88.4	86.1	83.4
稀有稀土金属冶炼	97.2	90.8	93.2	93.2	93.5	96.6	98.4
有色金属合金制造	99.1	99.0	99.5	98.6	98.8	98.3	98.6
有色金属压延加工	95.7	96.9	96.8	96.5	95.4	94.9	96.0

3-26 续表 5

（上年同月＝100）

类　别	7月	8月	9月	10月	11月	12月
化学原料和化学制品制造业	**96.4**	**96.7**	**97.4**	**97.5**	**97.9**	**98.7**
基础化学原料制造	95.2	95.3	96.3	96.7	97.5	98.6
肥料制造	87.2	87.4	85.5	84.9	85.6	86.4
农药制造	114.6	109.7	112.2	108.0	107.0	100.2
涂料、油墨、颜料及类似产品制造	99.5	99.3	99.2	99.0	99.1	99.0
合成材料制造	97.9	98.8	98.8	98.3	98.3	99.2
专用化学产品制造	98.1	100.2	101.3	102.3	101.7	102.1
炸药、火工及焰火产品制造	101.0	101.0	101.2	100.7	100.7	100.9
日用化学产品制造	96.1	96.8	100.9	99.1	100.0	99.9
医药制造业	**100.9**	**100.7**	**100.9**	**100.6**	**100.0**	**98.8**
化学药品原料药制造	99.1	99.0	99.3	99.4	99.4	98.8
中成药生产	115.0	113.6	113.5	109.6	104.5	98.9
生物药品制造	112.9	113.9	109.1	101.5	102.0	99.9
化学纤维制造业	**98.5**	**98.4**	**98.7**	**98.7**	**99.0**	**99.3**
纤维素纤维原料及纤维制造	101.0	103.3	103.2	103.0	104.2	103.4
合成纤维制造	98.2	97.8	98.1	98.2	98.4	98.8
橡胶和塑料制品业	**100.6**	**100.6**	**101.3**	**102.5**	**102.8**	**104.0**
橡胶制品业	94.2	94.8	95.6	95.8	96.2	100.4
塑料制品业	101.3	101.2	101.9	103.2	103.5	104.4
非金属矿物制品业	**101.6**	**101.5**	**102.2**	**102.9**	**102.7**	**101.9**
水泥、石灰和石膏制造	104.2	103.7	104.8	105.3	104.0	102.3
砖瓦、石材等建筑材料制造	100.4	100.4	100.4	100.4	101.9	101.9
玻璃制造	100.0	99.9	99.9	100.5	100.3	100.3
玻璃制品制造	95.0	95.0	95.4	95.5	96.3	97.4
玻璃纤维和玻璃纤维增强塑料制品制造	99.5	99.9	101.1	101.4	101.6	101.7
耐火材料制品制造	99.2	99.0	99.0	98.8	98.8	99.1
石墨及其他非金属矿物制品制造	99.3	100.5	100.3	102.6	105.6	105.6
黑色金属冶炼和压延加工业	**93.0**	**94.5**	**96.3**	**96.5**	**96.0**	**95.9**
炼铁	94.5	93.8	97.8	96.4	96.1	95.0
炼钢	91.3	94.2	97.2	96.4	95.7	95.9
黑色金属铸造	99.0	99.4	99.6	99.8	99.7	99.8
钢压延加工	93.1	94.6	95.7	96.5	95.8	95.7
铁合金冶炼	91.6	92.6	94.2	94.5	96.2	96.3
有色金属冶炼和压延加工业	**95.4**	**96.5**	**95.3**	**95.3**	**96.0**	**95.4**
常用有色金属冶炼	95.9	97.0	96.1	96.4	96.8	96.4
贵金属冶炼	79.8	83.7	77.8	77.5	77.6	75.2
稀有稀土金属冶炼	97.0	98.0	98.7	101.4	103.5	103.1
有色金属合金制造	99.4	99.7	98.9	100.0	99.6	99.2
有色金属压延加工	95.6	96.7	95.3	94.3	95.2	94.7

3-26 续表 6

（上年同月＝100）

类别	全年	1月	2月	3月	4月	5月	6月
金属制品业	**97.6**	**97.1**	**97.5**	**97.5**	**97.3**	**97.5**	**98.7**
集装箱及金属包装容器制造	100.5	99.8	99.5	99.4	99.4	99.6	100.8
金属丝绳及其制品制造	95.1	94.7	95.6	95.9	95.6	95.7	97.1
建筑、安全用金属制品制造	100.0	100.0	100.0	100.0	100.0	100.0	100.0
其他金属制品制造	99.3	98.6	98.8	98.5	97.9	98.4	98.8
通用设备制造业	**97.7**	**100.5**	**100.2**	**95.9**	**96.3**	**98.3**	**97.6**
锅炉及原动设备制造	98.0	100.2	99.9	95.6	96.4	99.2	98.3
泵、阀门、压缩机及类似机械制造	99.7	102.1	101.5	99.4	99.3	99.6	99.6
轴承、齿轮和传动部件制造	94.3	100.0	99.9	92.6	92.6	93.3	93.2
烘炉、风机、衡器、包装等设备制造	104.0	110.0	110.0	110.0	110.0	106.5	102.5
通用零部件制造	98.5	97.4	97.4	97.4	97.4	97.4	97.4
汽车制造业	**98.5**	**98.1**	**99.0**	**98.9**	**99.2**	**99.0**	**98.8**
汽车零部件及配件制造	98.5	98.1	99.0	98.9	99.2	99.0	98.8
铁路、船舶、航空航天和其他运输设备制造业	**100.4**	**114.4**	**113.0**	**111.1**	**94.7**	**94.9**	**95.7**
摩托车制造	100.4	114.4	113.0	111.1	94.7	94.9	95.7
电气机械和器材制造业	**97.9**	**98.1**	**97.5**	**98.5**	**98.1**	**97.4**	**97.4**
电机制造	97.9	97.2	97.2	97.1	97.2	96.8	96.9
输配电及控制设备制造	100.7	101.5	100.6	101.6	101.6	100.9	100.2
电线、电缆、光缆及电工器材制造	99.7	102.9	101.6	101.9	100.3	99.7	100.0
电池制造	76.6	69.8	69.8	75.5	74.9	73.0	76.6
照明器具制造	93.7	93.9	94.8	97.2	96.8	92.0	91.2
计算机、通信和其他电子设备制造业	**100.6**	**97.0**	**99.4**	**99.1**	**104.3**	**101.4**	**102.8**
计算机制造	98.4	95.5	95.5	98.4	98.1	95.8	96.6
通信设备制造	100.0	100.0	100.0	100.0	100.0	100.0	100.0
广播电视设备制造	87.6	94.3	92.8	90.8	90.8	87.0	82.9
电子器件制造	105.2	99.4	99.5	99.6	109.9	108.5	108.6
电子元件制造	96.8	94.0	100.9	99.3	101.0	95.8	99.5
仪器仪表制造业	**100.0**	**100.0**	**100.0**	**100.0**	**100.0**	**100.0**	**100.0**
通用仪器仪表制造	100.0	100.0	100.0	100.0	100.0	100.0	100.0
废弃资源综合利用业	**92.1**	**90.8**	**90.4**	**91.2**	**89.7**	**90.1**	**92.0**
金属废料和碎屑加工处理	92.0	91.4	91.1	92.1	89.8	90.1	91.8
非金属废料和碎屑加工处理	92.5	88.5	87.7	88.0	88.9	90.1	92.9
电力、热力生产和供应业	**102.2**	**103.6**	**104.8**	**104.4**	**102.9**	**100.8**	**95.9**
电力供应	102.8	103.8	105.1	104.7	103.1	100.8	96.4
热力生产和供应	94.7	100.0	100.0	100.0	100.0	100.0	90.9
燃气生产和供应业	**107.3**	**101.0**	**104.1**	**104.5**	**104.3**	**104.3**	**104.0**
水的生产和供应业	**102.6**	**102.1**	**102.2**	**103.0**	**103.0**	**102.9**	**103.0**
自来水生产和供应	102.6	102.1	102.2	103.0	103.0	102.9	103.0

3-26 续表 7

(上年同月＝100)

类　别	7月	8月	9月	10月	11月	12月
金属制品业	**97.4**	**97.8**	**98.3**	**97.8**	**97.3**	**97.5**
集装箱及金属包装容器制造	101.6	101.6	101.6	101.6	100.8	100.8
金属丝绳及其制品制造	94.0	94.6	95.3	94.2	94.1	94.4
建筑、安全用金属制品制造	100.0	100.0	100.0	100.0	100.0	100.0
其他金属制品制造	98.9	100.1	100.6	101.2	99.9	99.9
通用设备制造业	**100.7**	**94.5**	**96.0**	**95.9**	**95.7**	**100.4**
锅炉及原动设备制造	103.2	93.3	95.7	95.5	95.2	103.1
泵、阀门、压缩机及类似机械制造	99.5	99.5	99.1	99.1	99.3	98.6
轴承、齿轮和传动部件制造	93.2	93.3	93.4	93.4	93.4	93.4
烘炉、风机、衡器、包装等设备制造	101.9	100.6	99.4	99.7	100.0	100.0
通用零部件制造	99.5	99.5	99.5	99.5	99.5	99.5
汽车制造业	**98.5**	**98.4**	**98.4**	**97.9**	**97.7**	**98.5**
汽车零部件及配件制造	98.5	98.4	98.4	97.9	97.7	98.5
铁路、船舶、航空航天和其他运输设备制造业	**95.4**	**98.9**	**99.1**	**97.6**	**97.6**	**96.7**
摩托车制造	95.4	98.9	99.1	97.6	97.6	96.7
电气机械和器材制造业	**96.9**	**97.3**	**97.8**	**98.0**	**98.8**	**98.8**
电机制造	96.9	96.9	99.9	99.8	99.8	99.8
输配电及控制设备制造	99.8	100.4	100.1	100.2	100.5	100.6
电线、电缆、光缆及电工器材制造	98.6	99.1	98.6	98.3	97.7	97.8
电池制造	76.6	76.2	75.6	77.7	89.6	89.0
照明器具制造	91.0	91.8	92.6	93.5	93.9	95.2
计算机、通信和其他电子设备制造业	**100.5**	**100.9**	**99.9**	**99.6**	**100.7**	**101.8**
计算机制造	97.8	98.0	98.7	101.9	102.9	101.7
通信设备制造	100.0	100.0	100.0	100.0	100.0	100.0
广播电视设备制造	81.3	82.6	86.0	84.7	89.1	88.7
电子器件制造	105.3	105.8	106.3	105.7	106.0	107.2
电子元件制造	96.9	97.4	93.4	92.6	94.5	96.4
仪器仪表制造业	**100.0**	**100.0**	**100.0**	**100.0**	**100.0**	**100.0**
通用仪器仪表制造	100.0	100.0	100.0	100.0	100.0	100.0
废弃资源综合利用业	**91.4**	**92.1**	**93.7**	**93.3**	**94.8**	**96.0**
金属废料和碎屑加工处理	90.3	91.0	92.7	93.1	95.0	95.8
非金属废料和碎屑加工处理	96.2	96.9	98.0	94.2	94.3	96.9
电力、热力生产和供应业	**100.9**	**102.8**	**102.2**	**102.7**	**103.2**	**102.2**
电力供应	101.9	103.9	103.3	103.8	104.3	103.2
热力生产和供应	90.9	90.9	90.9	90.9	90.9	90.9
燃气生产和供应业	**104.1**	**107.5**	**113.7**	**112.2**	**113.8**	**114.2**
水的生产和供应业	**102.7**	**102.7**	**102.6**	**102.5**	**102.4**	**102.2**
自来水生产和供应	102.7	102.7	102.6	102.5	102.4	102.2

3-27 分行业工业生产者购进价格环比指数(2013年)

(上月=100)

类　别	1月	2月	3月	4月	5月	6月
总指数	**100.9**	**100.3**	**99.7**	**99.6**	**99.2**	**99.3**
农业	**100.8**	**100.9**	**100.6**	**99.9**	**100.0**	**100.0**
谷物种植	100.9	101.1	100.8	100.2	100.2	99.6
豆类、油料和薯类种植	99.7	100.5	99.7	99.6	98.7	100.3
棉、麻、糖、烟草种植	100.2	100.6	103.0	98.8	100.1	101.1
蔬菜、食用菌及园艺作物种植	103.3	100.8	100.2	98.5	100.1	99.8
水果种植	106.6	100.1	95.0	100.0	100.1	101.3
坚果、含油果、香料和饮料作物种植	99.4	100.1	101.0	101.3	100.1	99.2
中药材种植	100.2	100.9	99.6	99.4	101.3	101.5
其他农业	100.2	100.1	100.0	103.2	99.4	100.0
林业	**97.8**	**99.1**	**100.5**	**100.6**	**101.0**	**100.2**
木材和竹材采运	96.7	98.2	100.4	100.3	101.6	100.6
林产品采集	100.4	101.3	100.7	101.3	99.7	99.2
畜牧业	**101.6**	**99.7**	**97.0**	**95.2**	**96.9**	**104.5**
牲畜饲养	101.8	98.6	95.4	99.5	95.4	102.4
家禽饲养	101.3	101.1	98.9	90.1	98.9	107.1
其他畜牧业	101.1	100.5	101.1	100.4	99.7	103.9
农、林、牧、渔服务业	**100.3**	**100.5**	**100.2**	**97.0**	**100.2**	**100.3**
农业服务业	100.3	100.5	100.2	97.0	100.2	100.3
煤炭开采和洗选业	**100.5**	**100.2**	**99.4**	**99.9**	**99.2**	**99.1**
烟煤和无烟煤开采洗选	100.4	100.2	99.3	99.9	99.2	99.1
其他煤炭采选	105.2	99.2	100.3	100.0	100.0	100.0
石油和天然气开采业	**100.6**	**100.6**	**101.5**	**99.7**	**96.5**	**100.9**
石油开采	100.8	100.8	103.0	99.2	92.8	100.1
天然气开采	100.4	100.4	100.2	100.1	100.0	101.6
黑色金属矿采选业	**100.9**	**100.7**	**101.2**	**98.4**	**99.5**	**99.9**
铁矿采选	101.0	100.6	101.3	98.3	99.5	99.9
锰矿、铬矿采选	99.8	101.6	100.1	99.5	99.2	100.5
有色金属矿采选业	**100.5**	**99.8**	**98.4**	**99.0**	**99.6**	**98.7**
常用有色金属矿采选	100.1	100.6	99.8	98.3	99.0	100.3
稀有稀土金属矿采选	101.1	98.7	96.3	100.0	100.3	96.5
非金属矿采选业	**100.4**	**100.6**	**100.0**	**99.7**	**99.8**	**99.4**
土砂石开采	100.4	101.0	100.4	99.8	99.9	100.3
化学矿开采	100.7	100.3	99.2	99.3	99.6	97.9
采盐	100.0	100.2	100.5	100.2	99.4	99.6
石棉及其他非金属矿采选	100.3	99.9	99.7	99.8	100.3	98.6

3-27 续表 1

(上月=100)

类　别	7月	8月	9月	10月	11月	12月
总指数	**99.8**	**99.9**	**100.3**	**100.3**	**100.1**	**100.0**
农业	**100.2**	**100.2**	**100.2**	**100.4**	**100.1**	**99.4**
谷物种植	100.2	100.4	100.5	100.4	99.7	99.5
豆类、油料和薯类种植	100.1	99.9	100.0	101.0	100.6	99.0
棉、麻、糖、烟草种植	100.6	102.9	99.6	99.6	101.6	99.0
蔬菜、食用菌及园艺作物种植	99.3	99.2	99.4	99.7	99.7	100.1
水果种植	102.4	88.5	100.2	102.9	100.3	101.6
坚果、含油果、香料和饮料作物种植	100.2	100.1	100.0	100.1	100.1	100.0
中药材种植	100.0	100.1	101.1	99.6	100.5	98.5
其他农业	106.9	101.0	97.7	99.9	99.5	100.0
林业	**100.2**	**101.2**	**100.3**	**100.4**	**100.2**	**100.2**
木材和竹材采运	100.1	101.2	99.9	100.2	100.2	100.6
林产品采集	100.4	101.2	101.3	101.1	100.3	99.5
畜牧业	**99.8**	**101.6**	**103.1**	**101.4**	**100.0**	**100.1**
牲畜饲养	99.3	102.7	102.0	101.5	100.1	100.1
家禽饲养	100.4	100.3	104.3	101.4	99.9	100.2
其他畜牧业	103.4	97.8	100.2	100.7	99.5	99.5
农、林、牧、渔服务业	**101.6**	**100.7**	**98.5**	**101.0**	**100.4**	**99.5**
农业服务业	101.6	100.7	98.5	101.0	100.4	99.5
煤炭开采和洗选业	**100.0**	**99.7**	**100.0**	**100.3**	**99.9**	**100.1**
烟煤和无烟煤开采洗选	100.1	99.9	100.0	100.4	99.9	100.1
其他煤炭采选	98.5	95.8	100.9	99.4	101.6	99.7
石油和天然气开采业	**100.2**	**102.2**	**101.2**	**100.4**	**99.7**	**98.7**
石油开采	100.4	103.3	100.8	99.7	97.8	97.3
天然气开采	100.0	101.2	101.5	101.1	101.3	99.9
黑色金属矿采选业	**99.9**	**100.1**	**99.8**	**100.6**	**100.6**	**100.0**
铁矿采选	99.9	100.1	99.8	100.7	100.6	100.1
锰矿、铬矿采选	100.7	100.1	100.2	99.0	100.3	99.7
有色金属矿采选业	**96.7**	**100.2**	**100.9**	**100.1**	**99.1**	**99.1**
常用有色金属矿采选	97.6	100.6	100.1	99.2	98.9	98.8
稀有稀土金属矿采选	95.3	99.6	102.3	101.4	99.4	99.4
非金属矿采选业	**99.4**	**99.3**	**99.1**	**99.9**	**99.9**	**100.2**
土砂石开采	99.8	100.1	99.2	100.0	100.2	100.4
化学矿开采	98.6	97.8	99.4	99.6	99.3	100.1
采盐	99.6	99.6	96.9	99.7	99.9	99.7
石棉及其他非金属矿采选	99.3	98.6	98.9	100.5	100.0	99.8

3-27 续表 2

（上月＝100）

类　别	1月	2月	3月	4月	5月	6月
其他采矿业	**100.7**	**100.0**	**100.8**	**98.5**	**102.4**	**94.8**
农副食品加工业	**101.8**	**101.1**	**98.0**	**97.9**	**99.6**	**100.6**
谷物磨制	100.2	100.9	100.0	100.2	98.9	100.1
植物油加工	98.6	100.0	100.3	98.9	99.7	98.0
制糖业	98.9	99.5	99.6	99.2	99.1	99.6
屠宰及肉类加工	104.3	102.0	95.8	96.0	99.8	102.1
水产品加工	104.5	99.6	99.2	105.6	100.9	98.8
蔬菜、水果和坚果加工	100.0	100.1	102.4	97.1	100.8	98.9
其他农副食品加工	99.9	99.6	99.9	99.8	100.2	99.8
食品制造业	**99.9**	**100.7**	**99.3**	**99.9**	**100.3**	**99.8**
乳制品制造	99.5	101.9	100.2	100.1	102.0	99.7
调味品、发酵制品制造	100.6	98.9	94.9	99.2	95.9	99.6
其他食品制造	100.0	100.0	100.0	100.0	100.0	100.0
酒、饮料和精制茶制造业	**101.0**	**100.0**	**100.1**	**99.9**	**100.2**	**100.6**
酒的制造	100.1	100.0	100.1	100.0	100.2	100.8
饮料制造	104.0	100.0	100.0	99.7	99.9	100.6
精制茶加工	100.4	99.9	100.5	99.7	100.3	99.3
烟草制品业	**100.0**	**100.0**	**100.0**	**95.6**	**95.4**	**100.0**
烟叶复烤	100.0	100.0	100.0	95.6	95.4	100.0
纺织业	**99.8**	**100.0**	**99.9**	**99.6**	**99.3**	**99.9**
棉纺织及印染精加工	99.7	99.9	99.8	99.3	99.1	99.8
麻纺织及染整精加工	100.0	100.2	100.0	100.1	100.1	100.0
丝绢纺织及印染精加工	100.2	100.3	100.3	100.4	99.9	100.4
皮革、毛皮、羽毛及其制品和制鞋业	**99.7**	**99.7**	**98.7**	**100.7**	**99.3**	**100.5**
皮革鞣制加工	99.7	99.7	98.5	100.8	99.2	100.4
羽毛(绒)加工及制品制造	100.0	100.0	100.0	100.0	100.0	100.7
木材加工和木、竹、藤、棕、草制品业	**100.2**	**99.8**	**100.0**	**99.8**	**100.0**	**100.2**
木材加工	100.1	100.0	100.0	100.1	99.8	100.2
人造板制造	100.3	99.5	99.9	99.4	100.4	100.3
竹、藤、棕、草等制品制造	100.0	100.0	100.0	100.0	100.0	100.0
造纸和纸制品业	**99.2**	**100.0**	**100.5**	**100.0**	**99.9**	**99.3**
纸浆制造	96.0	100.2	101.9	100.5	100.4	97.3
造纸	99.9	99.7	100.2	99.9	99.9	100.1
纸制品制造	100.1	100.1	100.0	99.7	99.7	99.3
印刷和记录媒介复制业	**98.5**	**100.0**	**99.5**	**100.0**	**100.0**	**100.0**
印刷	98.5	100.0	99.5	100.0	100.0	100.0
石油加工、炼焦和核燃料加工业	**99.5**	**99.8**	**100.0**	**100.2**	**99.7**	**99.8**
精炼石油产品制造	98.9	99.7	99.9	100.4	99.9	99.7
炼焦	100.3	100.0	100.2	99.9	99.5	99.8

3-27 续表 3

(上月=100)

类别	7月	8月	9月	10月	11月	12月
其他采矿业	**97.4**	**106.0**	**97.9**	**103.1**	**99.5**	**99.9**
农副食品加工业	**99.6**	**100.8**	**101.4**	**99.3**	**100.8**	**100.2**
谷物磨制	100.4	99.8	100.7	99.8	99.7	99.6
植物油加工	97.8	99.5	100.1	99.2	99.9	99.3
制糖业	99.7	99.3	100.0	102.5	102.4	101.9
屠宰及肉类加工	99.6	101.8	102.6	98.6	101.5	100.6
水产品加工	98.2	99.0	96.2	95.9	96.3	100.5
蔬菜、水果和坚果加工	104.7	105.0	100.4	100.0	100.5	100.7
其他农副食品加工	100.0	100.3	99.9	99.7	100.2	99.9
食品制造业	**100.5**	**99.5**	**101.9**	**100.3**	**101.2**	**98.9**
乳制品制造	101.1	99.9	103.4	101.1	102.2	98.4
调味品、发酵制品制造	99.6	95.9	101.6	97.7	100.3	97.3
其他食品制造	100.0	100.2	100.2	100.2	100.2	100.1
酒、饮料和精制茶制造业	**100.2**	**95.8**	**99.9**	**100.6**	**100.0**	**100.1**
酒的制造	100.0	100.0	100.0	99.9	100.0	100.1
饮料制造	100.1	82.2	100.0	102.9	100.2	100.2
精制茶加工	101.5	100.3	99.4	100.3	99.9	99.7
烟草制品业	**100.0**	**100.0**	**100.0**	**100.0**	**100.0**	**100.0**
烟叶复烤	100.0	100.0	100.0	100.0	100.0	100.0
纺织业	**99.4**	**99.8**	**99.9**	**99.7**	**99.9**	**100.1**
棉纺织及印染精加工	99.2	99.8	99.9	99.7	99.8	100.0
麻纺织及染整精加工	100.1	100.2	100.0	100.0	100.0	100.1
丝绢纺织及印染精加工	100.0	99.8	100.2	99.6	100.3	100.2
皮革、毛皮、羽毛及其制品和制鞋业	**100.0**	**99.9**	**100.6**	**100.1**	**99.7**	**100.3**
皮革鞣制加工	100.0	99.9	100.5	100.0	99.6	100.4
羽毛(绒)加工及制品制造	100.7	100.4	101.4	101.3	100.5	100.0
木材加工和木、竹、藤、棕、草制品业	**100.0**	**100.4**	**100.0**	**100.2**	**99.9**	**100.2**
木材加工	100.0	100.8	100.1	100.3	99.7	100.3
人造板制造	100.0	99.9	100.0	100.0	100.2	100.0
竹、藤、棕、草等制品制造	100.0	100.0	100.0	100.0	100.0	100.0
造纸和纸制品业	**99.6**	**100.8**	**99.9**	**99.9**	**99.6**	**100.1**
纸浆制造	99.8	104.5	99.6	100.2	99.0	100.7
造纸	99.4	99.7	100.0	99.6	99.8	99.9
纸制品制造	99.8	100.1	100.0	100.1	99.6	100.1
印刷和记录媒介复制业	**100.0**	**97.4**	**99.4**	**98.3**	**96.6**	**100.0**
印刷	100.0	97.4	99.4	98.3	96.6	100.0
石油加工、炼焦和核燃料加工业	**99.7**	**99.7**	**100.1**	**100.5**	**99.8**	**100.0**
精炼石油产品制造	99.5	99.8	100.1	100.2	100.0	100.2
炼焦	99.9	99.7	100.2	100.8	99.6	99.8

3-27 续表 4

(上月=100)

类　别	1月	2月	3月	4月	5月	6月
化学原料和化学制品制造业	**100.3**	**99.7**	**99.8**	**99.7**	**99.5**	**99.4**
基础化学原料制造	100.2	99.1	99.8	100.2	99.4	99.2
肥料制造	101.7	99.8	96.8	98.3	99.1	94.7
农药制造	98.0	98.5	100.9	101.7	103.9	100.8
涂料、油墨、颜料及类似产品制造	99.9	100.0	100.0	99.9	99.9	100.1
合成材料制造	101.1	100.7	99.9	98.5	99.0	100.0
专用化学产品制造	98.1	100.9	100.5	99.8	99.6	100.2
炸药、火工及焰火产品制造	100.2	100.1	100.0	100.2	100.2	100.1
日用化学产品制造	101.2	100.1	99.5	96.7	102.4	100.0
医药制造业	**100.3**	**100.0**	**100.1**	**100.0**	**100.3**	**100.1**
化学药品原料药制造	100.3	99.8	100.1	100.0	100.1	100.2
中成药生产	100.4	101.8	100.2	100.0	101.5	99.0
生物药品制造	100.2	100.2	101.1	100.3	100.2	103.7
化学纤维制造业	**99.7**	**101.8**	**100.4**	**99.7**	**97.5**	**100.4**
纤维素纤维原料及纤维制造	102.9	100.3	101.2	98.9	98.3	100.5
合成纤维制造	99.3	102.0	100.3	99.7	97.4	100.4
橡胶和塑料制品业	**101.3**	**100.4**	**99.7**	**99.3**	**99.6**	**99.9**
橡胶制品业	100.0	100.0	100.0	99.7	100.0	100.0
塑料制品业	101.4	100.4	99.6	99.3	99.6	99.9
非金属矿物制品业	**100.2**	**99.6**	**99.4**	**101.7**	**100.8**	**99.9**
水泥、石灰和石膏制造	100.5	99.6	99.1	102.0	101.5	99.9
砖瓦、石材等建筑材料制造	100.4	100.0	100.0	100.0	100.0	100.0
玻璃制造	100.0	100.1	100.2	100.1	100.1	99.7
玻璃制品制造	99.7	98.5	99.2	99.3	99.2	100.3
玻璃纤维和玻璃纤维增强塑料制品制造	99.4	99.7	98.7	100.1	100.0	100.1
耐火材料制品制造	99.8	100.0	99.8	99.9	99.9	100.0
石墨及其他非金属矿物制品制造	100.0	99.6	100.2	104.8	99.9	99.8
黑色金属冶炼和压延加工业	**100.2**	**100.4**	**100.1**	**99.7**	**99.3**	**98.6**
炼铁	100.7	102.0	100.2	101.1	99.5	96.6
炼钢	100.3	100.8	99.9	99.7	99.0	98.1
黑色金属铸造	99.2	100.0	100.8	100.1	100.3	99.7
钢压延加工	100.1	100.0	100.1	99.5	99.4	99.1
铁合金冶炼	100.6	101.0	100.1	99.6	99.8	97.6
有色金属冶炼和压延加工业	**100.1**	**100.1**	**99.3**	**98.6**	**99.2**	**99.8**
常用有色金属冶炼	100.2	100.0	99.5	98.7	99.4	99.9
贵金属冶炼	97.5	99.8	97.6	93.0	94.4	96.8
稀有稀土金属冶炼	100.7	101.0	98.4	100.7	100.6	101.3
有色金属合金制造	101.0	99.8	99.2	99.3	100.4	100.4
有色金属压延加工	100.1	100.3	99.3	98.7	98.9	99.8

3-27 续表 5

(上月=100)

类　　别	7月	8月	9月	10月	11月	12月
化学原料和化学制品制造业	**99.3**	**99.3**	**100.4**	**100.5**	**100.3**	**100.6**
基础化学原料制造	99.0	98.6	100.5	100.7	100.8	101.3
肥料制造	99.2	99.4	96.5	99.7	99.6	100.8
农药制造	103.2	101.6	102.7	97.3	95.7	96.2
涂料、油墨、颜料及类似产品制造	99.6	99.8	100.0	100.0	100.0	100.0
合成材料制造	99.6	100.2	100.5	100.8	99.5	99.5
专用化学产品制造	100.0	100.6	101.9	100.6	100.1	99.9
炸药、火工及焰火产品制造	99.9	100.0	100.0	100.1	100.0	100.1
日用化学产品制造	98.7	100.5	100.0	100.1	101.0	99.8
医药制造业	**99.8**	**99.8**	**100.0**	**100.0**	**99.6**	**98.9**
化学药品原料药制造	99.7	99.8	99.9	100.0	99.8	99.1
中成药生产	100.0	99.6	101.0	100.1	97.9	97.4
生物药品制造	99.7	100.2	99.4	94.9	100.0	100.2
化学纤维制造业	**101.0**	**100.1**	**100.1**	**100.1**	**99.8**	**98.8**
纤维素纤维原料及纤维制造	100.8	102.2	99.2	100.0	100.0	99.1
合成纤维制造	101.0	99.8	100.2	100.1	99.7	98.7
橡胶和塑料制品业	**100.7**	**100.3**	**101.2**	**100.7**	**100.3**	**100.6**
橡胶制品业	99.7	100.0	100.3	100.2	100.5	100.0
塑料制品业	100.8	100.4	101.3	100.8	100.3	100.6
非金属矿物制品业	**99.6**	**99.2**	**99.8**	**100.6**	**100.6**	**100.5**
水泥、石灰和石膏制造	99.3	98.5	99.8	100.6	100.9	100.7
砖瓦、石材等建筑材料制造	100.0	100.0	100.0	100.0	101.4	100.0
玻璃制造	99.9	100.0	100.0	100.2	100.0	100.0
玻璃制品制造	100.0	100.0	100.0	100.1	100.0	101.2
玻璃纤维和玻璃纤维增强塑料制品制造	100.3	101.5	100.2	100.2	101.1	100.4
耐火材料制品制造	100.0	99.8	100.0	99.8	100.0	100.0
石墨及其他非金属矿物制品制造	100.0	100.0	99.6	101.7	100.0	100.0
黑色金属冶炼和压延加工业	**98.8**	**99.7**	**99.7**	**99.8**	**99.8**	**99.7**
炼铁	97.8	97.7	99.9	99.5	100.6	99.4
炼钢	98.6	100.3	99.2	99.9	100.2	99.9
黑色金属铸造	99.8	100.1	100.0	99.9	100.0	100.0
钢压延加工	98.8	99.8	99.9	99.9	99.4	99.7
铁合金冶炼	99.4	99.4	98.7	99.6	100.9	99.4
有色金属冶炼和压延加工业	**98.9**	**100.1**	**99.6**	**100.2**	**99.8**	**99.6**
常用有色金属冶炼	99.0	100.0	99.8	100.5	99.8	99.6
贵金属冶炼	94.2	104.7	101.5	99.3	97.4	96.2
稀有稀土金属冶炼	99.2	99.3	99.2	101.4	101.0	100.4
有色金属合金制造	100.0	99.8	99.3	100.2	99.9	99.8
有色金属压延加工	99.2	100.0	99.2	99.5	99.8	99.7

3-27 续表 6

(上月=100)

类　　别	1月	2月	3月	4月	5月	6月
金属制品业	**100.2**	**100.1**	**99.7**	**99.7**	**99.7**	**100.1**
集装箱及金属包装容器制造	100.2	100.0	100.0	99.6	100.0	100.8
金属丝绳及其制品制造	100.2	100.3	99.7	99.7	99.5	99.6
建筑、安全用金属制品制造	100.0	100.0	100.0	100.0	100.0	100.0
其他金属制品制造	100.3	100.0	99.0	100.0	100.0	100.0
通用设备制造业	**101.8**	**100.4**	**95.9**	**99.7**	**102.0**	**99.4**
锅炉及原动设备制造	103.0	100.8	95.7	99.5	102.9	99.1
泵、阀门、压缩机及类似机械制造	99.6	99.4	99.4	100.1	100.3	100.0
轴承、齿轮和传动部件制造	100.0	99.9	92.7	100.0	100.8	100.0
烘炉、风机、衡器、包装等设备制造	100.0	100.0	100.0	100.0	100.0	100.0
通用零部件制造	99.5	100.0	100.0	100.0	100.0	100.0
汽车制造业	**99.9**	**99.9**	**99.5**	**100.1**	**99.7**	**100.0**
汽车零部件及配件制造	99.9	99.9	99.5	100.1	99.7	100.0
铁路、船舶、航空航天和其他运输设备制造业	**102.2**	**98.7**	**100.0**	**99.7**	**99.7**	**99.4**
摩托车制造	102.2	98.7	100.0	99.7	99.7	99.4
电气机械和器材制造业	**99.5**	**99.9**	**100.5**	**99.7**	**99.5**	**99.9**
电机制造	100.0	100.0	100.0	100.0	99.7	100.0
输配电及控制设备制造	99.8	99.5	101.0	99.9	100.0	99.8
电线、电缆、光缆及电工器材制造	100.5	100.5	100.4	99.2	99.5	100.0
电池制造	92.2	100.0	100.0	98.8	98.4	100.0
照明器具制造	99.4	100.6	100.1	97.5	94.5	100.0
计算机、通信和其他电子设备制造业	**100.3**	**100.0**	**99.6**	**105.2**	**97.5**	**101.1**
计算机制造	100.3	100.0	101.1	99.8	98.0	100.7
通信设备制造	100.0	100.0	100.0	100.0	100.0	100.0
广播电视设备制造	100.3	98.4	98.0	100.0	95.8	95.3
电子器件制造	100.0	100.0	99.9	111.0	99.3	99.6
电子元件制造	100.7	100.0	98.9	101.1	94.9	103.9
仪器仪表制造业	**100.0**	**100.0**	**100.0**	**100.0**	**100.0**	**100.0**
通用仪器仪表制造	100.0	100.0	100.0	100.0	100.0	100.0
废弃资源综合利用业	**100.0**	**99.6**	**99.7**	**98.1**	**99.6**	**99.6**
金属废料和碎屑加工处理	100.1	99.5	99.6	97.5	99.7	99.9
非金属废料和碎屑加工处理	99.6	100.1	100.1	100.4	99.2	98.6
电力、热力生产和供应业	**107.0**	**101.5**	**100.3**	**100.0**	**98.3**	**90.8**
电力供应	107.6	101.6	100.3	100.0	98.2	90.8
热力生产和供应	100.0	100.0	100.0	100.0	100.0	90.9
燃气生产和供应业	**100.6**	**102.7**	**100.4**	**100.1**	**100.0**	**99.9**
水的生产和供应业	**100.5**	**100.2**	**100.8**	**100.1**	**100.0**	**100.2**
自来水生产和供应	100.5	100.2	100.8	100.1	100.0	100.2

3-27 续表 7

(上月＝100)

类 别	7月	8月	9月	10月	11月	12月
金属制品业	**98.3**	**100.1**	**99.9**	**99.9**	**99.7**	**100.0**
集装箱及金属包装容器制造	100.8	100.0	100.0	100.0	99.2	100.2
金属丝绳及其制品制造	96.1	100.2	99.8	99.6	100.0	99.9
建筑、安全用金属制品制造	100.0	100.0	100.0	100.0	100.0	100.0
其他金属制品制造	100.0	100.0	100.0	100.6	100.0	100.0
通用设备制造业	**102.6**	**93.5**	**102.4**	**99.9**	**99.0**	**104.2**
锅炉及原动设备制造	104.1	90.0	103.9	99.8	98.4	106.9
泵、阀门、压缩机及类似机械制造	99.9	99.9	99.9	100.0	100.3	99.5
轴承、齿轮和传动部件制造	100.0	100.0	100.0	100.0	100.0	100.0
烘炉、风机、衡器、包装等设备制造	100.0	100.0	100.0	100.0	100.0	100.0
通用零部件制造	100.0	100.0	100.0	100.0	100.0	100.0
汽车制造业	**99.7**	**99.7**	**100.0**	**100.0**	**100.0**	**99.9**
汽车零部件及配件制造	99.7	99.7	100.0	100.0	100.0	99.9
铁路、船舶、航空航天和其他运输设备制造业	**99.4**	**99.5**	**99.9**	**100.0**	**99.1**	**99.1**
摩托车制造	99.4	99.5	99.9	100.0	99.1	99.1
电气机械和器材制造业	**99.6**	**100.0**	**100.0**	**100.2**	**100.0**	**100.0**
电机制造	100.0	99.9	100.2	99.9	100.1	100.0
输配电及控制设备制造	99.9	100.1	100.1	100.5	99.9	100.3
电线、电缆、光缆及电工器材制造	98.6	99.9	99.5	100.2	99.7	99.9
电池制造	100.0	99.9	100.0	98.9	101.2	99.3
照明器具制造	100.4	100.3	101.0	101.0	100.2	100.4
计算机、通信和其他电子设备制造业	**98.7**	**100.7**	**98.3**	**99.7**	**100.1**	**100.7**
计算机制造	100.3	100.0	100.0	101.9	99.9	99.8
通信设备制造	100.0	100.0	100.0	100.0	100.0	100.0
广播电视设备制造	98.1	101.4	102.3	100.0	99.2	99.5
电子器件制造	98.4	101.2	99.6	99.4	98.7	100.4
电子元件制造	98.4	100.4	95.6	99.2	102.1	101.5
仪器仪表制造业	**100.0**	**100.0**	**100.0**	**100.0**	**100.0**	**100.0**
通用仪器仪表制造	100.0	100.0	100.0	100.0	100.0	100.0
废弃资源综合利用业	**99.5**	**99.5**	**100.1**	**99.9**	**100.3**	**100.0**
金属废料和碎屑加工处理	99.3	99.4	100.5	99.8	100.5	99.9
非金属废料和碎屑加工处理	100.0	99.7	98.8	100.2	99.6	100.5
电力、热力生产和供应业	**101.4**	**100.9**	**99.2**	**101.3**	**102.0**	**100.3**
电力供应	101.5	100.9	99.1	101.4	102.2	100.3
热力生产和供应	100.0	100.0	100.0	100.0	100.0	100.0
燃气生产和供应业	**100.1**	**103.4**	**105.8**	**99.0**	**101.5**	**100.3**
水的生产和供应业	**100.2**	**100.0**	**100.1**	**100.0**	**100.0**	**100.1**
自来水生产和供应	100.2	100.0	100.1	100.0	100.0	100.1

3-28 分月新建商品住宅销售价格指数(2013年)

城市＼月份	同比(上年同月=100)											
	1月	2月	3月	4月	5月	6月	7月	8月	9月	10月	11月	12月
成都	101.5	102.3	103.4	105.4	106.8	107.7	107.7	108.6	109.1	109.6	109.8	109.7
泸州	102.1	103.0	104.2	105.2	105.3	105.0	105.6	106.6	108.7	109.5	108.9	109.2
南充	102.7	104.0	105.7	106.8	108.0	110.1	110.9	111.5	111.5	111.4	110.9	110.8

3-28 续表

城市＼月份	环比(上月=100)											
	1月	2月	3月	4月	5月	6月	7月	8月	9月	10月	11月	12月
成都	101.0	100.8	100.9	101.8	101.0	100.9	100.3	100.8	100.6	100.4	100.6	100.2
泸州	100.5	100.8	101.2	100.9	100.0	99.9	101.0	101.1	101.9	100.5	100.4	100.8
南充	101.3	101.2	101.5	101.0	101.1	101.8	100.8	100.7	100.2	100.0	100.1	100.6

3-29 分月二手住宅销售价格指数(2013年)

城市＼月份	同比(上年同月=100)											
	1月	2月	3月	4月	5月	6月	7月	8月	9月	10月	11月	12月
成都	99.8	100.6	101.5	102.8	103.2	103.7	103.8	104.1	104.4	104.9	105.2	105.2
泸州	100.9	100.8	101.2	101.6	101.8	101.7	101.8	102.1	102.6	103.0	103.7	104.1
南充	100.3	100.9	101.4	102.0	102.4	102.6	102.9	103.3	103.9	104.4	105.0	105.4

3-29 续表

城市＼月份	环比(上月=100)											
	1月	2月	3月	4月	5月	6月	7月	8月	9月	10月	11月	12月
成都	100.2	100.4	100.8	100.6	100.3	100.6	100.3	100.4	100.4	100.6	100.4	100.4
泸州	100.2	99.9	100.4	100.4	100.2	100.0	100.2	100.3	100.6	100.4	100.8	100.6
南充	100.2	100.7	100.4	100.5	100.4	100.3	100.2	100.3	100.7	100.5	100.7	100.5

3-30 成都市新建商品住宅销售环比价格指数(2013年)

(上月=100)

	1月	2月	3月	4月	5月	6月	7月	8月	9月	10月	11月	12月
新建商品住宅	**101.0**	**100.8**	**100.9**	**101.8**	**101.0**	**100.9**	**100.3**	**100.8**	**100.6**	**100.4**	**100.6**	**100.2**
(一)90平方米以下	100.9	100.8	100.7	101.6	100.8	100.9	100.5	100.8	100.6	100.3	100.7	100.3
(二)90-144平方米	100.9	100.9	100.8	101.7	101.2	100.9	100.1	100.9	100.5	100.5	100.7	100.2
(三)144平方米以上	101.2	100.4	101.4	102.3	100.9	101.0	100.4	100.7	100.6	100.6	100.3	100.1

3-31 泸州市新建商品住宅销售环比价格指数(2013年)

(上月=100)

	1月	2月	3月	4月	5月	6月	7月	8月	9月	10月	11月	12月
新建商品住宅	**100.5**	**100.8**	**101.2**	**100.9**	**100.0**	**99.9**	**101.0**	**101.1**	**101.9**	**100.5**	**100.4**	**100.8**
(一)90平方米以下	100.5	101.2	101.3	100.6	99.9	99.8	100.6	101.2	101.5	100.3	100.3	101.0
(二)90-144平方米	100.5	100.8	101.0	101.0	100.1	100.0	101.1	101.1	102.0	100.5	100.4	100.7
(三)144平方米以上	100.3	100.4	102.2	100.3	99.8	99.8	100.9	100.7	101.6	100.4	100.8	100.4

3-32 南充市新建商品住宅销售环比价格指数(2013年)

(上月=100)

	1月	2月	3月	4月	5月	6月	7月	8月	9月	10月	11月	12月
新建商品住宅	**101.3**	**101.2**	**101.5**	**101.0**	**101.1**	**101.8**	**100.8**	**100.7**	**100.2**	**100.0**	**100.1**	**100.6**
(一)90平方米以下	101.1	101.1	101.5	101.2	100.8	101.5	100.7	100.6	100.1	99.9	100.0	100.5
(二)90-144平方米	101.4	101.3	101.4	100.9	101.2	101.9	100.9	100.8	100.2	100.1	100.1	100.6
(三)144平方米以上	101.1	100.8	101.5	101.2	100.8	101.8	101.0	100.5	100.3	99.8	99.9	101.0

3-33 固定资产投资价格指数(1996-2013年)

(上年＝100)

年 份	固定资产投资价格指数	建筑安装工程	设备、工器具购置	其他费用
1996	104.8	106.8	100.0	103.5
1997	102.2	104.0	96.8	103.4
1998	97.5	97.7	95.8	99.5
1999	100.5	101.8	96.5	101.9
2000	100.9	103.4	93.6	100.0
2001	101.5	103.9	94.7	100.8
2002	100.5	102.0	96.1	99.9
2003	102.2	103.8	97.7	101.8
2004	106.8	110.1	99.5	101.7
2005	103.9	105.3	99.8	103.5
2006	102.9	103.4	101.4	103.0
2007	104.7	106.4	101.0	103.4
2008	112.5	118.8	101.8	104.4
2009	98.3	97.1	98.8	101.4
2010	102.5	103.2	100.8	101.9
2011	105.2	107.1	101.9	102.5
2012	101.0	101.6	99.2	100.9
2013	100.4	100.2	99.5	101.6

3-34 农产品生产价格总指数(2013年)

(上年同期=100)

农产品名称	全年	1季度	2季度	3季度	4季度
全省总指数	**102.6**	**101.4**	**100.0**	**103.6**	**102.9**
农业产品	**102.3**	**102.6**	**104.0**	**100.9**	**99.5**
谷物	100.6	104.4	103.1	97.8	95.8
稻谷	99.2	104.2	101.3	96.6	94.5
晚籼稻	98.9	104.2	101.5	96.2	93.8
粳稻	106.0	105.1	108.7	102.4	107.5
小麦	104.6	103.4	103.6	104.9	106.0
玉米	102.1	105.8	103.4	100.2	98.8
黄玉米	102.1	105.8	103.4	100.4	98.8
甜玉米	102.4			95.6	109.0
高粱	104.4			104.5	103.8
大麦	104.1		103.5	110.1	
荞麦					
薯类	102.4	102.5	106.5	99.9	101.5
马铃薯	103.3	99.1	106.7	104.3	101.2
甘薯	102.1	104.9	104.6	99.0	101.7
其他薯类	99.4	102.9	103.4	100.0	91.5
油料	104.7	106.0	107.1	102.2	101.6
花生	102.9	106.3	104.3	102.1	98.7
油菜籽	105.5	104.7	108.0	104.6	104.6
豆类	104.9	104.8	101.7	106.6	104.6
大豆	106.2	104.9	104.7	110.0	104.8
绿豆	101.0	100.0		101.9	97.6
干豌豆	99.9		100.0	97.8	
干蚕豆	104.2		103.9	101.9	107.0
生麻	101.4	98.4		100.8	102.9
糖料	106.7	116.3	100.0		106.4
未加工烟草	107.9	106.5		105.6	108.5
未去梗烤烟叶	114.6			111.9	117.3
未去梗晒烟叶	103.2	106.5	103.8	102.6	100.4
蔬菜及食用菌	104.3	102.3	104.8	106.2	105.3
蔬菜	104.8	104.1	105.2	106.7	105.5
叶菜类蔬菜	107.4	105.4	106.8	109.8	103.8
芹菜	106.4	105.5	104.1	111.6	104.5
油菜	107.1	103.5	112.0	111.8	99.4
菠菜	112.0	113.6	108.6	120.0	103.4
苋菜	101.7		100.7	108.5	98.8
空心菜	103.7		105.3	104.6	99.1
香菜	100.4	108.7	97.2	104.1	93.1
茼蒿	106.6	107.7	106.5		106.4
小白菜	103.9	101.8	105.1	103.5	104.9
冬寒菜	100.3	101.5	119.5		90.5
白菜类蔬菜	101.4	108.8	99.6	96.4	104.6
大白菜	101.4	108.8	99.6	96.4	104.6
普通白菜	103.5	109.6	101.4	100.8	104.8
菜心(菜薹)	102.7	103.0	117.7		94.1
紫菜薹	94.8				94.8
芥菜类蔬菜	103.4	103.1			103.8
叶用芥菜	112.1	122.3	110.3		103.8
茎用芥菜	77.5	77.5			
根用芥菜					

3-34 续表 1

(上年同期=100)

农产品名称	全年	1季度	2季度	3季度	4季度
甘蓝类蔬菜	104.3	100.0	103.2	110.8	103.1
结球甘蓝	102.1	99.3	100.7	103.7	104.2
花椰菜	111.0	100.8	110.8	127.3	97.3
青花菜	94.6	101.3	118.8		78.3
抱子甘蓝	99.3	100.5	96.5		
芥蓝					
根茎类蔬菜	106.8	104.3	107.4	109.5	107.2
白萝卜	106.4	104.7	109.9	107.5	103.8
红萝卜	116.7	120.2	105.1	129.0	106.6
胡萝卜	111.3	106.2	109.5		119.4
生姜	105.0	101.9	102.6	106.2	108.9
榨菜头	105.7	95.1	110.0		105.8
芋头	102.9	106.3	105.2	96.3	105.1
魔芋	102.2	102.7			101.8
瓜菜类蔬菜	103.9	106.6	107.4	104.5	101.3
黄瓜	90.6	63.2	103.8	104.7	102.2
冬瓜	106.1	108.5	108.9	101.1	103.3
西葫芦	100.0			100.0	
苦瓜	104.4		107.9	106.8	93.8
南瓜	104.7	97.2	112.2	104.4	101.0
佛手瓜	104.6			104.8	103.4
丝瓜	109.0		118.6	105.3	99.4
豆类蔬菜	102.5	94.8	110.1	104.7	106.7
扁豆	117.7		133.3	120.0	95.9
荚豆	102.3		102.3		
豇豆	103.7	100.0	110.9	106.4	101.8
豌豆	97.4	94.4	109.0	101.2	89.4
四季豆	102.0	94.8	109.5	102.8	108.9
毛豆	103.7			103.2	104.6
蚕豆	104.1		108.5	100.0	
茄果类蔬菜	104.0	100.1	103.5	106.1	107.8
茄子	105.2		110.4	100.4	101.9
青椒	107.1	107.7	104.2	108.3	109.4
辣椒	101.6	84.5	99.9	107.6	113.3
西红柿	104.8		100.0	109.3	105.8
莴苣及菊苣类蔬菜	105.9	104.9	105.8	107.4	106.3
生菜	120.2	110.5	115.9	118.2	150.0
莴笋	105.9	104.9	105.8	107.4	106.3
葱蒜类蔬菜	105.3	105.6	99.1	110.0	104.6
洋葱	103.2	104.7	112.0	80.0	
大葱	108.5	114.9	110.1	105.5	105.9
细香葱	110.3	103.3	105.5	124.7	105.6
大蒜	100.8		106.8	95.3	100.0
蒜苗	102.0	100.0	104.5	110.2	93.6
蒜苔	109.9	94.7	102.9	136.0	116.4
韭菜	103.4	100.5	101.4	107.1	105.6
水生蔬菜	108.6	109.8	111.1	105.4	108.1
莲藕	108.6	109.8	111.1	105.4	108.1
养植蔬菜		100.2		128.3	
豌豆苗	102.2	100.2	102.5		103.6
竹笋	107.4		95.2	128.3	105.4

3-34 续表 2

(上年同期=100)

农产品名称	全年	1季度	2季度	3季度	4季度
食用菌	97.4	92.5	97.3	100.0	102.5
平菇	95.2	87.5	93.7	95.9	102.6
双孢蘑菇	92.9	92.9			
鸡腿菇	105.0	94.4	111.1		95.9
滑菇	100.9	101.7	91.5		114.3
猴头菌	100.1		100.1		100.0
香菇	102.3	96.4	104.9	105.5	102.3
黑木耳					
水果及坚果	102.6	98.0	104.9	103.7	102.7
水果(园林水果)	102.6	97.6	105.8	103.6	101.9
苹果					
梨	104.9	100.0		105.3	102.6
柑橘类水果	101.9	97.6	105.2	100.0	101.7
柑橘	101.3	97.1	106.4		100.7
橙	101.5	97.8	102.0	100.0	110.0
柚类	104.6	106.4			103.0
葡萄	105.8			110.8	105.7
热带水果	104.3			104.2	107.1
香蕉	106.7			105.9	107.1
枇杷	123.1	125.0	121.4		
芒果	88.7			88.7	
瓜类水果	96.1			96.1	
其他水果	104.1	100.8	109.0	106.7	101.0
樱桃	86.4		108.7	78.1	
柿子	105.2				105.2
桃	104.7		102.9	106.8	
李子	112.4		103.3	111.0	126.3
杏	98.7		95.0	107.8	
草莓	105.7	100.8	117.3		102.6
食用坚果	103.4	103.7	100.6	106.4	104.6
核桃	103.6	103.7	100.6	106.6	104.9
山核桃					
栗子	102.1	100.0		105.5	101.5
茶及饮料原料	104.1	99.1	103.8	110.4	106.1
茶叶	104.1	99.1	103.8	110.4	106.1
绿茶	104.1	99.1	103.8	110.4	106.1
香料原料	102.4	103.9	100.0	109.9	103.3
调味香料	102.4	103.9	100.0	109.9	103.3
花椒	102.4	103.9	100.0	109.9	103.3
中草药材	106.2		102.4	107.1	
林业产品	**102.1**	**98.3**	**100.9**	**103.8**	**102.9**
育种和育苗	102.1	100.9	100.6	104.6	104.2
苗木类	102.1	100.9	100.6	104.6	104.2
针叶乔木苗类	106.5	107.7	107.4	114.3	100.0
阔叶乔木苗类	100.0	97.3	94.9	101.5	107.7
果树苗	100.9	100.0	103.2	100.0	100.6
木材采伐产品	102.1		102.7	103.5	101.9
原木	102.1		102.7	103.5	101.9
红松原木	106.8		107.1	106.9	106.7
杉木原条	101.7	100.0	102.7	103.5	101.9
竹材采伐产品	102.1	95.8	100.3	102.5	102.6
竹材	102.1	95.7	100.3	102.5	102.6
毛竹	98.7	94.9	97.3	100.4	100.5
慈竹	101.3	105.5	98.1	101.2	

3-34 续表 3

(上年同期=100)

农产品名称	全年	1季度	2季度	3季度	4季度
林产品	101.5	101.0	102.4	106.7	102.2
非直接食用果类	100.0	100.0	100.0		
其他林产品	104.4	103.3	105.9	106.7	102.2
棕片					
竹笋干	104.4	103.3	105.9	106.7	102.2
饲养动物及其产品	**102.6**	**100.5**	**98.1**	**105.8**	**104.7**
活牲畜	101.4	97.5	94.3	107.3	105.0
猪	100.1	97.1	92.4	106.9	104.1
牛	111.1	112.7	118.0	109.1	110.2
羊	110.5	108.8	110.9	111.9	111.1
绵羊	114.8	109.9	123.1	112.0	116.5
山羊	108.7	108.3	105.3	111.8	109.3
活家禽	103.7	108.1	100.8	102.5	103.4
活鸡	103.3	107.2	100.1	103.1	102.8
活鸭	104.4	108.9	102.0	102.6	104.2
活鹅	104.2	110.6	101.2	100.2	104.3
鸽子	100.5			100.5	
畜禽产品	104.9	107.1	103.8	104.2	105.4
生奶	107.6	101.8	106.4	107.4	115.8
禽蛋	104.3	107.5	102.7	103.0	104.2
鸡蛋	104.1	106.8	102.6	102.9	104.2
鸭蛋	105.4	110.2	103.1	104.6	104.2
鹅蛋	103.1	104.7	101.8	99.8	104.5
天然蜂蜜及副产品	107.3	104.9	109.0	104.2	110.4
蚕茧	105.9		107.7	106.7	103.5
动物毛类	107.0		107.8	103.0	
生皮	117.7	118.7	122.5	113.3	116.5
其他饲养动物	108.3	108.8	108.9	112.4	103.7
家兔	108.3	108.8	108.9	112.4	103.7
蜂					
渔业产品	**104.4**	**106.2**	**101.5**	**101.4**	**109.3**
淡水养殖产品	104.4	106.2	101.5	101.4	109.3
养殖淡水鱼	104.4	106.2	101.5	101.4	109.3
养殖淡水鲤鱼	103.5	105.6	98.9	95.3	114.5
养殖淡水草鱼	105.8	110.8	102.7	105.5	104.6
养殖淡水鳙鱼	103.5	102.9	107.9	101.7	102.8
养殖淡水青鱼	99.0	103.8	97.1	102.1	93.5
养殖淡水鲢鱼	102.7	98.8	101.6	99.2	111.7
养殖淡水鲫鱼	108.6	109.5	106.1	110.0	109.8
养殖淡水鳊鲂	101.7	99.2	102.4	91.1	123.5
养殖淡水鲶鱼	101.3	106.5	97.6	100.4	102.0
养殖淡水鮰鱼	93.4	68.7	95.4	103.1	110.9
养殖淡水黄颡鱼	97.7	102.7	90.9	98.4	101.1
养殖淡水黄鳝	89.6			89.6	
养殖淡水乌鳢	97.7		99.6	95.5	98.0
养殖淡水泥鳅					
其他养殖淡水鱼	104.9	118.6	103.8	96.4	101.2
淡水养殖贝类	101.9	115.8	97.6	95.7	101.6

3-35 农产品集贸市场价格(2013年)

单位：元/公斤

指　标	1月	2月	3月	4月	5月	6月	7月	8月	9月	10月	11月	12月
粮食类												
籼稻	2.73	2.72	2.71	2.70	2.68	2.62	2.56	2.53	2.51	2.52	2.53	2.54
粳稻	2.75	2.75	2.75	2.79	2.76	2.76	2.76	2.76	2.76	2.76	2.76	2.76
小麦	2.27	2.28	2.29	2.28	2.29	2.31	2.30	2.29	2.31	2.32	2.32	2.32
玉米	2.46	2.48	2.48	2.50	2.51	2.48	2.50	2.47	2.46	2.45	2.41	2.41
大豆	6.22	6.27	6.29	6.35	6.37	6.39	6.40	6.39	6.40	6.41	6.42	6.41
籼米	4.59	4.57	4.57	4.57	4.57	4.53	4.50	4.48	4.48	4.48	4.50	4.50
粳米	5.60	5.60	5.62	5.63	5.63	5.63	5.63	5.63	5.63	5.63	5.65	5.65
经济作物类												
棉花(籽棉)												
花生仁	14.26	14.01	14.03	13.93	13.58	13.60	13.48	13.77	13.42	13.29	13.03	13.10
油菜籽	5.28	5.29	5.27	5.37	5.52	5.46	5.45	5.45	5.51	5.51	5.52	5.53
畜产品类												
活猪	16.19	15.96	14.55	13.21	12.94	13.34	14.07	14.98	15.44	15.55	15.78	15.95
仔猪	21.42	22.09	21.54	19.22	19.02	19.36	19.99	20.61	21.08	20.70	20.38	19.93
猪肉	26.27	25.81	23.43	21.93	21.21	21.73	23.12	24.34	24.94	24.92	25.09	25.16
活牛	24.19	24.55	24.65	24.66	24.64	24.84	24.88	25.12	25.21	25.21	25.44	26.45
牛肉	49.79	51.39	51.75	51.69	51.63	52.71	53.30	53.58	53.90	54.10	54.70	56.60
活羊	30.10	28.53	28.39	28.12	28.01	28.06	28.26	28.40	28.40	30.06	30.45	32.00
羊肉	59.27	58.82	58.77	58.32	58.28	58.52	58.93	59.20	59.32	60.08	61.08	63.67
活鸡	22.17	22.38	22.14	19.90	19.11	18.91	19.68	19.36	19.75	19.57	19.59	19.73
鸡蛋	11.87	11.59	10.96	10.66	10.41	10.18	10.51	10.74	11.20	11.05	10.95	11.20
水产品类												
草鱼	16.21	16.69	16.10	16.22	16.22	16.08	16.19	15.97	16.04	16.16	16.16	16.19
鲤鱼	15.92	16.48	16.05	16.32	16.17	15.90	15.91	15.99	15.88	15.65	15.65	15.67
鲢鱼	23.62	24.41	23.41	23.89	23.78	23.33	23.44	23.44	23.50	23.50	23.50	23.61
带鱼	16.17	17.13	17.13	17.17	17.17	17.33	17.33	17.67	18.50	18.67	18.83	18.83
蔬菜类												
大白菜	2.65	2.29	2.59	3.09	3.03	2.83	3.11	3.19	3.42	3.30	2.91	2.70
黄瓜	5.55	5.96	6.24	5.11	4.11	3.69	4.16	3.89	4.47	5.03	4.97	5.17
西红柿	5.53	5.52	5.25	5.37	4.87	3.95	4.33	4.34	5.33	6.83	6.23	6.05
菜椒	5.95	5.74	6.22	6.68	6.03	4.62	5.18	5.15	6.77	6.64	6.91	7.71
四季豆	6.93	7.70	7.48	7.14	5.05	4.55	5.69	5.74	5.78	6.37	6.00	7.34
水果类												
红富士苹果	10.09	10.30	10.33	10.24	10.39	10.69	10.79	10.87	10.70	10.61	10.66	10.73
香蕉	5.57	5.82	5.86	5.89	6.00	6.02	6.14	6.28	6.28	5.82	5.77	5.99
橙子	4.16	4.31	4.43	4.61	4.50	4.44	4.56	5.18	5.05	4.41	4.39	4.43

3-36 农产品集贸市场价格同比指数(2013年)

(上年同期=100)

指 标	1月	2月	3月	4月	5月	6月	7月	8月	9月	10月	11月	12月
粮食类												
籼稻	109.3	107.0	104.1	103.1	101.0	97.5	96.2	95.4	93.4	93.3	93.6	93.5
粳稻	105.8	105.8	103.8	105.3	93.0	91.0	91.0	91.0	91.0	100.4	100.4	100.4
小麦	104.2	104.1	104.1	103.1	102.7	103.7	103.5	102.8	103.5	104.0	103.4	103.2
玉米	108.3	106.9	106.6	106.7	103.9	103.0	101.5	100.0	99.7	98.8	97.6	98.2
大豆	105.8	106.5	106.7	107.4	106.3	105.4	106.3	105.4	105.1	105.3	104.4	104.2
籼米	110.9	109.3	109.2	108.2	106.3	104.1	103.0	102.5	100.4	99.3	99.8	98.7
粳米	114.3	113.7	114.1	114.3	103.0	101.7	101.7	101.7	100.5	100.0	100.9	100.9
经济作物类												
棉花(籽棉)												
花生仁	103.1	100.5	99.7	98.2	94.8	94.4	93.2	95.4	92.5	92.9	92.3	92.1
油菜籽	107.5	107.5	106.9	108.3	109.3	107.2	106.0	104.6	105.0	104.6	105.0	105.2
畜产品类												
活猪	94.6	97.3	92.9	88.8	93.0	100.8	106.6	108.0	106.6	106.6	106.6	100.6
仔猪	91.0	89.2	88.0	79.3	85.0	90.9	96.9	98.0	101.4	102.1	101.5	96.9
猪肉	92.0	96.2	90.7	89.6	91.6	96.7	110.3	104.0	105.5	105.3	104.9	99.3
活牛	118.6	119.6	118.1	116.7	115.2	115.9	114.8	115.9	114.5	112.2	111.5	111.9
牛肉	127.1	130.3	128.5	125.6	124.5	125.0	123.9	124.0	122.5	119.6	119.8	118.9
活羊	122.5	122.2	121.4	119.4	118.9	118.3	117.5	118.1	116.3	109.5	108.0	108.5
羊肉	122.2	124.1	123.6	122.1	122.0	121.4	120.5	120.3	117.6	111.9	110.9	108.9
活鸡	109.4	114.3	113.4	101.6	98.0	96.8	100.3	98.2	98.8	95.8	93.0	92.2
鸡蛋	105.0	109.5	108.6	107.2	106.6	98.6	100.6	97.7	98.3	97.5	96.1	96.0
水产品类												
草鱼	104.5	107.7	103.5	104.3	101.5	98.9	99.8	100.3	101.8	102.0	101.3	100.9
鲤鱼	99.6	106.4	102.3	103.8	101.9	97.1	98.0	99.8	100.4	98.2	98.2	98.9
鲢鱼	104.7	108.8	103.4	104.4	102.4	99.0	99.7	101.2	102.4	102.4	101.9	100.5
带鱼	112.8	119.0	119.0	117.9	117.1	118.2	118.2	120.5	124.7	124.5	124.2	122.8
蔬菜类												
大白菜	121.6	101.8	98.5	108.0	91.3	99.0	107.6	99.4	114.0	116.2	119.8	106.9
黄瓜	109.0	108.8	107.4	98.8	98.6	123.8	114.0	95.3	118.3	131.3	111.9	106.8
西红柿	121.5	104.5	98.1	92.6	90.9	97.9	98.5	83.6	99.3	140.8	125.5	119.9
菜椒	91.4	98.1	88.1	111.0	99.0	101.1	100.3	101.6	137.9	142.5	144.1	149.4
四季豆	110.9	114.2	107.0	105.3	105.2	125.9	131.3	109.3	114.5	129.7	109.9	118.8
水果类												
红富士苹果	102.4	106.4	101.8	98.0	100.3	98.3	99.2	102.1	101.1	101.6	103.4	106.6
香蕉	83.0	87.3	87.2	91.3	94.2	97.6	101.2	104.5	105.7	98.5	102.1	107.2
橙子	111.7	110.8	121.6	122.3	111.1	108.8	107.7	125.7	118.1	102.1	102.1	106.5

3-37 农产品集贸市场价格环比指数(2013年)

(上月同期=100)

指 标	1月	2月	3月	4月	5月	6月	7月	8月	9月	10月	11月	12月
粮食类												
籼稻	100.5	99.6	99.6	99.6	99.3	97.8	97.7	98.8	99.2	100.4	100.4	100.4
粳稻	100.0	100.0	100.0	101.5	98.9	100.0	100.0	100.0	100.0	100.0	100.0	100.0
小麦	101.0	100.4	100.4	99.6	100.4	100.9	99.6	99.6	100.9	100.4	100.0	100.0
玉米	100.3	100.8	100.0	100.8	100.4	98.8	100.8	98.8	99.6	99.6	98.4	100.0
大豆	101.1	100.8	100.3	101.0	100.3	100.3	100.2	99.8	100.2	100.2	100.2	99.8
籼米	100.7	99.6	100.0	100.0	100.0	99.1	99.3	99.6	100.0	100.0	100.4	100.0
粳米	100.0	100.0	100.4	100.2	100.0	100.0	100.0	100.0	100.0	100.0	100.4	100.0
经济作物类												
棉花(籽棉)												
花生仁	100.2	98.2	100.1	99.3	97.5	100.1	99.1	102.2	97.5	99.0	98.0	100.5
油菜籽	100.5	100.2	99.6	101.9	102.8	98.9	99.8	100.0	101.1	100.0	100.2	100.2
畜产品类												
活猪	102.1	98.6	91.2	90.8	98.0	103.1	105.5	106.5	103.1	100.7	101.5	101.1
仔猪	104.2	103.1	97.5	89.2	99.0	101.8	103.3	103.1	102.3	98.2	98.5	97.8
猪肉	103.6	98.2	90.8	93.6	96.7	102.5	106.4	105.3	102.5	99.9	100.7	100.3
活牛	102.3	101.5	100.4	100.0	99.9	100.8	100.2	101.0	100.4	100.0	100.9	104.0
牛肉	104.6	103.2	100.7	99.9	99.9	102.1	101.1	100.5	100.6	100.4	101.1	103.5
活羊	102.0	94.8	99.5	99.0	99.6	100.2	100.7	100.5	100.0	105.8	101.3	105.1
羊肉	101.4	99.2	99.9	99.2	99.9	100.4	100.7	100.5	100.2	101.3	101.7	104.2
活鸡	103.6	100.9	98.9	89.9	96.0	99.0	104.1	98.4	102.0	99.1	100.1	100.7
鸡蛋	101.7	97.6	94.6	97.3	97.7	97.8	103.2	102.2	104.3	98.7	99.1	102.3
水产品类												
草鱼	101.0	103.0	96.5	100.7	100.0	99.1	100.7	98.6	100.4	100.7	100.0	100.2
鲤鱼	100.5	103.5	97.4	101.7	99.1	98.3	100.1	100.5	99.3	98.6	100.0	100.1
鲢鱼	100.5	103.3	95.9	102.1	99.5	98.1	100.5	100.0	100.3	100.0	100.0	100.5
带鱼	105.5	105.9	100.0	100.2	100.0	100.9	100.0	102.0	104.7	100.9	100.9	100.0
蔬菜类												
大白菜	105.0	86.4	113.1	119.3	98.1	93.4	109.9	102.6	107.2	96.5	88.2	92.8
黄瓜	114.7	107.4	104.7	81.9	80.4	89.8	112.7	93.5	114.9	112.5	98.8	104.0
西红柿	109.6	99.8	95.1	102.3	90.7	81.1	109.6	100.2	122.8	128.1	91.2	97.1
菜椒	115.3	96.5	108.4	107.4	90.3	76.6	112.1	99.4	131.5	98.1	104.1	111.6
四季豆	112.1	111.1	97.1	95.5	70.7	90.1	125.1	100.9	100.7	110.2	94.2	122.3
水果类												
红富士苹果	100.2	102.1	100.3	99.1	101.5	102.9	100.9	100.7	98.4	99.2	100.5	100.7
香蕉	99.6	104.5	100.7	100.5	101.9	100.3	102.0	102.3	100.0	92.7	99.1	103.8
橙子	100.0	103.6	102.8	104.1	97.6	98.7	102.7	113.6	97.5	87.3	99.5	100.9

主要统计指标解释

居民消费价格指数 是度量一定时期内居民消费商品和服务价格水平变动的相对数，综合反映居民消费商品和服务价格水平的变动趋势和变动程度。

城市居民消费价格指数 是度量一定时期内城市居民消费商品和服务价格水平变动的相对数，综合反映居民消费商品和服务价格水平的变动趋势和变动程度。

农村居民消费价格指数 是度量一定时期内农村居民消费商品和服务价格水平变动的相对数，综合反映居民消费商品和服务价格水平的变动趋势和变动程度。

商品零售价格指数 是反映一定时期内城乡商品零售价格变动趋势和程度的相对数。商品零售价格的变动直接影响到城乡居民的生活支出和国家的财政收入，影响居民购买力和市场供需的平衡，影响到消费与积累的比例关系。

农业生产资料价格指数 指反映一定时期内农业生产资料价格变动趋势和程度的相对数。农业生产资料价格指数分为小农具、饲料、产品畜、役畜、半机械化农具、机械化农具、化学肥料、农药及农药械、农机用油、其他农业生产资料十大类。

代表规格品 选择用来反映某个基本分类价格变化的具有特定产地、规格、等级、牌号、花色等特征的具体商品和服务，称为代表规格品。

价格调查点 抽选一部分有代表性的商业业态、农贸市场以及服务类单位实施抽样调查。选取用来采集计算 CPI 的原始价格的地点和场所称为价格调查点。

工业生产者价格：包括工业企业产品第一次出售时的出厂价格和企业作为中间投入的原材料、燃料、动力购进价格。工业生产者价格调查的目的在于及时、准确、科学地反映全国及各地区的各工业行业产品价格水平和各种工业产品价格的变动趋势及幅度，为国民经济核算、计算工业发展速度、宏观经济分析和调控、理顺价格体系提供科学、准确的依据。

房地产价格指数 70 个大中城市的新建住宅销售价格、面积、金额等资料直接采用当地房地产管理部门的网签数据。二手住宅销售价格调查为非全面调查，采用重点调查和典型调查相结合的方法，按照房地产经纪机构上报、房地产管理部门提供与调查员实地采价相结合的方式收集基础数据。

固定资产投资价格：固定资产投资价格调查的目的在于及时、准确地反映全社会及各类工程固定资产投资中涉及的各类投资品和取费项目价格的变动趋势和变动幅度，消除按现价计算的固定资产投资指标中的价格变动因素，真实地反映全社会及各类工程固定资产投资的规模、速度、结构和效益，为国家及各部门科学地制定、检查固定资产投资计划和进行国民经济核算提供科学的、可靠的依据。

农产品生产价格 是指农产品生产者第一手(直接)出售其产品时实际获得的单位产品价格。

农产品生产价格指数 是反映一定时期内，农产品生产者出售的农产品价格水平变动趋势及幅度的相对数。

农产品集贸市场价格 是指全国农产品主产区集贸市场主要农产品的成交价格。

四 农业调查

查阅必究

4-1 四川粮食生产情况(2013年)

单位：千公顷、公斤/公顷、万吨

	播种面积	单位产量	产量
一、粮食作物	6469.9	5235.2	3387.1
其中：夏收粮食	1811	3177.8	575.5
秋收粮食	4658.9	6034.9	2811.6
(一)谷物	4758.3	5916.6	2815.3
1.稻谷	1990.7	7783.7	1549.5
(1)早　稻	1	5000	0.5
(2)中稻和一季晚稻	1989.3	7785	1548.7
(3)双季晚稻	0.4	6750	0.3
2.小麦	1216	3464.6	421.3
(1)冬小麦	1216	3464.6	421.3
(2)春小麦			
3.玉米	1378	5532.7	762.4
4.谷子			
5.高粱	70.5	5560.3	39.2
6.其它谷物	103.1	4161	42.9
其中：大　麦	37	3189.2	11.8
(二)豆类	471.3	1954.2	92.1
其中：大　豆	221.5	2338.6	51.8
绿　豆	16	2000	3.2
红小豆	1.7	1764.7	0.3
(三)薯类	1240.3	3867.6	479.7
马铃薯	768	3658.9	281
红苕	472.3	4207.1	198.7

4-2 四川粮食生产情况(1985-2013年)

单位：千公顷、公斤/公顷、万吨

年份	全年粮食			夏收粮食			小麦		
	播种面积	单位产量	总产	播种面积	单位产量	总产	播种面积	单位产量	总产
1985	6636.0	4392.1	2914.6	2069.7	3076.7	636.8	1516.0	3344.3	507.0
1986	6678.0	4410.8	2945.5	2056.1	3113.2	640.1	1511.0	3319.0	501.5
1987	6715.0	4331.5	2908.6	2078.1	3104.8	645.2	1545.0	3367.0	520.2
1988	6798.0	4218.9	2868.0	2046.9	2766.6	566.3	1597.0	2948.0	470.8
1989	6887.0	4441.6	3058.9	2078.9	2860.7	594.7	1638.0	3059.2	501.1
1990	6985.0	4717.0	3294.8	2176.9	3154.4	686.7	1680.0	3349.4	562.7
1991	7048.0	4726.9	3331.5	2146.6	3244.2	696.4	1716.0	3433.0	589.1
1992	7029.0	4790.7	3367.4	2163.3	3248.3	702.7	1734.0	3442.9	597.0
1993	7050.3	4411.3	3110.1	2228.5	2838.7	632.6	1779.0	3023.0	537.8
1994	7015.0	4319.2	3029.9	2187.1	3202.5	700.4	1768.0	3393.7	600.0
1995	7055.0	4658.8	3286.8	2198.8	3282.7	721.8	1780.0	3490.4	621.3
1996	7138.0	4760.4	3398.0	2225.6	3130.8	696.8	1810.0	3309.9	599.1
1997	7214.0	4798.0	3461.3	2272.7	3186.0	724.1	1826.0	3346.7	611.1
1998	7337.7	4796.7	3519.7	2315.5	3064.2	709.5	1864.6	3224.3	601.2
1999	7296.7	4867.1	3551.4	2264.4	2852.9	646.0	1818.3	2986.4	543.0
2000	6854.5	4920.0	3372.4	2060.3	3100.5	638.8	1604.9	3314.8	532.0
2001	6702.4	4354.4	2918.5	1968.8	2776.3	546.6	1499.3	2971.5	445.5
2002	6645.9	4713.3	3132.4	1937.6	2961.4	573.8	1456.9	3150.6	459.0
2003	6387.2	4781.6	3054.1	1772.9	3009.1	533.5	1319.1	3231.1	426.2
2004	6476.5	4858.6	3146.7	1798.7	3047.7	548.2	1255.8	3310.2	415.7
2005	6564.9	4891.3	3211.1	1803.1	3133.6	565.0	1262.3	3385.5	427.4
2006	6455.5	4429.9	2859.7	1803.0	3205.8	578.0	1287.2	3446.2	443.6
2007	6450.0	4693.0	3027.0	1845.2	3197.5	590.0	1316.8	3430.3	451.7
2008	6430.9	4882.7	3140.0	1799.1	3088.3	555.6	1286.5	3317.4	426.8
2009	6419.4	4977.1	3195.0	1796.9	3076.5	552.8	1277.5	3313.4	423.3
2010	6401.7	5034.4	3222.9	1787.3	3127.0	558.9	1265.7	3379.2	427.7
2011	6440.5	5110.8	3291.6	1804.0	3198.4	577.0	1259.3	3462.1	436.0
2012	6468.2	5125.1	3315.0	1813.0	3241.0	587.6	1234.1	3523.2	434.8
2013	6469.9	5235.2	3387.1	1811.0	3177.8	575.5	1216.0	3464.6	421.3

4-2 续表

单位：千公顷、公斤/公顷、万吨

年 份	秋收粮食			中稻			玉米		
	播种面积	单位产量	总产	播种面积	单位产量	总产	播种面积	单位产量	总产
1985	4566.3	4988.3	2277.8	2308.0	6608.8	1525.3	1072.0	3893.7	417.4
1986	4621.9	4987.7	2305.3	2292.0	6639.2	1521.7	1120.0	3969.6	444.6
1987	4636.9	4881.2	2263.4	2222.0	6688.1	1486.1	1154.0	3362.2	388.0
1988	4751.1	4844.6	2301.7	2255.0	6698.0	1510.4	1158.0	3564.8	412.8
1989	4808.1	5125.1	2464.2	2292.0	7014.0	1607.6	1166.0	3681.8	429.3
1990	4808.1	5424.4	2608.1	2300.0	6688.3	1538.3	1199.0	4150.1	497.6
1991	4901.4	5376.2	2635.1	2293.0	7158.3	1641.4	1228.0	4022.8	494.0
1992	4865.7	5476.5	2664.7	2298.0	7435.2	1708.6	1211.0	3901.7	472.5
1993	4821.8	5138.1	2477.5	2237.0	6888.7	1541.0	1200.0	3687.5	442.5
1994	4827.9	4825.0	2329.5	2184.0	6750.9	1474.4	1198.0	3335.6	399.6
1995	4856.2	5281.9	2565.0	2203.0	7330.5	1614.9	1202.0	3758.7	451.8
1996	4912.4	5498.7	2701.2	2218.0	7596.5	1684.9	1247.0	4259.8	531.2
1997	4941.3	5539.5	2737.2	2185.5	7558.6	1651.9	1288.3	4507.6	580.7
1998	5022.3	5595.3	2810.1	2150.0	7599.1	1633.8	1364.8	4565.5	623.1
1999	5032.3	5773.5	2905.4	2163.5	7768.6	1680.7	1359.2	4708.7	640.0
2000	4789.1	5700.0	2729.8	2115.9	7660.5	1620.9	1235.5	4413.0	545.2
2001	4737.2	5007.0	2371.9	2087.0	6828.0	1425.0	1200.8	3766.7	452.3
2002	4708.3	5434.4	2558.7	2070.7	7246.2	1500.5	1207.9	4347.1	525.1
2003	4614.4	5462.5	2520.6	2036.4	7214.2	1469.1	1161.3	4454.4	517.3
2004	4677.8	5555.0	2598.5	2059.1	7366.7	1516.9	1172.6	4750.1	557.0
2005	4761.8	5556.9	2646.1	2083.1	7215.1	1503.0	1196.6	4853.8	580.8
2006	4652.5	4904.3	2281.7	2077.9	6421.5	1334.3	1291.7	4281.8	553.1
2007	4604.8	5292.3	2437.0	2032.1	6974.4	1417.3	1330.5	4530.7	602.8
2008	4631.8	5579.9	2584.5	2032.7	7359.8	1496.0	1323.8	4811.9	637.0
2009	4622.5	5715.5	2642.0	2025.1	7501.0	1519.0	1334.4	4818.6	643.0
2010	4614.4	5773.2	2664.0	2002.7	7544.9	1511.0	1355.3	4936.1	669.0
2011	4636.5	5854.8	2714.6	2006.2	7606.4	1526.0	1363.1	5147.0	701.6
2012	4655.2	5858.8	2727.4	1996.1	7690.0	1535.0	1371.1	5114.9	701.3
2013	4658.9	6034.9	2811.6	1989.3	7785.0	1548.7	1387.0	5532.7	762.4

4-3 产粮大县粮食产量抽样调查数据(2013年)

单位：千公顷、公斤/公顷、万吨

地区	全年粮食			夏收粮食			秋收粮食		
	播种面积	单位产量	总产量	播种面积	单位产量	总产量	播种面积	单位产量	总产量
新都区	28.7	7108	20.4	8.53	4488	3.83	20.17	8217	16.57
金堂县	63.59	4981	31.67	23.07	3906	9.01	40.52	5592	22.66
双流县	37.73	6265	23.64	11.54	3821	4.41	26.19	7342	19.23
郫　县	12.8	7063	9.04	3.03	4154	1.26	9.77	7966	7.78
大邑县	32.73	6327	20.71	8.27	4052	3.35	24.47	7095	17.36
都江堰市	24.27	6870	16.67	6.93	4172	2.89	17.34	7953	13.79
彭州市	42.33	6752	28.58	9.11	3371	3.07	33.22	7679	25.51
邛崃市	45.2	6204	28.04	6.8	3309	2.25	38.4	6716	25.79
崇州市	49.92	6494	32.42	16.95	3958	6.71	32.97	7796	25.7
沿滩区	28.07	5868	16.47	7.6	2987	2.27	20.47	6943	14.21
荣　县	71.53	5778	41.33	18.97	2999	5.69	52.56	6781	35.64
富顺县	68.53	6606	45.27	15.9	2522	4.01	52.63	7842	41.27
江阳区	30.8	6581	20.27	5.1	2529	1.29	25.7	7385	18.98
纳溪区	33.73	6169	20.81	5.3	2962	1.57	28.43	6767	19.24
泸　县	78.2	6501	50.84	16.36	2928	4.79	61.84	7448	46.06
合江县	80.93	6225	50.38	15.48	2099	3.25	65.45	7201	47.13
叙永县	57.33	4174	23.93	16.69	2192	3.66	40.64	4990	20.28
古蔺县	74.92	3255	24.39	30	1860	5.58	44.92	4187	18.81
旌阳区	32.97	6622	21.83	11.33	4579	5.19	21.63	7696	16.65
中江县	132.27	5805	76.78	46.67	4500	21	85.6	6516	55.78
广汉市	46.17	6728	31.06	14	4514	6.32	32.17	7688	24.73
什邡市	26.77	6956	18.62	6.47	4268	2.76	20.3	7808	15.85
绵竹市	44.89	6075	27.27	17.39	3779	6.57	27.5	7527	20.7
游仙区	35.8	6067	21.72	11.57	4003	4.63	24.23	7048	17.08
三台县	126.8	5704	72.33	41.67	4186	17.44	85.13	6448	54.89
盐亭县	58.05	5084	29.51	20.95	3794	7.95	37.09	5812	21.56
安　县	40.37	6057	24.45	11.5	3557	4.09	28.87	7053	20.36
梓潼县	38.33	5277	20.23	14.53	3633	5.28	23.8	6286	14.96
江油市	51.32	5746	29.49	16.33	3883	6.34	34.99	6616	23.15
旺苍县	34.71	5391	18.71	13.87	4053	5.62	20.84	6286	13.1
剑阁县	72.27	5651	40.84	24.56	3721	9.14	47.71	6645	31.7
苍溪县	60.87	5875	35.76	20.27	4064	8.24	40.59	6779	27.52
安居区	82.67	5024	41.53	26.37	3390	8.94	56.29	5789	32.59
蓬溪县	60.79	5583	33.94	17.51	3810	6.67	43.28	6301	27.27
射洪县	82.63	5210	43.05	28.87	4021	11.61	53.76	5848	31.44
大英县	45.81	5485	25.13	12.37	4051	5.01	33.45	6016	20.12
东兴区	64.73	5093	32.97	15.13	2577	3.9	49.6	5859	29.06
威远县	62.47	4835	30.2	19.84	2717	5.39	42.63	5823	24.82
资中县	107.6	4760	51.22	28.73	2461	7.07	78.87	5598	44.15
隆昌县	47.5	5486	26.06	9.8	2531	2.48	37.7	6255	23.58
犍为县	36.64	6285	23.03	2.54	2323	0.59	34.1	6578	22.43

4-3 续表

单位：千公顷、公斤/公顷、万吨

地区	全年粮食			夏收粮食			秋收粮食		
	播种面积	单位产量	总产量	播种面积	单位产量	总产量	播种面积	单位产量	总产量
井研县	39	5687	22.18	2.81	2779	0.78	36.19	5913	21.4
高坪区	35.22	5752	20.26	10.93	3869	4.23	24.29	6600	16.03
嘉陵区	64.33	5148	33.12	22.99	3345	7.69	41.35	6150	25.43
南部县	103.33	4945	51.1	37.13	3794	14.09	66.2	5591	37.01
营山县	63.73	5642	35.96	20.47	3898	7.98	43.26	6468	27.98
蓬安县	57.53	5656	32.54	16.78	3838	6.44	40.75	6402	26.09
仪陇县	81.06	5801	47.02	22.71	4486	10.19	58.35	6312	36.83
西充县	70.1	5126	35.93	21.68	3944	8.55	48.42	5655	27.38
阆中市	63.41	5754	36.49	20.31	4471	9.08	43.11	6361	27.42
东坡区	60.2	6826	41.09	13.14	3584	4.71	47.06	7731	36.38
仁寿县	162.51	4907	79.74	56.43	3105	17.52	106.07	5865	62.21
彭山县	24.83	6048	15.02	8.58	3753	3.22	16.25	7260	11.8
翠屏区	32.47	6339	20.58	6.81	2701	1.84	25.65	7305	18.74
南溪区	26.83	6201	16.64	6.01	2694	1.62	20.82	7219	15.03
宜宾县	86	5826	50.1	20.65	2281	4.71	65.35	6945	45.39
江安县	34.2	6450	22.06	5.19	2680	1.39	29.01	7124	20.67
长宁县	34.67	5986	20.75	5.73	1816	1.04	28.94	6811	19.71
高县	44.45	5175	23	13.28	2116	2.81	31.17	6478	20.19
兴文县	35.73	5614	20.06	8.31	2360	1.96	27.43	6599	18.1
广安区	54.4	6011	32.7	13.97	3329	4.65	40.43	6937	28.05
岳池县	88.7	5853	51.92	24.67	3316	8.18	64.03	6831	43.74
武胜县	62	5461	33.86	19.19	2986	5.73	42.81	6570	28.13
邻水县	88.91	5024	44.67	25.42	2250	5.72	63.49	6135	38.95
达川区	86.51	5629	48.7	24.02	3181	7.64	62.49	6570	41.06
宣汉县	108	5260	56.81	30.63	3163	9.69	77.37	6090	47.12
开江县	48.26	5356	25.85	11.34	2822	3.2	36.92	6135	22.65
大竹县	103.33	5207	53.81	28.81	2551	7.35	74.52	6236	46.47
渠县	108.57	4994	54.22	32.87	2939	9.66	75.7	5886	44.56
万源市	58.07	4796	27.85	17.41	3463	6.03	40.66	5366	21.82
巴州区	49.53	5572	27.6	16.99	3902	6.63	32.54	6444	20.97
通江县	73.23	5124	37.52	24.42	3448	8.42	48.81	5962	29.1
南江县	67.6	5244	35.45	21.93	3720	8.16	45.67	5976	27.29
平昌县	72.17	5210	37.6	22.43	3946	8.85	49.74	5780	28.75
雁江区	127.41	3992	50.86	37.33	2416	9.02	90.08	4646	41.85
安岳县	139.34	5117	71.3	30	3137	9.41	109.34	5661	61.9
乐至县	83.45	4234	35.33	24	2446	5.87	59.45	4955	29.46
简阳市	159.73	4088	65.3	56.2	2550	14.33	103.53	4923	50.97
西昌市	51.67	5481	28.32	19.19	3058	5.87	32.47	6910	22.44
会理县	52.12	5211	27.16	21.47	3013	6.47	30.65	6751	20.69
会东县	45.04	5309	23.91	14.81	3343	4.95	30.23	6271	18.96
冕宁县	31.71	4998	15.85	8.33	3528	2.94	23.38	5526	12.92

4-4 四川畜牧业生产情况(2013年)

指标名称	计量单位	2013年	2012年	增长(%)
一、畜禽存栏	–	-	-	-
1.猪	万头	5004.1	5132.4	-2.5
其中：能繁殖母猪	万头	513.9	505.3	1.7
2.牛	万头	949.7	940.2	1.0
其中：肉牛	万头	487.9	477.4	2.2
奶牛	万头	19.4	19.5	-0.5
役用牛	万头	442.4	443.3	-0.2
3.羊	万只	1689.2	1671.9	1.0
其中：山羊	万只	1460.9	1445.0	1.1
绵羊	万只	228.3	226.9	0.6
4.活家禽	万只	35789.5	36019.0	-0.6
其中：活鸡	万只	22082.1	22223.7	-0.6
其中：肉鸡	万只	12343.9	12423.0	-0.6
蛋鸡	万只	9738.2	9800.7	-0.6
二、畜禽出栏	–	-	-	-
1.猪	万头	7314.1	7170.7	2.0
2.牛	万头	264.7	254.0	4.2
3.羊	万只	1583.6	1562.7	1.3
其中：山羊	万只	1362.9	1346.8	1.2
绵羊	万只	220.7	215.9	2.2
4.活家禽	万只	63774.7	61999.6	2.9
其中：活鸡	万只	39349.0	38253.7	2.9
三、畜禽产品产量	–	-	-	-
1.猪肉	万吨	510.8	496.4	2.9
2.牛肉	万吨	31.1	29.3	6.2
3.羊肉	万吨	24.5	24.0	2.1
其中：山羊肉	万吨	20.7	20.2	2.5
绵羊肉	万吨	3.9	3.8	3.2
4.禽肉	万吨	95.6	93.0	2.9
其中：鸡肉	万吨	59.0	57.4	2.9

4-4 续表

指标名称	计量单位	2013年	2012年	增长(%)
禽蛋	万吨	145.2	146.4	-0.8
其中：鸡蛋	万吨	89.5	90.3	-0.9
5.生牛奶	万吨	70.6	71.7	-1.5
一、大牲畜存栏	万头	101.0	109.1	-7.4
其中：役畜	万头	48.0	52.8	-9.2
1.马	万头	83.0	89.6	-7.4
2.驴	万头	7.9	8.8	-10.0
3.骡	万头	10.1	10.6	-5.1
二、兔存栏	万只	7669.3	7763.0	-1.2
三、大牲畜出栏	万头	3.3	3.3	0.5
1.马	万头	1.8	1.8	-0.1
2.驴	万头	0.9	0.8	3.6
3.骡	万头	0.6	0.6	-1.7
四、兔出栏	万只	19909.4	19344.6	2.9
五、大牲畜肉产量	吨	2860.7	2826.0	1.2
1.马	吨	1681.3	1668.0	0.8
2.驴	吨	596.9	569.0	4.9
3.骡	吨	582.5	589.0	-1.1
六、其它畜产品产量	–	-	-	-
1.兔肉产量	吨	272581.3	257882.0	5.7
2.其它肉类产量	吨	7515.0	14635.0	-48.7
3.其他奶产量	吨	4883.0	5174.0	-5.6
4.蜂蜜产量	吨	45442.0	47636.0	-4.6
5.其它禽蛋产量	吨	21418.0	60646.0	-64.7
6.蚕茧产量	吨	112919.0	113928.0	-0.9
7.山羊毛产量	吨	729.0	610.0	19.5
8.山羊绒产量	吨	33.8	33.0	2.5
9.绵羊绒产量	吨	6106.0	7359.0	-17.0
10.绵羊细毛产量	吨	1671.0	1033.0	61.8

4-5 四川及各市（州）生猪生产情况(2006-2013年)

计量单位：万头、万吨

	2013年				2012年			
	出栏头数	存栏头数	#能繁母猪	猪肉产量	出栏头数	存栏头数	#能繁母猪	猪肉产量
四川省	**7314.1**	**5004.1**	**513.9**	**510.8**	**7170.7**	**5132.4**	**505.3**	**496.4**
成都市	730.1	454.4	46.5	50.7	725.1	466.0	47.2	50.1
自贡市	228.1	137.7	12.3	15.7	223.5	138.4	11.6	15.0
攀枝花市	61.1	48.4	3.2	3.9	59.7	50.0	3.1	3.6
泸州市	367.4	270.2	29.3	25.8	358.3	278.1	29.2	25.2
德阳市	350.5	227.5	23.0	24.4	342.8	231.6	22.9	23.7
绵阳市	379.9	248.7	28.4	26.6	370.7	255.0	28.4	25.8
广元市	367.1	244.2	24.3	25.4	360.7	250.6	23.8	24.4
遂宁市	376.4	225.2	21.2	26.1	368.2	231.0	20.6	25.2
内江市	316.0	233.9	22.6	22.2	309.0	240.9	22.2	21.6
乐山市	339.5	191.1	18.5	23.2	332.9	194.3	17.7	21.9
南充市	620.1	432.2	43.7	43.4	608.8	444.8	43.0	42.9
眉山市	296.2	207.1	19.9	20.4	290.4	213.6	19.3	19.4
宜宾市	459.9	331.6	33.1	32.3	450.3	342.3	32.4	31.7
广安市	417.6	318.9	33.6	29.3	408.5	328.8	33.3	28.5
达州市	488.2	369.0	36.0	34.5	478.0	383.2	33.5	33.9
雅安市	123.0	90.3	6.6	9.3	120.0	93.1	6.1	9.2
巴中市	371.5	239.2	24.7	26.2	364.1	243.1	24.3	25.7
资阳市	473.0	280.4	31.0	33.5	463.1	285.0	31.7	32.8
阿坝州	36.0	32.5	3.3	2.5	33.1	31.9	3.0	2.4
甘孜州	22.5	28.4	3.4	1.3	22.3	29.0	3.3	1.3
凉山州	489.9	393.2	49.2	33.9	481.0	401.5	48.6	32.1

注：以上数据系四川省统计局农经处提供。

4-5 续表 1

计量单位：万头、万吨

	2011年				2010年			
	出栏头数	存栏头数	#能繁母猪	猪肉产量	出栏头数	存栏头数	#能繁母猪	猪肉产量
四川省	**7000.4**	**5101.9**	**500.3**	**484.7**	**7174.9**	**5162.0**	**501.6**	**492.3**
成都市	712.9	467.6	47.0	48.9	731.3	493.1	49.9	49.3
自贡市	218.4	137.4	11.5	14.6	223.8	141.1	11.9	14.8
攀枝花市	58.0	49.6	3.2	3.5	58.6	49.4	3.2	3.5
泸州市	350.4	275.8	28.9	24.7	359.9	283.0	28.9	25.3
德阳市	335.0	229.9	22.6	23.2	342.4	229.9	22.1	23.7
绵阳市	362.3	253.5	28.0	25.3	371.5	256.1	27.9	25.5
广元市	346.7	247.0	23.3	23.5	352.6	259.1	23.1	23.8
遂宁市	360.2	229.7	20.3	24.8	368.8	226.3	19.8	25.4
内江市	301.4	240.5	22.3	21.1	310.5	239.6	22.1	21.7
乐山市	325.2	192.0	17.4	21.4	335.0	198.2	17.7	22.0
南充市	594.7	441.7	42.5	42.0	608.6	434.6	41.6	42.9
眉山市	283.4	211.7	19.0	19.0	290.5	217.4	19.0	19.5
宜宾市	440.4	339.7	32.2	31.0	453.2	338.2	32.0	31.8
广安市	397.9	326.2	32.9	27.8	408.2	333.5	33.2	28.5
达州市	467.4	380.6	33.1	32.8	481.1	379.3	32.4	31.6
雅安市	117.2	92.2	6.1	9.0	120.0	94.1	6.0	9.2
巴中市	355.6	241.1	23.9	25.2	365.3	247.0	24.2	25.8
资阳市	453.0	287.5	31.4	32.1	463.3	287.8	32.4	32.8
阿坝州	30.5	30.3	3.0	2.2	29.2	29.8	3.0	2.1
甘孜州	21.0	30.1	3.3	1.2	20.1	30.6	3.2	1.2
凉山州	469.0	397.6	48.2	31.2	481.2	394.6	47.9	31.9

注：以上数据系四川省统计局农经处提供。

4-5 续表 2

计量单位：万头、万吨

	2009年				2008年			
	出栏头数	存栏头数	#能繁母猪	猪肉产量	出栏头数	存栏头数	#能繁母猪	猪肉产量
四川省	**6914.9**	**5122.7**	**522.0**	**472.4**	**6429.2**	**5327.5**	**524.6**	**434.5**
成都市	707.9	492.5	51.5	47.5	664.4	514.6	51.0	44.2
自贡市	217.9	143.6	12.1	14.3	205.2	151.6	13.1	13.4
攀枝花市	57.0	50.3	3.4	3.4	53.3	53.2	3.2	3.2
泸州市	349.6	275.1	32.6	24.4	328.0	283.0	33.0	22.7
德阳市	332.6	228.3	21.7	23.0	310.3	232.9	22.8	21.3
绵阳市	358.8	257.0	28.4	24.5	333.2	265.9	28.1	22.6
广元市	343.3	259.7	23.6	22.9	315.5	267.6	23.3	20.8
遂宁市	356.1	230.5	20.4	24.4	331.3	239.2	20.0	22.6
内江市	300.5	241.6	22.6	21.0	280.6	250.9	23.0	18.9
乐山市	323.3	197.2	17.9	21.2	304.9	205.6	17.5	19.7
南充市	591.6	430.4	48.1	41.3	523.9	429.5	46.5	36.3
眉山市	281.1	212.8	18.9	18.8	258.8	218.8	18.8	17.0
宜宾市	439.1	336.9	32.4	30.6	410.5	351.8	33.5	28.3
广安市	394.4	328.0	34.7	27.3	368.0	352.8	36.3	25.3
达州市	466.9	383.5	33.2	30.6	440.0	407.3	33.4	28.6
雅安市	115.8	94.0	6.3	8.8	108.9	97.6	6.6	8.3
巴中市	353.8	243.0	24.8	25.0	331.3	255.4	25.3	23.0
资阳市	445.2	287.6	34.0	31.4	413.8	303.2	33.4	28.9
阿坝州	28.2	30.0	3.3	2.0	25.6	32.2	3.3	1.8
甘孜州	18.4	29.5	3.2	1.1	17.2	29.7	3.3	1.0
凉山州	433.9	371.5	48.7	28.8	404.7	385.2	49.2	26.6

注：以上数据系四川省统计局农经处提供。

4-5 续表 3

计量单位：万头、万吨

	2007年				2006年			
	出栏头数	存栏头数	#能繁母猪	猪肉产量	出栏头数	存栏头数	#能繁母猪	猪肉产量
四川省	**6014.6**	**5299.3**	**498.2**	**407.7**	**6905.8**	**5099.8**	**472.4**	**481.2**
成都市	626.2	525.7	49.7	41.8	713.9	510.9	41.8	49.1
自贡市	190.3	146.4	11.6	12.5	221.1	144.6	11.6	15.0
攀枝花市	51.4	54.1	2.7	3.1	61.0	55.0	2.2	3.7
泸州市	302.9	270.3	29.7	21.1	337.2	276.4	31.5	24.2
德阳市	321.8	262.4	25.6	22.0	386.3	265.8	25.5	27.2
绵阳市	321.6	272.7	26.3	21.7	361.5	256.7	25.6	25.2
广元市	327.6	268.9	21.0	21.5	360.5	236.1	19.5	24.4
遂宁市	296.4	227.8	18.4	20.4	332.7	205.9	12.8	23.6
内江市	254.8	239.1	22.1	17.3	287.3	224.4	22.0	20.0
乐山市	284.9	191.7	15.3	18.6	343.2	201.7	14.8	22.8
南充市	479.1	418.0	44.8	33.1	561.3	395.5	45.5	40.0
眉山市	233.9	217.7	15.7	15.5	267.3	203.7	14.5	18.2
宜宾市	382.2	339.9	31.6	26.5	431.7	318.4	26.3	30.8
广安市	345.5	351.0	35.6	23.8	400.7	348.0	37.2	28.4
达州市	416.4	405.8	33.2	27.2	492.2	401.3	35.0	32.8
雅安市	97.9	96.3	5.7	7.5	115.9	87.9	4.6	9.2
巴中市	305.3	252.9	24.2	21.3	353.9	246.2	23.6	25.2
资阳市	381.7	311.7	33.1	26.7	436.6	313.4	31.0	31.5
阿坝州	24.7	34.6	2.9	1.8	28.9	33.7	2.5	2.2
甘孜州	16.6	30.0	3.2	0.9	19.2	29.6	2.8	1.1
凉山州	353.5	383.1	45.6	23.3	392.9	344.7	41.8	26.8

注：以上数据系四川省统计局农经处提供。

4-6 四川及各市（州）牛生产情况(2006-2013年)

计量单位：万头、万吨

	2013年			2012年		
	出栏头数	存栏头数	牛肉产量	出栏头数	存栏头数	牛肉产量
四川省	**264.70**	**949.70**	**31.10**	**254.00**	**940.20**	**29.30**
成都市	6.95	11.07	1.03	7.00	11.09	1.03
自贡市	3.68	6.66	0.45	3.58	5.88	0.44
攀枝花市	2.51	10.22	0.30	2.43	10.05	0.28
泸州市	6.97	29.08	0.77	6.84	28.57	0.70
德阳市	8.13	16.34	0.95	8.06	15.31	0.85
绵阳市	13.44	41.74	1.62	13.03	41.05	1.60
广元市	6.26	27.25	0.74	6.09	26.88	0.71
遂宁市	5.69	10.22	0.92	5.67	9.49	1.05
内江市	3.71	7.49	0.44	3.59	7.04	0.42
乐山市	6.46	10.60	0.83	6.44	9.59	0.90
南充市	12.51	34.02	1.49	12.13	34.63	1.42
眉山市	5.38	12.31	0.65	5.29	12.23	0.60
宜宾市	10.80	29.44	1.29	10.50	26.11	1.16
广安市	4.50	14.39	0.54	4.37	14.14	0.53
达州市	31.06	72.54	3.84	30.15	70.55	3.80
雅安市	5.95	13.70	0.79	5.95	13.18	0.84
巴中市	20.17	47.90	2.41	19.87	46.93	2.25
资阳市	3.44	6.72	0.42	3.39	6.23	0.43
阿坝州	35.89	178.73	4.05	32.68	182.05	3.26
甘孜州	43.38	235.63	4.40	40.31	240.17	4.07
凉山州	27.82	133.67	3.18	26.65	129.06	2.95

注：以上数据系四川省统计局农经处提供。

4-6 续表 1

计量单位：万头、万吨

	2011年			2010年		
	出栏头数	存栏头数	牛肉产量	出栏头数	存栏头数	牛肉产量
四川省	**250.86**	**988.62**	**28.90**	**252.03**	**968.55**	**29.41**
成都市	7.05	11.60	1.04	7.16	11.47	1.07
自贡市	3.54	5.85	0.44	3.56	5.53	0.45
攀枝花市	2.40	10.31	0.28	2.41	9.91	0.29
泸州市	6.81	28.42	0.70	6.87	27.94	0.72
德阳市	8.04	15.54	0.85	8.13	15.01	0.87
绵阳市	12.97	42.78	1.61	13.13	41.51	1.64
广元市	5.98	27.15	0.69	6.04	26.63	0.71
遂宁市	5.64	9.60	1.05	5.70	9.04	1.07
内江市	3.56	7.12	0.42	3.60	6.86	0.43
乐山市	6.35	10.04	0.89	6.41	9.98	0.91
南充市	12.11	34.75	1.41	12.25	33.66	1.45
眉山市	5.11	12.53	0.58	5.17	11.98	0.60
宜宾市	10.45	26.36	1.15	10.04	23.77	1.12
广安市	4.35	14.21	0.53	4.39	13.63	0.54
达州市	29.93	70.93	3.74	30.19	68.58	3.80
雅安市	5.94	13.51	0.83	6.02	13.23	0.86
巴中市	19.82	47.59	2.24	20.05	46.18	2.30
资阳市	3.38	6.45	0.43	3.42	6.36	0.44
阿坝州	31.75	196.44	3.15	31.95	194.18	3.21
甘孜州	39.20	267.65	3.94	38.84	270.55	3.97
凉山州	26.48	129.78	2.92	26.71	122.57	2.98

注：以上数据系四川省统计局农经处提供。

4-6 续表 2

计量单位：万头、万吨

	2009年			2008年		
	出栏头数	存栏头数	牛肉产量	出栏头数	存栏头数	牛肉产量
四川省	**250.40**	**968.16**	**28.91**	**255.87**	**964.31**	**28.72**
成都市	7.04	11.34	1.04	7.19	10.90	1.04
自贡市	3.35	4.94	0.42	3.16	4.60	0.39
攀枝花市	2.48	9.90	0.30	2.55	9.37	0.29
泸州市	6.65	27.40	0.69	6.75	27.30	0.68
德阳市	7.95	15.11	0.85	8.02	15.31	0.84
绵阳市	13.15	41.75	1.63	13.34	40.91	1.62
广元市	5.89	26.04	0.69	6.01	25.81	0.69
遂宁市	5.54	8.65	1.04	5.59	8.50	1.02
内江市	3.59	6.64	0.42	3.71	6.67	0.42
乐山市	6.39	9.50	0.87	6.67	9.46	0.86
南充市	12.01	32.77	1.41	11.77	31.65	1.37
眉山市	5.08	11.55	0.58	5.08	11.52	0.56
宜宾市	9.74	22.41	1.08	9.93	21.48	1.07
广安市	4.26	13.30	0.53	4.31	13.22	0.52
达州市	29.81	67.83	3.73	31.16	67.00	3.81
雅安市	6.06	13.03	0.86	6.29	12.82	0.88
巴中市	20.00	45.51	2.28	20.67	45.21	2.30
资阳市	3.45	6.45	0.44	3.33	6.11	0.41
阿坝州	32.04	198.73	3.11	32.80	201.62	3.05
甘孜州	39.57	274.93	4.02	40.97	277.88	4.01
凉山州	26.34	120.37	2.93	26.59	116.96	2.90

注：以上数据系四川省统计局农经处提供。

4-6 续表 3

计量单位：万头、万吨

	2007年			2006年		
	出栏头数	存栏头数	牛肉产量	出栏头数	存栏头数	牛肉产量
四川省	**250.16**	**986.38**	**28.64**	**248.90**	**985.66**	**28.33**
成都市	6.14	10.00	0.90	7.65	15.01	1.16
自贡市	2.32	3.88	0.30	1.97	3.45	0.25
攀枝花市	2.48	9.59	0.28	2.10	10.63	0.21
泸州市	6.46	26.44	0.67	6.88	30.14	0.71
德阳市	8.43	17.16	0.92	8.25	17.15	0.81
绵阳市	14.55	46.76	1.79	13.12	42.06	1.59
广元市	5.80	26.30	0.68	7.57	32.36	0.88
遂宁市	4.69	7.54	0.88	6.41	9.23	1.18
内江市	3.64	6.46	0.43	3.44	6.21	0.40
乐山市	6.53	8.37	0.84	10.36	12.63	1.42
南充市	11.33	30.10	1.35	11.93	34.69	1.39
眉山市	4.42	9.59	0.50	4.50	11.53	0.51
宜宾市	9.66	19.62	1.07	10.73	25.32	1.12
广安市	4.11	13.29	0.50	4.04	13.17	0.48
达州市	30.86	66.44	3.83	30.91	65.93	3.76
雅安市	6.27	10.76	0.90	7.11	16.77	1.02
巴中市	19.82	44.19	2.24	20.22	58.42	2.43
资阳市	3.46	5.67	0.43	3.76	8.45	0.47
阿坝州	33.20	214.29	3.21	28.95	193.34	2.58
甘孜州	42.52	299.99	4.25	38.50	274.08	3.75
凉山州	23.48	109.95	2.65	20.50	105.09	2.21

注：以上数据系四川省统计局农经处提供。

4-7 四川及各市（州）羊生产情况(2006-2013年)

计量单位：万只、万吨

	2013年			2012年		
	出栏只数	存栏只数	羊肉产量	出栏只数	存栏只数	羊肉产量
四川省	**1583.60**	**1689.20**	**24.52**	**1562.70**	**1671.90**	**24.00**
成都市	38.62	25.87	0.67	40.40	27.34	0.70
自贡市	103.42	57.50	1.44	103.11	54.21	1.34
攀枝花市	25.02	37.12	0.42	24.22	37.06	0.41
泸州市	44.16	35.20	0.68	43.60	34.10	0.65
德阳市	23.12	25.26	0.33	21.94	24.81	0.31
绵阳市	113.56	88.28	2.00	111.13	83.07	1.96
广元市	30.10	36.67	0.48	28.88	37.78	0.47
遂宁市	44.33	30.32	1.06	44.17	28.94	1.11
内江市	55.23	48.82	0.72	55.03	47.25	0.68
乐山市	28.68	25.14	0.47	28.46	24.68	0.46
南充市	174.01	141.25	2.58	172.76	134.53	2.42
眉山市	52.33	37.37	0.66	52.09	35.77	0.66
宜宾市	50.65	36.72	0.63	49.56	36.33	0.62
广安市	34.71	22.28	0.55	34.55	22.07	0.53
达州市	103.51	95.11	1.56	101.65	94.16	1.48
雅安市	22.07	21.43	0.35	21.73	21.27	0.34
巴中市	74.19	70.01	1.11	72.77	69.28	1.09
资阳市	227.47	118.15	3.10	228.09	117.24	3.08
阿坝州	31.91	96.29	0.56	27.09	102.86	0.52
甘孜州	24.96	108.31	0.39	24.51	112.74	0.39
凉山州	281.55	532.12	4.77	276.96	526.40	4.77

注：以上数据系四川省统计局农经处提供。

4-7 续表 1

计量单位：万只、万吨

	2011年			2010年		
	出栏只数	存栏只数	羊肉产量	出栏只数	存栏只数	羊肉产量
四川省	**1550.84**	**1660.78**	**23.90**	**1609.48**	**1658.95**	**24.80**
成都市	41.75	27.99	0.73	43.69	29.89	0.77
自贡市	102.57	53.62	1.34	106.67	53.00	1.40
攀枝花市	23.93	36.69	0.41	24.81	36.34	0.42
泸州市	43.37	33.72	0.65	45.19	34.04	0.68
德阳市	21.80	24.46	0.31	22.62	24.93	0.32
绵阳市	108.37	80.16	1.95	110.76	80.27	2.02
广元市	28.35	36.76	0.46	29.28	36.15	0.48
遂宁市	43.97	28.42	1.11	45.58	28.11	1.15
内江市	54.64	46.58	0.67	56.76	45.74	0.70
乐山市	28.36	24.31	0.45	29.81	25.62	0.47
南充市	172.23	132.54	2.42	178.77	130.69	2.51
眉山市	51.75	35.06	0.65	53.87	33.57	0.68
宜宾市	49.28	35.92	0.62	51.24	35.59	0.64
广安市	34.42	21.58	0.53	35.77	21.26	0.55
达州市	100.86	91.89	1.48	104.89	91.02	1.46
雅安市	21.62	20.96	0.34	22.60	21.21	0.36
巴中市	72.59	67.75	1.09	75.86	67.96	1.15
资阳市	226.71	116.05	3.07	235.49	119.56	3.20
阿坝州	26.19	106.19	0.50	27.18	111.79	0.52
甘孜州	23.20	124.16	0.38	23.67	125.16	0.38
凉山州	274.88	515.99	4.74	284.94	507.06	4.93

注：以上数据系四川省统计局农经处提供。

4-7 续表 2

计量单位：万只、万吨

	2009年			2008年		
	出栏只数	存栏只数	羊肉产量	出栏只数	存栏只数	羊肉产量
四川省	**1576.80**	**1723.64**	**24.31**	**1558.69**	**1720.06**	**24.06**
成都市	44.43	29.99	0.79	43.59	29.69	0.76
自贡市	105.39	55.27	1.37	105.14	55.65	1.48
攀枝花市	24.36	36.73	0.42	23.57	35.56	0.40
泸州市	43.58	33.35	0.65	43.44	33.48	0.64
德阳市	22.21	26.73	0.32	22.05	27.17	0.31
绵阳市	108.51	84.17	1.99	106.24	81.51	1.92
广元市	27.78	34.85	0.46	26.53	32.75	0.43
遂宁市	44.34	27.79	1.12	42.99	27.29	1.07
内江市	55.20	46.68	0.68	55.45	47.59	0.94
乐山市	29.86	25.30	0.49	30.68	25.73	0.49
南充市	173.86	136.74	2.44	169.72	122.13	2.35
眉山市	51.24	33.58	0.65	50.10	31.46	0.63
宜宾市	50.33	35.41	0.63	49.61	34.83	0.62
广安市	33.91	21.28	0.52	32.67	21.08	0.50
达州市	102.95	95.12	1.43	102.61	95.14	1.41
雅安市	22.74	22.81	0.36	22.77	22.35	0.36
巴中市	75.89	72.30	1.14	75.11	72.62	1.11
资阳市	233.18	133.67	3.16	231.69	133.38	3.11
阿坝州	25.45	115.71	0.49	24.30	121.12	0.43
甘孜州	24.74	134.23	0.41	28.67	143.48	0.46
凉山州	276.84	521.92	4.80	271.76	526.06	4.64

注：以上数据系四川省统计局农经处提供。

4-7 续表 3

计量单位：万只、万吨

	2007年			2006年		
	出栏只数	存栏只数	羊肉产量	出栏只数	存栏只数	羊肉产量
四川省	**1543.02**	**1710.73**	**23.88**	**1477.52**	**1629.31**	**21.34**
成都市	38.10	26.72	0.66	57.81	44.84	0.96
自贡市	105.84	53.68	1.48	104.30	55.27	1.32
攀枝花市	22.68	35.42	0.39	19.57	34.01	0.31
泸州市	43.74	32.75	0.64	54.09	43.96	0.71
德阳市	25.63	29.00	0.36	21.05	25.91	0.28
绵阳市	118.81	84.79	2.18	93.84	68.61	1.63
广元市	29.14	28.49	0.46	42.21	42.86	0.62
遂宁市	31.65	21.98	0.79	46.28	33.21	1.10
内江市	55.05	45.36	0.92	44.20	39.53	0.57
乐山市	27.18	21.72	0.44	43.40	32.60	0.68
南充市	162.26	117.88	2.24	150.37	113.45	1.97
眉山市	40.34	26.29	0.53	60.56	44.94	0.75
宜宾市	50.22	33.45	0.65	56.69	32.68	0.68
广安市	31.20	20.42	0.49	26.26	18.77	0.39
达州市	110.04	91.59	1.45	92.38	79.50	1.13
雅安市	20.21	18.63	0.31	30.09	30.13	0.43
巴中市	73.73	71.87	1.10	72.66	75.04	0.99
资阳市	233.34	139.75	3.15	204.54	127.75	2.61
阿坝州	27.63	131.29	0.48	21.68	108.34	0.38
甘孜州	32.15	152.57	0.51	26.37	128.52	0.41
凉山州	264.06	527.08	4.65	209.19	449.41	3.45

注：以上数据系四川省统计局农经处提供。

4-8 四川及各市（州）家禽生产情况(2006-2013年)

计量单位：万只、万吨

	2013年			2012年		
	出栏只数	存栏只数	禽肉产量	出栏只数	存栏只数	禽肉产量
四川省	**63774.70**	**35789.50**	**95.60**	**61999.60**	**36019.00**	**93.00**
成都市	8100.06	3644.38	13.52	8393.75	4011.98	14.12
自贡市	2538.22	1020.80	3.77	2457.76	1024.42	3.56
攀枝花市	359.34	283.61	0.53	341.92	276.36	0.51
泸州市	3428.83	2105.57	4.89	3306.41	2088.24	4.48
德阳市	6114.07	2924.68	9.20	5905.28	2815.85	9.14
绵阳市	5979.04	3162.39	8.85	5780.45	3320.25	8.51
广元市	1603.41	1362.43	2.24	1559.18	1328.16	1.98
遂宁市	2012.86	1374.37	3.25	1931.70	1401.72	3.63
内江市	2632.88	1687.57	3.80	2534.58	1684.45	3.42
乐山市	3510.18	1705.06	5.27	3373.06	1748.02	5.23
南充市	5550.00	4069.64	7.73	5343.81	3995.89	6.93
眉山市	2888.80	1207.35	4.35	2759.95	1197.77	4.28
宜宾市	3804.99	2000.40	5.52	3679.01	1955.69	5.32
广安市	2839.14	2049.77	3.96	2750.11	2045.95	3.55
达州市	5784.82	2622.09	8.78	5538.61	2544.76	8.56
雅安市	984.63	483.39	1.46	944.56	483.18	1.40
巴中市	1022.43	717.10	1.56	983.10	717.15	1.56
资阳市	2951.62	2020.70	4.43	2843.49	2028.57	4.43
阿坝州	42.19	45.40	0.06	23.49	29.73	0.04
甘孜州	16.11	23.67	0.02	15.40	22.82	0.02
凉山州	1611.08	1279.14	2.40	1533.97	1298.05	2.32

注：以上数据系四川省统计局农经处提供。

4-8 续表 1

计量单位：万只、万吨

	2011年			2010年		
	出栏只数	存栏只数	禽肉产量	出栏只数	存栏只数	禽肉产量
四川省	**57942.73**	**37517.76**	**86.73**	**56423.74**	**39579.37**	**84.11**
成都市	8260.88	4569.92	13.69	8100.58	5264.84	13.37
自贡市	2275.50	1048.41	3.29	2214.88	1060.39	3.17
攀枝花市	315.18	315.24	0.47	306.13	328.64	0.45
泸州市	3065.03	2226.58	4.16	2979.26	2259.33	3.99
德阳市	5468.65	1902.53	8.46	5328.85	3120.64	8.24
绵阳市	5435.56	3578.77	8.02	5291.63	3635.26	7.79
广元市	1435.88	1414.34	1.82	1395.48	1416.17	1.76
遂宁市	1790.04	1474.33	3.36	1741.60	1382.45	3.27
内江市	2344.58	1815.65	3.16	2268.36	1735.89	3.06
乐山市	3127.58	1894.81	4.84	3050.67	2031.06	4.73
南充市	4948.08	4219.72	6.42	4816.11	4232.76	6.25
眉山市	2547.32	1266.89	3.95	2477.24	1261.01	3.84
宜宾市	3418.13	2048.31	4.94	3324.51	2057.62	4.79
广安市	2573.56	2163.22	3.32	2496.76	2145.29	3.22
达州市	5103.43	2656.30	7.79	4960.71	2621.43	7.38
雅安市	870.46	524.60	1.29	843.20	541.79	1.25
巴中市	910.15	760.82	1.45	885.36	782.48	1.41
资阳市	2633.37	2198.31	4.15	2563.34	2262.95	4.07
阿坝州	20.34	29.74	0.03	19.18	30.29	0.03
甘孜州	14.00	24.94	0.02	14.00	23.70	0.02
凉山州	1385.03	1384.33	2.09	1345.90	1385.36	2.03

注：以上数据系四川省统计局农经处提供。

4-8 续表 2

计量单位：万只、万吨

	2009年			2008年		
	出栏只数	存栏只数	禽肉产量	出栏只数	存栏只数	禽肉产量
四川省	**54565.33**	**39772.78**	**81.49**	**53933.92**	**39721.27**	**80.76**
成都市	7933.04	5720.01	13.13	7912.65	5627.53	13.08
自贡市	2106.03	1038.38	3.02	2062.33	1055.89	2.96
攀枝花市	291.15	311.58	0.43	284.82	261.90	0.42
泸州市	2834.80	2225.77	3.77	2845.65	2340.34	3.77
德阳市	5045.95	3067.22	7.80	4912.39	3174.88	7.59
绵阳市	5108.93	3624.84	7.55	5012.75	3629.01	7.41
广元市	1312.84	1399.94	1.64	1265.59	1263.82	1.58
遂宁市	1697.46	1324.56	3.19	1680.04	1320.56	3.14
内江市	2140.59	1697.38	2.89	2071.83	1706.56	2.98
乐山市	2964.96	2020.73	4.64	2949.59	1969.66	4.63
南充市	4735.39	4243.11	6.14	4670.54	4175.10	6.10
眉山市	2395.10	1243.45	3.76	2378.01	1214.45	3.78
宜宾市	3169.52	2043.00	4.55	3140.65	2034.31	4.50
广安市	2389.41	2149.22	3.08	2330.40	2242.68	3.01
达州市	4906.40	2634.80	7.32	4960.13	2711.91	7.40
雅安市	830.71	538.44	1.23	821.55	553.87	1.22
巴中市	863.42	774.13	1.38	866.75	786.67	1.38
资阳市	2493.36	2285.82	3.96	2445.30	2277.52	3.84
阿坝州	13.28	28.45	0.02	12.75	28.27	0.02
甘孜州	14.00	26.77	0.02	15.98	28.37	0.03
凉山州	1319.00	1375.17	1.96	1294.19	1317.94	1.93

注：以上数据系四川省统计局农经处提供。

4-8 续表 3

计量单位：万只、万吨

	2007年			2006年		
	出栏只数	存栏只数	禽肉产量	出栏只数	存栏只数	禽肉产量
四川省	**51370.10**	**43170.10**	**78.82**	**47507.99**	**41309.24**	**68.07**
成都市	7837.77	6340.71	13.30	7100.54	5758.22	11.24
自贡市	1892.80	1098.74	2.78	1739.92	959.52	2.39
攀枝花市	239.86	254.03	0.35	186.70	211.46	0.26
泸州市	2613.72	2479.55	3.49	2308.86	2408.51	2.87
德阳市	4975.12	3644.07	7.93	4123.61	3159.90	6.20
绵阳市	4891.80	4112.25	7.41	4199.32	3728.93	6.01
广元市	1384.07	1614.68	1.77	1364.23	1652.78	1.58
遂宁市	1540.42	1381.43	2.95	1504.68	1566.40	2.62
内江市	1849.12	1785.10	2.74	1631.29	1608.28	2.26
乐山市	2702.69	2028.48	4.32	2549.72	1766.80	3.84
南充市	4269.24	4322.04	5.71	4036.19	4169.70	4.97
眉山市	2243.99	1293.37	3.68	2631.50	1727.51	3.97
宜宾市	2934.47	2150.42	4.32	2724.69	1966.18	3.74
广安市	2161.02	2410.06	2.80	1901.66	2235.73	2.32
达州市	4789.85	2936.18	7.29	4587.40	2893.61	6.52
雅安市	773.54	619.15	1.18	878.07	829.60	1.25
巴中市	803.12	861.84	1.31	893.66	1029.49	1.34
资阳市	2354.32	2542.37	3.80	2205.42	2548.23	3.34
阿坝州	12.55	32.43	0.02	13.15	37.35	0.02
甘孜州	16.62	31.58	0.02	11.15	26.68	0.02
凉山州	1084.01	1231.60	1.64	916.23	1024.37	1.30

注：以上数据系四川省统计局农经处提供。

4-9 四川及各市（州）蛋奶生产情况(2006-2013年)

计量单位：万吨

	2013年		2012年		2011年		2010年	
	牛奶	禽蛋	牛奶	禽蛋	牛奶	禽蛋	牛奶	禽蛋
四川省	**70.60**	**145.20**	**71.71**	**146.40**	**71.91**	**145.02**	**70.75**	**144.81**
成都市	11.68	16.74	12.52	17.94	12.58	19.13	13.39	20.13
自贡市	1.61	4.84	1.47	4.79	1.39	4.65	1.35	4.60
攀枝花市	0.04	0.96	0.21	0.94	0.65	0.90	0.68	0.83
泸州市	1.12	4.12	1.11	4.04	1.15	3.98	1.13	3.97
德阳市	0.95	11.41	0.90	11.33	0.89	11.10	0.84	10.78
绵阳市	2.49	11.91	2.62	13.21	2.62	12.92	2.65	13.11
广元市		3.35	0.11	3.30		3.15		3.18
遂宁市	0.39	9.01	0.38	8.78	0.37	8.56	0.35	8.36
内江市	0.82	4.68	0.77	4.66	0.74	4.58	0.69	4.57
乐山市	0.30	12.26	0.35	12.16	0.35	11.91	0.35	11.89
南充市	3.26	19.29	3.30	19.14	3.32	18.82	3.33	18.53
眉山市	14.19	5.24	13.61	5.15	13.21	4.94	12.65	4.81
宜宾市	0.73	3.83	0.70	3.77	0.69	3.64	0.64	3.56
广安市	0.28	6.68	0.28	6.59	0.28	6.55	0.27	6.41
达州市	1.79	9.43	1.68	9.36	1.43	9.04	1.17	8.82
雅安市	2.93	1.82	2.95	1.81	2.94	1.82	3.01	1.85
巴中市		6.26	0.07	6.22		6.13		6.11
资阳市	1.23	10.58	1.24	10.52	1.22	10.65	1.21	10.92
阿坝州	11.62	0.12	11.31	0.08	11.06	0.05	10.53	0.04
甘孜州	10.71	0.03	12.06	0.03	13.26	0.03	12.90	0.03
凉山州	4.42	2.62	4.08	2.57	3.77	2.48	3.63	2.32

注：以上数据系四川省统计局农经处提供。

4-9 续表

计量单位：万吨

	2009年		2008年		2007年		2006年	
	牛奶	禽蛋	牛奶	禽蛋	牛奶	禽蛋	牛奶	禽蛋
四川省	**68.40**	**143.97**	**66.27**	**142.96**	**65.08**	**145.20**	**62.13**	**140.69**
成都市	13.08	21.31	12.94	21.04	13.68	20.70	11.83	20.75
自贡市	1.21	4.49	1.20	4.39	1.07	4.12	1.09	4.28
攀枝花市	0.50	0.58	0.73	0.45	0.57	0.55	0.49	0.33
泸州市	1.04	3.88	1.05	3.97	1.03	3.75	0.95	3.65
德阳市	0.85	10.70	0.98	10.36	1.45	17.10	1.39	11.83
绵阳市	2.60	13.29	2.62	13.55	2.83	13.64	2.52	13.40
广元市		2.98		2.95		3.21		3.35
遂宁市	0.33	7.88	0.28	7.23	0.19	6.50	0.17	5.86
内江市	0.66	4.57	0.64	4.59	0.58	4.24	0.54	4.33
乐山市	0.35	11.30	0.41	11.25	0.39	10.33	0.44	9.78
南充市	3.32	18.83	3.51	19.14	3.36	18.58	2.99	19.59
眉山市	11.81	4.76	10.02	4.58	8.72	4.52	10.91	4.75
宜宾市	0.61	3.42	0.58	3.41	0.54	3.29	0.47	3.36
广安市	0.25	6.24	0.24	6.17	0.24	5.76	0.22	5.86
达州市	1.05	8.98	1.03	9.36	0.77	9.10	0.73	9.48
雅安市	2.92	1.91	2.82	2.01	2.90	1.96	2.80	2.03
巴中市		6.06		6.13		5.86		5.96
资阳市	1.57	10.55	1.09	10.23	0.67	10.06	0.35	10.23
阿坝州	10.19	0.04	10.11	0.05	9.91	0.05	9.20	0.05
甘孜州	12.54	0.03	12.75	0.02	13.21	0.05	12.71	0.03
凉山州	3.51	2.17	3.25	2.05	2.97	1.82	2.34	1.78

注：以上数据系四川省统计局农经处提供。

4-10 四川生猪生产情况(2006-2013年)

计量单位：万头、万吨

年 份	出栏头数	存栏头数	#能繁母猪	猪肉产量
2006	6905.77	5099.77	472.45	481.22
2007	6014.61	5299.30	498.25	407.70
2008	6429.19	5327.51	524.61	434.46
2009	6914.93	5122.68	521.97	472.38
2010	7174.95	5162.03	501.58	492.25
2011	7000.41	5101.91	500.28	484.73
2012	7170.70	5132.40	505.30	496.40
2013	7314.10	5004.10	513.90	510.80

注：本图表所列数据系衔接2006-2013年全省与市、县级的历史数据，与国家核定数据存在0.5%以内的小数收舍差异。

4-11 四川牛生产情况(2006-2013年)

计量单位：万头、万吨

年 份	出栏头数	存栏头数	牛肉产量
2006	248.90	985.66	28.33
2007	250.16	986.38	28.64
2008	255.87	964.31	28.72
2009	250.40	968.16	28.91
2010	252.03	968.55	29.41
2011	250.86	988.62	28.90
2012	254.00	940.20	29.30
2013	264.70	949.70	31.10

注：本图表所列数据系衔接2006-2013年全省与市、县级的历史数据，与国家核定数据存在0.5%以内的小数收舍差异。

4-12 四川羊生产情况(2006-2013年)

计量单位：万只、万吨

年 份	出栏只数	存栏只数	羊肉产量
2006	1477.52	1629.31	21.34
2007	1543.02	1710.73	23.88
2008	1558.69	1720.06	24.06
2009	1576.80	1723.64	24.31
2010	1609.48	1658.95	24.80
2011	1550.84	1660.78	23.90
2012	1562.70	1671.90	24.00
2013	1583.60	1689.20	24.50

注：本图表所列数据系衔接2006-2013年全省与市、县级的历史数据，与国家核定数据存在0.5%以内的小数收舍差异。

4-13 四川家禽生产情况(2006-2013年)

计量单位：万只、万吨

年 份	出栏只数	存栏只数	禽肉产量
2006	47507.99	41309.24	68.07
2007	51370.10	43170.10	78.82
2008	53933.92	39721.27	80.76
2009	54565.33	39772.78	81.49
2010	56423.74	39579.37	84.11
2011	57942.73	37517.76	86.73
2012	61999.60	36019.00	93.00
2013	63774.70	35789.50	95.60

注：本图表所列数据系衔接2006-2013年全省与市、县级的历史数据，与国家核定数据存在0.5%以内的小数收舍差异。

4-14 四川蛋奶生产情况(2006-2013年)

计量单位：万吨

年 份	牛奶	禽蛋
2006	62.13	140.69
2007	65.08	145.20
2008	66.27	142.96
2009	68.40	143.97
2010	70.75	144.81
2011	71.91	145.02
2012	71.71	146.40
2013	70.60	145.20

注：本图表所列数据系衔接2006-2013年全省与市、县级的历史数据，与国家核定数据存在0.5%以内的小数收舍差异。

4-15 各生猪调出大县生猪生产情况(2013年)

计量单位：万头、万吨

县 名	生猪存栏	能繁母猪	生猪出栏	猪肉产量
新都区	19.28	1.64	27.63	2.07
金堂县	45.7	5.21	65.41	4.9
双流县	17.17	1.94	24.75	1.86
大邑县	51.83	5.33	79.81	5.99
蒲江县	40.05	6.64	60.55	4.54
新津县	30	3.21	45.36	3.4
都江堰市	28.96	2.6	42.32	3.18
彭州市	36.79	3.02	55.62	4.17
邛崃市	91.65	9.14	138.58	10.39
崇州市	59.65	5.37	87.18	6.53
荣 县	48.32	4.47	68.2	5.12
富顺县	47.26	4.49	66.69	5
江阳区	29.45	2.01	41.55	3.12
纳溪区	31.96	2.6	45.09	3.38
泸 县	79.19	10.92	105.06	7.88
合江县	54.64	5.4	77.11	5.78
叙永县	36.82	4.43	52.97	3.94
古蔺县	36.32	4.33	52.26	3.89
旌阳区	31.47	1.48	48.38	3.37
中江县	77.47	10.49	119.11	8.3
罗江县	27.14	2.03	41.73	2.91
广汉市	27.54	2.09	42.34	2.95
绵竹市	36.84	5.51	56.64	3.95
游仙区	27.43	2.52	40.02	3
三台县	85.79	8.94	129.72	9.73
盐亭县	33.66	2.87	47.5	3.57
安 县	28.35	3.47	40.02	3
梓潼县	28.77	3.53	40.6	3.05
江油市	30.28	4.25	42.73	3.2
昭华区	37.35	4.75	55.61	3.15
旺苍县	40.83	3.37	57.63	4.32
剑阁县	69.27	5.77	97.74	7.33
苍溪县	67.49	5.61	95.24	7.14
船山区	39.74	4.1	55.66	4.17
安居区	75.68	6.22	114.42	8.58
蓬溪县	51.49	4.92	71.01	5.33
射洪县	59.68	6.18	91.68	6.87
大英县	37.19	3.01	54.44	4.08
东兴区	53.38	5.18	75.33	5.65
威远县	37.31	3.1	55.95	4.13
资中县	71.64	8.78	101.1	7.59
隆昌县	32.12	3.61	45.32	3.4
乐山市中区	30.67	3.87	46.37	3.48
犍为县	44.46	3.65	62.75	4.7

4-15 续表

计量单位：万头、万吨

县　名	生猪存栏	能繁母猪	生猪出栏	猪肉产量
井研县	52.89	4.48	74.63	5.59
高坪区	39.09	4.54	60.28	4.52
嘉陵区	41.06	4.15	60.15	4.51
南部县	65.63	5.49	92.61	6.94
营山县	54.7	5.73	77.19	5.79
蓬安县	36.98	4.28	52.6	3.95
仪陇县	61.45	6.52	86.71	6.5
西充县	55.32	5.5	78.08	5.85
阆中市	56.02	5.2	81.08	6.08
东坡区	41.71	5.32	63.05	4.73
仁寿县	85.69	8.05	120.92	9.07
翠屏区	33.76	3.94	48.32	3.86
南溪区	30.41	2.77	43.27	3.47
宜宾县	70.92	8.46	97.55	7.55
江安县	35.08	3.62	46.96	3.76
长宁县	35.08	3.09	45.99	3.68
高　县	33.01	4.24	44.05	3.53
珙　县	32.68	3.75	42.38	3.5
筠连县	33.03	3.44	43.52	3.54
兴文县	34.97	4.57	46.81	3.74
广安区	64.98	8.45	91.71	6.88
岳池县	67.11	6.14	94.7	7.1
武胜县	73.12	9.65	103.18	7.74
邻水县	60.8	6.45	85.8	6.43
达川区	50.47	5.34	71.23	5.34
宣汉县	60.65	6.96	85.59	6.42
开江县	29.21	2.68	41.21	3.09
大竹县	59.47	5.44	83.92	6.3
渠　县	68	6.45	98.84	7.42
万源市	29.77	2.65	42.02	3.15
名山区	30.45	3.5	46.04	3.45
巴州区	76.62	7.3	108.12	8.11
通江县	59.33	5.77	84.71	6.35
南江县	56.31	5.33	79.59	5.97
平昌县	61.23	5.04	86.41	6.48
雁江区	72.64	6.73	102.5	7.69
安岳县	102.24	9.48	144.29	10.83
乐至县	63.42	5.69	89.49	6.71
简阳市	86.28	8.75	121.76	9.13
西昌市	40.26	4.31	56.81	4.26
会理县	58.12	6.9	82.01	6.15
会东县	34.55	4.23	47.11	3.53
冕宁县	29.72	3.07	41.95	3.14

主要统计指标解释

全省粮食产量抽样调查方法 通过以省为总体，抽选具有代表性的村民小组，开展播种面积调查和单位面积产量调查。播种面积调查是在调查点上，对所有农户、全部耕地面积种植的农作物建立台帐，入户、入田调查登记，通过调查点的调查资料推算全省粮食播种面积。单位面积产量调查采用实割实测和入户访问相结合的方法，推算各粮食品种单位面积产量，两个结果相乘获得粮食产量数据。全省粮食产量抽样调查数据是法定数据，进行对外公布和使用。

产粮大县粮食产量抽样调查方法 按照国家统计局、国家发展和改革委员会、农业部《关于开展县级粮食产量抽样调查工作的通知》(国统字〔2012〕37 号)的要求，四川调查总队、四川省统计局、四川省发改委、四川省农业厅四部门联合下发了《关于开展县级粮食抽样调查工作的通知》(川调字〔2012〕81 号)，要求四川从 2013 年起，对产粮大县粮食产量开展抽样调查。抽样调查就是改变传统的层层上报统计方法，按照抽样原则，以县为总体抽取有代表性的村民小组作为调查点（每个县抽选 20—30 个村民小组），在调查点上开展粮食播种面积和单位面积产量抽样调查，来推算全县的粮食产量。经国家统计局核准的县级粮食产量调查结果是所在县粮食产量的法定数据。并作为各地计算农业增加值、国家有关项目安排、财政奖励和补助政策执行的主要参考依据，为国家加强粮食生产管理，制定粮食产业政策，提供依据。

实割实测方法 在主要粮食品种收获前，组织调查小组，对各调查点主要粮食作物种植地块逐块进行踏田估产、排队，抽选一定数量样本地块；待收获时各级调查员或者辅助调查员对抽中样本地块上进行放样，割取样本，再通过脱粒、晾晒、测水杂、称重、核定割拉打损失等环节，计算出地块单产。根据各抽中地块单产数据推算全省、产粮大县主要粮食作物单位面积产量。

粮食 按收获季节分包括夏粮、早稻、秋粮；按作物品种分包括谷物、薯类、豆类。

夏收粮食 指上年秋、冬季和本年春季播种、夏季收获的全部粮食作物，如冬小麦、夏收春小麦、大麦、元麦、蚕豆、豌豆、夏收马铃薯等。

早稻 指早籼稻。

秋收粮食 指本年春、夏季播种，秋季收获的粮食作物。如：中稻、晚稻、玉米、高粱、谷子、甘薯、大豆等。

谷物 指禾本科和蓼科粮食作物。这类作物具体包括稻谷、小麦、玉米、谷子、高粱和其他谷物。其他谷物包括大麦、燕麦、荞麦等，其中西藏、青海、甘肃等地种植的青稞是大麦中的裸麦，按大麦统计。

薯类 包括甘薯和马铃薯。不包括芋头、木薯等。芋头作为蔬菜统计，木薯作为其他作物统计。

豆类 是以食用种籽及其制成品为主的一类豆科植物，包括大豆、绿豆、红小豆、杂豆等。

粮食播种面积 指农业生产经营者应在日历年度内收获的粮食作物在全部土地（耕地或非耕地）上的播种或移植面积。凡是本年内收获的粮食作物，无论是本年还是上年播种，都算为当年播种面积，但不包括本年播种，下年收获的粮食作物面积。移植的粮食作物面积按移植后的面积计算，不计算移植前的秧田面积。如果因灾害等原因，应该收获却未能收获，也要按原播种面积计算，新补或改种，并在本年收获的，也要按复种作物计算面积。间种、混种的作物面积按比例折算各个作物的面积，如果完全混合、同步生长、收获的作物，按混合面积平均分配。复种、套种的作物，按次数计算面积，每种一次计算一次。再生稻、再生高粱等，因其没有经过播种或移植，不计入播种面积。

粮食产量 指稻谷、小麦、玉米、高粱等谷物及薯类和豆类的全社会的产量。包括国有经济经营的、集体统一经营的和农民家庭经营的粮食产量，还包括工矿企业办的农场和其他生产单位的产量。其产量计算方法，豆类按去荚后的干豆计算；薯类（包括甘薯和马铃薯，不包括芋头和木薯），按每 5 公斤鲜薯折 1 公斤粮食计算。城市效区作为蔬菜的薯类（如马铃薯等）不作粮食统计。其他粮食一律按脱粒后的原粮计算。

生猪期（年）末存栏 指本调查期末饲养生猪的总量，包括 15 公斤以下仔猪、待育肥猪（架子猪）和种猪等数量之和。

能繁母猪 是指猪龄约在 9 个月（包括 9 个月）以上的、具备繁殖能力的母猪。

生猪期内增加头数 指本调查期内以各种形式增加的生猪总量。增加的方式主要有自繁、购进、他人赠送等。

生猪期内减少头数 指本调查期内以各种形式减少的生猪总量。减少方式主要有自宰活肥猪、出售活肥猪、出售仔猪、待育肥猪（架子猪）、种猪等，以及赠送、丢失、死亡、疫病捕杀等。

猪肉产量 指本调查期内出栏肥猪头数折算出的鲜、冷鲜、冷冻猪肉总量，按胴体重计算。

牛总量 指肉牛、奶牛、役用牛的合计数量。

牛期（年）末存栏 指本调查期末饲养各类型的牛总量，包括牛犊、待育肥牛（架子牛）、奶牛和种牛等数量之和。

牛期内增加头数 指本调查期内以各种形式增加的牛犊、架子牛、成年牛等数量。增加的方式主要有自行繁殖、购进、他人赠送等.

牛期内减少头数 指本调查期内以各种形式减少的牛数量。减少的方式主要有自宰育肥肉牛、出售育肥肉牛、出售牛犊、架子牛、奶牛、种牛，赠送他人、丢失、死亡、疫病捕杀等。

牛肉产量 指本调查期内出栏肉牛头数折算出的鲜、冷鲜、冷冻牛肉产量，按胴体重计算。

生牛奶产量 指本调查期内奶牛所生产的牛奶总产量。

羊期末存栏 指本调查期末饲养各种羊只总量。包括羊羔、待育肥羊（架子羊）、奶羊和种羊等数量之和。

羊期内增加头数 指本调查期内以各种形式增加的羊只总量，增加的方式主要有自行繁殖、购进、他人赠送等。

羊期内减少头数 指本调查期内因各种原因减少的羊只数量。减少的方式主要有自宰肥羊、出售肥羊、出售羊羔或待育肥羊、出售种羊，赠送他人、丢失、死亡、疫病捕杀等。

羊肉产量 指本调查期内出栏肥羊头数折算出的鲜、冷鲜、冷冻羊肉产量，按胴体重计算。

绵羊毛产量 指本调查期内绵羊所生产的羊毛总量。

山羊绒产量 指本调查期内山羊所生产的羊绒总量。

家禽种类：主要包括鸡、鸭、鹅三个种类。

家禽期末存栏：指本调查期末饲养家禽的总量，包括幼禽、肉用家禽、蛋用家禽和种家禽等。

家禽期内减少只数：指本调查期内以各种形式减少的家禽总量。减少的方式主要有自宰活家禽、出售活家禽、出售幼禽、赠送他人、丢失、死亡、疫病捕杀等。

禽肉产量：指本调查期内出栏肉用家禽产出的禽肉总量。

禽蛋产量：指本调查期内饲养的蛋用家禽生产的禽蛋总重量。包括出售的和农民自产自用的部分。品种主要为鸡鸭鹅。

肉类总产量：指调查期内各种牲畜及家禽、兔等动物肉产量总计。猪、牛、羊、马、驴、骡、骆驼肉产量按去掉头蹄下水后带骨肉的胴体重量计算,兔禽肉产量按屠宰后去毛和内脏后的重量计算。猪牛羊禽四个品种肉产量由主要畜禽监测抽样调查获得，马、驴、骡、骆驼、兔肉产量由全面统计获得，其它特种养殖肉产量可用住户调查资料推算获得。

五 企业调查

5-1 全国及四川制造业采购经理指数(2010-2013年)

单位：%

年份、月份	四川	中国	年份、月份	四川	中国
2010.01	53.6	55.8	2012.01	50.1	50.5
2010.02	52.8	52.0	2012.02	50.6	51.0
2010.03	52.8	55.1	2012.03	51.0	53.1
2010.04	53.6	55.7	2012.04	51.9	53.3
2010.05	52.0	53.9	2012.05	49.0	50.4
2010.06	50.6	52.1	2012.06	48.5	50.2
2010.07	50.1	51.2	2012.07	47.1	50.1
2010.08	51.2	51.7	2012.08	46.8	49.2
2010.09	52.1	53.8	2012.09	47.1	49.8
2010.10	52.2	54.7	2012.10	48.1	50.2
2010.11	52.8	55.2	2012.11	49.6	50.6
2010.12	53.3	53.9	2012.12	50.1	50.6
2011.01	51.2	52.9	2013.01	50.9	50.4
2011.02	52.1	52.2	2013.02	50.3	50.1
2011.03	52.4	53.4	2013.03	50.5	50.9
2011.04	52.5	52.9	2013.04	49.6	50.6
2011.05	51.2	52.0	2013.05	49.8	50.8
2011.06	51.3	50.9	2013.06	49.4	50.1
2011.07	50.2	50.7	2013.07	48.8	50.3
2011.08	50.3	50.9	2013.08	49.6	51.0
2011.09	50.5	51.2	2013.09	50.1	51.1
2011.10	50.1	50.4	2013.10	51.3	51.4
2011.11	48.5	49.0	2013.11	50.8	51.4
2011.12	48.0	50.3	2013.12	51.5	51.0

5-2 全国及四川非制造业商务活动指数(2010-2013年)

单位：%

年份、月份	四川	中国	年份、月份	四川	中国
2010.01	57.7	55.1	2012.01	56.8	55.7
2010.02	47.9	46.4	2012.02	46.9	57.3
2010.03	54.3	58.4	2012.03	54.6	58.0
2010.04	55.3	63.0	2012.04	51.8	56.1
2010.05	55.6	62.7	2012.05	52.0	55.2
2010.06	53.7	57.4	2012.06	51.7	56.7
2010.07	56.6	60.1	2012.07	53.0	55.6
2010.08	55.8	60.1	2012.08	54.6	56.3
2010.09	57.1	61.7	2012.09	52.7	53.7
2010.10	57.9	60.5	2012.10	55.4	55.5
2010.11	51.6	53.2	2012.11	49.7	55.6
2010.12	58.8	56.5	2012.12	55.4	56.1
2011.01	58.0	56.4	2013.01	58.8	56.2
2011.02	46.4	44.1	2013.02	45.3	54.5
2011.03	53.9	60.2	2013.03	49.5	55.6
2011.04	54.9	62.5	2013.04	47.7	54.5
2011.05	54.4	61.9	2013.05	49.6	54.3
2011.06	52.9	57.0	2013.06	53.6	53.9
2011.07	54.2	59.6	2013.07	50.5	54.1
2011.08	54.4	57.6	2013.08	53.8	53.9
2011.09	55.2	59.3	2013.09	53.5	55.4
2011.10	56.4	57.7	2013.10	55.2	56.3
2011.11	50.1	49.7	2013.11	49.4	56.0
2011.12	55.4	56.0	2013.12	52.8	54.6

5-3 制造业采购经理指数(2013年)

单位：%

项 目	全年	1月	2月	3月	4月	5月	6月
全 省	**50.2**	**50.9**	**50.3**	**50.5**	**49.6**	**49.8**	**49.4**
一、按行业大类分							
农副食品加工业	51.7	49.6	42.5	51.6	48.7	56.4	50.6
食品制造业	52.9	63.3	55.1	44.4	46.8	46.0	55.0
酒饮料和精制茶制造业	51.4	66.0	58.7	49.4	46.7	46.7	51.7
纺织业	47.7	48.9	34.1	48.1	44.1	52.4	48.6
纺织服装服饰业/皮革毛皮羽毛(绒)及其制品业和制鞋业	50.8	50.6	47.4	53.5	58.0	53.2	49.2
木材加工和木竹藤棕草制品业/家具制造业	52.2	53.6	44.6	54.1	46.6	51.1	51.1
造纸和纸制品业/印刷和记录媒介复制业/文教工美体育和娱乐用品制造业	46.7	45.8	44.8	43.9	43.7	43.8	48.7
石油加工、炼焦及核燃料加工业	48.4	51.0	63.1	48.1	44.5	44.6	49.3
化学原料和化学制品制造业	48.9	50.3	55.3	50.6	47.9	44.5	45.1
医药制造业	54.1	62.2	61.6	54.7	55.2	48.3	51.4
化学纤维制造业/橡胶t和塑料制品业	47.3	44.5	47.0	51.4	48.5	46.8	44.2
非金属矿物制品业	49.5	49.1	48.8	49.6	51.2	46.5	47.4
黑色金属冶炼及压延加工业	45.5	45.6	52.4	46.5	44.9	44.3	44.0
有色金属冶炼及压延加工业	50.5	46.9	49.8	46.9	53.6	55.5	51.8
金属制品业	52.1	58.5	45.2	52.4	50.7	52.9	50.9
通用设备制造业	52.0	53.7	58.3	50.8	53.8	53.4	51.6
专用设备制造业	48.6	44.2	47.8	51.2	48.7	48.5	51.1
汽车制造业	52.0	54.4	50.5	58.4	55.3	48.3	42.8
电气机械及器材制造业/其他制造业/金属制品机械和设备修理业	50.2	45.7	43.2	51.8	51.1	56.1	53.7
计算机、通信和其他电子设备制造业/仪器仪表制造业	51.5	44.3	44.8	50.9	52.6	53.6	52.9
二、按企业登记注册类型分							
国有企业	51.5	53.4	52.9	51.5	51.0	54.6	52.4
集体企业	49.0	49.1	53.7	45.9	50.3	46.8	46.4
有限责任公司	49.7	51.0	48.4	50.5	49.0	49.4	48.2
股份有限公司	51.5	49.6	50.4	52.3	51.7	49.3	54.2
私营企业	50.2	51.6	52.5	50.0	48.8	49.4	48.3
港、澳、台商投资企业	48.6	42.4	53.2	46.7	45.6	42.9	49.1
外商投资企业	51.9	52.3	54.9	51.5	52.5	52.7	50.2
三、按企业规模分							
大型	50.9	49.1	52.3	51.9	48.7	49.5	50.1
中型	51.3	53.1	50.3	52.0	51.1	51.3	51.4
小型	48.9	47.5	48.3	49.6	48.9	48.9	47.5

5-3 续表

单位：%

项　　目	7月	8月	9月	10月	11月	12月
全　　省	**48.8**	**49.6**	**50.1**	**51.3**	**50.8**	**51.5**
一、按行业大类分						
农副食品加工业	48.8	53.0	53.6	52.9	56.4	56.7
食品制造业	49.7	55.8	56.7	58.2	51.4	52.1
酒饮料和精制茶制造业	47.5	46.0	49.7	51.9	48.8	53.9
纺织业	50.8	47.5	52.4	49.6	50.0	45.5
纺织服装服饰业/皮革毛皮羽毛(绒)及其制品业和制鞋业	51.4	46.4	45.1	54.2	53.4	46.8
木材加工和木竹藤棕草制品业/家具制造业	50.8	52.2	53.9	56.8	56.1	55.9
造纸和纸制品业/印刷和记录媒介复制业/文教工美体育和娱乐用品制造业	50.1	47.9	41.7	46.0	51.8	52.2
石油加工、炼焦及核燃料加工业	46.6	47.3	42.4	46.6	49.8	47.5
化学原料和化学制品制造业	45.1	45.6	49.0	52.4	50.0	51.4
医药制造业	53.0	50.6	52.2	52.5	49.8	58.0
化学纤维制造业/橡胶t和塑料制品业	42.5	48.7	47.8	51.6	47.4	47.2
非金属矿物制品业	48.2	49.4	47.4	54.7	49.2	52.5
黑色金属冶炼及压延加工业	46.4	46.8	42.3	43.4	45.1	43.9
有色金属冶炼及压延加工业	53.7	51.3	47.0	48.6	49.3	51.3
金属制品业	52.0	52.6	54.0	52.0	52.3	52.3
通用设备制造业	51.5	50.1	50.8	50.8	50.3	48.5
专用设备制造业	46.7	53.4	45.5	47.2	49.6	48.8
汽车制造业	45.2	43.2	56.0	53.7	57.7	59.0
电气机械及器材制造业/其他制造业/金属制品机械和设备修理业	48.5	53.0	51.2	48.2	46.5	52.9
计算机、通信和其他电子设备制造业/仪器仪表制造业	52.2	53.1	55.0	53.7	53.0	51.6
二、按企业登记注册类型分						
国有企业	51.8	51.0	50.8	49.7	48.7	49.8
集体企业	47.1	47.0	48.2	53.2	49.9	50.0
有限责任公司	47.9	49.2	49.9	50.6	50.5	51.6
股份有限公司	50.3	50.9	50.9	54.6	51.4	52.6
私营企业	47.3	46.6	50.0	53.2	52.3	51.8
港、澳、台商投资企业	55.4	55.2	49.3	44.7	49.7	49.5
外商投资企业	53.2	55.3	52.0	48.4	50.4	49.8
三、按企业规模分						
大型	50.8	51.3	52.2	50.4	52.3	52.2
中型	50.6	50.5	50.1	52.0	51.5	52.2
小型	46.6	48.4	49.9	50.6	50.0	50.8

5-4 制造业生产指数(2013年)

单位：%

项目	全年	1月	2月	3月	4月	5月	6月
全 省	**51.9**	**51.8**	**51.1**	**50.8**	**50.9**	**51.4**	**51.1**
一、按行业大类分							
农副食品加工业	52.6	48.3	30.4	51.3	48.6	61.6	52.3
食品制造业	55.7	69.9	58.4	43.6	44.4	47.7	61.3
酒饮料和精制茶制造业	53.8	73.4	70.1	45.9	43.5	48.2	57.1
纺织业	47.6	46.5	16.9	52.4	45.3	56.8	47.7
纺织服装服饰业/皮革毛皮羽毛(绒)及其制品业和制鞋业	52.8	50.4	40.9	47.7	61.3	59.7	54.6
木材加工和木竹藤棕草制品业/家具制造业	54.0	67.1	29.2	53.7	45.9	50.9	51.1
造纸和纸制品业/印刷和记录媒介复制业/文教工美体育和娱乐用品制造业	46.3	40.3	38.9	42.5	41.6	42.7	51.0
石油加工、炼焦及核燃料加工业	48.8	50.4	79.6	47.7	44.4	43.3	50.8
化学原料和化学制品制造业	50.6	48.4	69.1	51.0	50.0	44.6	44.2
医药制造业	57.0	68.7	79.6	55.7	59.3	40.0	51.5
化学纤维制造业/橡胶t和塑料制品业	47.4	47.6	38.9	52.3	51.8	43.6	44.0
非金属矿物制品业	50.7	51.5	50.9	50.1	52.8	46.8	48.0
黑色金属冶炼及压延加工业	44.4	44.9	56.8	46.2	41.2	41.6	43.2
有色金属冶炼及压延加工业	50.8	41.0	47.2	45.2	55.6	58.6	49.7
金属制品业	56.5	70.5	46.7	55.3	51.7	57.6	51.4
通用设备制造业	56.6	59.4	69.6	52.2	59.5	60.6	55.7
专用设备制造业	53.0	43.2	53.2	54.7	55.8	51.9	54.8
汽车制造业	52.8	59.7	42.2	60.7	58.8	46.8	39.1
电气机械及器材制造业/其他制造业/金属制品机械和设备修理业	52.0	40.6	34.1	53.9	53.5	65.3	55.1
计算机、通信和其他电子设备制造业/仪器仪表制造业	52.3	39.0	32.1	51.3	55.0	54.6	57.1
二、按企业登记注册类型分							
国有企业	56.7	56.5	60.0	55.9	56.9	60.2	59.8
集体企业	50.3	53.5	58.4	47.3	56.0	43.6	41.0
有限责任公司	50.5	51.2	45.0	50.5	49.2	50.3	49.7
股份有限公司	54.4	48.9	51.7	53.9	55.6	52.9	57.2
私营企业	51.8	53.4	58.4	48.3	49.2	52.1	48.2
港、澳、台商投资企业	50.0	39.6	60.6	47.6	42.7	33.3	50.7
外商投资企业	54.9	58.5	66.3	52.6	54.7	55.4	52.8
三、按企业规模分							
大型	54.1	48.1	56.0	54.3	50.9	50.9	53.9
中型	53.8	55.9	50.9	53.1	53.2	54.1	54.7
小型	49.3	46.4	46.5	49.0	49.5	49.7	47.6

5-4 续表

单位：%

项　　目	7月	8月	9月	10月	11月	12月
全　省	**49.8**	**51.0**	**52.4**	**54.5**	**53.6**	**54.2**
一、按行业大类分						
农副食品加工业	48.6	55.0	58.1	53.9	60.3	63.2
食品制造业	52.2	59.4	59.0	63.6	55.5	52.9
酒饮料和精制茶制造业	48.5	46.2	51.0	55.3	49.6	56.5
纺织业	51.9	48.6	55.3	51.2	54.0	44.5
纺织服装服饰业/皮革毛皮羽毛(绒)及其制品业和制鞋业	59.6	49.0	44.4	57.1	59.3	49.9
木材加工和木竹藤棕草制品业/家具制造业	50.6	55.9	58.7	62.8	59.9	61.8
造纸和纸制品业/印刷和记录媒介复制业/文教工美体育和娱乐用品制造业	52.2	50.9	39.6	46.9	54.1	54.7
石油加工、炼焦及核燃料加工业	40.0	50.7	38.5	42.8	51.0	46.4
化学原料和化学制品制造业	44.0	45.1	47.4	58.9	52.7	52.2
医药制造业	59.2	51.3	54.3	52.7	51.6	60.0
化学纤维制造业/橡胶t和塑料制品业	39.8	52.6	47.1	55.1	49.2	47.1
非金属矿物制品业	50.2	48.9	47.5	60.4	49.7	51.7
黑色金属冶炼及压延加工业	45.1	46.8	39.6	41.6	42.9	42.7
有色金属冶炼及压延加工业	57.3	49.3	49.5	50.2	49.2	57.0
金属制品业	58.3	56.9	58.8	55.7	60.1	55.0
通用设备制造业	54.0	51.2	54.9	54.4	55.2	52.2
专用设备制造业	51.9	57.8	52.4	53.2	54.0	53.9
汽车制造业	40.9	39.3	62.0	54.2	64.2	66.2
电气机械及器材制造业/其他制造业/金属制品机械和设备修理业	49.2	57.2	53.8	51.3	50.2	59.8
计算机、通信和其他电子设备制造业/仪器仪表制造业	52.7	56.0	60.0	58.8	55.4	55.2
二、按企业登记注册类型分						
国有企业	56.6	59.6	55.4	53.9	52.2	53.5
集体企业	48.2	46.8	51.3	57.7	51.1	48.3
有限责任公司	48.1	49.6	51.7	53.3	53.2	54.0
股份有限公司	53.6	52.3	54.7	60.4	54.9	56.8
私营企业	45.9	47.3	50.9	57.0	55.7	54.9
港、澳、台商投资企业	65.2	58.9	53.4	44.2	49.2	54.0
外商投资企业	54.8	60.6	55.6	46.4	50.7	50.5
三、按企业规模分						
大型	54.6	52.3	57.0	55.7	59.2	56.3
中型	53.3	53.1	52.9	55.5	53.6	54.9
小型	45.2	49.5	50.9	52.5	51.9	53.0

5-5 制造业新订单指数(2013年)

单位：%

项　　目	全年	1月	2月	3月	4月	5月	6月
全　省	**50.5**	**51.7**	**50.6**	**51.7**	**49.5**	**49.8**	**48.4**
一、按行业大类分							
农副食品加工业	53.4	50.2	39.1	52.8	48.2	62.8	50.2
食品制造业	55.6	75.4	58.1	42.7	46.1	45.7	56.5
酒饮料和精制茶制造业	52.0	74.6	62.2	49.5	42.7	42.4	52.5
纺织业	46.2	52.2	16.8	48.7	42.5	54.2	46.9
纺织服装服饰业/皮革毛皮羽毛(绒)及其制品业和制鞋业	50.1	53.6	46.5	55.1	60.4	54.0	47.6
木材加工和木竹藤棕草制品业/家具制造业	50.6	50.2	29.0	57.4	43.1	48.8	51.4
造纸和纸制品业/印刷和记录媒介复制业/文教工美体育和娱乐用品制造业	46.1	45.2	43.6	41.4	41.6	42.1	49.5
石油加工、炼焦及核燃料加工业	47.7	54.8	79.2	47.7	39.0	36.7	47.2
化学原料和化学制品制造业	48.1	51.2	57.0	50.2	46.1	40.9	40.6
医药制造业	57.9	68.5	75.2	56.5	53.8	49.7	54.3
化学纤维制造业/橡胶t和塑料制品业	45.4	36.3	48.4	55.8	46.1	46.0	39.2
非金属矿物制品业	48.0	45.6	46.6	50.5	52.3	40.6	41.8
黑色金属冶炼及压延加工业	44.5	43.8	56.5	46.0	43.7	42.7	39.7
有色金属冶炼及压延加工业	51.1	46.5	53.6	44.8	54.7	58.5	53.1
金属制品业	55.4	67.0	52.3	53.2	56.0	57.7	53.1
通用设备制造业	53.1	56.7	62.5	54.0	57.1	55.1	51.6
专用设备制造业	47.4	39.5	49.8	52.7	47.9	49.1	52.0
汽车制造业	53.4	57.7	58.1	62.7	57.2	46.4	36.8
电气机械及器材制造业/其他制造业/金属制品机械和设备修理业	50.2	41.9	31.5	54.8	54.5	60.2	59.0
计算机、通信和其他电子设备制造业/仪器仪表制造业	52.7	40.5	37.8	53.0	55.4	57.7	55.3
二、按企业登记注册类型分							
国有企业	51.9	57.3	53.5	53.1	52.3	57.9	50.5
集体企业	48.5	47.1	63.9	47.5	46.1	44.8	41.3
有限责任公司	49.6	52.1	46.2	51.6	48.6	49.2	46.3
股份有限公司	52.7	48.2	53.1	55.1	53.1	47.5	56.9
私营企业	50.4	54.0	56.8	50.2	47.7	49.7	47.7
港、澳、台商投资企业	47.6	35.9	60.3	44.5	44.3	38.2	49.0
外商投资企业	52.8	53.0	56.5	54.3	53.9	54.6	49.9
三、按企业规模分							
大型	50.6	48.0	49.1	54.5	46.8	49.2	48.6
中型	52.8	55.9	52.3	54.0	52.4	52.0	51.5
小型	48.1	44.1	48.6	49.9	48.3	48.6	45.5

5-5 续表

单位：%

项 目	7月	8月	9月	10月	11月	12月
全 省	**47.7**	**49.3**	**50.9**	**52.2**	**51.2**	**52.6**
一、按行业大类分						
农副食品加工业	47.9	57.5	57.5	55.3	58.9	60.1
食品制造业	51.3	60.7	63.2	65.4	48.7	53.0
酒饮料和精制茶制造业	47.6	45.4	50.5	53.3	47.8	55.6
纺织业	53.8	47.3	53.8	46.3	49.7	41.7
纺织服装服饰业/皮革毛皮羽毛(绒)及其制品业和制鞋业	47.3	41.5	47.3	55.5	53.8	38.3
木材加工和木竹藤棕草制品业/家具制造业	48.0	49.0	58.2	58.1	57.9	55.8
造纸和纸制品业/印刷和记录媒介复制业/文教工美体育和娱乐用品制造业	51.2	48.8	39.2	45.3	52.0	53.1
石油加工、炼焦及核燃料加工业	44.7	42.6	36.3	48.4	50.5	44.6
化学原料和化学制品制造业	42.4	41.6	50.5	53.4	50.2	53.2
医药制造业	53.5	52.3	57.4	52.7	53.5	67.1
化学纤维制造业/橡胶t和塑料制品业	34.0	47.2	45.4	54.0	45.2	47.1
非金属矿物制品业	44.3	49.7	44.1	55.9	48.2	56.7
黑色金属冶炼及压延加工业	44.7	47.6	40.7	40.6	45.2	42.8
有色金属冶炼及压延加工业	54.9	53.9	42.9	47.2	53.2	49.8
金属制品业	56.3	49.5	54.3	57.1	51.5	56.3
通用设备制造业	52.6	48.0	49.7	50.3	51.4	48.3
专用设备制造业	44.1	55.4	41.3	42.4	47.8	46.4
汽车制造业	40.7	36.5	60.7	59.1	59.8	64.6
电气机械及器材制造业/其他制造业/金属制品机械和设备修理业	46.3	52.3	54.3	49.2	44.5	53.5
计算机、通信和其他电子设备制造业/仪器仪表制造业	54.9	56.1	57.4	56.4	55.4	52.8
二、按企业登记注册类型分						
国有企业	48.3	51.0	50.8	47.9	49.9	50.6
集体企业	49.0	42.6	45.4	55.9	50.7	48.3
有限责任公司	46.7	49.0	50.7	51.5	50.7	53.2
股份有限公司	50.1	52.0	52.2	56.8	53.2	53.7
私营企业	45.3	44.3	51.1	54.2	51.9	52.6
港、澳、台商投资企业	54.9	54.4	47.0	44.2	50.7	48.3
外商投资企业	54.9	58.6	53.5	48.0	48.7	48.3
三、按企业规模分						
大型	48.0	51.5	54.0	50.6	52.9	53.7
中型	51.7	51.8	51.2	53.3	53.0	54.4
小型	44.1	46.3	49.9	51.2	49.5	50.9

5-6 制造业新出口订单指数(2013年)

单位：%

项　　目	全年	1月	2月	3月	4月	5月	6月
全　省	**47.1**	**44.9**	**42.4**	**44.5**	**46.0**	**47.3**	**47.7**
一、按行业大类分							
农副食品加工业	51.3	50.4	30.5	49.0	52.0	62.1	54.3
食品制造业	47.2	40.3	22.9	37.5	44.9	33.1	51.4
酒饮料和精制茶制造业	46.9	50.4	34.3	45.1	32.1	39.0	51.4
纺织业	39.0	44.1	30.5	27.8	39.9	46.1	51.4
纺织服装服饰业/皮革毛皮羽毛(绒)及其制品业和制鞋业	48.3	75.5	34.3	48.6	51.8	49.7	42.9
木材加工和木竹藤棕草制品业/家具制造业	39.7	50.4		50.0	32.1	41.4	29.4
造纸和纸制品业/印刷和记录媒介复制业/文教工美体育和娱乐用品制造业	34.2	33.6	45.8	33.3	18.0	24.8	41.2
石油加工、炼焦及核燃料加工业	39.5	33.6	68.7	41.7	44.9	49.7	34.3
化学原料和化学制品制造业	45.3	53.5	53.9	41.7	37.4	31.9	51.4
医药制造业	54.6	60.4	68.7	46.9	49.9	49.7	51.4
化学纤维制造业/橡胶t和塑料制品业	40.4	21.6	34.3	46.9	40.4	49.7	34.3
非金属矿物制品业	42.6	16.8	53.4	38.7	41.5	34.2	56.6
黑色金属冶炼及压延加工业	41.1	33.6	38.1	38.5	33.7	37.3	37.4
有色金属冶炼及压延加工业	49.5	39.2	41.2	66.7	53.9	60.7	51.4
金属制品业	45.5	40.3	22.9	41.7	49.4	58.7	46.3
通用设备制造业	50.1	52.6	44.4	45.3	51.8	55.2	56.8
专用设备制造业	45.8	59.5	54.9	41.7	51.3	37.3	43.7
汽车制造业	56.7	64.7	77.2	52.1	56.2	57.1	43.7
电气机械及器材制造业/其他制造业/金属制品机械和设备修理业	40.5	33.6	25.0	38.5	38.5	49.7	46.0
计算机、通信和其他电子设备制造业/仪器仪表制造业	48.8	38.5	38.6	45.6	48.7	51.1	45.7
二、按企业登记注册类型分							
国有企业	50.3	44.8	54.2	41.7	47.9	42.8	57.4
集体企业	43.8	50.4	68.7	41.7	44.9	33.1	85.8
有限责任公司	45.5	45.2	37.1	45.1	44.1	48.1	43.6
股份有限公司	45.9	39.4	33.4	44.2	47.0	45.4	48.4
私营企业	51.2	60.4	61.8	38.5	48.3	41.9	51.4
港、澳、台商投资企业	52.7	67.1	91.5	37.9	53.1	39.7	51.4
外商投资企业	49.5	45.1	48.5	50.8	47.7	59.3	51.4
三、按企业规模分							
大型	48.6	43.5	45.4	46.1	45.4	47.7	48.6
中型	47.2	47.0	40.5	46.8	50.3	50.0	48.9
小型	44.1	41.5	37.0	39.1	40.4	42.1	45.0

5-6 续表

单位：%

项　目	7月	8月	9月	10月	11月	12月
全　省	**46.2**	**48.2**	**47.9**	**50.5**	**50.4**	**49.6**
一、按行业大类分						
农副食品加工业	48.0	39.4	49.5	54.1	63.2	62.8
食品制造业	37.2	60.1	58.5	68.1	63.2	49.6
酒饮料和精制茶制造业	44.4	54.4	46.6	54.8	57.4	52.5
纺织业	38.4	25.8	39.6	43.2	45.4	36.1
纺织服装服饰业/皮革毛皮羽毛(绒)及其制品业和制鞋业	34.1	42.9	41.3	55.4	44.7	57.8
木材加工和木竹藤棕草制品业/家具制造业	29.3	38.6	43.3	51.1	61.5	49.6
造纸和纸制品业/印刷和记录媒介复制业/文教工美体育和娱乐用品制造业	30.7	41.2	24.8	20.4	41.0	55.8
石油加工、炼焦及核燃料加工业	51.2	51.5	74.3			24.8
化学原料和化学制品制造业	36.0	47.6	45.7	52.9	43.5	47.7
医药制造业	51.2	46.8	54.0	43.2	62.6	70.8
化学纤维制造业/橡胶t和塑料制品业	44.8	30.9	44.0	45.4	49.2	43.4
非金属矿物制品业	37.5	55.8	41.9	51.1	46.1	37.2
黑色金属冶炼及压延加工业	46.5	47.2	45.0	41.8	44.7	49.6
有色金属冶炼及压延加工业	51.2	38.6	55.7	56.2	38.3	40.6
金属制品业	51.2	46.4	49.5	51.1	44.3	44.6
通用设备制造业	49.0	53.8	47.3	53.2	42.8	49.6
专用设备制造业	41.0	42.9	42.5	41.4	46.7	47.1
汽车制造业	53.9	58.9	55.0	48.4	56.6	57.0
电气机械及器材制造业/其他制造业/金属制品机械和设备修理业	32.9	44.6	43.3	42.6	45.4	46.1
计算机、通信和其他电子设备制造业/仪器仪表制造业	51.2	54.7	53.4	54.2	53.8	50.4
二、按企业登记注册类型分						
国有企业	47.8	59.1	46.1	58.1	54.3	49.6
集体企业		34.3	29.7	38.3	49.2	49.6
有限责任公司	42.4	45.6	48.3	49.4	47.5	49.9
股份有限公司	40.3	47.6	49.5	55.6	51.4	48.8
私营企业	53.2	44.4	49.5	53.1	58.1	53.4
港、澳、台商投资企业	65.2	36.1	49.5	32.5	59.0	49.6
外商投资企业	47.9	58.6	47.9	44.7	47.6	44.8
三、按企业规模分						
大型	48.1	51.5	54.2	51.1	51.8	50.1
中型	42.5	44.8	46.5	50.7	49.2	49.6
小型	43.4	49.5	45.4	48.4	48.5	48.4

5-7 制造业积压订单指数(2013年)

单位：%

项　目	全年	1月	2月	3月	4月	5月	6月
全　省	**42.5**	**42.4**	**41.0**	**43.7**	**41.0**	**42.7**	**40.3**
一、按行业大类分							
农副食品加工业	40.9	42.1	33.9	37.7	38.7	43.0	39.8
食品制造业	42.7	44.2	38.8	33.0	45.3	39.5	37.4
酒饮料和精制茶制造业	39.7	50.1	37.0	41.6	39.3	36.9	37.6
纺织业	41.8	35.0	33.9	44.6	39.7	45.8	42.3
纺织服装服饰业/皮革毛皮羽毛(绒)及其制品业和制鞋业	47.5	53.4	26.3	56.9	52.1	51.5	41.2
木材加工和木竹藤棕草制品业/家具制造业	43.0	44.5	14.1	41.5	37.9	42.2	47.1
造纸和纸制品业/印刷和记录媒介复制业/文教工美体育和娱乐用品制造业	43.1	44.5	49.4	41.5	35.6	42.7	44.7
石油加工、炼焦及核燃料加工业	41.7	55.6	45.2	49.0	36.3	35.6	42.1
化学原料和化学制品制造业	40.7	37.8	44.4	45.8	38.5	36.5	37.5
医药制造业	42.1	41.7	43.9	41.4	40.2	40.4	36.9
化学纤维制造业/橡胶t和塑料制品业	38.7	43.8	28.2	45.5	40.2	38.7	32.3
非金属矿物制品业	42.3	41.1	40.1	42.1	41.3	41.8	44.5
黑色金属冶炼及压延加工业	38.5	36.2	38.9	36.0	37.2	37.2	34.9
有色金属冶炼及压延加工业	44.7	41.4	40.3	51.0	42.1	44.7	44.0
金属制品业	42.9	53.9	40.3	39.8	45.5	42.7	36.9
通用设备制造业	44.7	47.2	50.0	47.6	41.9	42.2	43.2
专用设备制造业	44.9	41.1	49.9	52.0	33.2	44.5	44.1
汽车制造业	45.7	41.7	54.2	50.2	47.7	45.3	32.2
电气机械及器材制造业/其他制造业/金属制品机械和设备修理业	43.6	42.9	39.3	43.5	50.4	48.7	46.7
计算机、通信和其他电子设备制造业/仪器仪表制造业	45.7	41.1	48.1	47.4	44.3	49.8	45.2
二、按企业登记注册类型分							
国有企业	43.0	45.3	37.6	44.2	44.3	47.7	43.0
集体企业	42.1	30.0	40.3	46.9	38.0	43.8	38.4
有限责任公司	41.8	42.1	39.3	44.3	39.6	42.3	39.2
股份有限公司	43.3	40.6	43.6	46.6	43.3	42.7	43.4
私营企业	42.1	40.1	46.4	39.0	40.5	41.7	37.6
港、澳、台商投资企业	44.7	46.2	41.1	44.9	46.9	34.0	46.3
外商投资企业	45.3	53.2	44.5	45.2	42.7	43.1	45.9
三、按企业规模分							
大型	43.6	42.6	44.4	44.6	40.8	45.9	41.0
中型	43.3	41.8	40.5	46.8	44.1	43.2	42.0
小型	41.3	42.8	42.2	41.3	37.9	41.0	38.3

5-7 续表

单位：%

项目	7月	8月	9月	10月	11月	12月
全　省	**42.8**	**43.2**	**42.6**	**43.8**	**43.5**	**43.6**
一、按行业大类分						
农副食品加工业	39.5	39.3	43.5	46.8	42.0	44.1
食品制造业	41.0	48.9	44.8	48.3	43.7	47.7
酒饮料和精制茶制造业	37.5	35.7	38.7	43.6	33.6	44.6
纺织业	41.2	43.6	49.7	45.7	37.9	42.7
纺织服装服饰业/皮革毛皮羽毛(绒)及其制品业和制鞋业	51.7	48.7	42.6	46.5	53.2	45.8
木材加工和木竹藤棕草制品业/家具制造业	47.6	39.8	49.7	54.0	51.3	46.0
造纸和纸制品业/印刷和记录媒介复制业/文教工美体育和娱乐用品制造业	49.8	43.4	38.3	33.4	49.4	44.3
石油加工、炼焦及核燃料加工业	33.7	50.7	33.2	45.8	38.2	35.4
化学原料和化学制品制造业	37.3	39.7	38.5	41.6	46.4	44.2
医药制造业	40.2	42.2	47.0	41.5	42.4	46.8
化学纤维制造业/橡胶t和塑料制品业	39.2	39.4	39.0	40.1	37.4	40.5
非金属矿物制品业	40.0	41.4	43.3	42.3	45.8	43.4
黑色金属冶炼及压延加工业	45.1	42.7	37.5	37.0	41.4	38.3
有色金属冶炼及压延加工业	44.4	48.8	41.4	43.7	52.5	41.6
金属制品业	40.3	47.8	38.9	43.0	43.4	42.3
通用设备制造业	43.0	47.7	43.1	43.5	41.5	45.1
专用设备制造业	46.4	50.7	48.6	41.4	42.5	44.0
汽车制造业	37.5	41.3	43.6	47.6	51.9	54.6
电气机械及器材制造业/其他制造业/金属制品机械和设备修理业	39.8	50.7	46.2	38.6	41.0	35.1
计算机、通信和其他电子设备制造业/仪器仪表制造业	43.6	43.9	44.8	47.8	48.0	43.8
二、按企业登记注册类型分						
国有企业	44.3	43.1	40.4	43.2	42.1	41.0
集体企业	38.2	43.8	40.7	48.0	45.1	51.8
有限责任公司	39.9	43.2	42.6	44.2	42.1	43.0
股份有限公司	43.0	43.3	42.2	43.3	45.9	41.4
私营企业	41.0	42.2	43.1	42.4	45.2	45.6
港、澳、台商投资企业	46.8	46.1	54.3	37.0	54.4	38.3
外商投资企业	47.3	43.4	40.1	44.9	44.0	49.6
三、按企业规模分						
大型	40.8	44.1	43.4	45.6	45.8	44.2
中型	42.3	44.2	43.0	44.4	43.4	43.9
小型	40.3	41.4	42.2	42.3	43.2	43.0

5-8 制造业产成品库存指数(2013年)

单位：%

项 目	全年	1月	2月	3月	4月	5月	6月
全 省	**46.2**	**43.1**	**42.5**	**46.9**	**49.3**	**48.2**	**48.8**
一、按行业大类分							
农副食品加工业	43.9	37.8	24.1	50.7	47.7	47.2	49.0
食品制造业	47.0	38.9	40.0	56.0	54.7	50.0	48.7
酒饮料和精制茶制造业	51.1	50.0	52.9	49.8	59.4	55.7	49.8
纺织业	46.2	38.5	41.5	46.9	39.4	48.0	50.4
纺织服装服饰业/皮革毛皮羽毛(绒)及其制品业和制鞋业	45.8	43.3	17.1	48.1	56.9	46.5	48.6
木材加工和木竹藤棕草制品业/家具制造业	50.7	61.1	51.4	53.0	53.2	51.6	50.4
造纸和纸制品业/印刷和记录媒介复制业/文教工美体育和娱乐用品制造业	48.3	37.5	48.6	45.0	53.2	46.8	58.8
石油加工、炼焦及核燃料加工业	48.0	45.5	65.5	51.7	46.1	48.1	56.0
化学原料和化学制品制造业	45.6	40.4	54.4	46.7	42.2	43.8	47.3
医药制造业	44.0	43.2	32.7	44.9	48.8	52.4	45.6
化学纤维制造业/橡胶t和塑料制品业	45.4	36.1	40.0	43.6	53.6	46.4	51.6
非金属矿物制品业	50.6	48.8	57.4	44.3	53.1	61.1	53.9
黑色金属冶炼及压延加工业	42.7	36.4	38.1	46.2	50.5	44.4	46.8
有色金属冶炼及压延加工业	46.6	51.9	37.6	44.3	46.9	50.0	48.9
金属制品业	45.5	50.0	44.6	42.7	44.6	46.0	46.4
通用设备制造业	43.5	43.6	50.1	41.5	45.1	39.0	46.2
专用设备制造业	44.2	51.8	40.4	41.0	45.1	38.2	47.4
汽车制造业	46.4	38.9	32.4	44.0	54.0	46.0	44.7
电气机械及器材制造业/其他制造业/金属制品机械和设备修理业	45.4	51.4	41.4	50.9	52.3	45.6	49.2
计算机、通信和其他电子设备制造业/仪器仪表制造业	46.1	37.1	41.1	49.8	46.6	47.9	46.2
二、按企业登记注册类型分							
国有企业	45.4	43.0	37.9	43.7	45.1	48.1	55.2
集体企业	46.1	43.8	51.4	44.3	48.1	50.0	50.4
有限责任公司	46.3	44.6	40.5	47.6	48.9	49.1	48.8
股份有限公司	45.5	42.1	46.3	46.5	46.1	47.4	48.1
私营企业	47.2	39.6	46.8	48.8	53.5	46.1	47.7
港、澳、台商投资企业	39.8	28.6	35.6	32.6	48.1	38.4	50.4
外商投资企业	46.8	46.0	47.3	46.7	51.5	50.0	42.7
三、按企业规模分							
大型	47.9	44.8	46.0	51.1	50.0	51.6	54.1
中型	46.4	42.2	42.4	46.6	51.2	50.3	49.6
小型	45.6	43.5	40.1	46.5	47.0	45.7	46.3

5-8 续表

单位：%

项目	7月	8月	9月	10月	11月	12月
全省	**46.6**	**47.0**	**45.7**	**45.1**	**46.7**	**44.4**
一、按行业大类分						
农副食品加工业	40.9	45.0	43.5	46.8	46.7	46.8
食品制造业	41.9	53.2	49.9	43.4	46.7	40.3
酒饮料和精制茶制造业	48.5	49.4	49.9	44.0	48.4	55.5
纺织业	46.2	44.6	46.0	49.0	49.9	53.9
纺织服装服饰业/皮革毛皮羽毛(绒)及其制品业和制鞋业	50.0	49.8	46.5	44.8	46.5	51.7
木材加工和木竹藤棕草制品业/家具制造业	48.4	45.1	45.3	46.9	46.8	54.7
造纸和纸制品业/印刷和记录媒介复制业/文教工美体育和娱乐用品制造业	53.3	46.4	43.3	40.0	54.9	51.6
石油加工、炼焦及核燃料加工业	50.0	43.9	49.9	37.1	48.0	34.6
化学原料和化学制品制造业	42.3	48.4	39.7	49.0	46.8	45.9
医药制造业	45.1	42.8	39.0	46.4	47.5	40.2
化学纤维制造业/橡胶t和塑料制品业	50.0	54.1	48.7	36.6	48.7	35.3
非金属矿物制品业	51.5	50.5	48.9	47.0	49.4	41.8
黑色金属冶炼及压延加工业	47.9	39.2	43.9	41.4	42.0	35.9
有色金属冶炼及压延加工业	51.6	46.7	43.7	50.0	45.4	42.4
金属制品业	45.9	46.0	40.5	44.6	51.3	43.0
通用设备制造业	45.9	46.6	39.7	41.8	41.0	41.8
专用设备制造业	45.1	50.6	45.0	42.2	44.0	40.2
汽车制造业	46.0	48.3	51.5	50.8	48.3	51.6
电气机械及器材制造业/其他制造业/金属制品机械和设备修理业	43.3	49.3	45.6	37.0	42.3	35.9
计算机、通信和其他电子设备制造业/仪器仪表制造业	45.9	46.5	50.8	48.8	48.6	44.0
二、按企业登记注册类型分						
国有企业	49.4	44.7	48.7	45.2	47.4	36.7
集体企业	48.2	45.8	46.2	38.9	39.9	46.0
有限责任公司	46.5	46.1	45.4	45.7	46.9	44.8
股份有限公司	45.4	49.8	43.0	42.8	44.3	44.1
私营企业	46.9	49.6	48.5	45.7	47.2	45.8
港、澳、台商投资企业	35.4	43.3	34.0	42.0	45.9	44.0
外商投资企业	50.8	43.7	44.6	44.0	49.1	45.3
三、按企业规模分						
大型	49.2	46.8	46.2	46.0	47.7	41.6
中型	46.5	46.8	46.3	44.9	45.3	44.3
小型	45.8	47.8	45.4	45.3	48.4	46.0

5-9 制造业采购量指数(2013年)

单位：%

项目	全年	1月	2月	3月	4月	5月	6月
全省	**50.6**	**52.6**	**51.2**	**50.7**	**49.5**	**49.4**	**48.5**
一、按行业大类分							
农副食品加工业	53.0	52.2	38.5	51.4	47.6	53.8	54.2
食品制造业	55.0	72.5	76.6	39.5	43.6	50.6	54.3
酒饮料和精制茶制造业	52.6	66.0	78.8	49.2	50.6	44.2	48.3
纺织业	47.5	38.6	36.3	46.4	39.8	50.5	52.0
纺织服装服饰业/皮革毛皮羽毛(绒)及其制品业和制鞋业	49.2	56.9	58.1	49.0	48.1	52.3	47.4
木材加工和木竹藤棕草制品业/家具制造业	53.3	66.9	24.2	52.7	49.4	48.9	49.4
造纸和纸制品业/印刷和记录媒介复制业/文教工美体育和娱乐用品制造业	44.3	37.6	36.3	44.8	40.7	39.1	49.3
石油加工、炼焦及核燃料加工业	45.0	54.8	59.4	43.9	36.4	39.3	39.6
化学原料和化学制品制造业	48.8	51.2	54.4	52.9	47.4	42.2	43.7
医药制造业	55.4	68.4	62.7	50.8	59.0	48.1	46.1
化学纤维制造业/橡胶t和塑料制品业	46.5	47.4	52.4	47.9	49.3	42.1	44.9
非金属矿物制品业	49.6	46.7	54.0	48.6	51.1	44.4	46.8
黑色金属冶炼及压延加工业	45.3	41.1	52.4	46.2	46.0	48.5	42.7
有色金属冶炼及压延加工业	48.6	48.3	41.9	46.5	53.5	55.1	51.0
金属制品业	51.0	60.2	48.4	50.1	43.8	50.5	52.3
通用设备制造业	52.8	59.2	55.8	50.4	55.2	57.5	51.0
专用设备制造业	50.6	39.4	51.9	54.4	48.6	51.5	56.0
汽车制造业	54.6	57.6	61.8	65.3	59.5	48.1	37.8
电气机械及器材制造业/其他制造业/金属制品机械和设备修理业	49.7	55.8	34.3	55.0	52.2	54.9	48.7
计算机、通信和其他电子设备制造业/仪器仪表制造业	51.5	55.0	31.5	52.3	53.0	55.9	52.2
二、按企业登记注册类型分							
国有企业	53.2	49.3	56.0	55.4	52.2	54.2	52.2
集体企业	49.4	53.3	53.2	45.3	51.7	43.3	41.5
有限责任公司	49.8	53.7	45.9	50.6	48.8	48.3	48.0
股份有限公司	52.8	53.2	51.5	54.4	51.2	52.5	55.6
私营企业	50.0	51.7	59.4	49.0	48.0	49.6	44.3
港、澳、台商投资企业	45.4	28.7	67.0	43.9	45.0	38.9	47.1
外商投资企业	51.9	57.0	64.7	47.8	52.6	49.8	47.1
三、按企业规模分							
大型	51.4	48.7	56.2	51.8	48.9	48.1	48.3
中型	52.1	56.0	51.6	53.7	50.8	51.6	51.1
小型	48.6	48.5	45.0	48.8	49.3	48.4	47.3

5-9 续表

单位：%

项　　目	7月	8月	9月	10月	11月	12月
全　　省	**48.8**	**47.9**	**50.5**	**52.2**	**52.0**	**53.6**
一、按行业大类分						
农副食品加工业	44.0	51.1	57.7	60.9	60.2	64.3
食品制造业	45.8	50.3	53.5	57.1	55.0	61.0
酒饮料和精制茶制造业	43.6	44.1	50.7	51.4	50.7	53.3
纺织业	53.6	49.0	57.4	52.3	49.7	44.9
纺织服装服饰业/皮革毛皮羽毛(绒)及其制品业和制鞋业	47.2	37.7	45.4	48.6	53.8	46.3
木材加工和木竹藤棕草制品业/家具制造业	59.2	45.5	67.0	61.4	56.3	59.1
造纸和纸制品业/印刷和记录媒介复制业/文教工美体育和娱乐用品制造业	43.9	52.0	35.8	45.3	53.6	53.1
石油加工、炼焦及核燃料加工业	46.8	48.2	41.5	39.2	48.7	42.1
化学原料和化学制品制造业	44.0	44.6	51.2	48.3	53.2	52.8
医药制造业	59.1	43.1	54.7	62.6	52.3	58.3
化学纤维制造业/橡胶t和塑料制品业	45.1	47.0	42.8	46.7	46.3	46.1
非金属矿物制品业	46.3	46.2	47.8	56.0	50.7	56.9
黑色金属冶炼及压延加工业	45.6	46.3	43.9	41.2	45.1	44.1
有色金属冶炼及压延加工业	52.6	50.4	38.1	50.4	45.8	49.8
金属制品业	56.9	53.4	46.1	51.7	50.1	48.4
通用设备制造业	51.2	49.9	46.1	55.2	50.0	51.8
专用设备制造业	48.5	52.0	44.9	51.3	53.5	54.7
汽车制造业	40.7	42.1	56.5	56.7	62.9	65.9
电气机械及器材制造业/其他制造业/金属制品机械和设备修理业	52.6	48.6	49.8	42.7	46.6	55.2
计算机、通信和其他电子设备制造业/仪器仪表制造业	49.6	50.8	56.8	54.9	53.2	52.7
二、按企业登记注册类型分						
国有企业	53.3	56.4	53.5	51.0	53.5	51.6
集体企业	47.0	44.3	48.8	57.8	50.7	55.8
有限责任公司	46.8	47.8	49.8	52.1	50.8	54.7
股份有限公司	49.5	51.3	52.3	53.6	53.8	55.0
私营企业	46.0	42.6	50.9	52.8	54.5	51.5
港、澳、台商投资企业	59.2	41.6	44.9	44.3	40.9	43.8
外商投资企业	47.1	50.5	52.5	48.1	54.0	52.1
三、按企业规模分						
大型	52.3	49.5	52.2	48.5	56.8	55.1
中型	48.4	50.0	50.4	53.8	52.2	56.0
小型	46.2	45.8	50.4	51.8	50.3	52.0

5-10 制造业进口指数(2013年)

单位：%

项　　目	全年	1月	2月	3月	4月	5月	6月
全　　省	**50.9**	**49.6**	**58.2**	**49.5**	**51.4**	**51.5**	**50.1**
一、按行业大类分							
农副食品加工业	51.6	50.3	53.8	55.0	46.2	64.5	37.5
食品制造业	55.1	50.3	89.7	36.0	55.5	49.6	68.8
酒饮料和精制茶制造业	61.2	86.2	91.7	66.3	65.5	63.2	61.3
纺织业	47.3	33.5	67.3	54.0	55.5	57.9	51.6
纺织服装服饰业/皮革毛皮羽毛(绒)及其制品业和制鞋业	55.0	75.5	75.0	60.5	37.0	59.5	51.6
木材加工和木竹藤棕草制品业/家具制造业	42.6			57.6	30.8	49.6	51.6
造纸和纸制品业/印刷和记录媒介复制业/文教工美体育和娱乐用品制造业	41.5	50.3	67.3	43.2	37.0	33.1	51.6
石油加工、炼焦及核燃料加工业	51.3	33.5	67.3	64.8	46.2	49.6	51.6
化学原料和化学制品制造业	45.5	50.3	44.8	43.2	53.4	31.6	41.3
医药制造业	51.2	50.3	80.7	39.6	50.1	54.1	56.3
化学纤维制造业/橡胶t和塑料制品业	54.8	58.7	67.3	54.0	56.5	49.6	41.3
非金属矿物制品业	52.4	44.7	67.3	24.0	50.9	45.5	57.3
黑色金属冶炼及压延加工业	45.9	45.3	44.9	35.1	46.2	46.3	55.9
有色金属冶炼及压延加工业	53.8	37.7	67.3	49.4	52.0	49.6	51.6
金属制品业	44.6	37.7	33.6	43.2	46.2	31.0	36.9
通用设备制造业	50.7	45.7	57.7	43.2	52.4	52.4	51.6
专用设备制造业	52.1	33.5	48.1	59.4	61.7	62.0	51.6
汽车制造业	50.4	50.3	16.8	63.7	62.4	52.2	38.0
电气机械及器材制造业/其他制造业/金属制品机械和设备修理业	53.6	45.7	67.3	56.2	54.7	62.0	42.2
计算机、通信和其他电子设备制造业/仪器仪表制造业	47.4	53.5	25.2	48.5	47.1	51.3	52.5
二、按企业登记注册类型分							
国有企业	53.4	53.5	71.8	45.2	54.7	60.4	55.7
集体企业	52.9	83.8	67.3	54.0	55.5	37.2	34.4
有限责任公司	50.0	50.3	56.5	50.6	49.0	48.7	50.5
股份有限公司	50.9	45.9	46.6	53.3	51.3	51.8	51.6
私营企业	53.9	58.7	76.9	47.8	60.9	56.4	54.0
港、澳、台商投资企业	48.9	41.9	67.3	46.3	32.4	29.8	42.2
外商投资企业	49.9	41.9	56.9	46.9	55.5	54.9	43.3
三、按企业规模分							
大型	49.9	50.3	53.3	51.4	49.3	47.8	52.3
中型	51.6	48.8	61.2	50.4	51.1	53.3	48.2
小型	50.8	50.3	67.3	45.6	54.6	50.7	49.4

5-10 续表

单位：%

项目	7月	8月	9月	10月	11月	12月
全　省	**50.0**	**48.8**	**50.8**	**51.3**	**49.6**	**49.6**
一、按行业大类分						
农副食品加工业	61.4	51.1	59.4	32.2	53.8	54.4
食品制造业	61.4	51.1	49.5	50.6	49.3	49.8
酒饮料和精制茶制造业	62.1	51.1	42.9	54.3	45.8	43.6
纺织业	40.9	25.6	57.8	50.6	35.3	37.4
纺织服装服饰业/皮革毛皮羽毛(绒)及其制品业和制鞋业	30.7	51.1	59.4	60.8	39.5	59.8
木材加工和木竹藤棕草制品业/家具制造业	51.1	51.1	61.9	67.5	39.5	49.8
造纸和纸制品业/印刷和记录媒介复制业/文教工美体育和娱乐用品制造业	17.0	34.1	39.6	50.6	49.3	24.9
石油加工、炼焦及核燃料加工业	51.1	76.7	24.7	50.6	24.7	74.8
化学原料和化学制品制造业	35.4	55.1	45.7	46.0	45.2	54.4
医药制造业	55.8	32.6	40.5	50.6	53.5	49.8
化学纤维制造业/橡胶t和塑料制品业	51.1	51.1	56.6	50.6	65.8	55.4
非金属矿物制品业	61.4	59.7	55.0	59.8	53.1	49.8
黑色金属冶炼及压延加工业	46.9	47.2	49.5	42.8	44.9	46.0
有色金属冶炼及压延加工业	68.2	59.7	55.7	61.9	49.3	42.7
金属制品业	51.1	56.8	49.5	42.2	49.3	57.0
通用设备制造业	43.3	62.1	49.5	62.3	42.3	46.0
专用设备制造业	44.7	44.8	55.7	57.9	56.4	49.8
汽车制造业	43.1	46.5	62.5	58.2	51.8	59.3
电气机械及器材制造业/其他制造业/金属制品机械和设备修理业	56.8	38.4	45.4	56.2	64.1	54.0
计算机、通信和其他电子设备制造业/仪器仪表制造业	49.4	45.7	52.2	49.8	48.4	45.2
二、按企业登记注册类型分						
国有企业	53.3	51.2	45.5	52.7	49.3	47.9
集体企业	68.2	51.1	33.0	50.6	49.3	49.8
有限责任公司	47.3	48.7	49.5	52.7	47.4	49.3
股份有限公司	51.1	52.3	51.7	55.0	49.4	51.0
私营企业	48.6	35.8	61.9	53.3	44.9	47.3
港、澳、台商投资企业	61.4	46.5	45.0	50.6	65.8	58.1
外商投资企业	47.8	51.1	58.3	39.6	52.4	49.8
三、按企业规模分						
大型	51.8	47.2	50.2	46.5	51.2	47.2
中型	46.7	50.2	53.7	54.8	49.3	51.7
小型	53.3	48.1	46.3	47.5	46.4	49.8

5-11 制造业购进价格指数(2013年)

单位：%

项 目	全年	1月	2月	3月	4月	5月	6月
全 省	**52.5**	**57.6**	**55.0**	**53.3**	**43.3**	**49.9**	**49.6**
一、按行业大类分							
农副食品加工业	57.8	63.3	58.7	54.1	37.5	52.3	61.5
食品制造业	58.5	66.8	54.2	57.8	52.0	56.3	51.8
酒饮料和精制茶制造业	55.7	55.8	58.6	61.2	51.5	55.8	55.8
纺织业	56.1	69.3	54.4	58.8	48.4	58.7	57.9
纺织服装服饰业/皮革毛皮羽毛(绒)及其制品业和制鞋业	53.8	60.1	58.5	55.0	48.1	53.5	57.1
木材加工和木竹藤棕草制品业/家具制造业	55.1	50.1	54.2	53.2	45.0	54.9	53.3
造纸和纸制品业/印刷和记录媒介复制业/文教工美体育和娱乐用品制造业	51.9	52.6	51.5	48.3	45.0	51.6	51.8
石油加工、炼焦及核燃料加工业	52.1	54.6	57.7	57.6	41.5	40.8	52.0
化学原料和化学制品制造业	53.0	57.8	53.5	51.0	42.2	51.6	46.0
医药制造业	52.7	54.6	53.2	53.6	50.3	52.4	51.3
化学纤维制造业/橡胶t和塑料制品业	50.0	50.1	54.2	48.7	36.4	46.5	47.8
非金属矿物制品业	53.7	53.6	53.3	53.0	44.5	48.5	52.7
黑色金属冶炼及压延加工业	52.1	63.7	59.6	55.1	42.6	46.0	41.0
有色金属冶炼及压延加工业	49.3	51.9	45.0	50.0	39.4	50.0	53.1
金属制品业	50.1	56.7	55.3	52.8	46.2	42.1	40.9
通用设备制造业	50.6	57.8	51.3	54.8	44.3	50.7	46.0
专用设备制造业	49.9	64.4	57.5	51.9	42.3	41.2	41.3
汽车制造业	50.0	61.2	63.2	53.3	39.9	46.1	43.7
电气机械及器材制造业/其他制造业/金属制品机械和设备修理业	48.0	55.6	54.2	44.5	32.7	47.9	39.0
计算机、通信和其他电子设备制造业/仪器仪表制造业	48.0	45.2	52.0	48.2	42.7	48.8	47.7
二、按企业登记注册类型分							
国有企业	50.4	57.1	55.6	51.2	44.4	45.2	43.5
集体企业	54.0	59.5	58.5	50.0	51.6	59.0	46.4
有限责任公司	52.6	57.2	54.4	53.6	43.0	50.3	49.2
股份有限公司	51.5	57.0	53.7	52.6	38.8	48.7	51.1
私营企业	53.1	59.8	52.5	54.8	46.8	50.8	52.3
港、澳、台商投资企业	51.1	50.1	60.0	51.9	43.2	48.1	50.1
外商投资企业	53.1	60.9	63.3	51.5	42.2	47.0	47.1
三、按企业规模分							
大型	49.8	56.8	56.1	47.5	36.8	45.3	45.6
中型	52.7	57.7	55.2	54.3	43.3	49.5	49.4
小型	53.2	58.3	54.0	54.5	45.5	51.6	50.9

5-11 续表

单位：%

项　　目	7月	8月	9月	10月	11月	12月
全　　省	**50.9**	**53.0**	**54.8**	**54.1**	**54.0**	**54.0**
一、按行业大类分						
农副食品加工业	59.5	59.6	64.5	61.5	58.7	61.9
食品制造业	55.2	57.2	61.1	65.2	60.7	64.2
酒饮料和精制茶制造业	55.4	53.8	57.9	54.7	54.4	53.2
纺织业	58.1	56.9	54.7	50.1	54.8	50.7
纺织服装服饰业/皮革毛皮羽毛(绒)及其制品业和制鞋业	52.1	54.4	51.6	53.6	56.1	46.3
木材加工和木竹藤棕草制品业/家具制造业	59.8	53.9	60.8	61.1	58.8	55.9
造纸和纸制品业/印刷和记录媒介复制业/文教工美体育和娱乐用品制造业	47.0	52.6	53.2	55.1	57.6	56.4
石油加工、炼焦及核燃料加工业	54.1	56.6	53.6	53.8	49.0	53.6
化学原料和化学制品制造业	50.8	51.3	55.5	57.3	59.2	59.9
医药制造业	49.1	52.9	54.7	52.6	54.6	53.4
化学纤维制造业/橡胶t和塑料制品业	45.5	57.7	51.1	57.5	52.1	52.2
非金属矿物制品业	54.4	51.8	57.4	57.2	59.2	58.9
黑色金属冶炼及压延加工业	48.8	55.2	54.8	53.2	53.0	52.3
有色金属冶炼及压延加工业	51.9	52.4	45.2	47.1	50.8	54.3
金属制品业	50.3	49.3	53.9	51.5	52.3	49.7
通用设备制造业	48.3	50.6	52.6	51.5	48.8	51.1
专用设备制造业	44.4	55.1	54.8	48.2	45.9	51.7
汽车制造业	44.7	47.7	49.9	50.9	52.5	46.5
电气机械及器材制造业/其他制造业/金属制品机械和设备修理业	42.5	56.8	52.0	51.2	46.4	53.0
计算机、通信和其他电子设备制造业/仪器仪表制造业	46.2	46.5	49.9	48.9	50.4	49.7
二、按企业登记注册类型分						
国有企业	46.7	52.9	52.3	52.5	50.8	52.7
集体企业	48.5	49.3	53.6	59.4	52.9	59.7
有限责任公司	51.7	52.8	55.4	54.7	54.6	54.3
股份有限公司	50.7	53.2	53.8	51.1	52.8	54.3
私营企业	52.5	53.5	53.7	54.5	54.1	52.2
港、澳、台商投资企业	44.0	55.2	57.8	52.1	46.8	53.7
外商投资企业	47.3	54.5	56.8	54.7	56.4	55.2
三、按企业规模分						
大型	45.4	49.0	53.9	55.3	52.8	53.2
中型	51.6	54.4	55.3	53.4	54.2	54.1
小型	52.3	53.8	54.7	54.1	54.6	54.2

5-12 制造业原材料库存指数(2013年)

单位：%

项 目	全年	1月	2月	3月	4月	5月	6月
全 省	**47.9**	**49.6**	**49.4**	**50.0**	**47.4**	**48.0**	**48.9**
一、按行业大类分							
农副食品加工业	48.1	51.1	43.0	50.7	46.1	47.6	50.9
食品制造业	50.8	58.4	54.1	49.3	52.9	48.3	49.8
酒饮料和精制茶制造业	48.9	54.3	58.7	49.8	50.9	47.8	45.6
纺织业	47.1	42.3	43.7	41.6	36.3	44.1	59.3
纺织服装服饰业/皮革毛皮羽毛(绒)及其制品业和制鞋业	50.6	50.0	43.3	62.5	50.0	44.7	49.6
木材加工和木竹藤棕草制品业/家具制造业	53.4	55.6	60.1	55.7	42.1	48.3	51.4
造纸和纸制品业/印刷和记录媒介复制业/文教工美体育和娱乐用品制造业	46.9	47.5	42.1	47.7	40.6	45.1	49.7
石油加工、炼焦及核燃料加工业	44.1	50.0	39.3	45.5	37.2	49.9	40.0
化学原料和化学制品制造业	48.0	50.0	52.0	55.4	46.3	48.4	50.9
医药制造业	51.3	56.9	59.0	50.5	51.8	52.3	45.3
化学纤维制造业/橡胶t和塑料制品业	45.7	50.0	51.1	50.6	48.4	39.2	39.2
非金属矿物制品业	49.0	53.5	49.1	49.3	49.9	51.4	51.4
黑色金属冶炼及压延加工业	44.4	40.9	51.1	45.8	47.4	48.9	45.2
有色金属冶炼及压延加工业	48.8	51.9	47.8	50.7	54.4	51.4	54.4
金属制品业	47.1	46.7	32.5	56.4	45.7	47.3	50.1
通用设备制造业	45.4	42.3	47.2	43.2	45.6	44.4	49.3
专用设备制造业	44.2	41.1	38.6	46.4	47.4	46.0	48.4
汽车制造业	50.3	50.0	50.1	54.3	52.3	50.7	50.6
电气机械及器材制造业/其他制造业/金属制品机械和设备修理业	47.3	54.2	46.6	51.5	47.3	44.5	52.6
计算机、通信和其他电子设备制造业/仪器仪表制造业	49.4	50.0	61.3	47.6	46.3	49.1	47.2
二、按企业登记注册类型分							
国有企业	47.2	47.4	45.6	49.3	44.8	53.5	53.9
集体企业	46.2	46.9	46.9	45.7	57.3	44.5	53.3
有限责任公司	47.9	50.2	49.4	50.1	47.0	47.9	48.3
股份有限公司	47.7	53.0	51.9	48.7	45.8	49.6	50.1
私营企业	48.4	47.8	48.4	52.5	47.9	45.0	48.2
港、澳、台商投资企业	47.4	42.9	41.6	45.5	48.4	51.8	43.5
外商投资企业	48.4	46.0	54.1	49.3	51.3	46.9	46.7
三、按企业规模分							
大型	47.6	47.8	55.3	47.2	45.5	47.5	48.4
中型	48.8	50.8	49.1	53.2	48.8	50.7	50.7
小型	46.9	48.7	43.1	48.7	46.3	45.9	47.3

5-12 续表

单位：%

项　　目	7月	8月	9月	10月	11月	12月
全　　省	**46.9**	**47.0**	**46.6**	**46.5**	**47.3**	**47.6**
一、按行业大类分						
农副食品加工业	46.3	43.0	45.1	50.8	53.5	49.5
食品制造业	48.6	53.7	50.1	48.7	51.0	44.7
酒饮料和精制茶制造业	44.1	41.4	46.1	47.3	44.9	55.5
纺织业	51.0	51.0	51.1	50.4	48.5	45.7
纺织服装服饰业/皮革毛皮羽毛(绒)及其制品业和制鞋业	52.0	50.2	45.0	45.2	54.5	59.8
木材加工和木竹藤棕草制品业/家具制造业	52.0	55.2	58.0	55.1	54.1	52.6
造纸和纸制品业/印刷和记录媒介复制业/文教工美体育和娱乐用品制造业	52.0	50.3	40.1	42.0	51.1	54.5
石油加工、炼焦及核燃料加工业	42.4	46.2	42.7	39.2	47.6	49.5
化学原料和化学制品制造业	44.5	42.4	46.0	45.2	45.4	49.5
医药制造业	50.7	48.2	46.5	55.3	48.2	50.8
化学纤维制造业/橡胶t和塑料制品业	49.5	48.2	47.7	44.2	42.2	38.7
非金属矿物制品业	43.6	48.3	49.1	47.3	49.9	45.5
黑色金属冶炼及压延加工业	44.5	41.6	39.6	41.7	42.7	43.4
有色金属冶炼及压延加工业	48.8	47.1	42.3	48.8	41.9	46.5
金属制品业	40.8	56.2	52.8	49.0	45.3	42.7
通用设备制造业	49.1	49.9	45.3	42.1	41.3	44.8
专用设备制造业	43.8	48.9	36.4	41.5	46.5	45.7
汽车制造业	48.6	47.0	49.3	48.8	51.8	49.5
电气机械及器材制造业/其他制造业/金属制品机械和设备修理业	45.1	52.0	46.9	41.6	40.8	45.2
计算机、通信和其他电子设备制造业/仪器仪表制造业	49.9	47.3	52.6	47.1	49.4	45.3
二、按企业登记注册类型分						
国有企业	52.6	42.6	46.5	45.5	42.8	41.8
集体企业	37.1	48.1	40.9	41.0	47.4	45.6
有限责任公司	46.3	47.4	46.6	46.3	46.9	48.4
股份有限公司	44.1	48.2	43.9	47.1	44.3	46.3
私营企业	47.7	46.3	49.2	49.4	49.9	48.3
港、澳、台商投资企业	52.0	49.9	48.1	42.3	53.4	49.5
外商投资企业	52.0	44.9	47.1	42.7	53.3	46.4
三、按企业规模分						
大型	47.5	47.2	47.4	43.0	46.0	48.5
中型	47.3	46.6	46.0	47.1	48.1	47.4
小型	46.4	47.7	46.9	47.2	47.4	47.7

5-13 制造业从业人员指数(2013年)

单位：%

项 目	全年	1月	2月	3月	4月	5月	6月
全 省	**48.9**	**49.4**	**48.4**	**49.4**	**48.3**	**49.1**	**48.7**
一、按行业大类分							
农副食品加工业	50.4	49.7	46.3	50.8	49.7	51.8	50.0
食品制造业	51.7	57.6	55.3	46.8	46.9	45.3	52.6
酒饮料和精制茶制造业	51.1	63.7	56.9	53.8	52.9	47.3	47.8
纺织业	46.3	47.8	40.4	45.0	41.9	49.0	46.0
纺织服装服饰业/皮革毛皮羽毛(绒)及其制品业和制鞋业	48.6	41.5	51.6	56.6	56.7	48.2	43.9
木材加工和木竹藤棕草制品业/家具制造业	52.0	51.8	55.3	49.9	51.5	59.6	50.9
造纸和纸制品业/印刷和记录媒介复制业/文教工美体育和娱乐用品制造业	45.5	49.2	46.1	45.1	43.7	43.5	44.1
石油加工、炼焦及核燃料加工业	48.8	47.1	55.3	48.0	50.2	48.1	47.2
化学原料和化学制品制造业	47.4	49.8	49.0	47.9	45.9	44.3	46.8
医药制造业	51.4	54.2	50.3	56.0	57.6	53.5	50.9
化学纤维制造业/橡胶t和塑料制品业	48.2	46.1	46.1	44.9	48.4	52.3	48.5
非金属矿物制品业	49.3	48.2	48.9	48.9	47.4	49.9	48.4
黑色金属冶炼及压延加工业	45.6	43.3	47.1	46.4	46.4	45.4	47.3
有色金属冶炼及压延加工业	49.5	49.9	46.8	51.3	51.4	51.4	50.9
金属制品业	48.2	44.9	40.6	51.4	44.5	47.3	50.9
通用设备制造业	48.7	49.2	52.5	47.8	47.0	48.6	48.1
专用设备制造业	46.2	50.0	45.4	46.0	40.8	46.0	46.9
汽车制造业	51.2	48.0	45.1	58.2	52.3	49.9	46.8
电气机械及器材制造业/其他制造业/金属制品机械和设备修理业	49.0	50.4	49.2	44.5	46.2	51.0	50.9
计算机、通信和其他电子设备制造业/仪器仪表制造业	49.5	46.8	44.3	49.1	48.8	52.0	50.9
二、按企业登记注册类型分							
国有企业	47.8	50.0	50.5	43.8	44.3	48.1	48.5
集体企业	48.2	51.8	48.0	38.8	44.8	49.9	50.9
有限责任公司	48.9	49.3	48.9	50.3	48.9	49.2	48.1
股份有限公司	49.2	49.3	45.9	48.3	48.7	48.0	51.3
私营企业	48.8	49.5	47.0	50.6	48.1	48.2	48.0
港、澳、台商投资企业	48.3	44.4	46.8	49.9	44.7	51.9	49.0
外商投资企业	51.1	50.4	50.9	49.1	49.9	52.2	50.2
三、按企业规模分							
大型	49.8	50.7	51.2	49.9	49.7	49.7	49.3
中型	48.6	48.8	47.3	49.1	48.1	48.7	48.9
小型	49.2	50.0	48.5	49.8	48.3	49.7	48.7

5-13 续表

单位：%

项　　目	7月	8月	9月	10月	11月	12月
全　省	**48.7**	**48.9**	**48.1**	**49.4**	**49.9**	**49.1**
一、按行业大类分						
农副食品加工业	49.7	52.2	48.2	50.8	53.7	52.4
食品制造业	47.4	53.4	54.9	53.7	51.7	55.4
酒饮料和精制茶制造业	45.0	44.8	48.5	50.4	52.6	49.0
纺织业	48.7	43.7	48.1	51.4	46.1	47.5
纺织服装服饰业/皮革毛皮羽毛(绒)及其制品业和制鞋业	50.7	44.6	38.0	52.1	50.1	48.8
木材加工和木竹藤棕草制品业/家具制造业	53.8	50.1	43.8	52.0	53.2	52.1
造纸和纸制品业/印刷和记录媒介复制业/文教工美体育和娱乐用品制造业	43.9	41.3	41.7	43.7	51.7	52.2
石油加工、炼焦及核燃料加工业	50.7	49.8	48.2	46.7	48.2	46.6
化学原料和化学制品制造业	46.5	47.5	48.0	47.8	47.5	48.5
医药制造业	49.4	50.4	47.6	50.4	45.2	51.7
化学纤维制造业/橡胶t和塑料制品业	48.2	44.1	51.3	50.4	50.1	48.0
非金属矿物制品业	51.2	49.6	49.0	50.4	49.5	50.5
黑色金属冶炼及压延加工业	46.5	44.4	44.6	45.3	46.4	44.2
有色金属冶炼及压延加工业	50.7	51.7	48.5	47.3	47.0	47.5
金属制品业	46.6	53.1	51.4	47.7	50.1	50.5
通用设备制造业	48.6	52.4	49.4	50.4	47.3	42.9
专用设备制造业	44.7	49.7	43.2	47.4	49.1	45.6
汽车制造业	51.5	49.2	50.9	51.2	56.5	54.6
电气机械及器材制造业/其他制造业/金属制品机械和设备修理业	52.9	50.6	49.0	47.1	46.8	49.4
计算机、通信和其他电子设备制造业/仪器仪表制造业	49.4	50.8	50.1	50.4	51.3	49.7
二、按企业登记注册类型分						
国有企业	51.9	46.7	47.0	49.2	45.2	48.1
集体企业	47.0	47.9	50.1	50.4	44.0	54.6
有限责任公司	48.4	49.1	47.8	48.5	49.8	48.5
股份有限公司	49.3	50.3	48.7	51.1	49.7	50.2
私营企业	47.2	46.2	48.1	50.9	52.3	49.5
港、澳、台商投资企业	48.5	53.8	48.1	44.3	50.1	48.5
外商投资企业	53.0	53.3	50.1	51.9	51.6	51.3
三、按企业规模分						
大型	51.5	52.2	47.9	48.2	49.5	48.1
中型	48.3	48.1	47.5	49.9	49.9	49.1
小型	48.4	48.9	49.1	49.0	50.3	49.7

5-14 制造业供应商配送时间指数(2013年)

单位：%

项　　目	全年	1月	2月	3月	4月	5月	6月
全　　省	**49.9**	**49.3**	**48.3**	**50.3**	**50.6**	**50.5**	**50.2**
一、按行业大类分							
农副食品加工业	50.0	50.7	47.3	48.6	50.7	51.8	50.9
食品制造业	53.5	60.7	51.5	55.2	52.8	56.2	51.1
酒饮料和精制茶制造业	50.5	52.5	54.4	48.6	51.3	48.9	49.5
纺织业	49.2	47.8	43.6	52.9	47.8	48.0	50.5
纺织服装服饰业/皮革毛皮羽毛(绒)及其制品业和制鞋业	48.5	43.0	48.0	47.4	48.0	46.5	49.5
木材加工和木竹藤棕草制品业/家具制造业	49.7	60.7	45.8	47.5	49.7	53.2	49.5
造纸和纸制品业/印刷和记录媒介复制业/文教工美体育和娱乐用品制造业	50.1	49.7	48.6	50.7	46.5	51.6	51.2
石油加工、炼焦及核燃料加工业	46.6	49.7	46.8	47.2	47.8	46.3	40.3
化学原料和化学制品制造业	49.0	47.8	50.5	48.1	49.7	51.0	51.0
医药制造业	51.0	47.4	56.2	50.3	52.1	50.0	49.5
化学纤维制造业/橡胶t和塑料制品业	50.0	49.7	48.6	51.5	53.3	48.8	48.3
非金属矿物制品业	49.3	49.7	51.5	51.6	49.7	50.5	47.0
黑色金属冶炼及压延加工业	49.8	43.3	49.6	50.6	50.8	52.5	51.5
有色金属冶炼及压延加工业	48.7	49.7	47.5	51.8	51.3	46.9	48.1
金属制品业	52.6	53.0	51.5	56.1	52.4	52.6	53.4
通用设备制造业	48.6	48.4	43.6	49.8	50.4	49.3	48.8
专用设备制造业	50.3	49.7	51.5	49.1	52.7	52.9	49.5
汽车制造业	50.2	49.7	43.8	53.2	50.5	49.2	50.3
电气机械及器材制造业/其他制造业/金属制品机械和设备修理业	51.0	49.7	44.3	49.1	53.1	52.1	53.9
计算机、通信和其他电子设备制造业/仪器仪表制造业	49.6	46.5	44.6	49.5	49.7	50.8	51.9
二、按企业登记注册类型分							
国有企业	50.4	51.4	46.9	49.7	50.9	51.2	51.9
集体企业	48.7	55.9	51.5	50.9	49.7	46.4	45.8
有限责任公司	49.8	48.5	47.2	50.7	50.5	50.4	50.3
股份有限公司	50.0	48.2	49.9	49.4	51.7	50.9	49.5
私营企业	49.6	50.4	49.1	49.1	49.7	50.7	49.5
港、澳、台商投资企业	49.3	42.6	47.5	52.9	47.8	50.0	49.5
外商投资企业	50.8	52.4	52.9	52.2	52.0	50.7	51.0
三、按企业规模分							
大型	50.4	48.2	48.4	52.8	51.9	50.7	51.1
中型	50.3	49.8	48.6	51.4	51.5	50.8	49.9
小型	49.3	47.9	47.4	49.2	49.7	50.7	50.3

5-14 续表

单位：%

项　　目	7月	8月	9月	10月	11月	12月
全　　省	**49.3**	**49.7**	**49.5**	**50.1**	**51.1**	**49.4**
一、按行业大类分						
农副食品加工业	48.9	51.3	48.6	50.0	50.1	50.9
食品制造业	53.0	54.8	53.2	53.4	50.1	50.0
酒饮料和精制茶制造业	48.8	48.9	49.5	52.0	53.1	48.4
纺织业	53.7	50.9	48.0	50.0	50.1	47.0
纺织服装服饰业/皮革毛皮羽毛(绒)及其制品业和制鞋业	53.3	48.2	48.3	44.9	53.5	51.7
木材加工和木竹藤棕草制品业/家具制造业	48.3	46.8	51.5	48.5	48.5	46.8
造纸和纸制品业/印刷和记录媒介复制业/文教工美体育和娱乐用品制造业	48.2	51.6	48.3	48.4	51.7	54.9
石油加工、炼焦及核燃料加工业	42.4	51.8	46.3	46.3	50.1	44.2
化学原料和化学制品制造业	49.3	46.4	47.4	49.5	48.5	48.4
医药制造业	51.0	52.4	51.2	47.6	53.7	51.2
化学纤维制造业/橡胶t和塑料制品业	49.8	48.7	50.0	52.5	51.3	47.5
非金属矿物制品业	48.8	50.0	49.0	47.0	50.6	46.9
黑色金属冶炼及压延加工业	47.2	48.5	50.5	50.0	51.1	51.5
有色金属冶炼及压延加工业	46.7	48.4	46.9	50.0	50.1	46.9
金属制品业	51.2	51.3	50.0	56.8	51.5	51.3
通用设备制造业	49.1	50.6	47.9	48.0	50.1	47.2
专用设备制造业	51.8	50.0	48.0	50.0	51.1	48.0
汽车制造业	50.6	48.4	51.6	51.6	51.7	52.4
电气机械及器材制造业/其他制造业/金属制品机械和设备修理业	52.0	48.9	53.2	53.3	52.3	49.9
计算机、通信和其他电子设备制造业/仪器仪表制造业	48.2	50.8	50.0	51.7	51.3	49.9
二、按企业登记注册类型分						
国有企业	49.8	51.8	48.8	50.6	50.7	50.5
集体企业	51.6	46.3	48.1	48.2	44.1	45.9
有限责任公司	49.6	49.7	49.0	50.5	51.4	49.3
股份有限公司	49.2	50.6	50.3	50.4	51.1	49.3
私营企业	47.2	49.2	50.5	49.6	50.8	49.7
港、澳、台商投资企业	47.7	44.0	50.0	52.0	54.1	53.9
外商投资企业	51.3	50.0	50.8	48.5	50.1	47.6
三、按企业规模分						
大型	48.7	49.4	50.0	51.1	53.0	49.9
中型	50.1	50.7	50.2	50.5	50.9	49.2
小型	48.7	49.3	48.4	49.6	50.7	49.3

5-15 制造业生产经营活动预期指数(2013年)

单位：%

项目	全年	1月	2月	3月	4月	5月	6月
全省	**56.3**	**55.8**	**62.4**	**63.0**	**57.1**	**54.3**	**51.8**
一、按行业大类分							
农副食品加工业	62.6	55.1	68.4	61.6	60.2	61.0	61.4
食品制造业	59.3	50.0	50.0	57.8	46.9	48.4	56.5
酒饮料和精制茶制造业	54.6	58.6	55.7	58.3	53.1	47.4	49.0
纺织业	51.4	42.3	55.8	59.8	51.0	54.8	47.1
纺织服装服饰业/皮革毛皮羽毛(绒)及其制品业和制鞋业	58.0	60.0	83.3	66.7	55.2	53.5	51.7
木材加工和木竹藤棕草制品业/家具制造业	56.6	44.5	61.1	61.3	50.0	56.5	54.7
造纸和纸制品业/印刷和记录媒介复制业/文教工美体育和娱乐用品制造业	51.3	47.5	50.0	50.0	51.6	46.8	56.7
石油加工、炼焦及核燃料加工业	47.4	50.0	54.6	50.0	44.2	40.8	42.6
化学原料和化学制品制造业	54.7	53.9	57.7	60.7	54.7	51.0	52.1
医药制造业	61.4	72.8	63.6	70.7	63.1	51.2	59.5
化学纤维制造业/橡胶t和塑料制品业	53.9	52.8	72.2	65.0	52.4	46.4	47.6
非金属矿物制品业	50.5	41.9	54.7	58.6	53.1	51.5	47.0
黑色金属冶炼及压延加工业	47.7	50.9	57.4	55.6	50.0	46.0	38.4
有色金属冶炼及压延加工业	54.8	53.7	63.5	70.8	64.1	63.6	55.9
金属制品业	61.5	70.0	70.0	74.3	67.6	64.5	59.2
通用设备制造业	58.8	69.3	65.4	66.7	66.9	61.7	56.2
专用设备制造业	54.1	60.7	55.4	66.7	54.9	53.9	50.0
汽车制造业	61.0	64.8	81.5	69.2	56.5	39.7	35.5
电气机械及器材制造业/其他制造业/金属制品机械和设备修理业	58.7	57.0	66.7	68.5	64.8	60.9	51.1
计算机、通信和其他电子设备制造业/仪器仪表制造业	61.0	53.2	68.3	66.7	66.5	66.3	59.4
二、按企业登记注册类型分							
国有企业	56.7	63.2	64.0	61.1	57.3	53.7	54.8
集体企业	54.2	56.3	63.3	59.3	55.6	53.6	48.2
有限责任公司	56.3	54.8	63.4	63.6	55.9	54.8	51.1
股份有限公司	58.9	56.0	61.5	66.7	62.8	53.9	56.9
私营企业	53.5	51.5	57.6	59.8	54.6	50.5	46.6
港、澳、台商投资企业	57.2	50.0	57.7	65.4	57.7	59.6	59.6
外商投资企业	57.2	62.2	63.5	60.2	61.5	59.7	55.3
三、按企业规模分							
大型	58.5	61.2	63.5	64.5	58.6	56.1	54.8
中型	57.7	55.1	62.8	65.1	59.5	56.3	53.4
小型	54.8	53.1	60.6	62.6	55.3	53.1	49.4

5-15 续表

单位：%

项　　目	7月	8月	9月	10月	11月	12月
全　　省	**52.5**	**57.0**	**58.2**	**58.0**	**56.0**	**49.9**
一、按行业大类分						
农副食品加工业	62.7	65.9	65.1	67.3	69.5	53.2
食品制造业	66.1	66.1	67.8	70.0	66.1	66.1
酒饮料和精制茶制造业	50.0	53.6	55.6	57.1	59.6	57.1
纺织业	47.1	55.8	57.9	58.8	47.1	39.2
纺织服装服饰业/皮革毛皮羽毛(绒)及其制品业和制鞋业	55.2	56.9	55.2	60.3	56.9	41.4
木材加工和木竹藤棕草制品业/家具制造业	50.0	61.0	68.8	60.9	62.5	48.5
造纸和纸制品业/印刷和记录媒介复制业/文教工美体育和娱乐用品制造业	46.7	48.3	53.3	56.7	56.7	51.7
石油加工、炼焦及核燃料加工业	40.8	55.6	48.2	44.4	46.3	51.9
化学原料和化学制品制造业	51.6	55.1	58.7	56.1	52.1	52.6
医药制造业	61.0	57.3	59.8	61.0	58.5	58.5
化学纤维制造业/橡胶t和塑料制品业	40.5	54.9	61.0	61.0	46.3	46.4
非金属矿物制品业	48.5	52.0	56.6	55.6	47.5	39.3
黑色金属冶炼及压延加工业	43.8	47.5	49.5	41.9	46.9	44.8
有色金属冶炼及压延加工业	50.0	50.0	48.4	50.0	45.5	42.4
金属制品业	52.7	56.8	55.4	58.1	62.5	47.2
通用设备制造业	50.7	55.5	53.4	55.5	53.4	50.7
专用设备制造业	46.1	53.9	52.0	50.0	55.9	50.0
汽车制造业	51.6	67.5	67.5	68.3	67.7	62.9
电气机械及器材制造业/其他制造业/金属制品机械和设备修理业	60.0	64.1	60.9	56.5	54.4	40.2
计算机、通信和其他电子设备制造业/仪器仪表制造业	59.8	58.9	61.1	63.8	58.5	50.0
二、按企业登记注册类型分						
国有企业	53.6	58.4	57.2	58.4	50.6	47.6
集体企业	48.2	48.2	48.2	57.4	50.0	62.0
有限责任公司	51.7	57.8	59.6	57.5	55.7	49.9
股份有限公司	58.6	60.5	60.9	60.5	59.2	49.4
私营企业	47.4	54.3	56.7	58.7	57.1	47.3
港、澳、台商投资企业	56.3	54.0	50.0	56.0	60.0	60.0
外商投资企业	58.3	51.5	50.0	54.6	56.3	53.1
三、按企业规模分						
大型	53.3	60.8	60.0	59.5	57.5	52.4
中型	55.0	58.4	59.4	59.4	57.3	50.7
小型	49.9	55.2	57.6	56.4	54.9	49.0

5-16 非制造业商务活动指数(2013年)

单位：%

行　业	全年	1月	2月	3月	4月	5月	6月	7月	8月	9月	10月	11月	12月
全　省	**51.7**	**58.8**	**45.3**	**49.5**	**47.7**	**49.6**	**53.6**	**50.5**	**53.8**	**53.5**	**55.2**	**49.4**	**52.8**
一、按行业大类分													
建筑业	54.9	53.6	30.4	59.1	61.8	59.1	61.1	53.6	53.9	55.5	58.8	54.9	56.8
批发业	52.3	65.9	34.1	51.2	47.7	48.3	54.6	44.0	53.4	50.0	60.2	60.6	57.4
零售业	52.8	66.4	55.7	47.2	41.6	51.4	47.2	50.9	55.6	62.0	54.2	45.2	56.4
交通运输、仓储和邮政业	55.7	63.0	63.5	47.4	46.5	50.4	55.7	51.8	52.6	63.6	61.0	54.2	58.3
住宿业	41.7	46.7	33.3	27.8	30.2	37.5	45.5	50.9	56.7	50.0	54.5	27.6	39.5
餐饮业	41.8	72.2	45.8	19.2	30.8	41.0	42.3	40.2	47.4	47.4	55.0	25.1	35.0
信息传输、软件和信息技术服务业	59.5	69.2	61.2	58.0	53.3	53.2	59.1	62.4	61.3	59.2	55.9	57.9	63.0
房地产业	48.6	52.0	41.8	54.8	48.5	47.6	48.1	47.0	50.5	48.1	48.1	47.1	49.0
社会服务业	42.6	44.5	43.0	43.7	37.5	39.9	51.4	44.4	51.4	35.7	42.9	40.0	37.2
二、按企业登记注册类型分													
国有企业	56.6	60.4	40.0	54.9	55.2	55.5	58.1	52.1	57.2	60.3	63.8	61.6	60.1
集体企业	46.4	61.0	32.8	47.0	47.0	43.9	53.1	39.8	42.2	53.1	48.5	42.9	45.3
有限责任公司	49.5	53.4	42.7	49.6	46.4	46.7	51.5	50.7	51.3	52.4	53.4	46.2	49.7
股份有限公司	56.2	70.7	57.7	52.0	48.0	53.5	56.4	58.0	58.4	54.0	52.0	54.3	59.4
私营企业	46.5	61.3	48.7	37.5	41.1	47.1	50.0	40.5	57.4	39.7	50.7	39.0	44.9
港、澳、台投资企业	55.3	50.0	63.6	45.5	36.4	54.6	50.0	60.2	50.0	63.6	72.7	57.6	59.1
外商投资企业	50.3	71.4	71.4	32.4	32.4	50.0	55.9	39.0	58.8	55.9	47.1	39.6	50.0
三、按企业规模分													
大型	56.3	64.0	37.5	55.7	55.0	59.9	62.2	57.2	59.5	55.0	62.6	52.8	54.6
中型	53.0	60.9	44.9	53.2	49.4	49.2	51.1	50.0	54.7	57.0	57.7	53.4	54.1
小型	49.5	55.2	49.5	43.1	44.2	46.9	52.9	48.8	52.0	51.8	52.2	46.2	51.6

5-17 非制造业新订单指数(2013年)

单位：%

行　业	全年	1月	2月	3月	4月	5月	6月	7月	8月	9月	10月	11月	12月
全　省	**47.3**	**53.4**	**43.8**	**47.3**	**45.4**	**44.9**	**48.9**	**43.7**	**48.4**	**48.7**	**49.4**	**46.3**	**47.2**
一、按行业大类分													
建筑业	49.0	45.4	36.9	58.5	59.2	51.6	52.9	46.8	47.4	47.1	46.8	48.3	47.1
批发业	46.2	56.5	33.0	48.8	43.8	42.1	48.9	37.5	44.9	44.9	52.3	53.4	48.3
零售业	50.9	62.9	51.4	49.3	43.0	51.4	45.8	45.1	50.7	58.5	53.5	46.0	52.9
交通运输、仓储和邮政业	51.6	59.6	53.9	42.2	46.1	47.8	53.5	46.9	48.3	57.0	56.6	53.2	54.0
住宿业	40.3	48.9	32.2	28.9	30.2	35.2	43.2	38.9	55.6	45.6	54.5	32.4	38.4
餐饮业	37.7	65.3	40.3	16.7	25.6	34.6	42.3	35.5	39.8	47.4	48.8	23.7	32.5
信息传输、软件和信息技术服务业	55.4	60.6	57.5	58.5	51.6	51.6	54.3	54.8	56.5	53.2	51.1	55.6	59.2
房地产业	43.2	50.0	44.4	47.6	43.2	37.9	42.2	39.8	43.2	44.2	41.8	40.0	43.7
社会服务业	39.7	39.6	38.0	40.1	35.3	37.0	45.7	39.3	49.3	37.1	41.4	40.7	32.9
二、按企业登记注册类型分													
国有企业	51.1	53.5	38.8	53.1	51.2	50.3	52.6	47.1	50.6	53.7	55.5	56.4	50.6
集体企业	44.3	54.7	35.9	45.5	45.5	45.5	59.4	37.5	42.2	48.5	45.3	36.3	36.0
有限责任公司	45.7	50.4	44.2	46.8	44.0	41.9	45.4	42.2	46.8	48.0	48.0	44.0	46.3
股份有限公司	50.7	63.5	52.9	50.0	45.5	49.0	50.5	50.5	48.5	46.5	48.5	50.7	52.5
私营企业	41.7	52.0	39.3	35.3	40.3	36.8	47.8	35.3	51.5	41.9	44.2	35.9	40.4
港、澳、台投资企业	52.1	40.9	54.6	40.9	45.5	59.1	59.1	54.6	54.6	50.0	59.1	57.6	50.0
外商投资企业	48.9	61.9	54.8	35.3	38.2	52.9	55.9	41.2	55.9	50.0	47.1	46.2	46.9
三、按企业规模分													
大型	51.2	57.0	42.7	54.6	50.0	50.4	53.8	50.0	49.6	51.2	55.7	51.2	48.5
中型	48.8	55.4	43.6	51.5	47.5	46.5	48.2	42.9	49.7	51.4	52.0	48.6	48.5
小型	45.0	50.0	44.5	39.6	42.4	41.8	47.7	42.6	48.1	47.5	45.9	44.1	45.7

5-18 非制造业国外新订单指数(2013年)

单位：%

行　　业	全年	1月	2月	3月	4月	5月	6月	7月	8月	9月	10月	11月	12月
全　　省	**45.9**	**45.5**	**42.9**	**46.9**	**47.7**	**41.7**	**46.4**	**47.5**	**45.5**	**50.8**	**49.2**	**45.5**	**41.6**
一、按行业大类分													
建筑业	50.8	39.6	44.2	53.9	56.7	50.0	46.7	42.5	45.8	60.0	58.3	61.8	50.0
批发业	39.2	46.9	29.4	44.5	59.1	35.0	37.5	43.8	37.5	38.9	21.4	43.8	33.3
零售业	48.5	55.6	38.9	37.5	50.0	50.0	50.0	50.0	50.0	50.0	50.0	50.0	50.0
交通运输、仓储和邮政业	51.7	57.2	55.0	60.0	42.9	50.0	57.2	40.0	42.9	60.0	50.0	60.0	45.0
住宿业	38.1	43.2	29.6	50.0	30.0	30.0	28.6	44.5	42.9	42.9	50.0	35.7	30.0
餐饮业	34.5	50.0	35.7	16.7	50.0	25.0	25.0		25.0	66.7	50.0	30.0	40.0
信息传输、软件和信息技术服务业	51.6	45.5	50.0	53.3	50.0	45.8	53.6	55.3	53.6	50.0	59.1	50.0	53.3
房地产业	40.5	45.0	47.5	50.0	41.7	41.7	30.0	41.7	30.0	50.0	33.3	25.0	50.0
社会服务业	43.8	35.3	45.0	36.4	46.4	38.9	61.1	61.1	56.3	50.0	50.0	22.2	22.7
二、按企业登记注册类型分													
国有企业	47.4	45.6	43.8	55.6	47.7	42.5	50.0	47.8	45.0	52.6	52.5	50.0	35.7
集体企业	24.0	50.0	37.5		50.0					50.0	50.0	25.0	25.0
有限责任公司	46.5	44.7	41.7	50.0	47.3	39.3	48.2	48.4	43.8	57.7	45.7	44.7	46.6
股份有限公司	47.4	45.3	50.0	42.9	47.2	46.9	46.4	53.1	50.0	42.9	58.3	42.9	42.3
私营企业	38.3	46.4	35.7	28.6	50.0	41.7	30.0	35.7	50.0	16.7	30.0	50.0	44.5
港、澳、台投资企业	50.0	50.0	50.0	50.0	50.0	50.0	50.0	50.0	50.0	50.0	50.0	50.0	50.0
外商投资企业	19.2	50.0	30.0	50.0	50.0								50.0
三、按企业规模分													
大型	49.2	45.6	47.1	58.3	42.1	47.6	50.0	52.6	44.7	50.0	58.3	52.1	41.3
中型	46.5	47.7	43.1	48.5	52.6	41.1	44.6	44.3	43.5	54.0	50.0	43.8	45.0
小型	42.3	42.0	40.0	39.1	44.2	36.8	43.8	46.0	47.7	47.4	42.5	41.2	37.0

5-19 非制造业积压订单指数(2013年)

单位：%

行　业	全年	1月	2月	3月	4月	5月	6月	7月	8月	9月	10月	11月	12月
全　省	**41.3**	**39.2**	**39.4**	**40.6**	**40.5**	**41.5**	**43.5**	**40.9**	**41.9**	**42.5**	**41.6**	**42.1**	**41.5**
一、按行业大类分													
建筑业	41.4	34.5	37.7	44.5	43.6	42.1	44.7	42.1	43.4	43.6	41.1	40.4	38.9
批发业	41.3	40.7	33.0	47.0	43.9	37.7	45.5	41.4	42.6	38.0	38.5	40.8	46.5
零售业	44.0	46.2	41.9	42.7	45.0	51.2	43.3	43.8	40.9	43.0	46.3	38.1	45.1
交通运输、仓储和邮政业	40.6	41.0	43.2	36.9	36.1	43.6	39.7	37.7	38.1	40.9	40.2	45.9	44.3
住宿业	41.5	34.6	36.5	31.8	34.1	45.8	40.4	42.0	42.0	50.0	48.0	48.2	44.2
餐饮业	39.1	42.9	33.3	28.1	38.9	43.3	58.8	32.4	36.8	38.9	32.4	44.5	38.9
信息传输、软件和信息技术服务业	45.8	39.7	40.9	45.8	47.1	45.5	46.4	48.0	46.7	46.6	48.0	46.8	48.6
房地产业	36.5	39.7	38.2	34.5	35.0	31.8	38.4	36.2	35.6	39.3	36.6	38.7	33.8
社会服务业	40.0	42.3	45.1	36.1	31.7	40.5	44.3	39.5	48.7	39.5	40.5	36.9	34.5
二、按企业登记注册类型分													
国有企业	39.6	35.0	34.9	42.9	38.8	43.2	41.9	40.2	41.3	36.0	40.7	40.7	39.8
集体企业	34.6	25.0	44.1	40.0	38.2	35.0	37.5	30.6	38.9	44.5	26.3	27.5	27.5
有限责任公司	40.9	39.0	39.6	40.7	40.6	40.0	43.9	41.5	41.4	42.3	40.2	41.4	40.5
股份有限公司	45.0	43.2	41.1	39.8	44.5	44.5	47.8	44.1	41.6	45.8	47.8	49.3	50.0
私营企业	45.0	48.8	44.6	36.3	41.7	44.1	43.8	37.8	47.8	51.2	51.1	46.4	46.7
港、澳、台投资企业	38.7	50.0	41.7	33.3	28.6	41.7	31.3	35.7	33.3	50.0	35.7	41.7	41.7
外商投资企业	42.8	38.9	40.0	41.7	37.5	50.0	43.8	50.0	50.0	50.0	35.7	38.9	37.5
三、按企业规模分													
大型	43.6	39.6	42.8	44.3	45.3	44.7	44.9	44.7	41.0	42.5	41.0	46.8	45.5
中型	41.7	39.0	38.4	41.3	41.0	41.1	41.4	41.8	42.1	44.6	43.8	42.4	43.3
小型	40.7	39.4	38.9	39.2	40.1	42.4	46.1	39.4	43.6	40.8	39.6	40.7	38.2

5-20 非制造业存货指数(2013年)

单位：%

行　业	全年	1月	2月	3月	4月	5月	6月	7月	8月	9月	10月	11月	12月
全　省	**45.3**	**50.8**	**44.9**	**42.8**	**44.1**	**44.5**	**46.4**	**44.2**	**46.4**	**44.4**	**46.4**	**44.9**	**44.0**
一、按行业大类分													
建筑业	42.8	42.9	43.8	43.9	46.4	44.3	46.0	41.4	42.7	39.3	43.5	42.6	37.3
批发业	50.0	59.5	43.1	54.3	46.4	47.5	53.7	51.2	47.5	48.2	55.4	49.4	43.4
零售业	52.2	67.4	52.2	38.0	47.1	52.2	50.0	53.6	53.6	54.4	48.5	50.8	58.7
交通运输、仓储和邮政业	47.7	48.8	46.5	46.3	43.8	46.4	46.5	47.1	48.8	49.4	48.8	52.4	47.2
住宿业	41.1	57.0	35.2	27.9	35.7	34.9	39.3	34.9	45.4	43.0	47.6	42.7	50.0
餐饮业	43.7	63.9	47.2	28.4	40.8	39.2	42.1	35.1	48.7	43.4	47.4	43.2	44.9
信息传输、软件和信息技术服务业	49.3	53.4	47.8	48.8	50.0	49.4	48.9	51.1	51.1	47.2	47.7	46.0	50.0
房地产业	36.7	36.5	40.0	37.1	37.5	35.8	40.1	34.6	37.9	35.9	37.4	33.5	34.1
社会服务业	45.8	45.7	48.9	47.9	41.9	48.9	46.6	43.5	48.9	43.8	44.8	46.9	42.0
二、按企业登记注册类型分													
国有企业	46.6	49.0	40.6	43.4	47.7	47.4	47.4	47.5	47.8	48.1	50.7	47.5	42.3
集体企业	39.6	44.2	40.8	38.5	34.0	41.7	47.8	30.4	40.0	38.6	32.6	47.9	39.1
有限责任公司	44.8	51.6	45.7	42.5	44.1	42.6	46.2	43.9	45.7	41.9	46.1	44.0	43.1
股份有限公司	47.1	53.7	49.5	48.9	42.0	47.2	47.2	50.0	47.8	45.6	42.9	42.1	48.4
私营企业	45.0	46.8	46.6	38.9	42.9	45.6	46.6	35.8	47.4	48.3	49.1	45.8	46.6
港、澳、台投资企业	39.3	43.8	44.4	31.8	33.3	35.0	27.8	30.0	45.0	50.0	35.0	50.0	45.0
外商投资企业	46.8	62.5	42.5	37.5	46.9	46.9	43.3	46.9	47.1	43.8	47.1	43.8	53.1
三、按企业规模分													
大型	48.5	53.5	42.6	49.2	46.7	48.4	50.4	48.4	50.8	47.2	50.0	49.2	45.2
中型	45.3	51.6	45.2	42.5	44.1	45.1	46.8	43.6	45.7	44.4	46.6	44.2	43.9
小型	44.3	48.8	45.6	40.7	43.0	43.0	44.3	43.5	45.6	43.9	44.8	44.8	43.7

5-21 非制造业投入价格指数(2013年)

单位：%

行业	全年	1月	2月	3月	4月	5月	6月	7月	8月	9月	10月	11月	12月
全省	**55.4**	**60.4**	**56.7**	**54.3**	**52.9**	**54.2**	**53.6**	**55.2**	**56.2**	**56.7**	**55.2**	**53.1**	**56.6**
一、按行业大类分													
建筑业	56.4	61.8	56.5	57.8	55.6	55.5	52.0	54.9	57.1	56.5	56.5	56.5	56.2
批发业	55.2	57.1	51.2	55.8	47.7	54.6	54.0	59.1	55.7	60.2	56.8	48.9	60.8
零售业	57.1	63.6	57.9	53.5	56.3	58.5	54.9	56.3	58.5	55.6	54.2	56.4	60.0
交通运输、仓储和邮政业	54.4	59.1	59.6	53.9	50.0	50.9	54.4	56.2	55.3	55.3	50.9	51.3	55.7
住宿业	55.0	67.8	62.2	40.0	48.8	54.6	56.8	50.0	57.8	60.0	57.8	48.9	55.8
餐饮业	61.9	73.6	65.3	47.4	59.0	55.1	56.4	63.2	65.4	71.8	68.8	58.8	57.5
信息传输、软件和信息技术服务业	54.0	56.4	54.8	55.9	52.2	52.1	51.6	52.7	52.7	55.4	53.2	53.2	58.2
房地产业	52.7	56.6	53.1	54.8	53.4	52.0	49.0	51.0	51.0	52.0	53.9	52.9	52.9
社会服务业	56.5	61.1	58.5	55.6	55.2	58.7	60.0	57.2	59.3	55.7	53.6	50.0	52.9
二、按企业登记注册类型分													
国有企业	54.5	58.9	54.3	54.0	49.7	52.9	52.0	56.3	55.2	56.3	56.6	52.3	54.9
集体企业	53.0	64.1	57.8	50.0	48.5	48.5	48.5	54.7	56.3	56.3	51.6	48.5	51.6
有限责任公司	55.7	61.0	57.6	54.9	54.8	53.9	53.9	54.5	57.0	55.7	55.4	53.8	56.6
股份有限公司	56.0	57.7	54.8	57.4	52.5	55.0	54.0	58.9	54.5	60.9	53.0	52.5	60.4
私营企业	56.9	64.7	60.7	49.3	56.7	59.6	58.1	51.5	57.4	57.4	56.5	52.9	58.1
港、澳、台投资企业	54.9	63.6	59.1	50.0	50.0	54.6	54.6	45.5	50.0	59.1	50.0	63.6	59.1
外商投资企业	53.5	54.8	54.8	55.9	41.2	58.8	52.9	58.8	55.9	55.9	52.9	50.0	50.0
三、按企业规模分													
大型	55.7	56.3	55.2	55.4	50.0	56.1	50.8	60.3	58.4	60.3	56.9	51.2	57.6
中型	56.2	62.3	57.4	56.1	53.7	55.5	53.7	55.5	56.7	57.1	55.2	55.2	56.3
小型	54.7	61.2	57.1	50.6	52.7	52.1	54.5	53.3	55.3	55.8	55.8	51.6	56.1

5-22 非制造业收费价格指数(2013年)

单位：%

行　业	全年	1月	2月	3月	4月	5月	6月	7月	8月	9月	10月	11月	12月
全　省	**49.5**	**52.0**	**50.9**	**48.8**	**47.4**	**48.4**	**48.6**	**49.4**	**50.3**	**50.1**	**49.9**	**48.2**	**50.3**
一、按行业大类分													
建筑业	51.3	53.6	52.3	51.0	50.0	50.7	51.6	51.0	51.6	51.3	50.7	51.0	51.3
批发业	50.8	54.7	50.0	52.9	42.6	49.4	48.3	54.6	51.1	54.6	50.0	46.0	55.7
零售业	51.5	55.0	50.7	51.4	50.0	54.9	49.3	50.7	49.3	52.8	52.1	48.6	52.9
交通运输、仓储和邮政业	49.2	51.3	52.2	49.6	48.7	47.8	46.9	48.7	50.0	48.7	48.7	48.7	49.1
住宿业	46.3	51.1	53.3	40.0	43.0	42.1	46.6	42.2	48.9	46.7	53.3	42.1	46.5
餐饮业	44.7	51.4	50.0	37.2	34.6	42.3	41.0	43.4	51.3	44.9	47.5	45.0	47.5
信息传输、软件和信息技术服务业	48.6	47.4	48.4	47.3	48.9	47.3	48.4	48.9	49.5	50.5	48.9	48.9	48.4
房地产业	49.8	51.0	52.0	51.0	51.0	49.5	48.1	48.5	49.0	48.5	49.0	49.0	51.0
社会服务业	48.7	52.1	47.9	45.8	46.3	44.2	51.4	50.0	51.4	49.3	51.4	47.1	47.9
二、按企业登记注册类型分													
国有企业	49.9	51.4	49.7	48.9	48.3	50.3	48.9	50.3	50.3	50.9	50.0	49.4	50.6
集体企业	48.8	54.7	54.7	51.5	47.0	47.0	43.8	43.8	48.4	48.4	48.5	46.9	51.6
有限责任公司	49.3	52.5	51.4	48.2	47.3	46.7	48.8	48.8	50.3	49.3	50.7	48.3	49.5
股份有限公司	49.8	49.0	49.5	50.5	47.0	50.5	49.0	53.5	49.5	51.5	49.5	45.1	52.5
私营企业	49.4	54.0	53.3	47.1	45.5	47.1	47.8	47.1	52.9	50.7	47.8	50.0	50.0
港、澳、台投资企业	50.8	50.0	54.6	50.0	45.5	54.6	54.6	50.0	50.0	50.0	50.0	50.0	50.0
外商投资企业	50.6	52.4	42.9	53.0	52.9	58.8	47.1	50.0	50.0	52.9	47.1	46.9	53.1
三、按企业规模分													
大型	51.2	52.2	52.2	52.3	47.0	51.2	49.6	55.3	50.8	53.8	51.9	45.8	52.7
中型	50.0	51.8	50.2	49.2	48.9	49.3	48.8	49.4	51.4	50.3	50.2	50.8	50.5
小型	48.1	52.3	51.5	46.1	45.0	46.1	47.5	47.1	49.0	48.3	49.4	45.7	49.0

5-23 非制造业从业人员指数(2013年)

单位：%

行　业	全年	1月	2月	3月	4月	5月	6月	7月	8月	9月	10月	11月	12月
全　省	**49.1**	**49.6**	**45.3**	**48.7**	**49.4**	**49.6**	**48.7**	**49.9**	**50.1**	**50.2**	**50.7**	**48.5**	**48.6**
一、按行业大类分													
建筑业	52.6	48.0	38.9	60.7	58.8	57.5	53.6	52.0	52.9	52.9	54.9	51.6	49.7
批发业	49.6	46.5	47.1	48.3	50.0	51.1	48.9	52.3	52.3	50.0	49.4	50.6	49.4
零售业	51.3	57.1	52.9	45.1	45.1	52.1	53.5	51.4	50.0	53.5	55.6	49.3	50.0
交通运输、仓储和邮政业	49.9	51.7	51.3	48.7	50.4	49.1	47.4	50.0	52.2	50.5	48.7	49.6	49.6
住宿业	40.6	47.8	36.7	33.3	32.6	36.4	40.9	44.4	44.5	43.3	47.8	37.5	41.9
餐饮业	41.3	55.6	37.5	24.4	37.2	33.3	37.2	44.7	46.2	47.4	46.3	42.5	43.8
信息传输、软件和信息技术服务业	49.8	47.9	47.3	49.5	50.5	47.4	46.8	52.2	52.7	52.2	50.5	47.9	53.3
房地产业	48.2	48.0	45.4	49.5	49.5	48.1	47.6	49.0	45.6	49.0	48.1	50.5	47.6
社会服务业	47.8	47.9	46.5	47.9	47.1	51.5	50.7	48.6	47.9	45.7	50.7	44.3	45.0
二、按企业登记注册类型分													
国有企业	50.9	48.6	45.7	49.7	51.8	52.9	49.4	51.7	53.2	52.9	52.9	51.2	51.4
集体企业	47.7	51.6	35.9	43.9	50.0	53.0	50.0	46.9	46.9	50.0	50.0	46.9	46.9
有限责任公司	48.6	48.6	44.1	50.5	49.6	48.9	48.1	50.4	48.8	49.1	50.1	48.0	47.1
股份有限公司	49.8	50.0	49.0	47.0	48.5	49.5	48.5	51.5	51.0	51.0	51.0	49.0	52.0
私营企业	46.6	51.3	48.0	44.1	44.8	42.7	49.3	40.4	49.3	50.0	47.8	45.7	46.3
港、澳、台投资企业	49.2	54.6	45.5	54.6	45.5	54.6	45.5	50.0	50.0	50.0	45.5	45.5	50.0
外商投资企业	48.1	59.5	47.6	32.4	47.1	47.1	50.0	55.9	50.0	44.1	55.9	43.8	43.8
三、按企业规模分													
大型	51.4	48.5	46.7	51.2	53.1	54.6	52.7	54.6	51.9	50.0	53.4	51.1	49.2
中型	50.5	50.0	44.9	50.3	50.8	50.0	49.6	52.3	51.7	51.7	53.3	50.5	50.6
小型	47.0	49.3	45.0	46.1	47.1	47.1	46.3	46.1	48.1	49.0	47.5	45.3	46.9

5-24 非制造业供应商配送时间指数(2013年)

单位：%

行 业	全年	1月	2月	3月	4月	5月	6月	7月	8月	9月	10月	11月	12月
全 省	**52.1**	**53.2**	**49.2**	**52.9**	**51.9**	**51.8**	**52.8**	**50.9**	**51.1**	**52.8**	**53.5**	**52.8**	**52.2**
一、按行业大类分													
建筑业	53.6	55.9	46.5	55.0	54.1	53.1	54.5	52.4	52.4	54.5	54.5	54.4	55.4
批发业	51.2	55.0	52.5	53.8	50.6	49.4	52.4	47.0	49.4	51.2	51.2	50.0	52.4
零售业	53.1	55.9	55.2	55.2	50.0	53.0	52.9	49.2	53.6	54.4	54.3	52.3	51.5
交通运输、仓储和邮政业	52.5	51.1	52.7	52.8	51.7	53.5	53.9	53.8	51.7	52.2	52.2	53.7	50.6
住宿业	49.7	51.1	44.5	48.9	47.6	50.0	51.1	47.7	48.8	53.5	52.3	48.8	52.4
餐饮业	51.1	54.3	50.0	50.0	50.0	51.4	50.0	50.0	51.3	50.0	51.3	52.5	52.6
信息传输、软件和信息技术服务业	51.7	55.6	48.9	50.6	50.6	50.6	50.6	50.0	50.6	53.3	54.4	55.6	50.0
房地产业	51.6	49.4	47.7	50.6	52.9	52.3	51.1	51.2	48.8	51.1	56.2	53.4	54.8
社会服务业	51.7	46.3	44.8	54.9	56.3	51.9	57.2	54.7	51.0	52.9	52.0	50.0	48.0
二、按企业登记注册类型分													
国有企业	52.0	53.2	48.1	52.6	51.0	52.5	53.4	51.9	52.1	51.5	53.5	50.9	53.1
集体企业	53.0	55.4	50.0	53.7	53.7	53.6	50.0	54.0	51.9	52.0	55.8	51.9	54.0
有限责任公司	52.3	52.2	49.1	53.3	53.3	51.7	52.8	50.5	50.9	53.4	53.9	53.7	52.7
股份有限公司	52.4	55.7	51.6	53.2	50.6	51.7	53.3	50.5	51.6	54.3	52.6	54.4	48.9
私营企业	50.4	53.7	48.5	50.9	48.2	50.9	51.7	50.0	47.4	50.0	51.7	50.0	51.8
港、澳、台投资企业	51.5	50.0	50.0	54.6	50.0	50.0	50.0	50.0	50.0	54.6	54.6	54.6	50.0
外商投资企业	52.5	52.4	50.0	50.0	50.0	50.0	53.3	53.9	53.1	53.3	52.9	57.2	53.3
三、按企业规模分													
大型	51.5	53.4	50.0	53.6	50.0	51.6	51.6	50.0	52.0	50.4	52.0	51.6	51.2
中型	52.2	54.0	48.6	53.3	52.2	53.0	52.0	51.0	50.5	53.1	53.4	53.4	52.5
小型	52.4	52.8	50.0	52.1	52.6	50.5	54.1	50.7	50.7	54.0	54.9	52.9	53.0

5-25 非制造业业务活动预期指数(2013年)

单位：%

行业	全年	1月	2月	3月	4月	5月	6月	7月	8月	9月	10月	11月	12月
全省	**57.7**	**61.3**	**57.5**	**55.4**	**55.2**	**56.5**	**56.7**	**58.2**	**59.2**	**60.3**	**57.9**	**57.4**	**56.7**
一、按行业大类分													
建筑业	63.1	63.1	70.9	68.8	69.9	67.2	63.4	64.6	62.0	63.0	62.0	51.3	50.3
批发业	59.8	57.1	60.0	55.8	54.5	56.3	54.0	57.4	62.5	65.3	63.1	66.5	65.3
零售业	61.2	61.4	60.0	54.9	58.5	59.9	53.5	60.6	69.0	66.2	59.9	65.0	65.7
交通运输、仓储和邮政业	60.8	72.6	55.7	51.3	55.7	56.6	61.9	60.1	59.7	61.4	61.9	65.4	67.1
住宿业	46.3	43.3	34.4	28.9	45.4	47.7	44.3	52.2	52.2	64.5	47.8	46.6	47.7
餐饮业	44.7	51.4	34.7	26.9	28.2	34.6	47.4	48.7	52.6	55.1	52.5	52.5	51.3
信息传输、软件和信息技术服务业	63.2	68.6	61.2	62.8	59.2	61.2	64.0	62.4	65.1	63.4	63.4	65.6	62.0
房地产业	51.7	55.6	54.6	56.7	48.1	50.0	49.5	51.5	53.4	52.4	51.9	49.0	47.1
社会服务业	51.2	58.3	52.1	55.6	47.1	52.2	55.0	52.9	46.4	48.6	45.0	49.3	51.4
二、按企业登记注册类型分													
国有企业	62.5	60.6	59.5	58.3	61.1	63.2	60.9	62.7	64.9	66.7	66.4	65.5	60.6
集体企业	53.3	59.4	56.3	48.5	45.5	56.1	56.3	54.7	51.6	61.0	54.7	43.8	51.6
有限责任公司	55.6	59.4	57.6	55.8	54.3	54.9	54.8	55.0	56.2	57.5	54.1	53.7	53.7
股份有限公司	62.8	68.8	63.5	60.9	60.0	58.0	59.9	65.8	63.4	63.9	60.9	63.9	64.4
私营企业	50.8	58.0	50.0	47.1	45.5	45.6	49.3	51.5	54.4	52.2	52.9	52.9	50.7
港、澳、台投资企业	54.2	68.2	40.9	40.9	40.9	50.0	54.6	59.1	63.6	63.6	59.1	54.5	54.6
外商投资企业	62.1	71.4	45.2	41.2	52.9	61.8	70.6	70.6	70.6	64.7	61.8	62.5	71.9
三、按企业规模分													
大型	65.3	59.9	65.8	64.1	65.7	67.6	64.1	71.0	67.6	67.9	60.3	62.6	66.8
中型	58.7	61.7	57.4	56.4	54.9	56.5	56.4	58.5	61.8	62.9	62.1	58.8	56.6
小型	54.9	61.9	54.0	51.9	52.7	52.9	55.1	54.1	54.5	57.2	54.5	55.5	54.5

5-26 规模以下工业主要统计指标(2009-2013年)

年　份	调查单位数 (万个)	年末全部从业人员 (万人)	主营业务收入 (亿元)
2009年	25.95	183.28	1921.44
2010年	29.12	180.73	2137.67
2011年	26.65	181.4	2590.89
2012年	25.6	179.33	2932.22
2013年	24.91	163.96	3081.05

5-27 规模以下工业企业主要统计指标(2009-2013年)

年　份	调查单位数 (万个)	年末全部从业人员 (万人)	主营业务收入 (亿元)
2009年	3.08	60.8	805.43
2010年	3.38	66.21	919.79
2011年	3.43	68.25	1168.51
2012年	3.74	72.66	1375.76
2013年	3.46	62.73	1410.07

5-28 个体工业主要统计指标(2009-2013年)

年　份	调查单位数 (万个)	年末全部从业人员 (万人)	主营业务收入 (亿元)
2009年	22.87	122.48	1116.01
2010年	25.74	114.52	1217.88
2011年	23.22	113.15	1422.38
2012年	21.86	106.67	1556.46
2013年	21.45	101.23	1670.98

5-29 规下工业企业主要经济指标(2013年)

指标名称	单位	2013年	2012年	增长率(%)
企业数	个	34595		
应收账款	万元	626436.80	739686.08	-15.3
固定资产原价	万元	7727275.48	7545968.02	2.4
本年折旧	万元	889690.80	949017.39	-6.3
固定资产净值	万元	5526791.47	5198491.77	6.3
资产总计	万元	11092552.54	12464917.39	-11.0
负债合计	万元	4698708.26	4658418.93	0.9
主营业务收入	万元	14100388.40	12553682.14	12.3
出口产品销售收入	万元	24876.69	19634.41	26.7
主营业务成本	万元	10585720.93	9379993.68	12.9
税金总额	万元	637458.05	612853.63	4.0
其中：所得税	万元	28865.45	31889.17	-9.5
营业利润	万元	466062.35	556514.99	-16.3
利息支出	万元	186229.84	156134.97	19.3
银行借款利息	万元	158037.12	124420.99	27.0
民间借款利息	万元	27729.22	30658.46	-9.6
期末剩余订单额	万元	108767.87	120184.23	-9.5
应付职工薪酬	万元	1814138.94	1549115.03	17.1
从业人员期末人数	人	627301	633837	-1.0

5-30 规下工业小型企业主要经济指标(2013年)

指标名称	单位	2013年	2012年	增长率(%)
企业数	个	7883		
应收账款	万元	467642.73	565425.89	-17.3
固定资产原价	万元	5217348.95	4746666.90	9.9
本年折旧	万元	597313.86	609005.94	-1.9
固定资产净值	万元	3791948.39	3261346.12	16.3
资产总计	万元	7532854.61	8716283.97	-13.6
负债合计	万元	3644673.87	3720958.50	-2.1
主营业务收入	万元	8496009.35	7709899.81	10.2
出口产品销售收入	万元	14963.92	14547.95	2.9
主营业务成本	万元	6370473.80	5754345.86	10.7
税金总额	万元	475406.99	462588.67	2.8
其中：所得税	万元	17528.14	20060.21	-12.6
营业利润	万元	168698.06	245243.26	-31.2
利息支出	万元	136733.95	96262.78	42.0
银行借款利息	万元	119871.45	78495.51	52.7
民间借款利息	万元	16786.23	16782.94	0.0
期末剩余订单额	万元	70860.57	78246.21	-9.4
应付职工薪酬	万元	1157747.34	967021.62	19.7
从业人员期末人数	人	346443	366066	-5.4

5-31 规下微型工业企业主要经济指标(2013年)

指标名称	单位	2013年	2012年	增长率(%)
企业数	个	26711		
应收账款	万元	158794.08	174260.20	-8.9
固定资产原价	万元	2509926.53	2799301.11	-10.3
本年折旧	万元	231685.06	253150.11	-8.5
固定资产净值	万元	1734843.07	1937145.65	-10.4
资产总计	万元	3559697.93	3748633.41	-5.0
负债合计	万元	1054034.38	937460.43	12.4
主营业务收入	万元	4073610.65	3528490.96	15.5
出口产品销售收入	万元	7720.32	2929.29	163.6
主营业务成本	万元	3063675.77	2633713.64	16.3
税金总额	万元	98097.34	89939.56	9.1
其中：所得税	万元	10125.79	9568.59	5.8
营业利润	万元	219367.01	216813.60	1.2
利息支出	万元	39418.38	44834.73	-12.1
银行借款利息	万元	30719.60	34448.00	-10.8
民间借款利息	万元	8486.34	10394.72	-18.4
期末剩余订单额	万元	37907.30	41938.02	-9.6
应付职工薪酬	万元	458069.46	401699.08	14.0
从业人员期末人数	人	280858	267772	4.9

5-32 规下服务业企业主要经济指标(2013年)

项　目	单　位	经济总量	比上年增长(%)
企　业			
企业数	个	54054	11
固定资产原价	万元	11740167	23
资产总计	万元	74981304	-3
负债合计	万元	40615284	22
营业收入	万元	8409435	14
营业成本	万元	5318398	13
营业税金及附加	万元	261484	9
销售费用	万元	535883	14
管理费用	万元	1279377	15
财务费用	万元	911851	7
营业利润	万元	632617	37
利润总额	万元	581371	54
应交所得税	万元	163754	40
应付职工薪酬	万元	1741931	19
应交增值税	万元	78917	89
从业人员平均人数	人	630864	11

注：规下服务业是指包括道路运输服务业、软件和信息技术服务业、商务服务业、居民服务业、娱乐服务业等31个行业大类和物业管理、房地产中介服务2个行业中类。2013年主要经济指标，是以全省为总体共抽选2612家样本企业(其中有效样本1150家企业)的调查资料，推算的规下服务业企业数据。

主要统计指标解释

一、采购经理指数调查主要统计指标解释

采购经理指数 又称采购经理人指数，英文缩写为 PMI (Purchasing Managers' Index)，它是通过对采购经理的月度问卷调查结果统计汇总、编制而成的指数。PMI 涉及生产与流通、制造业与非制造业等领域，是世界通行的宏观经济监测指标体系之一，对国家和地区经济活动的监测和预测具有重要作用。从国际上看，PMI 指标体系包括制造业 PMI、非制造业 PMI，服务业 PMI，也有一些国家建立了建筑业 PMI。PMI 以 50%作为经济强弱的分界点，PMI 高于 50%时，预示总体经济扩张；低于 50%时，则预示总体经济处于收缩状态。其中，指数为 50-53%,表示经济缓慢增长；53-56%,表示经济较快增长；56%以上，表示经济加速增长；47-50%,表示经济缓慢下降；44-47%,表示经济下降较快；44%以下，表示经济加速下降。

生产量 是指企业报告期内生产的符合产品质量要求的主要产品的实物数量。

订货量 指本企业报告期内接到的订货数量，即报告期内签订的生产订、供货合同或接到的其他形式的需求总量，不考虑是否完成

出口订货量 是指企业报告期内主要产品订货数量中用于出口的部分。

剩余订货量 指本企业报告期末止尚未兑现的订货数量，即企业现存的订货数量。

产成品库存 指企业报告期末尚存在企业产成品仓库中而暂未售出的产品的实物数量。

采购量 是指企业报告期内购进的主要原材料（包括零部件）的实物数量。

进口 是指企业报告期内进口的主要原材料（包括零部件）的实物数量。

购进价格 是指企业报告期内购进的主要原材料（包括零部件）价格的简单平均水平。

主要原材料库存 是指企业报告期末已经购进并登记入库但尚未使用的主要原材料的实物数量。

生产经营人员 是指企业报告期末主要生产经营人员的数量。

供应商配送时间 是指企业报告期内收到的主要供应商的交货时间。

生产经营活动预期 是指对本企业未来 3 个月内生产经营活动整体水平的预测。

二、规下工业调查主要统计指标解释

应收账款 指企业因销售商品、提供劳务等经营活动，应向购货单位或接受劳务单位收取的款项，主要包括企业销售商品或提供劳务等应向有关债务人收取的价款及代购货单位垫付的包装费、运杂费等。

固定资产原价 指固定资产的成本，包括企业在购置、自行建造、安装、改建、扩建、技术改造某项固定资产时所发生的全部支出总额。

本年折旧 指企业在报告期内提取的固定资产折旧合计数。

固定资产净值 指固定资产原价减去累计折旧后的净额。

资产总计 指企业过去的交易或者事项形成的、由企业拥有或者控制的、预期会给企业带来经济利益的资源。

负债合计 指企业过去的交易或者事项形成的，预期会导致经济利益流出企业的现时义务。

主营业务收入 指企业确认的销售商品、提供劳务等主营业务的收入。

主营业务成本 指企业经营主要业务所发生的成本总额。

税金总额 指企业报告期内应交纳的各种税金总和，包括产品销售税金及附加(城市维护建设税、消费税、资源税、营业税和教育费附加)、增值税、所得税、以及房产税、印花税、车船使用税和土地使用税等。

营业利润 指企业从事生产经营活动所取得的利润。

利息支出 指企业短期借款利息、长期借款利息、应付票据利息、票据贴现利息、应付债券利息、长期应付引进国外设备款利息等利息支出。

期末剩余订单额 指本企业在报告期末，尚未兑现的订货金额，即企业现存的订货金额。

应付职工薪酬 指企业为获得职工提供的服务而给予各种形式的报酬以及其他相关支出。

从业人员期末人数 指报告期末最后一日24时在本单位中工作，并取得工资或其他形式劳动报酬的人员数。

营业收入 指个体工业单位，在报告期销售生产的工业产品及提供工业性劳务等取得的收入总计。

三、服务业抽样调查主要统计指标解释

固定资产原价 指固定资产的成本，包括企业在购置、自行建造、安装、改建、扩建、技术改造某项固定资产时所发生的全部支出总额。

资产总计 指企业过去的交易或者事项形成的、由企业拥有或者控制的、预期会给企业带来经济利益的资源。

负债合计 指企业过去的交易或者事项形成的，预期会导致经济利益流出企业的现时义务。负债一般按偿还期长短分为流动负债和非流动负债。

营业收入 指企业经营主要业务和其他业务所确认的收入总额。营业收入合计包括“主营业务收入”和“其他业务收入”。

营业成本 指企业经营主要业务和其他业务所发生的成本总额。包括企业（单位）在报告期内从事销售商品、提供劳务等日常活动发生的各种耗费。包括“主营业务成本”和“其他业务成本”。

营业税金及附加 指企业因从事生产经营活动按税法规定缴纳的应从经营收入中抵扣的税金和附加，包括营业税、消费税、城市维护建设税、教育费附加等。

销售费用 指企业在销售商品和材料、提供劳务的过程中发生的各种费用。

管理费用 指企业为组织和管理企业生产经营所发生的费用，包括企业在筹建期间内发生的开办费、董事会和行政管理部门在企业经营管理中发生的，或者应当由企业统一负担的公司经费等。

财务费用 指企业为筹集生产经营所需资金等而发生的筹资费用，包括企业生产经营期间发生的利息支出（减利息收入）、汇兑损失（减汇兑收益）以及相关的手续费等。

营业利润 指企业从事生产经营活动所取得的利润。

利润总额 指企业在一定会计期间的经营成果，是生产经营过程中各种收入扣除各种耗费后的盈余。

应交所得税 指企业按税法规定，应从生产经营等活动的所得中缴纳的税金。

应付职工薪酬 指企业为获得职工提供的服务而给予各种形式的报酬以及其他相关支出。

应交增值税 指企业按税法规定，从事货物销售或提供加工、修理修配劳务等增加货物价值的活动本期应交纳的税金，不含期初未抵扣税额。

从业人员平均人数 指报告期内（年度、季度、月度）平均拥有的从业人员数。季度或年度平均人数按单位实际月平均人数计算得到，不得用期末人数替代。

六 专项调查

6-1 退耕还林(草)县级监测情况

指　　标	单位	2008	2009	2010	2011	2012	2013
监测县(市、区)数量	个	37	37	37	37	37	37
年末退耕还林(草)总户数	万户	219.2	218.6	217.2	217.5	218.6	209.4
年末退耕还林(草)总人口	万人	795.0	783.6	788.1	789.4	786.6	750.8
年末退耕还林(草)面积	公顷	604496.0	613396.9	627007.6	627407.6	625839.7	598226.9
(一)按工程类型分	-	-	-	-	-	-	
1.退耕地造林	公顷	-	290318.7	290653.3	290653.5	290686.5	278475.2
2.荒山荒地造林	公顷	257039.2	288976.9	294134.1	294134.1	293287.2	280987.7
3.封山育林	公顷	-	32867.3	42220.2	42620.0	41866.0	38764.0
(二)按林种分	-	-	-	-	-	-	
1.生态林	公顷	518901.2	556263.5	567928.3	569760.0	567455.6	543618.4
2.经济林	公顷	78973.8	55633.4	57579.2	56147.6	56884.1	53095.2
3.草	公顷	6621.0	1500.0	1500.0	1500.0	1500.0	1513.3
本年退耕还林(草)补助资金	万元	113913.5	137679.9	119159.8	105990.1	105576.9	98894.8
(一)原政策到期补助资金	万元	71567.5	56852.2	39548.3	23068.0	17194.8	9910.9
(二)完善退耕还林(草)补助资金	万元	30686.0	35559.2	36784.2	42476.7	44773.1	43498.2
(三)巩固退耕还林(草)成果专项资金	万元	8914.4	41398.6	40900.3	39206.4	41709.0	40794.0
(四)荒山造林补助资金	万元	2745.6	3063.0	1473.0	1032.0	1692.0	4628.8
(五)封山育林补助资金	万元	1724.6	807.0	454.0	207.0	208.0	63.0
退耕还林(草)成果巩固情况	-	-	-	-	-	-	
(一)年末国家专项规划基本口粮田面积	公顷	6010.0	1536.2	28821.1	42102.0	62469.4	64022.5
(二)后续产业建设	-	-	-	-	-	-	
其中：种植业	公顷	-	-	59480.9	123888.8	162830.6	239695.5
林果茶业	公顷	-	-	19615.6	34812.3	40769.5	26978.3
养殖业棚圈	平方米	-	-	370858.2	1097410.4	1751897.3	1277922.5
养殖业青贮窖	立方米	-	-	0	15000.0	21840.0	187725.0
设施农业	公顷	-	-	-	-	2030.0	2022.0
饲草基地	公顷	-	-	-	-	6627.0	7416.4
新能源建设	-	-	-	-	-	-	
(一)年末沼气池个数	个	50705	77979	70227	237930	349416	360040
(二)年末节煤节柴灶个数	个	-	-	10020	337616	362427	393748
(三)年末太阳灶个数	个	-	-	5000	10000	16459	16643

说明：本表指标取自2012年最新制表。2010年以前，退耕地造林、荒山换地造林、封山育林并为成为一种对立的分类方式，因此2009年三者相加之和并不等于当年年末退耕还林(草)面积。2009年以前，封山育林补助资金包含在荒山造林补助资金之内，因此2008年的本年退耕还林(草)补助资金等于其下1-4小项之和，不计算封山育林补助资金。

6-2 退耕还林(草)农村居民家庭人均总收入、总支出、纯收入

单位：元

指　　标	2009	2010	2011	2012	2013
总收入	**4817.6**	**5506.6**	**6443.4**	**7124.8**	**7932.7**
(一)工资性收入	1524.7	2022.8	2311.8	2721.2	3192.9
(二)家庭经营收入	2673.0	2916.6	3473.8	3706.0	3874.2
1.第一产业收入	2311.2	2571.1	3086.1	3265.6	3402.5
(1)农业收入	1144.8	1342.8	1513.9	1727.1	1824.9
(2)林业收入	102.7	98.3	140.8	156.5	154.6
(3)牧业收入	1044.2	1108.7	1407.8	1356.6	1390.8
(4)渔业收入	19.6	21.3	23.6	25.4	32.1
2.第二产业收入	-	34.2	33.0	45.3	37.3
3.第三产业收入	-	311.2	354.7	395.1	434.4
(三)财产性收入	65.5	71.3	75.2	47.3	43.7
(四)转移性收入	553.9	496.0	582.6	650.3	821.8
总支出	-	**1444.0**	**1571.9**	**1628.3**	**1963.2**
(一)家庭经营费用支出	950.2	1050.1	1204.6	1273.3	1375.8
1.第一产业生产费用支出	789.5	908.2	1026.9	1109.7	1176.6
2.第二产业生产费用支出	-	14.8	9.7	15.5	13.7
3.第三产业生产费用支出	-	127.1	168.0	148.1	185.5
(二)购置生产性固定资产支出	62.8	85.0	94.1	49.5	165.7
(三)建、造生产性固定资产雇工支出	-	1.7	0.5	1.1	1.6
(四)税费支出	10.0	5.7	6.0	7.1	4.7
(五)财产性支出	45.4	1.5	1.8	8.0	10.6
(六)转移性支出	203.8	264.1	264.7	289.3	404.8
纯收入	**3762.3**	**4299.2**	**5057.2**	**5681.4**	**6360.7**
(一)工资性收入	-	2022.8	2311.8	2721.2	3192.9
(二)家庭经营纯收入	-	1755.2	2149.6	2323.1	2383.1
1.第一产业纯收入	-	1564.3	1954.0	2057.8	2122.2
(1)农业收入	-	984.1	1133.0	1310.8	1385.1
(2)林业收入	-	69.7	111.4	116.1	114.0
(3)牧业收入	-	502.4	696.3	615.9	601.3
(4)渔业收入	-	8.1	13.3	15.0	21.8
2.非农产业纯收入	-	190.9	195.6	265.2	260.9
(三)财产性纯收入	-	71.3	75.2	47.3	33.1
(四)转移性纯收入	-	450.0	520.6	589.8	417.0

6-3 退耕还林(草)农村居民家庭人均现金收入与支出

单位：元

指　标	2009	2010	2011	2012	2013
期内现金收入	**-**	**4370.5**	**5103.2**	**5710.5**	**6505.9**
(一)工资性收入	-	1976.6	2293.3	2713.2	3172.3
(二)家庭经营现金收入	-	1831.2	2173.7	2312.3	2466.7
1.第一产业现金收入	-	1486.4	1786.5	1872.0	1995.1
(1)农业现金收入	-	462.6	503.1	588.3	659.2
(2)林业现金收入	-	102.2	122.4	141.9	143.1
(3)牧业现金收入	-	899.6	1136.7	1113.6	1152.2
(4)渔业现金收入	-	22.0	24.2	28.2	40.7
2.第二产业现金收入	-	34.1	32.8	45.3	37.2
3.第三产业现金收入	-	310.8	354.5	395.0	434.4
(三)财产性现金收入	-	71.9	64.3	38.3	49.5
(四)转移性现金收入	-	490.8	571.9	646.7	817.5
期内现金支出	**-**	**1149.5**	**1287.7**	**1340.6**	**1655.4**
(一)生产费用支出	-	859.9	1020.0	1038.7	1238.7
1.家庭生产经营现金支出	-	773.3	925.5	988.2	1071.4
(1)第一产业生产支出	-	633.3	748.6	830.0	877.1
①农业生产支出	-	293.8	307.9	344.8	365.9
②林业生产支出	-	25.1	26.3	36.5	37.0
③牧业生产支出	-	302.4	404.9	438.7	465.3
④渔业生产支出	-	12.0	9.5	9.3	9.0
(2)第二产业生产支出	-	14.8	9.2	15.2	12.9
(3)第三产业生产支出	-	125.3	167.7	143.0	181.4
2.购置生产固定资产支出	-	85.0	94.1	49.5	165.7
3.建、造生产性固定资产雇工支出	-	1.7	0.5	1.1	1.6
(二)税费现金支出	-	5.3	5.9	7.0	4.7
(三)财产性现金支出	-	1.5	1.8	8.0	10.6
(四)转移性现金支出	-	258.1	260.0	286.8	401.4

6-4 全国及贫困地区农村贫困人口(2013年)

地 区	全国农村		贫困地区	
	贫困人口(万人)	贫困发生率(%)	贫困人口(万人)	贫困发生率(%)
全 国	**8249**	**8.5**	**5070**	**19.3**
北 京			-	-
天 津			-	-
河 北	366	6.5	304	20.4
山 西	299	12.4	126	21.7
内蒙古	114	8.5	110	16.1
辽 宁	126	5.4	-	-
吉 林	89	5.9	15	13.6
黑龙江	111	5.9	89	17.3
上 海			-	-
江 苏	95	2.0	-	-
浙 江	72	1.9	-	-
安 徽	440	8.2	301	15.6
福 建	73	2.6	-	-
江 西	328	9.2	215	18.1
山 东	264	3.7	-	-
河 南	639	7.9	370	13.3
湖 北	323	8.0	216	17.7
湖 南	640	11.2	423	20.8
广 东	115	1.7	-	-
广 西	634	14.9	196	19.1
海 南	60	10.3	9	12.5
重 庆	139	6.0	97	10.3
四 川	602	8.6	331	19.7
贵 州	745	21.3	654	23.6
云 南	661	17.8	607	21.9
西 藏	72	28.8	72	28.8
陕 西	410	15.1	271	19.4
甘 肃	496	23.8	451	27.5
青 海	63	16.4	63	16.4
宁 夏	51	12.5	33	16.1
新 疆	222	19.8	117	20.0

6-5 全国及贫困地区农村居民收入对比(2013年)

地 区	全国农村		贫困地区	
	人均纯收入(元)	增长(%)	人均纯收入(元)	增长(%)
全 国	**8896**	**12.4**	**5519**	**16.6**
北 京	18337	11.3		
天 津	15841	12.9		
河 北	9102	12.6	5428	17.1
山 西	7154	12.5	4531	22.9
内蒙古	8596	12.9	5962	17.5
辽 宁	10523	12.1		
吉 林	9621	11.9	5666	19.7
黑龙江	9634	12.0	6009	19.3
上 海	19595	10.1		
江 苏	13598	11.4		
浙 江	16106	10.7		
安 徽	8098	13.1	6788	16.0
福 建	11184	12.2		
江 西	8781	12.2	5162	18.9
山 东	10620	12.4		
河 南	8475	12.6	6661	15.6
湖 北	8867	12.9	5720	16.3
湖 南	8372	12.5	4845	18.6
广 东	11669	10.7		
广 西	6791	13.0	5528	13.6
海 南	8343	12.6	7249	16.3
重 庆	8332	12.8	7043	17.5
四 川	7895	12.8	5583	17.0
贵 州	5434	14.3	5419	15.4
云 南	6141	13.4	5374	18.2
西 藏	6578	15.0	6578	15.0
陕 西	6503	12.8	5953	19.8
甘 肃	5108	13.3	4295	20.4
青 海	6196	15.5	6196	15.5
宁 夏	6931	12.2	5251	14.1
新 疆	7296	14.1	5572	17.6

6-6 全国及贫困地区农村居民消费支出对比(2013年)

地 区	全国农村居民消费支出(元)	贫困地区农村居民消费支出(元)
全 国	**6626**	**4665**
北 京	13553	
天 津	10155	
河 北	6134	4409
山 西	5813	3928
内蒙古	7268	4832
辽 宁	7159	
吉 林	7380	4791
黑龙江	6814	4462
上 海	14235	
江 苏	9910	
浙 江	11760	
安 徽	5725	5378
福 建	8151	
江 西	5654	4226
山 东	7393	
河 南	5628	4683
湖 北	6280	5073
湖 南	6610	4403
广 东	8343	
广 西	5206	5138
海 南	5466	5878
重 庆	5796	5737
四 川	6309	4192
贵 州	4740	4797
云 南	4744	4412
西 藏	3574	3574
陕 西	5724	5044
甘 肃	4850	4040
青 海	6060	6060
宁 夏	6490	4950
新 疆	6119	4627

6-7 扶贫工作重点县农村居民收入增长情况(2011-2013年)

地 区	2011年		2012年		2013年	
	纯收入(元)	较上年增长(%)	纯收入(元)	较上年增长(%)	纯收入(元)	较上年增长(%)
全 国	**3938**	**16.9**	**4602**	**16.8**	**5389**	**17.0**
河 北	4010	15.7	4560	13.7	5357	18.0
山 西	3129	11.6	3687	17.8	4531	22.9
内蒙古	4182	12.0	4903	17.2	5962	17.5
吉 林	4023	18.4	4733	17.6	5666	19.7
黑龙江	3910	19.3	4493	14.9	4926	9.6
安 徽	4979	17.3	5852	17.5	6834	16.8
江 西	3719	14.1	4342	16.8	5083	17.1
河 南	4868	14.9	5626	15.6	6497	15.5
湖 北	4180	15.8	4882	16.8	5675	16.2
湖 南	3216	14.5	3728	15.9	4362	17.0
广 西	3999	14.1	4654	16.4	5303	14.0
海 南	5395	11.2	6234	15.6	7249	16.3
重 庆	5113	17.8	5994	17.2	7043	17.5
四 川	4085	14.0	4829	18.2	5519	14.3
贵 州	3843	15.5	4469	16.3	5179	15.9
云 南	3685	17.3	4331	17.5	5109	18.0
陕 西	4147	19.4	4917	18.6	5898	20.0
甘 肃	2921	14.9	3424	17.2	4056	18.4
青 海	3867	15.4	4368	13.0	5284	23.1
宁 夏	3971	15.5	4601	15.9	5251	14.1
新 疆	3904	19.6	4739	21.4	5490	15.8

主要统计指标解释

退耕还林（草）总户数：指在县（市）范围内实施退耕还林（草）工程所有的常住农村住户。

水田：指有田埂(坎)，可以经常蓄水，用来种植水稻、莲藕、席草等水生作物的耕地。天旱暂时没有蓄水而改种旱地作物的，或实行水稻和旱地作物轮种的(如水稻和小麦、油菜等轮种)，仍计为水田。

水浇地：指有水源保证和灌溉设施，在一般年景能正常灌溉、种植旱生作物的耕地。包括种植蔬菜的非工厂化的大棚用地。

陡坡地（耕地）：指耕地面积中坡度大于25度的耕地。

林地面积：指生长乔木、竹类、灌木的土地，及沿海生长红树林的土地。包括迹地，不包括居民点内部的绿化林木用地，铁路、公路征地范围内的林木，以及河流、沟渠的护堤林。

有林地面积：指生长乔木、竹类（树木郁闭度≥20%）的天然或人工林地面积。包括乔木林地、竹林地等宜林地面积。不包括灌木林地、疏林地、采伐迹地、火烧迹地、未成林造林地、苗圃地和县级以上人民政府规划的林地面积。也不包括居民绿化地面积以及铁路、公路、河流、沟渠的护路、护岸林面积。有林地按用途可分为经济林、薪炭林、用材林、防护林、特种用途林。

宜林荒山荒地面积：指荒山荒地面积中适宜种植各种林木的面积。

牧草地面积：指实际经营的全部牧草地面积。牧草地指生长草本植物为主、用于畜牧业的土地，包括人工牧草地和天然牧草地。

渔业养殖水面面积：指实际经营的全部水产品养殖的水面面积。包括海水养殖面积(利用滩涂、浅海、港湾，放养各种水产品的人工养殖水面面积)和内陆水面养殖面积(已放养鱼苗、鱼种等水产品苗种并进行人工饲养和管理的池塘、湖泊、水库、河沟及其他养殖水面面积)。

退耕还林（草）面积（县表）：指退耕地造林还草、荒山荒地造林、封山育林的面积之和。

实际保存面积（县表）：指按退耕还林（草）工程要求，经过国家有关部门验收合格完成的退耕还林（草）工程的面积总和。

退耕地造林面积：指退耕还林（草）工程累计完成的面积中在退耕地上造林种草的全部面积累计。

荒山荒地造林面积：指退耕还林（草）工程累计完成的面积中对荒山荒地进行造林的全部面积累计。

封山育林面积：指退耕还林（草）工程累计完成的面积中封山育林的全部面积累计。

专项规划基本口粮田面积：指根据国家退耕还林（草）工程专项规划新增、由退耕还林（草）工程款建成的、亩产达到当地平均水平的基本口粮田面积。

退耕还林（草）补助资金：指用于退耕还林（草）工程的专项补助资金。

补植补造面积：指为保证达到国家规定的退耕还林(草)存活标准，而进行补植补造的面积。

七　附　录

7-1 全国粮食生产情况(2013年)

单位：千公顷、万吨、公斤/公顷

指 标	播种面积	总产量	单位产量
粮食	**111955.6**	**60193.8**	**5376.6**
其中：夏收粮食	27588.1	13184.8	4779.2
(一)谷物	93768.6	55269.2	5894.2
1. 稻谷	30311.7	20361.2	6717.3
(1)早稻	5804.4	3413.5	5880.9
(2)中稻和一季晚稻	18186.3	13297.6	7311.9
(3)双季晚稻	6321.0	3650.1	5774.5
2. 小麦	24117.3	12192.6	5055.6
(1)冬小麦	22552.6	11585.3	5137.0
(2)春小麦	1564.7	607.3	3881.2
3. 玉米	36318.4	21848.9	6015.9
4. 谷子	715.7	174.6	2439.6
5. 高粱	582.3	289.2	4965.4
6. 其它谷物	1723.2	402.7	2336.8
其中：大麦	465.5	169.9	3650.3
(二)豆类	9223.6	1595.3	1729.5
其中：大豆	6790.5	1195.1	1759.9
绿豆	632.9	75.3	1190.6
红小豆	164.1	27.4	1672.0
(三)薯类	8963.3	3329.3	3714.4
其中：马铃薯	5614.6	1918.8	3417.6

7-2 全国粮食生产历史资料

单位：千公顷、公斤/公顷、万吨

年 份	播种面积	单位产量	总产量
1980	117234	2734	32056
1981	114958	2827	32502
1982	113462	3124	35450
1983	114047	3396	38728
1984	112884	3608	40731
1985	108845	3483	37911
1986	110933	3529	39151
1987	111268	3622	40298
1988	110123	3579	39408
1989	112205	3632	40755
1990	113466	3933	44624
1991	112314	3876	43529
1992	110560	4004	44266
1993	110509	4131	45649
1994	109544	4063	44510
1995	110060	4240	46662
1996	112548	4483	50454
1997	112912	4377	49417
1998	113787	4502	51230
1999	113161	4493	50839
2000	108463	4261	46218
2001	106080	4267	45264
2002	103891	4399	45706
2003	99410	4333	43070
2004	101606	4620	46947
2005	104278	4642	48402
2006	105068	4740	49804
2007	105748	4743	50160
2008	106793	4951	52871
2009	108986	4871	53082
2010	109876	4974	54648
2011	110573	5166	57121
2012	111205	5302	58958
2013	111956	5377	60194

7-3 全国及各省(市、区)粮食播种面积

单位：千公顷

地 区	2006	2007	2008	2009	2010	2011	2012	2013
全 国	**105067.7**	**105748.4**	**106792.6**	**108985.8**	**109876.1**	**110573.0**	**111204.6**	**111955.6**
北 京	219.6	197.5	226.3	226.3	223.5	209.4	193.9	158.9
天 津	284.3	292.0	293.5	306.6	311.8	310.8	322.9	332.8
河 北	6271.7	6168.2	6158.1	6216.5	6282.2	6286.1	6302.4	6315.9
山 西	2833.3	3028.2	3111.3	3146.7	3239.2	3287.9	3291.5	3274.3
内蒙古	4936.8	5119.9	5254.5	5424.0	5498.7	5561.5	5589.4	5617.3
辽 宁	3089.7	3127.2	3035.9	3124.1	3179.3	3169.8	3217.3	3226.4
吉 林	4236.6	4334.7	4391.2	4427.7	4492.2	4545.1	4610.3	4789.9
黑龙江	10525.7	10820.5	10988.9	11391.0	11454.7	11502.9	11519.5	11564.4
上 海	165.5	169.6	174.5	193.3	179.2	186.3	187.6	168.5
江 苏	5110.8	5215.6	5267.1	5272.0	5282.4	5319.2	5336.6	5360.8
浙 江	1253.2	1219.6	1271.6	1290.1	1275.8	1254.1	1251.6	1253.7
安 徽	6443.4	6477.8	6561.1	6605.6	6616.4	6621.5	6622.0	6625.3
福 建	1226.9	1201.0	1210.3	1231.0	1232.3	1226.8	1201.1	1202.1
江 西	3547.1	3525.3	3578.1	3604.6	3639.1	3650.1	3675.9	3690.9
山 东	7109.1	7046.5	6955.6	7030.1	7084.8	7145.8	7202.3	7294.6
河 南	9455.9	9468.0	9600.0	9683.6	9740.2	9859.9	9985.2	10081.8
湖 北	3902.3	3981.4	3906.7	4012.5	4068.4	4122.1	4180.1	4258.4
湖 南	4545.4	4531.3	4588.8	4799.1	4809.1	4879.6	4908.0	4936.6
广 东	2466.7	2479.5	2499.9	2538.5	2531.9	2530.4	2540.2	2507.6
广 西	3133.2	2984.0	2973.1	3067.5	3061.1	3072.8	3069.1	3076.0
海 南	379.1	402.6	421.3	430.4	437.2	430.6	438.6	421.8
重 庆	2155.5	2195.8	2215.4	2229.5	2243.9	2259.4	2259.6	2253.9
四 川	6455.5	6450.0	6430.9	6419.4	6402.0	6440.5	6468.2	6469.9
贵 州	2836.0	2821.8	2919.6	2984.7	3039.5	3055.6	3054.3	3118.4
云 南	4022.1	3994.5	4095.9	4200.1	4274.4	4326.9	4399.6	4499.4
西 藏	171.7	171.8	170.6	169.4	170.2	170.2	170.9	175.9
陕 西	3081.3	3099.8	3126.0	3134.0	3159.7	3134.9	3127.5	3105.1
甘 肃	2598.8	2687.0	2683.0	2740.0	2799.8	2833.7	2839.4	2858.7
青 海	301.6	301.8	272.0	275.7	274.5	279.4	280.2	280.0
宁 夏	793.5	856.3	826.2	826.9	844.1	852.4	828.3	801.6
新 疆	1515.4	1379.1	1585.2	1984.7	2028.6	2047.5	2131.2	2234.8
四川在全国的位次	4	5	5	5	5	5	5	5

7-4 全国及各省(市、区)粮食总产量

单位：万吨

地　区	2006	2007	2008	2009	2010	2011	2012	2013
全　国	**49804.2**	**50160.3**	**52870.9**	**53082.1**	**54647.7**	**57120.9**	**58958.0**	**60193.8**
北　京	109.2	102.1	125.5	124.8	115.7	121.8	113.8	96.1
天　津	141.9	147.2	148.9	156.3	159.7	161.8	161.8	174.7
河　北	2780.6	2841.6	2905.8	2910.2	2975.9	3172.6	3246.6	3365.0
山　西	1024.5	1007.1	1028.0	942.0	1085.1	1193.0	1274.1	1312.8
内蒙古	1806.8	1810.7	2131.3	1981.7	2158.2	2387.5	2528.5	2773.0
辽　宁	1797.0	1835.0	1860.3	1591.0	1765.4	2035.5	2070.5	2195.6
吉　林	2725.8	2453.8	2840.0	2460.0	2842.5	3171.0	3343.0	3551.0
黑龙江	3843.5	3462.9	4225.0	4353.0	5012.8	5570.7	5761.5	6004.1
上　海	111.3	109.2	115.7	121.7	118.4	122.0	122.4	114.2
江　苏	3096.0	3132.2	3175.5	3230.1	3235.1	3307.8	3372.5	3423.0
浙　江	769.5	728.6	775.6	789.2	770.7	781.6	769.8	734.0
安　徽	2853.7	2901.4	3023.3	3069.9	3080.5	3135.5	3289.1	3279.6
福　建	632.9	635.1	652.3	666.9	661.9	672.8	659.3	664.4
江　西	1896.5	1904.0	1958.1	2002.6	1954.7	2052.8	2084.8	2116.1
山　东	4093.0	4148.8	4260.5	4316.3	4335.7	4426.3	4511.4	4528.2
河　南	5112.3	5245.2	5365.5	5389.0	5437.1	5542.5	5638.6	5713.7
湖　北	2099.1	2185.4	2227.2	2309.1	2315.8	2388.5	2441.8	2501.3
湖　南	2654.2	2692.2	2805.0	2902.7	2847.5	2939.4	3006.5	2925.7
广　东	1242.4	1284.7	1243.4	1314.5	1316.5	1361.0	1396.3	1315.9
广　西	1427.6	1396.6	1394.7	1463.2	1412.3	1429.9	1484.9	1521.8
海　南	161.9	177.5	183.5	187.6	180.4	188.0	199.5	190.9
重　庆	808.4	1088.0	1153.2	1137.2	1156.1	1126.9	1138.5	1148.1
四　川	2859.7	3027.0	3140.0	3194.6	3222.9	3291.6	3315.0	3387.1
贵　州	1038.0	1100.9	1158.0	1168.3	1112.3	876.9	1079.5	1030.0
云　南	1457.6	1460.7	1518.6	1576.9	1531.0	1673.6	1749.1	1824.0
西　藏	92.4	93.9	95.0	90.5	91.2	93.7	94.9	96.2
陕　西	1041.9	1067.9	1111.0	1131.4	1164.9	1194.7	1245.1	1215.8
甘　肃	808.1	824.0	888.5	906.2	958.3	1014.6	1109.7	1138.9
青　海	99.7	106.2	101.8	102.7	102.0	103.4	101.5	102.4
宁　夏	322.4	323.5	329.2	340.7	356.5	358.9	375.0	373.4
新　疆	896.4	867.0	930.5	1152.0	1170.7	1224.7	1273.0	1377.0
四川在全国的位次	5	5	5	5	5	5	6	6

7-5　全国及各省(市、区)粮食单位面积产量

单位：公斤/公顷

地　区	2006	2007	2008	2009	2010	2011	2012	2013
全　国	**4740**	**4743**	**4951**	**4871**	**4974**	**5166**	**5302**	**5376.6**
北　京	4972	5168	5543	5514	5177	5816	5868	6049.0
天　津	4991	5039	5074	5097	5123	5207	5009	5249.9
河　北	4434	4607	4719	4681	4737	5047	5151	5327.8
山　西	3616	3326	3304	2994	3350	3629	3871	4009.4
内蒙古	3660	3537	4056	3654	3925	4293	4524	4936.5
辽　宁	5816	5868	6128	5093	5553	6422	6435	6805.1
吉　林	6434	5661	6467	5556	6328	6977	7251	7413.6
黑龙江	3652	3200	3845	3821	4376	4843	5001	5191.9
上　海	6725	6439	6628	6296	6608	6544	6524	6774.1
江　苏	6058	6006	6029	6127	6124	6219	6320	6385.3
浙　江	6141	5975	6099	6117	6041	6232	6151	5854.1
安　徽	4429	4479	4608	4647	4656	4735	4967	4950.1
福　建	5158	5288	5390	5417	5371	5484	5489	5526.9
江　西	5347	5401	5473	5556	5371	5624	5671	5733.4
山　东	5757	5888	6125	6140	6120	6194	6264	6207.6
河　南	5406	5540	5589	5565	5582	5621	5647	5667.3
湖　北	5379	5489	5701	5755	5692	5794	5842	5873.8
湖　南	5839	5941	6113	6048	5921	6024	6126	5926.7
广　东	5037	5181	4974	5178	5200	5378	5497	5247.6
广　西	4556	4680	4691	4770	4614	4653	4838	4947.3
海　南	4271	4408	4355	4358	4126	4367	4548	4525.8
重　庆	3750	4955	5205	5101	5152	4988	5039	5094.0
四　川	4430	4693	4883	4976	5034	5111	5125	5235.2
贵　州	3660	3901	3966	3914	3659	2870	3534	3302.9
云　南	3624	3657	3708	3754	3582	3868	3976	4053.9
西　藏	5381	5464	5570	5343	5360	5509	5554	5467.1
陕　西	3381	3445	3554	3610	3687	3811	3981	3915.5
甘　肃	3109	3067	3312	3307	3423	3581	3908	3984.0
青　海	3305	3518	3743	3724	3716	3699	3623	3656.5
宁　夏	4063	3778	3985	4120	4224	4211	4527	4658.2
新　疆	5915	6287	5870	5804	5771	5981	5973	6161.6
四川在全国的位次	19	18	18	18	18	17	17	18

7-6 全国及各省(市、区)水稻生产情况

单位：千公顷；万吨；公斤/公顷

地区	播种面积		总产量		单位产量	
	2012年	2013年	2012年	2013年	2012年	2013年
全国总计	**30137.1**	**30311.7**	**20423.6**	**20361.2**	**6776.9**	**6717.3**
北京	0.2	0.2	0.1	0.1	6443.9	6912.0
天津	14.6	16.8	11.2	12.9	7657.5	7685.9
河北	85.9	86.8	49.8	58.8	5798.4	6768.0
山西	1.0	1.0	0.6	0.7	5940.6	6836.7
内蒙古	89.3	75.9	73.3	56.0	8201.1	7380.7
辽宁	661.8	649.2	507.8	506.9	7673.0	7807.9
吉林	701.2	726.7	532.0	563.3	7587.5	7751.4
黑龙江	3069.8	3175.6	2171.2	2220.6	7072.8	6992.6
上海	105.1	101.9	89.1	86.8	8481.3	8521.1
江苏	2254.2	2265.7	1900.1	1922.3	8428.9	8484.3
浙江	832.6	828.7	608.3	580.2	7305.6	7001.2
安徽	2215.1	2214.1	1393.5	1362.3	6291.1	6152.8
福建	827.6	817.5	503.8	502.0	6087.2	6140.8
江西	3328.3	3338.0	1976.0	2004.0	5936.9	6003.7
山东	123.9	123.1	103.4	103.6	8345.8	8416.3
河南	648.2	641.3	492.6	485.8	7599.2	7574.9
湖北	2017.9	2101.2	1651.4	1676.6	8183.7	7979.6
湖南	4095.1	4085.0	2631.6	2561.5	6426.3	6270.5
广东	1949.4	1908.8	1126.6	1045.0	5779.1	5474.7
广西	2057.6	2046.6	1142.0	1156.2	5550.2	5649.3
海南	324.4	311.9	155.8	149.8	4801.5	4804.5
重庆	687.0	688.7	498.0	503.1	7248.9	7305.2
四川	1997.8	1990.7	1536.1	1549.5	7689.0	7783.7
贵州	683.0	684.5	402.4	361.3	5892.5	5278.7
云南	1082.9	1152.7	644.6	667.9	5952.7	5794.2
西藏	1.0	1.0	0.5	0.6	5567.0	5789.5
陕西	123.3	123.7	87.4	91.0	7082.4	7351.3
甘肃	5.6	5.3	3.9	3.8	7019.7	7243.3
青海						
宁夏	84.3	82.1	71.3	68.9	8457.9	8387.5
新疆	69.2	67.3	59.4	59.8	8574.3	8889.9

7-7 全国及各省(市、区)小麦生产情况

单位：千公顷；万吨；公斤/公顷

地 区	播种面积		总 产 量		单位产量	
	2012年	2013年	2012年	2013年	2012年	2013年
全国总计	**24268.3**	**24117.3**	**12102.4**	**12192.6**	**4986.9**	**5055.6**
北 京	52.2	36.2	27.4	18.7	5257.9	5171.9
天 津	113.1	110.4	55.8	57.3	4929.3	5189.3
河 北	2410.0	2377.7	1337.7	1387.2	5550.9	5834.2
山 西	689.0	677.5	259.2	230.7	3761.8	3405.6
内 蒙 古	609.6	571.2	188.4	180.4	3091.0	3158.2
辽 宁	6.8	5.6	3.2	2.7	4705.9	4857.1
吉 林						
黑 龙 江	210.1	133.0	70.0	38.9	3333.3	2923.3
上 海	56.6	44.4	22.6	17.6	3983.8	3975.7
江 苏	2132.6	2146.9	1048.8	1101.3	4917.8	5129.7
浙 江	74.5	75.5	27.1	27.8	3638.1	3685.1
安 徽	2415.5	2432.9	1294.0	1332.0	5357.0	5475.1
福 建	2.5	2.3	0.7	0.7	2874.2	2940.0
江 西	11.9	11.8	2.3	2.5	1924.1	2113.8
山 东	3625.9	3673.3	2179.5	2218.8	6011.0	6040.4
河 南	5340.0	5366.7	3177.4	3226.4	5950.1	6012.0
湖 北	1065.5	1094.8	370.8	416.8	3479.9	3807.1
湖 南	35.3	32.3	8.6	11.0	2428.4	3396.3
广 东	0.9	0.9	0.3	0.3	3225.8	3440.9
广 西	1.5	1.8	0.2	0.3	1333.3	1452.5
海 南						
重 庆	125.4	107.6	38.5	33.7	3066.3	3132.0
四 川	1234.1	1216.0	437.0	421.3	3541.0	3464.6
贵 州	259.8	251.8	52.4	51.5	2016.9	2045.8
云 南	442.2	437.3	88.3	80.5	1996.8	1841.7
西 藏	37.7	37.8	24.6	24.1	6512.1	6366.0
陕 西	1127.6	1094.8	435.5	389.8	3862.2	3560.5
甘 肃	833.9	811.7	278.5	235.9	3339.6	2906.3
青 海	94.2	95.4	35.2	36.0	3735.5	3768.6
宁 夏	179.0	148.8	62.0	46.3	3466.3	3112.0
新 疆	1081.0	1121.0	576.5	602.1	5333.2	5371.0

7-8 全国及各省(市、区)玉米生产情况

单位：千公顷；万吨；公斤/公顷

地区	播种面积		总产量		单位产量	
	2012年	2013年	2012年	2013年	2012年	2013年
全国总计	**35029.8**	**36318.4**	**20561.4**	**21848.9**	**5869.7**	**6015.9**
北京	132.0	114.5	83.6	75.2	6330.9	6567.0
天津	179.3	191.7	92.5	102.1	5155.3	5329.0
河北	3049.1	3108.8	1649.5	1703.9	5409.8	5481.0
山西	1669.0	1670.0	903.9	955.5	5415.7	5721.2
内蒙古	2833.7	3170.6	1784.4	2069.7	6297.1	6527.8
辽宁	2206.7	2245.6	1423.5	1563.2	6450.9	6961.2
吉林	3284.3	3499.1	2578.8	2775.7	7851.7	7932.7
黑龙江	5190.6	5447.5	2887.9	3216.4	5563.8	5904.4
上海	3.8	3.6	2.5	2.5	6596.9	6997.2
江苏	418.9	426.4	230.2	216.4	5495.3	5076.1
浙江	62.0	63.4	29.1	26.8	4700.7	4220.8
安徽	822.5	845.1	427.5	426.0	5197.4	5040.8
福建	45.4	47.9	18.0	19.3	3970.9	4017.1
江西	28.1	29.5	12.6	12.0	4484.8	4053.5
山东	3018.1	3060.7	1994.5	1967.1	6608.6	6427.1
河南	3100.0	3203.3	1747.8	1796.5	5637.9	5608.2
湖北	593.3	573.5	282.6	270.8	4762.2	4721.3
湖南	342.0	344.2	197.3	185.0	5767.5	5374.5
广东	172.5	176.7	79.7	81.6	4620.3	4620.4
广西	580.5	587.6	250.6	266.0	4317.0	4526.0
海南	27.5	27.7	11.3	12.1	4121.0	4362.0
重庆	468.4	466.7	256.3	258.1	5471.1	5529.5
四川	1371.1	1378.0	701.3	762.4	5114.9	5532.7
贵州	775.2	778.4	342.3	298.0	4415.3	3829.0
云南	1456.9	1505.1	700.0	734.2	4804.7	4878.1
西藏	4.4	4.3	2.6	2.5	6023.0	5763.9
陕西	1167.4	1166.2	566.9	586.7	4856.1	5031.0
甘肃	902.7	976.1	504.1	571.5	5584.5	5854.8
青海	22.9	23.3	17.0	16.4	7410.6	7054.5
宁夏	245.9	262.0	191.2	206.2	7775.5	7871.3
新疆	855.7	920.8	592.1	669.0	6919.4	7265.6

7-9　全国及各省(市、区)农产品生产价格总指数(2013年)

(上年同期=100)

地　区	全年	1季度	2季度	3季度	4季度
全国总计	**103.2**	**101.9**	**101.1**	**104.3**	**104.2**
北　京	104.7	102.2	104.7	105.6	103.0
天　津	105.4	105.6	102.9	106.7	106.0
河　北	105.1	107.8	101.7	107.3	106.7
山　西	106.1	106.3	103.2	108.5	105.0
内蒙古	103.3	102.4	100.1	103.9	104.0
辽　宁	101.1	101.2	99.8	102.7	101.8
吉　林	100.4	99.4	95.4	106.3	101.8
黑龙江	101.0	99.6	96.9	105.0	99.7
上　海	104.1	98.2	101.0	106.7	109.0
江　苏	103.4	104.5	101.2	104.3	103.4
浙　江	103.0	106.1	102.5	102.2	104.1
安　徽	103.7	104.2	103.0	105.4	104.1
福　建	103.0	102.5	98.5	106.9	106.0
江　西	102.3	102.3	100.2	102.4	102.5
山　东	105.9	109.1	102.9	104.9	106.6
河　南	102.6	102.4	99.8	106.7	102.6
湖　北	101.8	104.2	99.9	104.7	100.0
湖　南	102.1	101.8	99.9	102.8	101.3
广　东	103.5	102.0	99.2	105.1	107.1
广　西	102.5	98.5	96.9	105.5	104.5
海　南	100.0	98.0	98.1	99.7	100.1
重　庆	103.0	105.3	102.1	104.4	101.6
四　川	102.6	101.4	100.0	103.6	102.9
贵　州	102.4	98.7	100.9	103.3	106.2
云　南	104.9	104.6	99.3	111.5	108.5
西　藏					
陕　西	107.4	105.7	106.1	108.6	111.9
甘　肃	105.9	105.9	103.6	105.4	107.3
青　海	110.4	111.7	121.1	105.6	109.7
宁　夏	106.7	107.9	106.7	104.7	106.5
新　疆	108.5	109.2	109.3	106.0	105.7

7-10 全国及各省(市、区)生猪生产情况(2013年)

单位：万头、万吨

地区	出栏头数	存栏头数	能繁母猪头数	猪肉产量
全国	**71557.3**	**47411.3**	**5132.3**	**5493.0**
北京	314.4	189.2	24.1	24.6
天津	381.7	201.0	25.5	29.8
河北	3452.0	1932.9	197.2	265.3
山西	786.2	502.2	58.0	61.2
内蒙古	931.9	684.5	90.1	73.4
辽宁	2785.8	1624.5	222.2	233.6
吉林	1669.1	1001.2	124.2	136.3
黑龙江	1821.6	1356.7	142.0	133.4
上海	241.8	184.8	15.6	18.3
江苏	3049.6	1787.3	154.3	229.9
浙江	1895.1	1287.5	115.6	138.8
安徽	2971.5	1612.6	142.9	253.4
福建	2092.0	1296.2	130.9	157.7
江西	3150.3	1708.0	180.4	245.1
山东	4797.7	2931.4	338.9	392.9
河南	5996.9	4426.7	491.0	454.1
湖北	4356.4	2566.1	264.5	330.6
湖南	5902.3	4096.9	435.8	430.6
广东	3744.8	2282.6	253.6	277.8
广西	3456.7	2471.5	296.7	261.3
海南	610.5	433.8	62.6	50.5
重庆	2104.5	1502.3	149.5	155.0
四川	7314.1	5004.1	513.9	510.8
贵州	1832.3	1604.1	167.4	163.7
云南	3323.7	2708.7	307.8	276.0
西藏	18.3	37.0	11.9	1.5
陕西	1186.6	897.9	89.4	88.3
甘肃	696.7	608.9	69.4	50.8
青海	137.7	120.8	14.1	9.9
宁夏	95.6	75.3	10.1	7.1
新疆	439.6	274.7	32.7	31.3

7-11 四川与全国主要分类指数

（上年=100）

指 标	2008年		2009年		2010年		2011年		2012年		2013年	
	全国平均	四川	全国平均	四川	全国平均	四川	全国平均	四川	全国平均	四川	全国平均	四川
居民消费价格指数	**105.9**	**105.1**	**99.3**	**100.8**	**103.3**	**103.2**	**105.4**	**105.3**	**102.6**	**102.5**	**102.6**	**102.8**
食品	114.3	112.0	100.7	102.0	107.2	106.1	111.8	112.0	104.8	104.2	104.7	104.8
粮食	107.0	106.1	105.6	104.9	111.8	109.8	112.2	112.1	104.0	104.9	104.6	103.1
肉禽及其制品	121.7	116.4	91.3	92.0	102.9	103.5	122.6	123.7	102.1	99.9	104.3	104.1
蛋	104.3	104.1	101.6	104.0	108.3	109.0	114.2	114.3	97.1	97.7	104.9	106.5
水产品	114.2	116.0	102.5	103.9	108.1	108.0	112.1	107.7	108.0	111.5	104.2	104.4
鲜菜	110.7	105.2	115.4	133.0	118.7	110.4	100.5	100.9	115.9	120.6	108.1	108.8
鲜果	109.0	105.9	109.1	115.4	115.6	117.7	116.4	120.9	98.8	99.2	107.1	109.6
烟酒及用品	102.9	102.0	101.5	101.8	101.6	101.8	102.8	103.2	102.9	102.7	100.3	99.4
衣着	98.5	97.3	98.0	98.1	99.0	99.1	102.1	100.0	103.1	109.7	102.3	100.8
家庭设备用品及服务	102.8	102.7	100.2	100.8	100.0	100.8	102.4	101.1	101.9	99.6	101.5	101.9
医疗保健及个人用品	102.9	102.4	101.2	101.1	103.2	104.3	103.4	102.5	102.0	101.7	101.3	102.2
交通和通信	99.1	99.8	97.6	99.3	99.6	100.7	100.5	101.0	99.9	100.3	99.6	100.0
娱乐教育文化用品及服务	99.3	99.9	99.3	101.2	100.6	100.6	100.4	100.3	100.5	99.5	101.8	101.6
居住	105.5	104.6	96.4	99.7	104.5	103.1	105.3	106.0	102.1	100.8	102.8	103.7
商品零售价格指数	**105.9**	**105.3**	**98.8**	**100.1**	**103.1**	**103.0**	**104.9**	**104.6**	**102.0**	**101.6**	**101.4**	**101.7**
食品	114.4	111.9	100.9	101.8	107.6	106.4	111.9	112.2	104.8	104.1	104.7	105.0
饮料、烟酒	103.4	102.6	101.7	102.2	101.7	102.3	103.3	104.2	103.3	103.7	100.7	100.0
服装、鞋帽	98.4	97.6	97.9	98.0	98.8	99.2	101.8	99.7	102.9	110.0	102.2	101.1
纺织品	100.5	100.2	99.6	98.8	101.2	101.9	105.7	101.6	101.5	100.6	101.0	101.6
家用电器及音像器材	96.9	99.2	94.2	96.6	96.1	97.4	96.9	95.8	97.7	95.0	98.3	98.7
文化办公用品	96.8	97.3	96.2	97.9	97.8	98.5	97.6	96.5	98.1	96.8	98.6	98.2
日用品	103.7	102.7	102.0	101.5	100.3	100.9	102.3	101.7	102.1	100.8	100.8	100.7
体育娱乐用品	97.7	99.2	97.8	98.3	98.3	97.9	100.9	101.6	101.0	100.7	100.7	100.8
交通、通信用品	93.2	94.3	93.7	96.3	95.6	96.9	96.1	95.5	96.0	94.9	97.3	98.5
家具	102.6	101.5	99.7	100.3	100.1	99.6	102.3	101.4	101.3	97.3	101.2	101.7
化妆品	100.7	100.0	100.8	99.6	100.4	100.5	101.3	101.2	102.2	101.3	101.5	101.6
金银珠宝	116.8	114.8	95.6	93.6	114.5	114.3	114.3	112.6	101.0	101.8	91.9	91.8
中西药品及医疗保健用品	103.1	102.0	101.5	101.4	104.3	106.4	103.9	102.3	102.1	101.5	101.3	101.0
书报杂志及电子出版物	101.5	99.9	105.0	102.3	101.3	101.1	100.8	99.6	101.4	100.2	101.3	100.5
燃料	116.0	115.8	92.7	100.7	112.3	110.9	111.1	113.2	102.9	102.3	99.9	100.4
建筑材料及五金电料	107.9	107.4	98.4	99.3	103.5	102.6	105.1	103.6	100.3	97.3	100.5	100.3
农业生产资料价格指数	**120.3**	**116.6**	**97.5**	**101.2**	**102.9**	**103.6**	**111.3**	**112.4**	**105.6**	**104.7**	**101.4**	**101.5**

7-12 全国及各省(市、区)居民消费价格指数

(上年＝100)

地　区	2007年	2008年	2009年	2010年	2011年	2012年	2013年
全国平均	**104.8**	**105.9**	**99.3**	**103.3**	**105.4**	**102.6**	**102.6**
北　京	102.4	105.1	98.5	102.4	105.6	103.3	103.3
天　津	104.2	105.4	99.0	103.5	104.9	102.7	103.1
河　北	104.7	106.2	99.3	103.1	105.7	102.6	103.0
山　西	104.6	107.2	99.6	103.0	105.2	102.5	103.1
内蒙古	104.6	105.7	99.7	103.2	105.6	103.1	103.2
辽　宁	105.1	104.6	100.0	103.0	105.2	102.8	102.4
吉　林	104.8	105.1	100.1	103.7	105.2	102.5	102.9
黑龙江	105.4	105.6	100.2	103.9	105.8	103.2	102.2
上　海	103.2	105.8	99.6	103.1	105.2	102.8	102.3
江　苏	104.3	105.4	99.6	103.8	105.3	102.6	102.3
浙　江	104.2	105.0	98.5	103.8	105.4	102.2	102.3
安　徽	105.3	106.2	99.1	103.1	105.6	102.3	102.4
福　建	105.2	104.6	98.2	103.2	105.3	102.4	102.5
江　西	104.8	106.0	99.3	103.0	105.2	102.7	102.5
山　东	104.4	105.3	100.0	102.9	105.0	102.1	102.2
河　南	105.4	107.0	99.4	103.5	105.6	102.5	102.9
湖　北	104.8	106.3	99.6	102.9	105.8	102.9	102.8
湖　南	105.6	106.0	99.6	103.1	105.5	102.0	102.5
广　东	103.7	105.6	97.7	103.1	105.3	102.8	102.5
广　西	106.1	107.8	97.9	103.0	105.9	103.2	102.2
海　南	105.0	106.9	99.3	104.8	106.1	103.2	102.8
重　庆	104.7	105.6	98.4	103.2	105.3	102.6	102.7
四　川	105.9	105.1	100.8	103.2	105.3	102.5	102.8
贵　州	106.4	107.6	98.7	102.9	105.1	102.7	102.5
云　南	105.9	105.7	100.4	103.7	104.9	102.7	103.1
西　藏	103.4	105.7	101.4	102.2	105.0	103.5	103.6
陕　西	105.1	106.4	100.5	104.0	105.7	102.8	103.0
甘　肃	105.5	108.2	101.3	104.1	105.9	102.7	103.2
青　海	106.6	110.1	102.6	105.4	106.1	103.1	103.9
宁　夏	105.4	108.5	100.7	104.1	106.3	102.0	103.4
新　疆	105.5	108.1	100.7	104.3	105.9	103.8	103.9

7-13 全国及各省(市、区)商品零售价格指数

(上年=100)

地 区	2007年	2008年	2009年	2010年	2011年	2012年	2013年
全国平均	**103.8**	**105.9**	**98.8**	**103.1**	**104.9**	**102.0**	**101.4**
北 京	100.8	104.4	97.8	100.4	103.2	100.6	99.8
天 津	103.2	105.1	98.9	103.4	104.7	103.0	101.7
河 北	104.1	106.7	99.0	103.1	105.0	102.2	102.2
山 西	104.2	107.2	99.1	102.3	104.9	101.8	101.8
内蒙古	103.6	104.7	99.5	103.0	104.9	102.5	102.6
辽 宁	104.4	105.3	99.8	103.2	105.0	102.2	101.6
吉 林	103.3	106.2	99.3	104.1	104.9	101.7	101.6
黑龙江	105.6	105.8	98.9	103.1	104.9	102.2	101.1
上 海	102.4	105.3	99.4	101.7	104.1	101.2	100.2
江 苏	102.9	104.9	98.9	103.2	104.6	102.1	101.4
浙 江	103.8	106.3	98.8	103.9	105.5	101.9	101.0
安 徽	104.5	106.3	99.0	103.2	105.3	102.1	101.3
福 建	104.3	105.7	97.9	103.4	104.8	101.8	101.1
江 西	104.0	106.1	99.1	102.7	104.8	102.1	101.5
山 东	103.6	104.9	99.4	102.7	104.7	101.6	101.4
河 南	104.4	107.5	99.4	103.7	105.7	102.3	101.9
湖 北	104.2	106.3	98.6	103.1	105.6	102.6	101.8
湖 南	104.3	105.6	98.5	103.1	105.5	101.7	101.7
广 东	103.4	106.0	96.8	103.3	105.1	102.2	101.0
广 西	104.8	107.6	98.0	103.0	106.0	102.3	101.2
海 南	103.8	106.7	98.5	104.6	105.4	102.7	101.5
重 庆	103.7	105.0	97.3	101.7	104.7	101.6	101.8
四 川	105.3	105.3	100.1	103.0	104.6	101.6	101.7
贵 州	104.2	107.2	97.6	103.0	105.5	102.0	101.5
云 南	104.4	106.1	100.1	103.6	105.1	102.4	102.6
西 藏	101.7	103.9	99.5	101.0	103.7	102.9	103.0
陕 西	105.0	106.9	99.9	103.6	104.8	102.3	101.8
甘 肃	104.4	107.9	101.8	104.6	105.4	102.6	102.6
青 海	106.0	110.6	101.6	104.3	105.4	102.1	102.7
宁 夏	104.1	108.5	99.5	103.2	105.3	101.0	102.4
新 疆	105.1	108.5	100.4	104.6	105.1	103.3	103.3

7-14 全国和36个大中城市居民消费价格指数

(上年=100)

地 区	2007年	2008年	2009年	2010年	2011年	2012年	2013年
全国平均	**103.9**	**105.7**	**99.2**	**103.1**	**105.3**	**102.8**	**102.7**
北 京	102.4	105.1	98.5	102.4	105.6	103.3	103.3
天 津	104.2	105.4	99.0	103.5	104.9	102.7	103.1
石家庄	104.3	106.7	100.3	103.0	105.7	102.8	102.9
太 原	104.1	107.4	99.9	103.0	105.4	102.1	103.1
呼和浩特	103.7	104.6	100.1	102.6	105.5	103.1	103.8
沈 阳	104.5	104.4	99.9	102.9	105.4	103.0	102.5
大 连	104.0	104.4	100.2	102.7	105.4	103.4	102.5
长 春	103.7	104.4	99.8	103.6	105.5	102.3	103.0
哈尔滨	104.1	104.7	100.2	103.7	105.6	103.2	102.1
上 海	103.2	105.8	99.6	103.1	105.2	102.8	102.3
南 京	103.7	106.2	100.1	104.2	105.4	102.7	102.7
杭 州	103.5	104.9	98.6	103.9	104.8	102.5	102.5
宁 波	103.9	105.0	99.4	103.7	105.3	101.7	102.2
合 肥	105.6	106.4	99.1	102.7	105.7	102.2	102.7
福 州	104.1	104.2	98.7	103.5	104.9	102.0	102.6
厦 门	104.6	104.9	97.3	103.0	105.2	102.1	102.3
南 昌	104.3	106.1	99.7	103.3	105.0	102.9	102.3
济 南	103.9	105.7	100.3	102.1	105.4	102.4	102.8
青 岛	104.5	104.7	100.5	102.2	105.0	102.7	102.5
郑 州	105.6	106.1	99.8	103.0	104.9	102.7	102.8
武 汉	104.1	105.7	99.4	103.0	105.2	102.8	102.4
长 沙	104.9	105.2	99.4	102.9	105.5	102.3	102.8
广 州	103.4	105.9	97.5	103.2	105.5	103.0	102.6
深 圳	104.1	105.9	98.7	103.5	105.4	102.8	102.7
南 宁	104.4	108.4	98.2	102.5	105.7	102.9	102.1
海 口	104.4	105.8	99.9	104.2	105.4	103.3	102.9
重 庆	104.7	105.6	98.4	103.2	105.3	102.6	102.7
成 都	105.2	104.3	100.3	103.0	105.4	103.0	103.1
贵 阳	105.1	107.0	97.7	102.9	105.5	102.6	103.2
昆 明	105.8	105.8	100.8	104.2	104.9	103.1	103.9
拉 萨	103.2	106.4	101.7	102.2	105.0	103.2	103.4
西 安	104.7	106.0	99.7	103.5	105.6	102.8	102.7
兰 州	105.3	107.2	99.6	103.8	105.4	102.4	103.5
西 宁	106.4	108.2	102.2	104.5	105.7	102.7	103.8
银 川	105.3	107.6	99.7	103.8	105.5	102.6	103.5
乌鲁木齐	104.6	107.0	100.4	102.7	104.5	103.4	103.5

7-15　全国和36个大中城市商品零售价格指数

(上年=100)

地　区	2007年	2008年	2009年	2010年	2011年	2012年	2013年
全国平均	**102.6**	**105.3**	**98.6**	**102.5**	**104.5**	**101.8**	**101.0**
北　京	100.8	104.4	97.8	100.4	103.2	100.6	99.8
天　津	103.2	105.1	98.9	103.4	104.7	103.0	101.7
石家庄	104.4	107.7	100.1	103.4	104.9	101.9	102.1
太　原	102.9	107.9	99.1	102.6	104.8	101.2	101.3
呼和浩特	102.7	105.4	99.9	102.6	104.7	101.5	101.9
沈　阳	103.2	105.0	97.9	102.6	105.2	102.4	101.6
大　连	101.9	106.0	99.4	104.0	104.4	102.5	101.0
长　春	102.1	105.6	99.6	104.6	104.8	101.8	101.3
哈尔滨	103.7	105.3	98.5	101.9	104.4	102.5	101.2
上　海	102.4	105.3	99.4	101.7	104.1	101.2	100.2
南　京	99.9	103.7	98.7	103.5	104.2	101.4	101.2
杭　州	103.1	106.0	98.6	103.7	104.4	101.9	101.5
宁　波	103.3	107.1	98.8	103.9	105.7	101.8	101.0
合　肥	104.6	106.3	99.8	102.1	105.1	101.9	101.2
福　州	103.1	104.4	99.1	102.9	104.0	101.1	101.0
厦　门	103.9	104.5	97.8	102.8	104.7	101.6	100.4
南　昌	103.5	106.2	99.4	103.0	105.2	102.4	101.3
济　南	102.2	104.5	98.7	101.3	104.6	101.8	101.3
青　岛	102.7	103.9	98.6	101.4	104.5	101.7	101.4
郑　州	102.7	106.0	100.3	102.7	104.9	102.4	101.4
武　汉	103.0	105.1	98.4	103.1	104.7	102.3	100.9
长　沙	102.3	103.9	97.7	103.8	105.4	101.5	101.2
广　州	102.9	105.7	96.8	103.2	105.1	101.9	100.5
深　圳	103.5	106.5	97.5	103.2	105.3	102.4	100.7
南　宁	103.1	107.9	98.5	102.3	104.9	101.7	100.8
海　口	103.4	105.6	99.2	103.7	105.0	102.8	101.6
重　庆	103.7	105.0	97.3	101.7	104.7	101.6	101.8
成　都	104.2	104.5	99.0	102.4	104.3	101.4	101.7
贵　阳	102.8	105.4	98.2	103.2	105.0	102.0	101.9
昆　明	103.4	105.4	100.0	103.6	104.9	102.0	102.5
拉　萨	101.2	104.6	100.1	101.2	103.9	102.9	103.5
西　安	103.7	105.4	99.5	102.7	104.4	102.3	101.7
兰　州	103.1	107.2	100.5	103.9	105.4	102.4	102.7
西　宁	105.7	110.1	102.3	104.6	106.0	102.3	102.5
银　川	103.6	105.9	98.5	102.5	104.2	100.6	102.3
乌鲁木齐	104.6	108.7	100.1	103.4	104.1	102.9	103.5

7-16 全国及各省(市、区)城镇居民人均可支配收入

单位：元

地 区	2011年	2012年	2013年
全 国	**21810**	**24565**	**26955**
北 京	32903	36469	40321
天 津	26921	29626	32294
河 北	18292	20543	22580
山 西	18124	20412	22456
内蒙古	20408	23150	25497
辽 宁	20467	23223	25578
吉 林	17797	20208	22275
黑龙江	15696	17760	19597
上 海	36230	40188	43851
江 苏	26341	29677	32538
浙 江	30971	34550	37851
安 徽	18606	21024	23114
福 建	24907	28055	30816
江 西	17495	19860	21873
山 东	22792	25755	28264
河 南	18195	20443	22398
湖 北	18374	20840	22906
湖 南	18844	21319	23414
广 东	26897	30227	33090
广 西	18854	21243	23305
海 南	18369	20918	22929
重 庆	20250	22968	25216
四 川	17899	20307	22368
贵 州	16495	18701	20667
云 南	18576	21075	23236
西 藏	16196	18028	20023
陕 西	18245	20734	22858
甘 肃	14989	17157	18965
青 海	15603	17566	19499
宁 夏	17579	19831	21833
新 疆	15514	17921	19874

7-17 全国及各省(市、区)农村居民人均纯收入

单位：元

地 区	2011年	2012年	2013年
全 国	**6977**	**7917**	**8896**
北 京	14736	16476	18337
天 津	12321	14026	15841
河 北	7120	8081	9102
山 西	5601	6357	7154
内蒙古	6642	7611	8596
辽 宁	8297	9384	10523
吉 林	7510	8598	9621
黑龙江	7591	8604	9634
上 海	16054	17804	19595
江 苏	10805	12202	13598
浙 江	13071	14552	16106
安 徽	6232	7161	8098
福 建	8779	9967	11184
江 西	6892	7829	8781
山 东	8342	9447	10620
河 南	6604	7525	8475
湖 北	6898	7852	8867
湖 南	6567	7440	8372
广 东	9372	10543	11669
广 西	5231	6008	6791
海 南	6446	7408	8343
重 庆	6480	7383	8332
四 川	6129	7001	7895
贵 州	4145	4753	5434
云 南	4722	5417	6141
西 藏	4904	5719	6578
陕 西	5028	5763	6503
甘 肃	3909	4507	5108
青 海	4609	5364	6196
宁 夏	5410	6180	6931
新 疆	5442	6394	7296

7-18 全国及各省(市、区)规模以下工业企业主要指标(2013年)

地　　区	企业数 (个)	从业人员 期末人数 (人)	主营业务收入 (万元)	资产总计 (万元)	应付职工薪酬 (万元)
全　　国	**1372213**	**26121576**	**567611121.98**	**537869955.44**	**69355488.10**
北　　京	18133	241054	6440878.72	13274766.28	906826.26
天　　津	20964	227709	5403357.69	6829208.12	707587.83
河　　北	61193	1141831	24297428.08	18448257.27	2561677.34
山　　西	17144	347606	5600622.00	7937489.44	543262.64
内 蒙 古	13082	337983	12053562.45	9863646.01	919393.68
辽　　宁	48399	493192	10096216.75	13038739.23	1246506.69
吉　　林	14016	268794	5594689.70	5354029.39	701881.06
黑 龙 江	17390	236599	5033226.34	6684107.61	488425.78
上　　海	40182	642378	15842415.06	19277474.98	2322364.85
江　　苏	188443	2940069	67030816.71	70220826.85	8606964.66
浙　　江	211032	3498415	103780646.81	95849349.97	10323487.99
安　　徽	43690	932396	19651214.25	14877963.65	2025921.88
福　　建	58735	1195790	18864073.41	19767445.67	3259080.68
江　　西	27361	799682	14585429.99	12921982.94	1787154.95
山　　东	126834	2708209	59308151.20	48593986.01	6933944.38
河　　南	71617	1403790	27271256.08	20082891.46	2910154.06
湖　　北	33230	667557	14709639.11	12534975.49	1378937.66
湖　　南	45525	944408	20028955.30	9894172.24	2688608.91
广　　东	154085	3898322	62355400.76	55722258.71	10485475.10
广　　西	18138	317104	4562641.12	7305762.50	681663.04
海　　南	1672	39920	702614.58	1837395.00	94841.37
重　　庆	41347	773430	20529022.68	11976390.07	2546493.26
四　　川	34595	627301	14100388.40	11092552.54	1814138.94
贵　　州	9480	145702	2075074.64	3658254.30	304398.98
云　　南	12926	219049	4751832.65	10574778.68	526392.05
西　　藏	476	13609	203718.17	863331.04	40497.05
陕　　西	21461	634108	12881381.89	14047765.96	1409828.97
甘　　肃	10277	235156	4627334.95	4476198.09	564141.51
青　　海	1920	36682	716772.12	2312432.47	96400.85
宁　　夏	3100	54717	1521816.27	1817316.57	131755.05
新　　疆	5769	99013	2990544.12	6734206.87	347280.63

7-19 全国及各省(市、区)个体工业主要指标(2013年)

地区	单位数(个)	从业人员期末人数(人)	营业收入(万元)	资产总计(万元)	应付职工薪酬(万元)
全国	**4650625**	**23745301**	**404919209.86**	**153384176.52**	**58249053.83**
北京	8907	42448	499008.18	472737.26	95334.75
天津	14160	80073	807867.83	389684.12	190904.01
河北	360237	2201664	54300898.14	16002589.77	4488543.74
山西	35508	121298	1170731.72	751609.03	157368.69
内蒙古	106831	536462	16737555.57	3398511.92	1379036.61
辽宁	109011	458964	5782267.00	3045587.76	915340.95
吉林	34178	100179	838603.66	679250.05	146941.40
黑龙江	42523	140082	1780328.62	1376895.55	240910.76
上海	2458	7375	103417.64	41486.83	24899.52
江苏	264767	1517049	23751947.37	9953424.26	4065929.60
浙江	710435	4224437	105426890.81	32612140.05	12282791.05
安徽	174340	721642	9647558.22	4571895.21	1557931.74
福建	159393	864407	9561663.43	4057252.56	2010920.79
江西	100311	486510	13084877.00	8374093.73	1188278.04
山东	438983	1993043	24872300.98	11170340.01	4423258.81
河南	541584	2284618	42610002.61	17395175.74	5108344.82
湖北	154938	492330	8696718.12	2273785.19	1008093.64
湖南	250353	880940	13412675.70	5414110.89	1882490.38
广东	305197	3028579	31373839.97	14636217.53	6526087.01
广西	170683	721926	6050868.75	3777387.01	1103373.15
海南	15201	54916	672833.75	375994.39	93707.02
重庆	78740	348556	4695269.69	1608506.01	879128.52
四川	214518	1012295	16709846.33	4544522.14	1661302.92
贵州	65062	196041	2199314.33	1366605.99	384627.26
云南	92640	297044	2154329.86	1671117.18	378584.77
西藏	4953	9274	67312.72	45040.34	16867.75
陕西	95650	571870	5314371.91	1945650.86	5531284.36
甘肃	47183	208899	841251.16	504127.09	199809.11
青海	11563	22897	355246.31	53298.91	30589.95
宁夏	9781	26289	317232.40	187096.34	54670.95
新疆	30537	93194	1082180.14	688042.80	221701.76

7-20 全国及各省(市、区)工业品出厂价格指数

(上年=100)

地　区	2007	2008	2009	2010	2011	2012	2013
全　国	**103.1**	**106.9**	**94.6**	**105.5**	**106.0**	**98.3**	**98.1**
北　京	99.7	103.3	94.4	102.2	102.3	98.4	97.4
天　津	101.5	104.1	92.5	105.1	103.8	97.0	97.0
河　北	106.9	116.7	89.1	109.0	107.7	94.7	96.6
山　西	107.4	122.4	92.0	109.5	107.5	94.5	90.7
内蒙古	105.7	112.5	96.2	106.7	107.8	100.2	97.0
辽　宁	104.4	110.9	94.0	107.4	106.5	99.9	99.0
吉　林	102.7	104.9	96.1	105.2	105.4	99.1	98.7
黑龙江	105.3	114.0	87.4	115.0	112.0	100.0	98.0
上　海	101.2	102.2	93.8	102.3	102.9	98.4	98.2
江　苏	102.6	104.6	95.2	107.3	106.2	97.1	98.0
浙　江	102.4	104.3	94.9	106.2	105.0	97.3	98.2
安　徽	103.6	108.4	92.8	109.0	108.3	98.3	98.2
福　建	100.8	102.7	95.5	103.2	103.9	98.7	98.4
江　西	106.2	106.4	93.0	115.3	111.3	96.5	98.5
山　东	103.3	108.6	94.1	107.2	106.0	98.4	98.4
河　南	105.2	112.1	94.9	107.8	107.2	99.4	98.5
湖　北	103.9	106.1	95.6	104.9	106.6	100.3	99.2
湖　南	106.1	109.3	94.3	106.9	108.5	99.1	98.5
广　东	101.3	103.1	95.8	103.2	103.7	99.5	98.8
广　西	104.5	109.0	93.5	112.0	108.5	97.8	98.2
海　南	102.7	104.5	90.6	107.7	108.8	100.8	99.5
重　庆	103.5	105.8	95.5	103.1	103.8	99.9	98.0
四　川	103.9	109.3	96.5	105.0	107.3	98.6	98.7
贵　州	105.0	112.4	95.1	104.7	105.4	101.0	97.4
云　南	105.7	105.8	91.5	108.8	104.7	97.9	97.5
西　藏	101.1	105.6	98.2	105.8	104.3	99.7	99.8
陕　西	102.9	108.4	96.1	108.7	107.2	100.7	97.3
甘　肃	105.5	104.9	91.0	115.0	111.0	96.8	96.9
青　海	104.2	107.6	91.3	109.4	107.4	96.9	97.0
宁　夏	103.7	112.9	93.9	109.1	109.5	97.4	96.0
新　疆	106.3	116.4	85.5	125.3	114.8	96.9	96.5

7-21　全国及各省(市、区)工业品出厂价格指数(2013年)

(上年同期=100)

地　区	全年	1月	2月	3月	4月	5月	6月
全　国	**98.1**	**98.4**	**98.4**	**98.1**	**97.4**	**97.1**	**97.3**
北　京	97.4	97.2	97.2	97.3	97.2	96.9	96.9
天　津	97.0	98.8	99.0	97.7	96.3	95.8	95.5
河　北	96.6	95.9	96.8	96.0	94.7	94.3	94.2
山　西	90.7	90.5	90.9	90.7	89.2	88.3	87.9
内蒙古	97.0	97.0	97.0	96.8	96.3	95.9	96.2
辽　宁	99.0	99.8	99.7	99.5	98.4	97.9	98.0
吉　林	98.7	98.1	97.8	97.9	97.7	97.9	98.5
黑龙江	98.0	99.5	98.9	98.1	95.0	94.5	96.5
上　海	98.2	98.4	98.7	98.3	97.7	97.5	97.8
江　苏	98.0	97.9	98.0	97.8	97.3	97.2	97.4
浙　江	98.2	97.9	97.9	97.7	97.4	97.4	97.9
安　徽	98.2	98.1	98.1	98.1	97.4	97.4	97.6
福　建	98.4	98.8	98.5	98.5	98.0	97.7	97.7
江　西	98.5	98.8	98.8	97.8	97.7	97.7	98.4
山　东	98.4	98.5	98.6	98.4	97.9	97.7	97.6
河　南	98.5	99.3	99.3	98.9	98.1	97.7	97.6
湖　北	99.2	100.4	99.9	99.6	98.8	98.8	98.9
湖　南	98.5	98.9	98.9	98.6	98.0	97.8	97.8
广　东	98.8	99.4	99.3	99.0	98.5	98.2	98.4
广　西	98.2	98.3	98.4	98.0	97.1	96.9	97.1
海　南	99.5	100.9	99.8	99.6	97.5	96.9	98.4
重　庆	98.0	98.7	98.7	98.5	98.3	98.3	97.1
四　川	98.7	98.0	98.2	98.3	97.7	97.8	98.3
贵　州	97.4	98.6	97.8	97.7	97.1	96.9	96.5
云　南	97.5	97.8	97.7	97.7	97.3	97.0	96.9
西　藏	99.8	100.1	100.0	98.9	99.4	99.5	99.7
陕　西	97.3	99.5	98.8	98.2	96.3	95.6	95.7
甘　肃	96.9	98.9	98.8	97.6	95.3	94.0	94.8
青　海	97.0	97.9	98.4	98.8	97.7	96.6	97.0
宁　夏	96.0	96.3	95.9	95.7	94.7	93.9	94.9
新　疆	96.5	98.3	98.4	97.2	93.4	92.3	94.6

7-21 续表

(上年同期=100)

地区	7月	8月	9月	10月	11月	12月
全国	**97.7**	**98.4**	**98.7**	**98.5**	**98.6**	**98.6**
北京	97.4	97.5	97.7	97.8	97.8	98.0
天津	96.4	97.2	97.2	96.6	96.6	96.8
河北	94.9	97.4	100.0	98.4	98.2	98.4
山西	88.3	90.3	93.0	93.8	93.2	93.0
内蒙古	96.2	97.2	97.3	97.4	98.2	98.3
辽宁	98.8	99.3	99.6	99.4	99.0	98.8
吉林	99.3	100.0	99.5	99.4	99.4	99.5
黑龙江	98.8	99.3	98.6	98.6	98.7	99.4
上海	98.0	98.3	98.6	98.3	98.3	98.6
江苏	97.8	98.3	98.5	98.5	98.7	98.6
浙江	98.2	98.7	98.7	98.6	98.7	98.9
安徽	97.7	98.4	98.9	98.8	98.6	98.8
福建	98.2	98.7	98.7	98.5	98.5	98.8
江西	98.2	99.5	99.3	98.6	98.8	98.6
山东	98.0	98.6	98.8	98.9	99.0	99.1
河南	97.9	98.7	98.9	98.7	98.8	98.6
湖北	98.8	99.1	99.2	99.1	98.7	98.7
湖南	98.0	98.6	98.8	98.8	98.8	99.0
广东	98.6	98.8	98.8	98.7	98.8	98.9
广西	97.5	98.3	99.1	99.1	99.3	99.2
海南	99.7	100.2	100.6	99.7	99.8	101.0
重庆	97.0	97.3	97.7	97.9	98.0	98.0
四川	98.6	99.1	99.3	99.5	99.7	99.4
贵州	97.3	97.4	97.6	97.5	97.5	97.2
云南	96.6	97.4	97.7	97.8	97.9	97.9
西藏	99.5	98.5	100.0	99.9	100.7	101.3
陕西	96.6	97.4	97.5	97.4	97.4	97.8
甘肃	97.2	99.1	98.3	96.4	96.3	96.4
青海	97.0	96.3	96.0	96.2	96.1	96.2
宁夏	95.6	96.5	96.7	97.0	97.3	97.7
新疆	97.8	98.6	97.5	96.9	96.4	97.1

7-22　全国及各省(市、区)购进价格指数(2013年)

(上年同期=100)

地　区	全年	1月	2月	3月	4月	5月	6月
全　国	**98.0**	**98.1**	**98.1**	**98.0**	**97.3**	**97.0**	**97.4**
北　京	97.8	97.6	97.6	97.6	96.4	96.0	96.4
天　津	97.4	98.4	98.3	97.8	96.8	96.3	96.3
河　北	97.6	96.6	97.3	97.3	96.6	95.7	96.6
山　西	95.5	95.4	95.5	95.6	94.8	94.5	94.1
内蒙古	99.3	99.3	99.1	98.9	98.8	98.6	98.8
辽　宁	98.5	99.1	99.1	98.7	98.1	97.8	97.9
吉　林	99.4	99.3	99.2	99.1	98.2	98.0	98.8
黑龙江	98.7	99.0	98.3	98.3	96.3	96.0	97.8
上　海	96.5	97.6	97.5	97.1	96.3	95.2	95.0
江　苏	97.1	96.5	96.7	96.9	96.2	96.0	96.6
浙　江	97.7	97.6	97.4	97.2	96.8	97.0	97.4
安　徽	96.9	98.0	97.9	97.4	96.6	96.0	96.2
福　建	98.4	98.4	98.4	98.3	98.1	97.7	98.1
江　西	98.4	98.2	98.3	98.1	97.5	97.6	97.9
山　东	98.4	98.1	98.2	98.2	97.6	97.4	97.8
河　南	99.3	99.6	99.5	99.3	98.7	98.5	98.8
湖　北	98.2	98.6	98.4	98.3	97.4	97.1	97.4
湖　南	98.4	100.1	99.8	99.4	98.1	97.2	97.2
广　东	98.2	98.5	98.3	98.1	97.5	97.5	97.9
广　西	98.9	98.2	98.6	98.8	98.6	98.6	98.7
海　南	97.0	99.3	99.0	96.1	95.3	95.0	96.6
重　庆	97.6	98.3	98.3	98.2	98.0	97.9	96.7
四　川	99.2	99.6	100.0	99.2	98.7	98.2	98.4
贵　州	96.4	95.3	95.5	95.3	95.5	95.6	95.9
云　南	98.8	98.7	98.6	98.8	98.2	97.7	98.4
西　藏							
陕　西	99.3	100.3	100.4	99.6	98.8	98.4	98.7
甘　肃	97.8	98.7	99.8	98.9	97.1	96.6	95.1
青　海	98.8	97.1	98.7	99.6	99.7	99.5	99.3
宁　夏	97.0	96.9	97.0	96.9	96.2	96.0	96.7
新　疆	97.8	98.1	98.5	98.4	96.2	94.9	95.7

7-22　续表

(上年同期=100)

地　区	7月	8月	9月	10月	11月	12月
全　国	**97.8**	**98.4**	**98.4**	**98.4**	**98.5**	**98.6**
北　京	98.0	98.5	98.5	98.8	99.2	99.1
天　津	96.9	97.5	97.5	97.4	97.5	97.7
河　北	96.8	97.9	99.1	99.1	98.9	99.1
山　西	94.3	95.5	96.3	96.6	96.6	96.5
内蒙古	99.0	99.4	99.9	99.9	100.1	100.0
辽　宁	98.5	98.8	98.5	98.5	98.7	98.7
吉　林	100.2	100.5	100.0	99.8	99.6	99.8
黑龙江	99.8	100.5	99.8	99.8	99.3	99.4
上　海	95.4	97.0	96.9	96.4	96.7	96.7
江　苏	97.0	97.8	97.8	97.7	97.7	98.0
浙　江	97.6	98.1	98.2	98.1	98.2	98.2
安　徽	95.9	96.3	96.4	96.9	97.3	97.6
福　建	98.4	98.9	99.0	98.8	98.7	98.5
江　西	98.1	99.1	98.9	98.9	98.9	99.0
山　东	98.3	98.9	98.8	98.8	99.1	99.3
河　南	98.9	99.6	99.3	99.4	99.8	99.8
湖　北	98.2	98.6	98.8	98.8	98.7	98.4
湖　南	97.5	98.2	98.2	98.3	98.3	98.5
广　东	98.0	98.3	98.3	98.1	98.7	98.9
广　西	98.8	99.1	99.4	99.4	99.2	98.9
海　南	97.3	96.7	96.0	97.1	97.8	98.3
重　庆	96.7	97.1	97.4	97.6	97.7	97.8
四　川	99.2	99.5	99.5	99.5	99.7	99.5
贵　州	96.6	97.0	98.0	97.3	97.5	97.7
云　南	98.4	98.9	99.4	99.7	99.6	99.1
西　藏						
陕　西	99.3	99.4	99.7	99.0	99.1	99.3
甘　肃	97.4	98.9	98.1	97.8	98.0	97.8
青　海	98.4	99.0	98.8	98.9	98.6	98.4
宁　夏	97.0	96.9	96.9	97.5	97.9	98.6
新　疆	98.3	99.9	99.0	98.2	98.2	98.6

7-23　全国70个大中城市二手住宅同比价格指数(2013年)

(上年同月=100)

城　市	1月	2月	3月	4月	5月	6月	7月	8月	9月	10月	11月	12月
北　京	103.5	106.0	109.1	110.9	112.8	114.1	115.3	116.4	117.8	119.0	120.1	119.7
天　津	103.2	103.9	104.1	104.6	105.1	105.1	104.6	104.3	105.1	105.7	105.2	105.1
石家庄	99.9	100.4	100.1	100.7	101.1	101.3	101.2	101.2	101.7	102.6	103.0	103.2
太　原	106.0	106.7	106.9	106.8	106.1	106.2	106.2	105.5	105.1	104.8	104.4	104.1
呼和浩特	100.5	100.9	101.3	101.5	101.8	101.9	102.2	102.2	102.5	103.1	103.4	103.5
沈　阳	100.3	101.2	101.6	102.1	102.4	102.5	102.9	103.4	104.2	105.3	105.2	105.6
大　连	104.0	104.0	104.7	105.4	105.3	104.2	103.2	102.4	102.1	101.8	101.9	102.5
长　春	101.7	102.3	103.1	103.6	103.5	103.8	103.7	103.8	104.0	104.5	104.5	104.5
哈尔滨	99.8	100.4	100.6	101.1	101.2	101.1	101.4	101.9	102.7	104.0	104.2	104.8
上　海	102.0	103.9	107.2	108.5	109.2	110.2	110.9	111.4	112.3	113.2	113.7	113.9
南　京	101.1	102.3	103.1	104.4	105.3	106.1	106.0	106.7	107.1	107.3	107.4	107.9
杭　州	99.1	101.1	101.6	102.5	102.7	103.0	102.0	101.8	102.8	102.8	103.0	102.9
宁　波	96.0	98.1	98.7	99.8	101.2	101.3	101.9	102.3	102.6	103.1	103.8	104.4
合　肥	100.8	100.8	101.2	101.9	102.5	102.6	103.0	103.1	104.9	105.3	106.0	106.4
福　州	100.9	102.5	104.0	105.0	105.1	106.3	106.9	107.5	108.3	108.8	109.1	109.5
厦　门	103.3	104.5	105.4	105.4	105.7	105.9	106.3	106.6	106.8	107.3	107.4	107.7
南　昌	102.8	103.6	104.6	105.3	105.2	104.9	105.2	105.3	105.8	105.8	106.1	106.0
济　南	99.5	100.1	100.6	100.8	101.4	102.0	102.5	102.7	103.1	103.5	103.9	104.3
青　岛	99.1	99.6	100.2	100.9	102.0	102.5	102.6	102.8	102.9	102.9	103.1	103.7
郑　州	101.0	102.1	103.0	103.8	104.4	104.8	104.9	105.1	105.5	106.1	106.8	107.3
武　汉	101.4	102.7	102.7	103.9	104.6	104.8	105.8	106.7	107.5	108.1	108.4	108.5
长　沙	100.2	100.7	101.3	102.2	103.5	104.4	104.8	105.0	105.1	105.7	105.9	106.2
广　州	103.5	105.7	107.5	108.6	109.9	110.4	110.7	110.9	110.7	111.4	112.2	112.3
深　圳	102.4	103.9	106.2	107.3	108.3	109.6	110.5	112.2	113.6	114.1	114.7	114.8
南　宁	101.9	101.8	102.1	102.4	102.8	103.0	103.0	103.1	103.4	103.8	103.9	104.6
海　口	99.5	99.3	99.4	99.7	99.7	99.7	99.5	99.4	99.5	99.6	100.0	100.2
重　庆	100.6	100.8	101.6	101.9	102.4	102.6	102.9	102.9	103.1	103.6	104.3	104.7
成　都	99.8	100.6	101.5	102.8	103.2	103.7	103.8	104.1	104.4	104.9	105.2	105.2
贵　阳	100.6	100.8	101.7	102.1	103.0	104.0	105.4	106.0	108.4	108.9	110.0	110.0
昆　明	104.3	105.5	107.1	108.3	109.3	109.0	107.1	107.3	108.0	108.8	108.8	108.0
西　安	99.4	100.4	101.7	101.7	102.1	102.7	103.6	104.1	104.3	104.6	104.9	105.0
兰　州	99.6	99.5	100.2	100.7	101.1	101.0	101.4	101.2	101.9	102.3	102.7	102.8
西　宁	101.6	101.7	102.3	102.7	103.3	103.5	103.3	103.6	103.9	103.9	104.3	104.3
银　川	99.9	101.3	102.5	103.4	104.4	105.1	105.7	106.2	106.9	107.6	107.9	108.4
乌鲁木齐	98.9	99.8	101.4	102.4	102.9	103.2	103.5	103.8	104.0	104.4	104.7	105.0

7-23 续表

（上年同月=100）

城　市	1月	2月	3月	4月	5月	6月	7月	8月	9月	10月	11月	12月
唐　山	98.3	99.3	99.9	100.2	101.2	101.5	102.0	102.0	102.1	102.6	102.7	102.6
秦皇岛	100.7	101.7	102.3	102.3	103.2	103.3	102.7	102.8	102.9	102.7	102.3	102.2
包　头	99.0	100.0	100.5	100.8	101.3	100.3	99.9	100.4	101.2	102.2	103.2	102.9
丹　东	99.9	100.3	100.7	101.0	101.5	101.3	101.6	102.3	102.6	103.0	103.5	103.9
锦　州	98.7	99.1	99.5	99.9	100.1	100.2	100.7	101.2	101.6	102.2	103.4	103.3
吉　林	99.3	100.0	99.9	100.2	100.4	100.6	100.9	100.9	101.0	101.1	101.6	101.9
牡丹江	99.5	99.9	100.0	100.9	101.3	101.7	102.0	101.7	101.9	101.7	101.7	101.6
无　锡	100.1	100.7	101.0	101.7	101.5	101.7	102.0	102.4	102.4	103.1	103.7	102.6
扬　州	97.0	97.7	98.5	99.6	100.6	100.9	101.2	101.9	102.6	103.0	103.5	103.4
徐　州	102.0	102.6	102.2	102.2	102.4	101.8	101.8	102.1	102.3	102.3	102.3	101.9
温　州	95.6	95.5	94.6	96.3	96.4	96.4	95.5	95.1	94.7	94.7	94.3	92.8
金　华	98.5	99.2	100.1	100.9	102.4	102.9	103.2	103.0	103.6	104.1	104.8	105.1
蚌　埠	100.3	100.5	100.6	101.1	101.6	101.7	101.6	101.8	101.7	101.8	102.4	103.0
安　庆	100.3	100.7	100.9	101.2	101.4	101.6	101.8	101.9	102.2	102.3	102.3	102.2
泉　州	97.1	99.2	99.7	100.2	100.8	101.1	101.5	102.0	102.3	102.6	103.2	103.8
九　江	100.2	101.2	102.4	102.8	103.1	102.6	102.2	102.5	102.3	102.4	102.9	103.8
赣　州	99.9	100.3	100.8	100.8	100.8	100.7	101.0	101.2	101.3	101.9	102.1	102.1
烟　台	95.1	95.9	97.3	98.4	99.9	101.1	102.2	103.3	103.8	104.6	105.4	106.2
济　宁	99.7	100.3	101.0	101.5	102.1	102.4	102.7	102.5	102.7	102.8	103.0	103.7
洛　阳	98.9	100.0	101.0	102.1	103.0	103.3	104.2	104.3	104.6	105.0	105.0	105.7
平顶山	99.4	100.3	101.0	102.0	102.8	103.4	103.7	103.7	103.9	104.2	104.4	104.8
宜　昌	97.7	99.2	100.8	105.2	106.1	107.2	107.5	107.8	108.1	108.6	109.2	109.4
襄　阳	100.3	101.4	102.5	103.9	105.2	106.1	106.8	107.3	107.5	108.1	108.8	108.9
岳　阳	102.7	102.9	103.3	103.9	104.3	104.4	104.7	104.6	104.9	104.8	104.8	104.7
常　德	97.4	97.9	100.2	102.8	103.6	104.3	105.3	106.5	106.7	107.2	108.6	109.2
惠　州	99.9	100.5	101.3	101.9	102.2	102.3	103.0	103.6	104.4	104.7	105.5	106.3
湛　江	100.7	101.2	101.4	101.6	102.0	102.1	101.9	102.2	102.9	103.4	103.7	104.1
韶　关	102.0	103.1	103.6	103.8	104.3	104.3	104.2	105.6	105.7	105.7	105.2	105.3
桂　林	99.8	100.7	101.1	101.4	102.5	103.0	103.2	103.6	104.0	104.3	104.5	104.8
北　海	100.3	101.0	102.3	103.0	103.6	104.4	104.8	105.0	105.3	105.7	106.3	106.3
三　亚	98.9	99.5	100.0	100.4	100.8	101.1	101.3	101.4	101.5	101.7	101.7	102.2
泸　州	100.9	100.8	101.2	101.6	101.8	101.7	101.8	102.1	102.6	103.0	103.7	104.1
南　充	100.3	100.9	101.4	102.0	102.4	102.6	102.9	103.3	103.9	104.4	105.0	105.4
遵　义	98.9	99.9	100.9	101.4	101.7	102.0	102.1	102.1	102.3	102.9	104.5	104.6
大　理	99.5	99.6	100.2	100.4	100.6	100.9	100.8	101.2	101.7	102.3	102.8	103.1

7-24 全国70个大中城市二手住宅环比价格指数(2013年)

(上月=100)

城 市	1月	2月	3月	4月	5月	6月	7月	8月	9月	10月	11月	12月
北 京	101.0	102.2	103.1	102.0	101.7	101.3	101.4	101.2	101.3	101.1	101.2	100.6
天 津	100.0	101.0	100.6	100.5	100.6	100.2	100.2	100.2	100.5	100.5	100.5	100.3
石家庄	100.1	100.7	100.1	100.5	100.3	100.0	99.9	99.8	100.5	100.8	100.4	100.2
太 原	100.4	100.6	100.4	100.1	100.3	100.5	100.3	100.0	100.4	100.5	100.2	100.4
呼和浩特	100.2	100.4	100.4	100.2	100.3	100.1	100.4	100.0	100.4	100.6	100.5	100.2
沈 阳	100.3	100.5	100.3	100.4	100.4	100.3	100.5	100.7	100.8	100.8	100.2	100.5
大 连	100.5	100.4	100.5	100.3	99.9	100.1	100.0	100.0	100.2	100.2	100.0	100.2
长 春	100.5	100.5	100.6	100.4	100.0	100.2	100.2	100.4	100.6	100.5	100.3	100.2
哈尔滨	100.2	100.8	100.4	100.4	100.1	99.9	100.3	100.4	100.8	100.5	100.1	100.8
上 海	100.8	101.6	102.6	101.3	100.9	101.1	100.8	100.8	101.0	100.9	100.7	100.5
南 京	100.5	100.8	101.0	101.1	100.8	100.9	100.5	100.6	100.6	100.3	100.4	100.3
杭 州	99.5	101.4	100.2	100.2	100.1	100.3	99.9	100.2	100.6	100.0	100.3	100.2
宁 波	100.0	101.2	100.2	100.3	100.7	100.4	100.1	100.2	99.9	100.5	100.5	100.4
合 肥	100.0	100.3	101.2	100.7	100.3	100.0	100.5	100.3	100.9	100.6	100.8	100.8
福 州	100.4	101.1	101.0	100.9	100.6	100.9	100.9	100.7	100.8	100.7	100.6	100.8
厦 门	101.7	100.6	101.0	100.4	100.4	100.5	100.4	100.5	100.4	100.6	100.4	100.7
南 昌	100.5	100.6	100.8	100.7	100.3	99.9	100.4	100.3	100.8	100.4	100.7	100.4
济 南	100.1	100.6	100.2	100.3	100.4	100.3	100.6	100.4	100.3	100.3	100.2	100.4
青 岛	100.1	100.4	100.3	100.4	100.5	100.4	100.3	100.4	100.2	100.1	100.1	100.5
郑 州	100.3	100.6	100.6	100.8	100.4	100.7	100.3	100.5	100.7	100.7	100.7	100.7
武 汉	100.3	101.1	100.1	101.0	100.8	100.6	100.9	100.9	100.7	100.7	100.5	100.4
长 沙	100.1	100.4	100.6	100.8	101.2	100.7	100.3	100.3	100.2	100.7	100.3	100.4
广 州	100.4	101.7	101.5	100.7	101.1	100.9	101.0	101.0	100.4	101.0	101.2	100.6
深 圳	100.5	101.4	102.3	101.1	101.0	101.3	101.0	101.6	101.3	100.9	100.8	100.7
南 宁	101.3	99.8	100.5	100.5	100.7	100.3	100.0	100.0	100.5	100.4	100.1	100.6
海 口	99.9	99.8	100.1	100.1	100.0	100.0	99.9	99.9	100.0	100.0	100.4	100.2
重 庆	100.1	100.4	100.7	100.5	100.4	100.3	100.3	100.0	100.3	100.5	100.8	100.4
成 都	100.2	100.4	100.8	100.6	100.3	100.6	100.3	100.4	100.4	100.6	100.4	100.4
贵 阳	100.4	100.4	101.2	100.6	100.9	101.0	100.9	100.6	101.8	100.6	101.0	100.2
昆 明	100.6	100.6	101.1	101.1	101.3	100.7	100.4	100.3	100.3	100.5	100.6	100.4
西 安	100.4	100.6	100.9	100.0	100.5	100.4	100.3	100.1	100.4	100.6	100.4	100.3
兰 州	99.7	100.2	100.4	100.4	100.3	99.9	100.4	99.8	100.5	100.5	100.4	100.2
西 宁	100.2	100.4	100.6	100.4	100.6	100.5	100.1	100.3	100.4	100.1	100.5	100.1
银 川	100.2	100.8	100.7	100.8	100.8	100.6	100.6	100.7	100.7	100.8	100.7	100.6
乌鲁木齐	100.0	100.4	100.7	100.4	100.7	100.4	100.4	100.5	100.3	100.4	100.2	100.4

7-24 续表

(上月=100)

城市	1月	2月	3月	4月	5月	6月	7月	8月	9月	10月	11月	12月
唐山	100.1	100.3	100.3	100.3	100.6	100.0	100.2	100.0	100.1	100.6	100.0	100.0
秦皇岛	100.1	100.7	100.4	100.1	100.7	100.3	99.9	100.2	100.0	100.0	99.8	100.1
包头	100.0	100.4	100.2	100.3	100.2	100.0	100.1	100.3	100.4	100.4	100.3	100.2
丹东	100.0	100.4	100.4	100.3	100.5	99.9	100.3	100.4	100.4	100.5	100.4	100.3
锦州	100.0	100.4	100.4	100.3	100.3	100.4	100.3	100.3	100.5	100.3	100.2	99.9
吉林	100.0	100.6	99.9	100.3	100.2	100.1	100.3	100.1	100.1	100.0	100.3	100.2
牡丹江	100.0	100.3	100.1	100.8	100.3	100.3	100.3	99.7	100.2	99.8	100.0	99.9
无锡	100.0	100.8	100.2	100.4	99.9	99.9	100.0	100.3	100.4	100.0	100.6	100.2
扬州	100.1	100.5	100.2	100.4	100.3	100.2	100.1	100.5	100.3	100.4	100.3	100.2
徐州	100.8	100.5	99.4	100.0	100.2	100.5	100.1	100.3	100.2	100.1	100.1	99.8
温州	99.7	99.3	98.9	99.2	99.7	99.7	99.6	99.8	99.4	99.7	99.2	98.2
金华	100.2	100.4	100.5	100.2	100.4	100.4	100.5	100.4	100.6	100.4	100.5	100.3
蚌埠	100.0	100.1	100.1	100.5	100.5	100.1	100.0	100.3	99.9	100.3	100.5	100.6
安庆	100.1	100.3	100.2	100.3	100.2	100.2	100.3	100.3	100.2	100.1	100.1	99.9
泉州	99.8	100.3	100.0	100.4	100.5	100.4	100.5	100.3	100.4	100.4	100.3	100.6
九江	100.2	100.7	100.7	100.4	100.4	99.8	99.8	100.3	99.9	100.3	100.7	100.7
赣州	100.2	100.4	100.4	100.0	100.0	99.9	100.4	100.2	100.2	100.4	100.2	100.1
烟台	99.8	100.6	100.7	100.8	100.6	100.5	100.8	100.2	100.4	100.6	100.5	100.5
济宁	99.9	100.6	100.7	100.5	100.4	100.4	100.2	100.1	100.2	100.1	100.1	100.5
洛阳	100.2	100.7	100.7	100.8	100.7	100.2	100.8	100.0	100.3	100.4	100.2	100.7
平顶山	100.0	100.4	100.5	100.9	100.7	100.4	100.3	100.3	100.3	100.3	100.2	100.4
宜昌	100.6	101.5	101.5	101.0	101.0	100.6	100.4	100.4	100.4	100.6	100.5	100.4
襄阳	100.1	101.0	101.1	101.3	101.2	100.9	100.7	100.6	100.1	100.6	100.8	100.2
岳阳	100.2	100.4	100.5	100.6	100.6	100.4	100.4	100.3	100.6	100.3	100.2	100.2
常德	100.8	100.5	102.3	101.8	100.8	100.8	100.1	100.6	100.5	100.4	100.1	100.1
惠州	100.1	100.5	100.7	100.5	100.4	100.4	100.4	100.3	100.4	100.7	100.9	100.8
湛江	100.2	100.5	100.2	100.3	100.3	100.1	100.3	100.4	100.6	100.4	100.3	100.5
韶关	101.0	101.0	100.7	100.3	100.3	100.0	100.0	101.6	100.3	100.0	100.0	100.1
桂林	100.1	100.4	100.5	100.4	100.8	100.5	100.4	100.4	100.5	100.1	100.3	100.3
北海	100.4	100.4	101.0	100.6	100.7	100.7	100.5	100.4	100.3	100.4	100.6	100.3
三亚	100.1	100.1	100.3	100.1	100.2	100.1	100.1	100.1	100.1	100.2	100.0	100.8
泸州	100.2	99.9	100.4	100.4	100.2	100.0	100.2	100.3	100.6	100.4	100.8	100.6
南充	100.2	100.7	100.4	100.5	100.4	100.3	100.2	100.3	100.7	100.5	100.7	100.5
遵义	100.3	101.0	100.8	100.4	100.3	100.2	100.0	100.1	100.0	100.6	100.7	100.3
大理	100.1	100.2	100.5	100.2	100.3	100.2	99.8	100.3	100.3	100.5	100.4	100.2

7-25 全国70个大中城市新建商品住宅同比价格指数(2013年)

(上年同月=100)

城 市	1月	2月	3月	4月	5月	6月	7月	8月	9月	10月	11月	12月
北 京	104.3	107.7	111.2	113.4	115.2	116.7	118.3	119.3	120.6	121.2	121.1	120.6
天 津	101.6	103.2	104.9	105.9	106.2	106.5	106.8	107.0	107.6	107.9	108.0	108.3
石家庄	102.1	103.4	104.6	105.4	105.9	107.0	106.8	107.4	108.2	109.3	109.4	110.1
太 原	101.4	102.5	103.3	104.7	107.0	108.2	109.1	110.0	111.3	112.5	112.5	112.1
呼和浩特	100.3	101.7	102.0	102.0	103.5	104.7	106.0	107.1	108.2	109.6	110.0	110.6
沈 阳	101.3	102.9	104.3	106.4	108.6	109.5	110.6	111.7	112.7	113.3	113.2	113.2
大 连	102.0	103.1	104.4	105.9	107.1	107.8	108.3	108.5	109.0	109.4	109.5	110.1
长 春	100.1	101.5	102.6	103.7	104.8	105.9	106.5	107.2	107.9	108.1	109.0	108.8
哈尔滨	101.7	102.8	103.7	104.4	105.2	106.7	107.0	107.8	108.2	110.1	110.5	110.7
上 海	101.5	104.1	107.8	110.2	112.2	114.4	116.5	118.5	120.4	121.4	121.9	121.9
南 京	103.0	105.3	107.6	109.7	111.3	112.3	112.8	113.5	114.5	115.3	115.8	115.6
杭 州	93.4	94.5	100.3	105.4	107.0	107.4	107.9	108.7	109.8	111.0	111.7	111.5
宁 波	93.3	94.7	96.5	99.3	101.8	103.0	103.6	104.7	105.9	106.6	107.2	107.8
合 肥	101.6	102.9	103.9	104.9	105.9	106.8	107.6	108.2	108.9	109.1	110.0	110.7
福 州	102.4	104.4	106.0	107.8	108.4	111.0	110.9	111.2	112.3	112.8	114.0	113.3
厦 门	102.4	104.2	106.6	108.6	110.2	111.9	113.9	114.9	116.5	116.9	117.1	116.9
南 昌	101.7	103.3	105.1	106.7	107.6	108.6	108.6	108.8	109.7	110.1	110.5	110.4
济 南	100.9	101.7	102.9	104.7	105.5	106.0	106.9	107.6	108.2	108.7	109.3	109.4
青 岛	97.4	99.0	101.3	103.8	104.9	105.8	106.9	108.4	109.3	109.9	110.4	110.5
郑 州	102.5	104.3	106.5	108.2	109.3	110.4	112.0	112.6	112.7	112.5	112.4	112.0
武 汉	102.1	103.6	104.9	106.1	107.3	108.0	108.9	109.9	110.5	111.3	111.3	110.9
长 沙	102.0	103.5	105.1	106.3	107.6	108.5	109.4	110.2	110.8	111.8	111.8	112.3
广 州	104.7	108.2	111.2	113.7	115.5	116.5	117.4	119.0	120.2	120.7	120.9	120.4
深 圳	103.3	105.8	109.1	111.5	114.0	116.0	117.0	118.4	120.1	120.6	121.0	120.3
南 宁	99.7	101.3	103.4	104.1	105.7	106.6	107.6	108.5	108.9	109.6	109.7	110.3
海 口	99.6	99.9	100.0	100.3	100.8	100.9	101.0	101.0	101.1	101.8	101.8	102.4
重 庆	102.5	103.6	104.4	105.6	106.3	106.9	107.3	108.1	109.0	109.4	109.7	109.5
成 都	101.5	102.3	103.4	105.4	106.8	107.7	107.7	108.6	109.1	109.6	109.8	109.7
贵 阳	101.5	102.2	103.0	104.3	105.1	105.0	105.6	105.4	106.1	106.9	107.4	107.4
昆 明	102.0	102.1	103.2	104.0	104.8	105.6	105.5	106.3	106.6	107.0	107.0	106.9
西 安	101.6	102.6	104.2	105.2	106.5	107.3	108.6	109.3	109.8	110.3	110.5	110.9
兰 州	100.5	101.4	102.7	103.6	104.2	105.4	105.9	107.1	107.5	107.9	107.9	108.0
西 宁	102.3	103.6	104.0	104.6	105.8	106.9	107.9	108.7	108.9	109.3	109.4	109.9
银 川	102.2	102.8	103.3	104.5	105.4	106.5	106.8	107.9	108.2	108.7	109.0	109.2
乌鲁木齐	103.5	105.0	106.2	107.4	108.1	107.9	108.3	109.1	110.0	110.3	110.1	110.7

7-25 续表

(上年同月=100)

城市	1月	2月	3月	4月	5月	6月	7月	8月	9月	10月	11月	12月
唐山	99.8	100.3	101.2	101.1	101.1	101.2	101.4	101.7	101.4	101.8	101.5	101.7
秦皇岛	101.5	102.8	103.7	104.6	105.4	106.0	106.4	107.1	107.8	107.6	107.9	107.8
包头	101.6	103.6	104.9	105.7	107.1	107.0	107.4	107.3	107.6	108.4	108.7	109.4
丹东	100.4	101.4	102.5	103.3	104.2	105.0	105.7	107.0	107.9	108.5	109.0	109.3
锦州	100.3	101.5	101.9	103.0	103.9	105.3	106.0	107.6	108.7	109.7	110.2	110.7
吉林	101.0	101.8	102.8	103.6	104.7	105.7	106.0	107.1	107.7	108.3	108.4	108.8
牡丹江	99.9	100.8	101.6	103.0	103.8	104.4	104.6	105.0	105.7	105.7	105.7	106.2
无锡	100.4	101.3	103.2	103.8	104.4	104.4	104.3	104.0	104.5	105.2	105.6	105.9
扬州	100.1	100.8	101.4	102.5	103.5	104.4	104.3	104.8	105.4	106.6	107.6	107.3
徐州	100.5	101.7	103.5	104.7	105.9	106.9	107.5	108.7	109.6	110.6	110.6	111.0
温州	89.2	89.3	90.2	93.9	96.2	97.0	97.4	97.7	98.2	98.5	98.8	97.2
金华	94.4	94.7	100.1	101.0	102.3	103.2	104.4	106.5	107.8	108.0	107.7	107.0
蚌埠	100.3	100.9	101.5	101.9	102.5	103.0	103.0	103.5	104.4	105.0	105.2	104.8
安庆	100.1	101.0	102.1	102.5	103.2	103.9	103.5	104.2	104.8	105.5	105.7	105.9
泉州	99.8	100.5	100.9	102.6	103.5	104.1	104.8	105.4	106.7	107.3	107.9	108.4
九江	100.8	101.8	102.3	103.0	104.5	105.1	104.9	105.6	105.5	106.2	106.9	107.0
赣州	100.6	101.9	103.6	104.1	104.5	104.5	105.6	106.4	107.5	108.6	109.4	109.2
烟台	99.7	100.8	102.4	103.4	103.7	104.0	104.9	106.3	107.2	107.8	108.5	108.9
济宁	100.8	102.0	103.3	104.1	104.7	106.0	106.5	107.5	107.6	109.1	109.0	110.0
洛阳	100.0	101.4	102.0	103.0	103.8	104.6	105.6	106.5	107.7	108.2	108.7	108.9
平顶山	99.8	101.0	102.5	103.3	104.3	105.2	105.9	107.0	108.5	108.6	109.3	109.3
宜昌	101.1	102.0	103.5	105.1	106.5	107.2	107.6	108.6	109.3	109.6	109.9	110.0
襄阳	100.2	100.9	103.0	104.7	106.2	107.2	107.3	108.1	108.4	108.6	108.9	108.8
岳阳	100.2	100.9	102.6	104.3	106.0	107.9	108.2	108.9	110.8	110.8	110.9	110.8
常德	100.8	101.6	102.6	103.4	103.3	103.9	104.5	105.6	106.1	106.5	106.9	106.4
惠州	100.3	101.2	102.0	102.7	103.6	104.3	104.7	105.7	106.7	107.2	108.1	108.5
湛江	102.6	103.8	104.4	105.0	106.1	106.5	107.0	107.9	109.3	109.6	110.0	109.6
韶关	101.5	102.6	102.8	103.5	105.1	105.2	105.9	106.4	106.4	107.0	106.5	106.0
桂林	99.7	99.8	100.6	101.3	104.3	105.8	107.8	108.7	108.7	110.1	111.6	112.1
北海	99.6	100.9	102.0	103.1	104.1	105.3	105.9	106.9	108.2	108.7	109.1	110.0
三亚	99.9	100.3	101.1	102.0	102.2	102.4	102.8	103.4	103.7	104.7	105.5	105.4
泸州	102.1	103.0	104.2	105.2	105.3	105.0	105.6	106.6	108.7	109.5	108.9	109.2
南充	102.7	104.0	105.7	106.8	108.0	110.1	110.9	111.5	111.5	111.4	110.9	110.8
遵义	102.0	103.1	103.6	104.3	104.5	104.6	104.7	105.3	106.0	106.4	107.3	107.2
大理	99.7	99.8	100.4	100.9	101.8	102.6	102.8	104.0	104.3	104.9	106.1	106.0

7-26 全国70个大中城市新建商品住宅环比价格指数(2013年)

(上月=100)

城 市	1月	2月	3月	4月	5月	6月	7月	8月	9月	10月	11月	12月
北 京	102.1	103.1	102.7	101.8	101.6	101.7	101.6	101.1	101.2	100.8	100.7	100.6
天 津	100.5	101.6	101.5	100.7	100.4	100.3	100.5	100.5	100.6	100.3	100.5	100.6
石家庄	100.7	101.2	101.2	100.7	100.5	101.3	100.5	100.8	100.9	101.1	100.5	100.3
太 原	100.3	101.1	100.8	101.3	102.1	101.2	100.9	100.9	101.2	101.1	100.3	100.3
呼和浩特	101.1	101.4	100.2	99.9	101.4	101.0	101.2	100.7	100.6	101.2	100.8	100.6
沈 阳	101.5	101.5	101.1	102.1	101.8	101.0	101.1	100.8	101.1	100.3	100.3	100.2
大 连	100.6	101.1	101.0	101.4	101.3	101.1	100.7	100.4	100.6	100.5	100.4	100.7
长 春	99.8	101.1	100.8	101.0	101.1	100.9	100.7	101.0	100.7	100.4	100.6	100.4
哈尔滨	101.2	101.0	101.0	100.9	100.8	101.3	100.4	100.8	100.6	100.8	100.9	100.6
上 海	101.3	102.3	103.2	102.0	101.7	102.2	101.9	101.7	101.6	100.8	100.7	100.6
南 京	101.2	102.0	101.9	101.9	101.3	101.2	100.9	101.0	101.0	100.9	100.7	100.6
杭 州	100.9	100.9	101.2	101.4	100.8	101.0	100.8	101.1	101.3	100.8	100.6	100.1
宁 波	100.6	101.3	100.2	100.6	100.7	100.9	99.9	100.7	100.9	100.4	100.5	100.5
合 肥	100.6	101.2	100.8	100.8	100.9	100.8	101.0	100.7	100.6	100.5	101.2	101.1
福 州	100.8	101.8	101.3	101.6	100.4	102.4	100.6	100.5	101.0	100.4	101.3	100.5
厦 门	101.6	101.7	102.1	101.7	101.3	101.6	102.2	101.0	101.4	100.5	100.4	100.3
南 昌	100.3	101.6	101.7	100.8	101.0	101.2	100.5	100.7	100.9	100.6	100.3	100.5
济 南	100.8	100.9	100.9	101.1	100.6	100.5	101.0	101.0	100.6	100.5	100.6	100.5
青 岛	100.7	101.4	101.0	100.8	101.0	100.9	100.8	101.3	100.4	100.5	100.5	100.6
郑 州	101.4	101.6	101.9	101.6	100.9	101.1	101.7	100.8	100.2	100.0	100.1	100.1
武 汉	101.2	101.2	101.0	101.1	100.9	100.8	100.9	101.0	100.5	100.9	100.5	100.3
长 沙	100.9	101.3	101.6	101.2	101.1	100.9	101.0	101.0	100.6	101.0	100.6	100.6
广 州	102.0	103.1	102.5	102.1	101.5	101.0	101.1	101.7	101.4	100.9	100.8	100.7
深 圳	102.2	102.2	102.8	101.8	101.9	101.7	100.9	101.4	101.4	100.9	100.9	100.5
南 宁	99.8	101.3	101.7	100.7	101.5	100.8	101.2	100.8	100.5	100.9	100.2	100.5
海 口	99.7	100.2	100.2	100.2	100.3	100.0	100.2	100.0	100.0	100.7	100.6	100.3
重 庆	101.0	101.0	101.0	101.1	100.7	100.6	100.5	100.9	100.8	100.6	100.8	100.2
成 都	101.0	100.8	100.9	101.8	101.0	100.9	100.3	100.8	100.6	100.4	100.6	100.2
贵 阳	100.4	100.7	100.8	101.2	100.8	99.9	100.7	100.0	100.9	101.0	100.4	100.3
昆 明	100.4	100.0	101.0	100.7	100.7	100.6	100.4	100.8	100.5	100.4	100.6	100.6
西 安	100.6	100.9	101.2	101.0	101.2	101.0	101.1	101.0	100.8	100.7	100.4	100.6
兰 州	100.4	100.9	101.1	100.8	100.6	101.1	100.5	101.2	100.3	100.3	100.4	100.2
西 宁	100.2	101.4	100.5	100.8	101.2	101.1	100.9	101.1	100.3	100.8	100.5	100.6
银 川	100.4	100.6	100.6	101.0	100.8	100.9	100.6	101.4	100.7	100.6	100.8	100.6
乌鲁木齐	101.1	101.5	101.0	101.2	100.7	99.9	100.7	100.9	101.2	100.7	100.4	100.9

7-26 续表

（上月=100）

城市	1月	2月	3月	4月	5月	6月	7月	8月	9月	10月	11月	12月
唐山	99.9	100.4	100.7	99.9	99.9	100.1	100.0	100.2	100.0	100.4	100.0	100.3
秦皇岛	100.3	101.3	100.8	100.9	100.7	100.6	100.7	101.0	100.8	99.9	100.2	100.3
包头	100.7	102.1	101.1	100.6	101.3	100.1	100.6	99.9	100.4	100.8	100.6	100.7
丹东	100.4	100.9	101.1	100.7	100.8	100.8	101.0	100.8	100.7	100.8	100.4	100.6
锦州	100.3	101.2	100.3	100.9	100.9	101.2	101.0	101.4	100.9	100.7	101.2	100.3
吉林	100.7	100.8	100.9	100.6	101.1	101.0	100.6	100.7	100.7	100.5	100.6	100.4
牡丹江	100.0	100.8	100.9	101.1	100.7	100.6	100.3	100.2	100.5	100.0	100.4	100.5
无锡	99.9	100.8	101.6	100.6	100.5	100.0	100.3	100.2	100.5	100.6	100.4	100.2
扬州	99.8	100.6	100.5	101.1	100.9	100.8	100.0	100.5	100.4	101.2	100.9	100.4
徐州	100.9	101.1	101.4	101.0	101.1	100.9	100.9	100.9	100.7	100.9	100.4	100.4
温州	100.0	99.6	99.9	100.0	100.4	100.3	99.6	99.9	99.7	99.9	99.5	98.3
金华	100.4	100.2	100.9	100.4	101.0	100.3	101.2	101.1	100.9	100.2	100.0	100.2
蚌埠	100.4	100.5	100.5	100.3	100.6	100.5	100.0	100.5	100.7	100.6	100.2	100.0
安庆	99.8	100.7	101.0	100.4	100.6	100.5	99.9	100.6	100.6	100.8	100.6	100.2
泉州	100.6	100.7	100.0	101.5	100.7	100.4	101.0	100.5	101.2	100.5	100.4	100.6
九江	100.4	100.9	100.7	100.5	101.3	100.7	99.9	100.5	100.0	100.7	100.8	100.5
赣州	100.9	101.2	101.6	100.5	100.4	99.9	101.0	100.7	100.8	100.9	100.8	100.2
烟台	100.0	100.9	101.4	100.8	100.3	100.5	100.7	101.1	100.8	100.7	100.6	100.7
济宁	100.3	101.0	101.2	100.8	100.4	101.3	100.7	101.2	100.2	101.3	100.3	100.9
洛阳	100.2	101.4	100.4	100.9	100.7	100.6	101.2	100.6	101.0	100.5	100.7	100.3
平顶山	99.9	101.1	101.4	100.7	100.8	100.8	100.7	101.2	101.4	100.4	100.4	100.3
宜昌	100.6	100.7	101.2	101.2	101.1	100.6	100.5	101.3	100.8	100.4	100.5	100.6
襄阳	100.6	100.7	101.3	101.5	101.2	100.8	100.0	100.7	100.4	100.5	100.6	100.2
岳阳	100.3	100.6	101.8	101.4	101.5	101.9	100.3	100.8	101.6	100.3	100.1	100.0
常德	100.0	100.8	101.1	100.7	99.9	100.6	100.4	101.1	100.4	100.3	100.5	100.4
惠州	100.0	100.7	100.7	100.6	100.7	100.9	100.6	100.8	100.7	100.8	100.9	100.7
湛江	100.8	101.1	100.6	100.6	101.0	100.8	100.7	100.9	101.2	100.6	100.8	100.0
韶关	100.0	101.1	100.5	100.7	101.4	99.9	100.8	100.5	100.4	100.7	100.0	99.8
桂林	99.9	100.0	100.7	100.6	102.9	101.6	101.9	101.0	99.9	101.2	101.3	100.4
北海	100.0	101.0	100.9	101.0	100.8	101.1	100.9	100.9	101.1	100.5	100.8	100.5
三亚	100.3	100.4	100.6	100.6	99.9	100.2	100.3	100.6	100.3	100.8	100.9	100.2
泸州	100.5	100.8	101.2	100.9	100.0	99.9	101.0	101.1	101.9	100.5	100.4	100.8
南充	101.3	101.2	101.5	101.0	101.1	101.8	100.8	100.7	100.2	100.0	100.1	100.6
遵义	100.9	101.1	100.6	100.6	100.0	100.3	100.3	101.1	100.3	100.6	101.0	100.3
大理	99.9	100.0	100.8	100.4	100.8	100.7	100.4	101.1	100.4	100.4	101.0	100.2

7-27　全国及各省(市、区)固定资产投资价格指数

(上年=100)

地　区	2009	2010	2011	2012	2013
全　国	97.6	103.6	106.6	101.1	100.3
北　京	97.1	102.5	105.7	101.3	99.9
天　津	97.6	102.6	105.7	100.0	99.5
河　北	96.5	103.7	105.5	100.3	99.9
山　西	98.1	103.7	105.5	101.2	100.5
内蒙古	98.5	105.4	106.3	101.6	99.6
辽　宁	97.0	103.3	106.6	101.0	100.0
吉　林	99.4	102.4	105.6	100.4	100.0
黑龙江	97.6	105.2	107.5	100.8	100.1
上　海	97.0	103.8	106.5	99.4	100.2
江　苏	97.7	105.1	106.8	98.6	100.5
浙　江	96.7	104.7	107.5	99.2	100.0
安　徽	96.0	105.4	108.1	101.0	100.2
福　建	98.0	103.3	106.2	100.3	100.1
江　西	96.1	104.8	108.4	101.0	100.4
山　东	96.9	103.6	106.8	100.8	100.4
河　南	96.4	103.5	107.4	101.0	99.9
湖　北	98.8	104.7	107.3	101.8	100.5
湖　南	99.7	104.0	107.2	101.7	101.3
广　东	96.7	103.0	105.5	101.5	101.4
广　西	97.9	103.0	106.2	100.6	100.1
海　南	97.7	105.2	106.4	102.0	99.3
重　庆	97.8	102.1	105.9	101.8	100.5
四　川	98.3	102.5	105.2	101.0	100.4
贵　州	100.5	102.7	105.4	101.5	100.9
云　南	98.1	102.7	104.6	101.4	101.1
西　藏					
陕　西	99.3	103.6	105.9	102.6	102.0
甘　肃	101.5	103.5	104.7	102.1	100.4
青　海	100.9	103.8	106.5	102.2	101.5
宁　夏	100.2	104.2	107.5	101.5	99.8
新　疆	98.0	104.6	107.1	100.6	100.5

7-28 全国及各省(市、区)固定资产投资价格指数(2013年)

(上年=100)

地区	固定资产投资	建安工程	设备、工器具购置	其他费用
全国	**100.3**	**100.3**	**99.0**	**101.7**
北京	99.9	97.3	97.7	102.9
天津	99.5	99.3	98.8	100.6
河北	99.9	99.9	99.1	101.9
山西	100.5	100.8	99.0	100.7
内蒙古	99.6	99.6	99.0	100.8
辽宁	100.0	99.9	99.2	102.2
吉林	100.0	100.4	99.1	100.6
黑龙江	100.1	100.4	98.7	101.8
上海	100.2	99.8	98.5	102.2
江苏	100.5	100.8	98.8	103.0
浙江	100.0	99.5	98.7	102.3
安徽	100.2	100.3	99.0	101.2
福建	100.1	100.0	98.9	101.2
江西	100.4	100.4	99.0	103.2
山东	100.4	100.5	99.3	102.1
河南	99.9	99.8	99.7	101.2
湖北	100.5	100.5	99.0	102.6
湖南	101.3	101.6	99.6	102.3
广东	101.4	101.9	99.1	101.7
广西	100.1	99.9	99.6	101.3
海南	99.3	98.9	99.0	101.1
重庆	100.5	100.5	98.7	101.5
四川	100.4	100.2	99.5	101.6
贵州	100.9	101.5	99.2	100.1
云南	101.1	101.2	99.3	101.9
西藏				
陕西	102.0	102.3	99.5	103.7
甘肃	100.4	101.0	97.1	101.9
青海	101.5	102.0	99.0	101.6
宁夏	99.8	99.9	99.1	100.0
新疆	100.5	100.5	99.5	103.5